第14版

房地產 理論與實務
Real Estate Theory and Practice

五南圖書出版公司 印行

吳家德 著

華友聯
歡迎您的加入

作者十四版序

離開學校才是學習的開始，
理論導向實務才是行家。

感謝國內各大建設、廣告、仲介公司及大專院校選用本書，讓本書出刊能邁向十四版，沒有名人的加持與推薦，也沒有宣傳與廣告，只是將自己的經驗加上所見所聞，用文字呈現給讀者，簡單有系統的說明，讓有心從事房地產的入門者能夠有一個參考的資料，從書上獲得一些銷售的靈感，也獲得諸多同業先進的支持，大量購買做為公司教育訓練的教材，作者也在此深深致謝。本書的功能，就是輔助從事此行業的朋友，提供業界最新行銷與土地開發實戰手法，配合最新的法令規章，並對房地產有全盤的概念，培養自己的職場競爭力，現在社會上最需要的是學校考試不會教的知識。

本書共分六大篇，從建設公司土地開發及代銷、仲介入門篇開始，進入產業篇、市場篇、業務篇、企劃篇、稅務篇等，有系統地導引，從基本概念到理論再與實務結合，讓你了解業界如何操作房地產，文中除就本身從事房地產的實務心得，並參酌相關重要文獻與國內外各大教授之理論，分別系統說明，是一本兼具理論與實務的工具書。

房地產的專業有多深，入行就知道，沒看過本書就無法知道房地產全貌，為幫助有志從事房地產之新進人員，能更快速學習與進步，作者與信託專家蔡宗廷老師、法界名人永然律師事務所吳任偉律師一同於文化大學高雄進修推廣中心（高雄市議會正對面華國金融大樓3樓，07-2510089）開關房地產實務系列課程——不動產土地開發、購屋、行銷、投資、信託等五種不動產專業課程，頗受歡迎與好評，對學員問題皆能一一解惑，讓想從事房地產的學員，學習過程更能事半功倍，早日邁向成功之路。

作者聯絡信箱：wublog@yahoo.com.tw

吳家德

2022/8/31於高雄

感謝：永慶房仲、信義房屋、有巢氏房屋、中信房屋、富住通不動產、高雄市政府公務人員訓練中心、高雄市地政局、臺南市建築開發商業同業公會、國防部左營海軍造船中心、司法院法官學院、臺灣港務公司、高雄市建築學會、高雄現代地政、國立高雄應用科大、高雄市民學苑、新竹中華大學、文化大學高雄進修推廣教育中心、高雄市不動產仲介經紀商業同業職業工會、高雄市場調查協會等，邀約演講在此致謝。

高雄市建築學會

信義房屋高雄區專業標竿講座

長榮大學土開研究所系友會

高雄市房屋市場調查協會

臺南市建築經營協會

臺灣港務公司——海運發展學院

司法院法官學院

高雄市政府地政局（土地開發課）

目　錄

第二篇　產業篇

第六篇　稅務篇

第一篇
入門篇

每一個成功的企業背後，都曾有人做出富有勇氣的決定。
Whenever you see a successful business, someone once made
a courageous decision.

~彼得・杜拉克（Peter Drucker）

Project

前言

　　要清楚了解房地產，首先就必須了解什麼是房地產，尤其經歷2003～2013年這十一年的房市大多頭，整個產業產生了質變，想從事房地產，必須抓住這轉瞬的機會，迎接新的挑戰。首先必須建立起正確的房地產觀念，培養自己的實力，所謂「知己知彼，百戰不殆」，學習和研究房地產的理論和實務是必要的手段，而首要之務就是先建立正確的觀念，讓自己贏在起跑點。

　　房地產經歷這波長久的景氣繁榮，現在到處都有人在談論房地產，也許有諸多新血正想加入此行業，但是他們了解房地產嗎？究竟它吸引人的魅力在哪裡呢？這本書給你最好的答案。一般從業人員皆以為房地產只要有好的人脈，了解區域市場行情，就可憑三寸不爛之舌做生意；景氣好時各憑運氣，景氣差時，卻因無法掌握市場的區隔，抓住目標客戶，就像散彈打鳥，最後只好無功而返。所謂「專業，為服務之母！」高總價住宅的交易，需要高度的專業及充分的市場資訊，方能針對標的優劣、條件、價值、租金收益以及未來可能發展，訂定適合的價格及產品的訴求，再加上嚴謹的交易流程，才能讓你的客戶信服，機會就屬於你的了。

　　實價登錄2.0修法通過，不僅接下來預售屋行情將以實價揭露，未來不論是預售屋或是成屋的價格都將更公開、透明、即時，唯有公開透明的房價，才能保障消費者權益，把選擇權交回消費者手上。不動產市場將因為實價登錄2.0上路進入新紀元，現在的房地產市場，大環境不一樣、市場邏輯不一樣、產品走向不一樣、銷售方式不一樣、那麼多的不一樣，還用過去習慣的行銷方式，怎麼能期待和過去有一樣的獲利結果？

　　拜網路與科技的發展所賜，現今的時代變動愈來愈快速，消費選擇琳瑯滿目，「消費者心，海底針」，消費者行為更是日益善變，品牌一不小心就跟不上市場的腳步。數位化改變了傳統媒體的使用情境，傳統廣告大多出現在電視廣告、平面、戶外、廣播、實體活動、店頭貨架等，現在群眾目光大量轉移到 FB、Google、YouTube、LINE 等社群媒介或網路媒體，資訊呈現方式都跟以往截然不同，勢必掀起一連串的行銷變革。

　　今日的學習正是為了未來的發展而做準備，但今日到底要學習什麼，則有必要預先窺探未來世界的場景，才能事半功倍，而不會做了白工。任何時間都有人賺錢，也有人賠錢，其差別在哪裡，就讓我們一起繼續看下去。

1-1 不動產與房地產之區別

一、「房地產」（Real Property）的定義

　　房地產於法令上並無特別定義，相對於法律名詞的定義，民間則通常慣稱「不動產」（Real Estate）為「房地產」（Real Property），而不動產其涵義與房地產是有所不同。簡單的說，房地產應包括三個內涵：(1)「地」──土地；(2)「房」──房屋；(3)「產」──相關產權（相關產權依據我國《民法・物權編》：包括所有權與他項權利兩大類，他項權利如屬於物權關係的地上權、抵押權等）屬債權關係的有租賃權（參考1-4）。因此，一般對房地產之定義為房屋及土地兩種財產（產權）之合稱。有關房屋，又可分為「預售屋」（未興建或尚未興建完成之房屋）、「成屋」（已興建完成並可使用之房屋）兩大類。而依《土地法》第一條規定：「本法所稱土地，係指水陸及天然富源」，即指土地不僅包含陸地，如江河湖泊等水地，也包含在內。（土地其他分類見1-2）

二、「不動產」（Real Estate）的定義

　　法令對不動產之定義

> 1. 《民法》第六十六條規定：
>
> 　　「稱不動產者，為土地（Land）及其定著物（Improvements），不動產之出產物，尚未分離者，為該不動產之部分」。
>
> 　　　　　　→不動產＝土地＋定著物＋尚未分離之產物

　　所謂「定著物」的意義就是指土地及開發後，定著於土地上的結構物及設施與出產物，在尚未與土地分離之狀態下，包括土地改良物之已完成或建築中之建築物、工事、農作物、其他植物與水利土壤之改良物及非土地改良物之礦產、水源等，並且就定著物之一的建築物而言，並不包含預售屋（見下頁表）。

　　由此可知，定著物（Improvements）可概分為土地改良物與非土地改良物；所謂「土地改良物」，依《土地法》第五條：「本法所謂土地改良物，分為建築改良物及農作改良物。附著於土地之建築物或工事，為建築改良物。附著於土地之農作物及其他植物與水利土壤之改良，為農作改良物。」所謂「建築物」，

依《建築法》第四條規定：「本法所稱建築物，為定著於土地上或地面下具有頂蓋、梁柱或牆壁，供個人或公眾使用之構造物或雜項工作物」；「工事」如「魚塭」、「游泳池」、「橋梁」等皆屬之。

從字面比較來看，不動產的範圍確實廣於房地產；換句話說，房地產是不動產的其一，而不動產不一定就是房地產。

---

2. 《不動產經紀業管理條例》第四條之規定：

將不動產重新定義為：「不動產：指土地、土地定著物或房屋及其可移轉之權利；房屋指成屋、預售屋及其可移轉之權利。」

→不動產＝土地＋定著物＋可移轉之權利

詳細來說，這裡所謂的「不動產」，不僅包括了「實體」、「有形」的土地、土地定著物與房屋（成屋）；概念上也包含了「無實體」、尚未成形的「預售屋」，以及土地、房屋上各種可移轉的「權利」在內。並將「成屋」定義為「領有使用執照，或於實施建築管理前，建造完成之建築物」；而「預售屋」定義為「領有建築執照，尚未建造完成而以將來完成之建築物為交易標的之物。」則新訂之「不動產」與「房地產」在觀念與本質上，幾已相同。

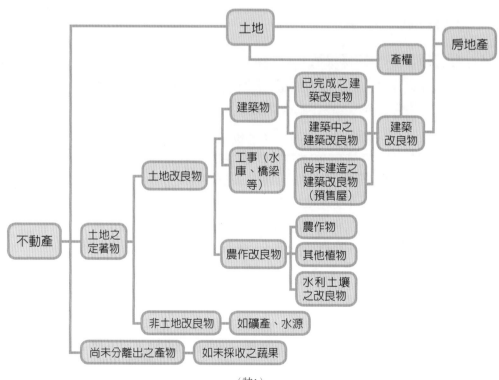

（註1）

1-2
土地使用的種類

　　先前我國之土地使用計畫體系由上而下，依次將國土綜合開發計畫（Comprehensive Development Plan）、區域計畫（Regional Planning）與都市計畫（Urban Planning）等構成一系列國土規劃利用之完整體系，其體系見下圖。2015年12月18日通過《國土計畫法》，作為國家山林永續發展的最高指導原則。明訂國土計畫之類型，分為全國國土及直轄市、縣（市）國土計畫二種。《國土法》是從《區域計畫法》演進而來，《國土法》（Spatial Planning Act）通過以前，國土治理分為三類：都市土地由《都市計畫法》（Urban Planning Act）管理；非都市土地由《區域計畫法》（Regional Planning Act）管理；國家公園則由《國家公園法》（National Park Law）管理。《國土法》雖然是從《區域計畫法》演進而來，但未來所有土地都會納入《國土法》之下統籌計畫，《國土法》將成上位法。

《國土計畫法》架構圖

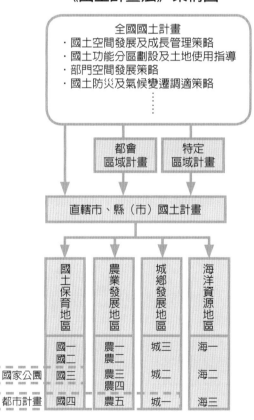

以往臺灣的土地劃分法規，分別散落在《區域計畫法》、《都市計畫法》及《國家公園法》。《都市計畫法》主要針對都市地區劃設出十種分區，如住宅區、商業區等，《區域計畫法》則是針對非都市地區劃分，例如：特定農業區、一般農業區等。《國土計畫法》最重要的功能是統籌全臺土地，通盤檢討臺灣人口、糧食需求、發展建設等，建立長久永續的土地管制。

《國土計畫法》（Spatial Planning Act）在2016年1月6日制定公布，規範全國土地，是國土的最高指導原則，以整體的角度，重新思考國土空間規劃及使用，將資源做最適當的配置，未來非都市土地將從目前的十一種使用分區及十九種使用地，改劃設為「國土保育地區」、「海洋資源地區」、「農業發展地區」及「城鄉發展地區」等四個功能分區。因此非都市土地的屬性和分類將改頭換面、重新洗牌，功能區劃分的意義，在於土地使用必須嚴格遵照這些功能區的分類，就算以公共利益之名，也不容許地方政府或中央任意變更土地使用的方式。

強化空間計畫指導－國土功能分區劃設

・目前非都市土地係按現況劃設為11種使用分區及19種使用地。

・未來將劃設4種國土功能分區／分類，以計畫引導土地使用。

・除因重大災害、政府重大公共建設、或每5年通盤檢討等機制得變更各功能分區外，不得輕易變更功能分區。

國土保育地區	海洋資源地區	農業發展地區	城鄉發展地區
第一類 （環境敏感程度高）	第一類之一 （專法劃設保護區）	第一類 （優良農地）	第一類 （都市計畫地區）
第二類 （環境敏感程度次高）	第一類之二 （具排他性使用）	第二類 （良好農地）	第二類之一 （鄉村區、工業區、具城鄉性質特定專用區等）
第三類 （國家公園地區）	第一類之三 （儲備用地）	第三類 （坡地農地）	第二類之二 （開發許可案）
第四類 （水源保護、風景特定區符合國保一之都計保護區及水道用地）	第二類 （具相容性使用）	第四類 （農村型鄉材區、原住民部落）	第二類之三 （未來發展地區）
	第三類 （其他未使用）	第五類 （未有都市發展需求，符合農發一之都計農業區）	第三類 （原住民部落）

取代

| 森林區 | 河川區 | 國家公園區 | 山坡地保育區 | 風景區 | 特定農業區 | 一般農業區 | 工業區 | 鄉村區 | 特定專用區 |

未來若要變更分區使用，必須透過中央通盤檢討，《國土計畫法》嚴格限制變更分區，原則上變更分區必須在通盤檢討時（地方政府每5年、中央每10年檢討一次），目前城鄉發展區，包括原先的都市計畫區，非都市計畫區裡的土地鄉村區、工業區、特定專用區等，並且要擬定管理計畫，未來必須有新的城鄉發展需求，才能將生產力不佳的土地或其他用地評估變更為城鄉發展區。也就是說，必須在城鄉發展區不夠時，才能變更其他分區。即使有重大公共建設要變更分區，也需要通盤檢討。

為保障民眾既有合法權利，內政部在2020年8月27日部務會報通過「實施國土計畫管制所受損失補償辦法」草案，預計114年公告國土功能分區圖後，非都市土地上既有合法建築物或設施，如須配合遷移，政府將主動發給「遷移補償費」；若既有合法可建築用地變更為非可建築用地的權利受損，也可申請「變更補償費」，以兼顧民眾權益及國土永續。補償辦法也規定，原本區域計畫法的「可建築用地」，包含甲、乙、丙、丁種建築用地、遊憩用地等，若經直轄市、縣（市）國土計畫變更編定為「非可建築用地」時，對於受損的建築權利，土地所有權人可於國土功能分區圖公告屆滿1年後，申請「變更補償費」。「變更補償費」是以變更前、後土地價值差額進行計算，土地並不會被徵收，仍然歸土地所有人所有，但經補償後，將不得再申請建築。

至於國土功能分區公告時程部分，為使中央與地方完備各項配套措施，《國土計畫法》於總統公布後，由行政院在1年內訂定施行日期，施行後2年內內政部應實施「全國國土計畫」、4年內地方政府應公告實施「直轄市、縣（市）國土計畫」、6年內地方政府應公告「國土功能分區」（國土§45），屆時《國土計畫法》將正式上路，《區域計畫法》將配合廢止。

因各縣市政府準備不及，立法院2020年4月17日三讀通過《國土計畫法》，直轄市、縣市主管機關應於全國國土計畫公告實施後3年內，公告實施直轄市、縣市國土計畫。此外，直轄市、縣市國土計畫公告實施後4年內（114年4月30日），則應一併公告國土功能分區圖。國土計畫之主管機關在中央為內政部，在直轄市為直轄市政府、在縣（市）為縣（市）政府。

現行區域計畫與國土計畫體系銜接方式圖

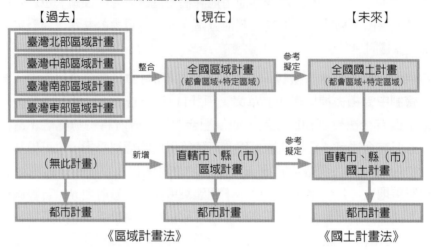

建立國土計畫體系，確認國土計畫優位

■ 《國土計畫法》公告實施後，主管機關應擬定「全國國土計畫」及「直轄市、縣（市）國土計畫」，取代現行區域計畫。直轄市、縣（市）國土計畫應遵循全國國土計畫，建立二層級空間計畫體系。

現行法令對土地之分類，可依目的之不同而有不同的分類：

《國土計畫法》2016年1月6日制定公布，同年5月1日實施。但由於相關法規仍制訂中，目前主要管制仍以全國區域計畫為主。直到2025年「國土功能分區圖」完成公告，《區域計畫法》的調整納入國土計畫，由《國土計畫法》取代，《區域計畫法》將停止不再適用。

目前非都市土地是依據《區域計畫法》管制，而過去在辦理土地編定作業時，也是以現況編定為主，欠缺完整國土規劃，導致政府有可能將環境敏感地區土地編定為建築用地的情形；為確保國土永續發展，依據2020年4月修正的《國土計畫法》規定，國土功能分區圖將在2025年4月30日前公告，屆時將明確區分發展範圍，確保未來土地開發利用不再誤用環境敏感地區或優良農地。

一、依《區域計畫法》區分：都市土地、非都市土地

「國土功能分區圖」完成公告前，《區域計畫法》仍為當前國土空間最高法定指導計畫。《區域計畫法》（Regional Planning Act）將臺灣地區之土地，依其是否已實施都市計畫，分為「都市土地」（Urban Land）與「非都市土地」

（Non-urban Land）兩大類，並於《區域計畫法施行細則》第十二條定義如下：

- 都市土地（Urban Land）：包括已發布都市計畫及依《都市計畫法》第八十一條規定爲新訂都市計畫或擴大都市計畫而先行劃定計畫地區範圍，實施禁建之土地。亦即已實施都市計畫或被劃入都市計畫範圍內的土地，都是都市土地，其土地使用依《都市計畫法》管制之。

   其土地開發與建築用途、強度管制，除《都市計畫法》（Urban Planning Act）與施行細則（Enforcement Rules）等計畫法法系層級的法規，予以概要性的通盤規定外，各縣市政府於其轄下各都市計畫區的「都市計畫說明書」中，另有各自專屬的規定。

- 非都市土地（Non-urban Land）：指都市土地以外之土地。

   其土地開發與建築用途、強度管制，概由《區域計畫法》（Regional Planning Act，1974年1月31日制定公告）與施行細則、非都市土地使用管制規則（1976年3月30日訂定發布）規範之。

基本上，臺灣土地管理的方式，都市土地是採「土地使用分區管制」（Land Use Zoning Control）的機制，主要有使用強度（Intensity），即指使用密度（Density），包括建蔽率、容積率；使用分區種類（指住宅區、商業區、工業區等分區），並規定各種分區的土地與建築使用，使計畫範圍能有秩序的發展，成爲良好的居住與工作環境，而各使用分區的具體管制內容，依《都市計畫法》第三十九條規定，這是實施都市計畫最重要的工具；所以土地使用分區管制就是依據不同使用活動來對土地進行規劃，因此在都市計畫區內會有住宅區、商業區、工業區、農業區等分區的土地。土地的使用型態可依《區域計畫法》（1974年1月公布）第十一條及十五條規定，將區域土地分爲都市土地及非都市土地加以管理。

所謂都市土地，係指依區域計畫應擬定或需變更市（鎮）計畫〔City（Township）Plan〕、鄉街計畫（Country and Town Plan）、特定區計畫（Special Districal Plan）範圍的土地；也就是說，依區域計畫（Regional Planning）已擬定或應擬定都市計畫（Urban Planning）之土地，主管機關爲營建署。

所謂非都市土地，即是非屬上述都市土地地區的土地，土地開發管制的方式採「開發許可制」（Approval System）或「用地變更」（Land Use Alteration）（2公頃以下面積）。這些規定主旨乃在於管制區域土地之使用，避免不當或過度之土地開發，差別如下。

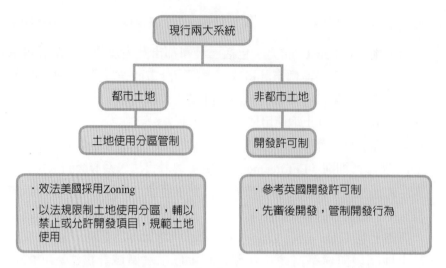

註：我國現行土地使用管制體系，係依循都市土地與非都市土地使用管制等二種制度規範雙軌管理，因此，購置土地之前，除須評估開發土地之未來發展與潛力外，土地開發人員更須精確掌握土地的區位特性與所屬使用管制規範，才能避免誤判情勢造成損失。

（一）都市土地（Urban Land）

《平均地權條例》第三條，都市土地：指依法發布都市計畫範圍內之土地。指依法發布都市計畫及依都市計畫劃定範圍實施禁建之土地，都市土地的使用和管制，受都市計畫法管轄，以改善居民生活環境，促進市、鎮、鄉街有計畫之均衡發展為目的。依《都市計畫法》第三十二條：「都市計畫得劃定住宅、商業、工業等使用區，並得視實際情況，劃定其他使用區域或特定專用區。前項各使用分區，得視實際需要，再予劃分，分別予以不同程度之使用管制。都市計畫經發布實施後，應依建築法之規定，實施建築管理。」

關於都市土地使用分區管制之內容如下：

1. 使用強度管制（容積率、建蔽率）

土地使用強度管制，又稱為「量體管制」所謂強度管制，主要是針建築基地的密度、高度及前後側院之深度及寬度等事項予以管制。

主要係針對都市計畫區內，各使用分區規定內之建築密度進行最高（或最低）限制之管制，如此可以管制建築量體，間接控制容納人口之多寡，進而控制人口密度，主要以下列內容表示之。

建蔽率（Build Coverage Rate）：指建物投影至地面上之面積所占建築基地面

積之比例。

容積率（Floor Area Ratio）：指基地內建築物總樓地板面積與建築基地面積之比例。

其他包括建築之高度、基地面積、建築物之高度、基地內前、後、側院之深度、建物鄰棟間等，中央或地方政府得依據地方實際情形，於各都市計畫法施行細則、臺北市土地使用分區管制規則，或各該都市計畫區之細部計畫書中，做必要之規定。（都計§39）

> 註：根據《都市計畫法》（1973年9月修正公布）之規定，計畫可按內容的粗精及涵蓋的地區大小，分爲主要計畫（Master Plan）與細部計畫兩級。主要計畫是作爲擬定細部計畫之準則，細部計畫（Detail Plan）係依據主要計畫之精神與限制而擬定，由細部計畫書（Detail Plan Specification）與細部計畫圖（Detail Plan Map）兩部分組成，爲實施都市計畫之直接依據。

2. 使用性質管制（容許／許可／禁止的設施或事業）

將地上物及其土地所做之使用予以歸類，限制各類使用之區位，以免彼此外部之影響與排斥，管制對象如下。

使用分區之劃定：在都市計畫範圍內，依使用目的與需要的不同，劃定各種不同的用途分區，如商業區（Commercial District）、住宅區（Residential District）、工業區（Industrial District）、行政區（Administration District）、文教區（Education and Culture District）、風景區（Distinct Landscape District）、農業區（Agricultural District）、保護區（Protection District）、倉儲區（Storage District）、葬儀業區（Funeral District）、水岸發展區（Lakeside Development District）、特定專用區（Special District）等。

使用性質之管制：原則上，同一使用分區內許可相容使用之設置，其不相容者須設於另一適當之使用分區內，限制有妨礙各分區用途的其他使用（或不得做何種用途使用）。其目的爲確保各種使用分區內建築用途的同質、互容，積極的維護其整體環境均質，消極的避免用途相斥的建築互相干擾。如針對都市土地的都市計畫法與省（市）施行細則，均規範各種使用（分）區（Land Use District）的土地，於申請作爲建築使用時，限制其容許或禁止的使用項目，並在各項目中敘明各項建築的用途別。

所謂都市計畫，是指在市、鎮、鄉、特定區內，有關都市生活之經濟、交通、衛生、保安、國防、文教、康樂等重要設施做有計畫的發展，並對土地使

用做合理之規劃。其主要內容分「主要計畫」（Master Plan）及「細部計畫」（Detail Plan），前者指都市整體發展的大架構，如住宅、商業等分區與主要道路、其他公眾運輸系統及學校用地、大型公園等供作全部計畫地區範圍使用之公共設施用地，是以全區為布局考量，呈現的是大街廓的區塊。後者細部計畫，指都市地區之詳細計畫管制，顧名思義，是在主要計畫的大架構下，進一步規劃鄰里性、地區性之公共設施用地（如次要的道路、公園、停車場用地等），及其他分區，作為實施都市計畫之依據。不同地區使用分區細部規定不同，要依各都市計畫施行細則而定，例如：六大院轄市則依《臺北市都市計畫施行自治條例》、《都市計畫法桃園市施行細則》、《都市計畫法高雄市施行細則》、《都市計畫法臺中市施行自治條例》、《都市計畫法新北市施行細則》、《都市計畫法臺南市施行細則》，而其他縣市則依《都市計畫法臺灣省施行細則》。

臺灣省土地使用分區建蔽率及容積率表

使用分區			容積率		建蔽率
住宅區及商業區	居住密度（人／公頃）	分區別	鄰里性公共設施用地比值未逾15%	鄰里性公共設施用地比值超過15%	
	未達二百	住宅區	120%	150%	60%
		商業區	180%	210%	80%
	二百以上未達三百	住宅區	150%	180%	60%
		商業區	210%	240%	80%
	三百以上未達四百	住宅區	180%	200%	60%
		商業區	240%	280%	80%
	四百以上	住宅區	200%	240%	60%
		商業區	280%	320%	80%
旅館區	（一）山坡地：120%				60%
	（二）平地： 160%				60%
工業區	210%				70%
行政區	250%				60%
文教區	250%				60%
體育運動區	250%				60%
風景區	60%				20%
保存區	160%，但古蹟保存區內原有建築物已超過者，不在此限。				60%
漁業專用區	120%				60%
農會專用區	250%				60%
倉庫區	300%				70%

臺北市土地使用分區及建蔽率、容積率限制

使用分區		建蔽率	容積率
住宅區	第一種住宅區	30%	60%
	第二種住宅區	35%	120%
	第二之一種住宅區	35%	160%
	第二之二種住宅區	35%	225%
	第三種住宅區	45%	225%
	第三之一種住宅區	45%	300%
	第三之二種住宅區	45%	400%
	第四種住宅區	50%	300%
	第四之一種住宅區	50%	400%
商業區	第一種商業區	55%	360%
	第二種商業區	65%	630%
	第三種商業區	65%	560%
	第四種商業區	75%	800%
工業區	第二種工業區	45%	200%
	第三種工業區	55%	300%
行政區		35%	400%
文教區		35%	240%
倉庫區		55%	300%
風景區		15%	60%
農業區	農舍（非建地目）	10%、40%	依土地使用分區管制規則規定辦理
	農舍（建地目）		

新北市使用分區建蔽率及容積率表

土地使用分區	建蔽率	容積率
住宅區	50%	依實際發展，循都市計畫程序，於都市計畫書中訂定
商業區	70%	依實際發展，循都市計畫程序，於都市計畫書中訂定
工業區	60%	210%
旅館區	60%	山坡地：120% 平地：160%
行政區	50%	250%
文教區	50%	250%
體育運動區	60%	250%
風景區	20%	60%
農會、漁業專用區	50%	250%

（續下頁）

（續前表）

土地使用分區	建蔽率	容積率
保存區、古蹟保存區	60%，但區內原有建築物已超過者，不在此限	160%，但古蹟保存區內原有建築物已超過者，不在此限
農業、保護區	10%	依本施行細則相關規定辦理
其他使用分區	依實際需要，循都市計畫程序，於都市計畫書中訂定	依實際需要，循都市計畫程序，於都市計畫書中訂定

桃園市土地使用分區建蔽率及容積率規定表

土地使用分區	建蔽率	容積率
住宅區	60%	依實際發展及需求，於都市計畫書中訂定
商業區	80%	依實際發展及需求，於都市計畫書中訂定
工業區	70%	210%
行政區	60%	250%
文教區	50%	250%
風景區	20%	60%
保護區	10%	依本細則相關規定辦理
農業區	10%	依本細則相關規定辦理
加油（氣）站 專用區	40%	120%
港埠、漁港 （專用）區	70%	210%
醫療（醫院） 專用區	60%	300%
旅館區	60%	依實際發展及需求於都市計畫書中訂定
其他使用分區	依實際發展及需求，於都市計畫書中訂定	

臺中市使用分區建蔽率及容積率表

使用分區			容積率		建蔽率
			鄰里性公共設施用地比值未逾15%	鄰里性公共設施用地比值超過15%	
住宅區及商業區	居住密度（人／公頃）	分區別			
	未達二百	住宅區	120%	150%	60%
		商業區	180%	210%	80%
	二百以上未達三百	住宅區	150%	180%	60%
		商業區	210%	240%	80%
	三百以上未達四百	住宅區	180%	200%	60%
		商業區	240%	280%	80%
	四百以上	住宅區	200%	240%	60%
		商業區	280%	320%	80%
旅館區	（一）山坡地：120%				60%
	（二）平地：160%				60%

（續下頁）

（續前表）

使用分區	容積率	建蔽率
工業區	210%	70%
行政區	250%	60%
文教區	250%	60%
體育運動區	250%	60%
風景區	60%	20%
保存區	160%，但古蹟保存區內原有建築物已超過者，不在此限	60%
漁業專用區	120%	60%
農會專用區	250%	60%
倉庫區	300%	70%

附註：一、所稱居住密度，於都市計畫書中已有規定者，以都市計畫書為準；都市計畫書未規定者，以計畫人口與可建築用地（住宅區及商業區面積和）之比值為準。

臺南市使用分區建蔽率及容積率表

使用分區		容積率	建蔽率
住宅區及商業區	分區別		
	住宅區	都市計畫地區各土地使用分區之容積率，依都市計畫書中所載規定	60%
	商業區	都市計畫地區各土地使用分區之容積率，依都市計畫書中所載規定	80%
旅館區	（一）山坡地：120%		60%
	（二）平地：160%		60%
工業區	210%		70%
行政區	250%		60%
文教區	250%		50%
保存區	160%，但古蹟保存區內原有建築物已超過者，不在此限		60%
農業區	依施行細則相關規定辦理		10%
其他使用分區	依都市計畫書規定		

高雄市土地使用分區及建蔽率、容積率限制

使用分區		建蔽率	容積率
住宅區	第一種住宅區	40%	80%
	第二種住宅區	50%	150%
	第三種住宅區	50%	240%
	第四種住宅區	50%	300%
	第五種住宅區	60%	420%
	其他未再予劃分之住宅區	60%	依都市計畫書規定

（續下頁）

（續前表）

使用分區		建蔽率	容積率
商業區	第一種商業區	40%	240%
	第二種商業區	50%	300%
	第三種商業區	60%	490%
	第四種商業區	60%	630%
	第五種商業區	70%	840%
	其他未再予劃分之商業區	80%	依都市計畫書規定
工業區	特種工業區	40%	160%
	甲種工業區	50%	200%
	乙種工業區	60%	300%
	零星工業區	70%	200%
行政區		40%	480%
文教區		40%	240%
漁業區		50%	250%
風景區		20%	60%
農業區	農舍（非建地目）	10%	依施行細則規定
	農舍（建地目）	60%	
保存區		60%	160%
倉儲區		60%	240%
葬儀業區		60%	180%
市場用地	零售市場70%		420%
	批發市場50%		300%

註：都市土地使用分區之種類，依都市計畫法區分為臺灣省、臺北市、新北
　　市、桃園市、臺中市、臺南市、高雄市為主。

資料來源：《都市計畫法臺灣省施行細則》（2020年3月31日修正版）。
　　　　　《都市計畫法高雄市施行細則》（2017年6月19日修正版）。
　　　　　《臺北市都市計畫施行自治條例》、《臺北市土地使用分區管制規則》（2019年2月23日修正版）。
　　　　　《都市計畫法臺中市施行自治條例》（2018年11月2日）。
　　　　　《都市計畫法新北市施行細則》（2019年7月3日）。
　　　　　《都市計畫法臺南市施行細則》（2019年11月25日）。
　　　　　《都市計畫法桃園市施行細則》（2019年1月17日）。

　　下列就住宅、商業、工業及農業區等讀者較常接觸的土地使用類型分區進行介紹。

(1)住宅區（Residential District）

為保護居住環境而劃定，土地及建築物使用不得有礙居住寧靜、安全及衛生。住宅依使用性質或興建地點不同，可分為：一般住宅和特殊住宅。一般住宅又因建築型式不同而分為：別墅、公寓、電梯大廈、套房等。特殊住宅則是針對不同的客層需求所規劃的住宅，包括國宅、農舍、工業住宅、銀髮住宅、山坡地住宅等。

臺灣目前住宅產品類別相當多樣化，消費者在不同的消費能力及喜好下，通常有以下選擇。

以建築規劃、型式區分：

①獨立住宅（Single-Family Detached House）：透天厝或別墅住宅

特性為獨門獨院，擁有完整的獨立產權、獨立的出入門戶及自用的住宅設備，有庭院和停車空間，獨棟或雙併的採光面大，居住活動不受其他住戶干擾。分成三種型態：獨立住宅（Single House）、雙併住宅（Duplex House）、連棟住宅（Row-house）。

②低層公寓集合住宅（Low-rise Housing）

樓層較低，約在4～5樓左右，不論是獨棟或雙併的公寓都只有一個大門，公共設施不多，因此公設比低，格局規劃大致相同，具實用性。缺點：因無人管理，易遭宵小光顧。

③電梯大樓集合住宅（中高層12～15樓，高層16～29樓以上，超高層30樓以上）（High-rise Housing）

樓層通常是12樓到29樓高度，住宅景觀佳，採光、通風良好，且多有停車空間，出入和停車較方便。缺點：由於住戶多，戶數品質及出入分子複雜不易管理，管理費用高，公共設施多且公設比率高。如管理完善，住戶水準高，管區員警巡邏頻繁，大樓保值性強，轉手也較為容易。

註：1.（法定用語：高層建築）高度50M或樓層在16層以上之建築物（建築技術規則第二二七條）一般民間習慣把30樓以上稱超高層建築物（High-rise Building）。

2.《開發行為應實施環境影響評估細目及範圍認定標準》第二十六條：住宅大樓，高度120公尺以上者（約相當40層樓），應實施環境影響評估（Environmental Impact Assessment）。

以上高層建築，隨其樓高增加，特別安全梯（2座，建技§241）、消防（各層應設自動灑水設備，建技§257）、機電（17人份緊急伸降機，建技§244）的要求較嚴格，法規也更嚴加要求其相關的配套設施，並連帶的增加其造價成本。

④套房（Suite）

適合單身貴族、學生和新婚夫妻，通常只有一間房間、一套衛浴設備或加個廚房，多坐落於鬧區、商業區或學校附近，戶數多、流動率高、出入分子複雜、管理維護不易；特定人口需求，轉手不易。

⑤社會住宅、合宜住宅、現代住宅（Social Residence）

為配合《國民住宅條例》於2015年1月7日公布廢止，由《住宅法》銜接，未來政府以興辦只租不售的社會住宅，供無自有住宅或一定所得、財產基準以下的家庭或個人承租，更具公益性。合宜住宅係按「健全房屋市場方案」辦理，為房地出售，採限定承購資格，提供中低收入之無

自有住宅家庭合宜價位之住宅，舒緩房價上漲情形之政策目標。目前推動中之合宜住宅位於機場捷運A7站周邊及板橋浮洲地區。

簡單區分如下：「合宜住宅就是居住者購屋時，擁有土地及房子的產權；社會住宅則是只租不售，以低於市價（區域租金行情）八折的金額，協助弱勢族群、青年學子租屋；現代住宅，則是房子只擁有房子的使用權利，沒有土地的產權。」

各式政策性住宅比較

	現代住宅	合宜住宅	社會住宅	青年住宅
規劃單位	經建會	內政部	內政部	公共工程會
土地使用方式	不賣地，僅售70年使用權	建物、土地均賣	只租不賣	只租不賣
規劃方向	大臺北捷運末站或往後延伸1～2站、強調具現代機能	每坪均價不超過15萬元	－	年輕、時尚、交通便捷；以改裝現在建物為主
選址	1.土地：近2013年通車的頂埔站，約310戶 2.三峽：近規劃中的教育研究院站，約240戶	1.機場捷運A7站 2.板橋浮洲 3.林口國宅預定地	合宜住宅中提撥一定比例	1.永和分局警察局宿舍 2.桃園縣民生大樓
興建單位	民間興建	民間興建	民間興建	尚未確定
貸款條件	30年期、高成數、低頭款	一般	－	－

資料來源：經建會、內政部。

⑥山坡地住宅（Hillside Residence）

就是蓋在山坡地上的房子。所謂的山坡地，依《山坡地保育利用條例》（Slopeland Conservation and Utilization Act）第三條所述：「標高在海拔100公尺，或者標高未滿100公尺而其平均坡度5%以上者，經中央或直轄市主管機關劃定範圍報請行政院核定公告之公私有土地。」以上都屬山坡地。由於有些山坡地坡度很陡，加上地質不適合興建

山坡地可利用限度分類標準的坡度級別	
坡度級別	坡度（%）
一級坡	5%以下
二級坡	5～15%
三級坡	15～30%
四級坡	30～40%
五級坡	40～55%
六級坡	55%以上

建築物使用，因此購買山坡地住宅的投資人，要更加注意住宅本身的安全性問題。1997年林肯大郡事件對臺灣山坡地開發是一重大打擊，更引發政府對山坡地政策與法令全面檢討，山坡地管理政策已趨向嚴格，並朝開發許可及專業審查簽證兩大方向發展。茲列出以下管理方向提供參考：a.平均坡度超過30%以上者，限制較嚴，且有不得作為建築基地之趨

勢；b. 1998年，政府重新制訂《建築技術規則》，明訂不得開發建築的山坡地，包括順向坡傾角大於20°，且有自由端，基地面在最低潛在滑動面外側地區，建築技術規則亦修法限制建築物高度。

⑦ 地上權住宅（Ground Right House）、使用權住宅（Right of Use House）

地上權住宅市場興起，主因立法院在2011年三讀通過《國有財產法》修正案，禁止標售500坪以上國有土地，並於2012年初公告施行。目前大面積國有及公有土地，只能採地上權或BOT招標，地上權住宅開始在全臺陸續推出。

「地上權住宅」：建設公司向政府標得地上權土地後，興建房屋出售。購屋者可取得建物所有權及地上權持分（可分割之地上權），如「臺北花園」、「高雄永信R5新世界」，土地是國家的，對土地僅擁有地上權而無所有權，對建物則擁有所有權。一般俗稱買屋不買地，買方只擁有建物所有權，未取得土地所有權，有房屋權狀沒有土地權狀，所以總價比一般住宅行情低2到4成，但要繳房屋稅，地租是以公告地價的2% 至10%來計算，不需負擔地價稅，住戶需繳納權利金，賣出房子時，也不用繳土地增值稅，卻仍須支付「地租」給建商，且貸款成數也低，使用期滿須拆屋還地且無增值性，都是購買地上權住宅要多留意之處。

「使用權住宅」：建設公司向政府標得土地之地上權，但政府規定地上權不得分割移轉（不可分割之地上權）。建設公司興建房屋後，土地的地上權及建物所有權仍屬該建設公司所有；換言之，房屋是登記在建商名下，買方僅擁有使用權，只能拿到建商給予的購買憑證，包括房屋貸款的借款人都是建商轉貸，貸款利率較高，且社區管委會並無法律保障。其性質近似《民法‧債權編》之租賃權，如臺北火車站之個案「京站」、「華固新天地」（如下頁表）。

通常分「定期地上權」和「不定期地上權」兩種，但一般都有期限，時間長達50至70年左右，時間一到就喪失房屋所有權或雙方續約繼續使用。地上權住宅其實就是預付租金的概念。舉例來說，假設地上權住宅1坪價格為30萬元，權狀20坪，總價就是600萬元。若將這600萬元視為租金概念，使用期限50年，每年租金就是12萬元（600萬÷50年），平均每個月租金1萬元。

當前地上權住宅的二大難題，其一，地租問題：因一般自用所有權住宅的地價稅為申報地價0.2%。地上權住宅雖無地價稅，但每年需支付地租

給政府，地租一般為申報地價的2.5%，另1%隨公告地價逐年浮動。其二，貸款問題：這更是攸關地上權住宅市場發展榮枯的重要關鍵因素，一些銀行對於地上權住宅的購屋貸款不願承作，有些銀行願意承作卻拉高貸款利率2.3%～2.7%。地上權住宅雖然取得便宜，但有一些需面對的難度，未來轉手因貸款不容易取得且成數較低，影響買方意願，購買前需審慎評估。

坊間三種住宅產品比較

住宅產品	所有權住宅	地上權住宅	使用權住宅
房價	市價	約市價7折（繳權利金）	約市價7折（繳權利金）
土地所有權	V	×	×
房屋所有權	V	V	×
地上使用權	V	V（有地產權）	×（僅有地上租賃權）
使用年限	永久	50或70年	50或70年
貸款條件	成數：約7成以上 利率：約2%	成數：約6至7成 利率：約3%至4%	由建商作東、自定條件，和銀行合作提供融資
買賣成本	契稅、印花稅、土增稅	契稅、印花稅	印花稅
持有成本	房屋稅、地價稅	房屋稅、地租	地租
須實體登錄	V	V	×
代表範例	一般住宅	臺北花園	京站

資料來源：《商業周刊》第1370期。

地上權演變歷史

地上權版本	實施時間	使用年限	地租	土地權屬	土地分割	建物	案例
1.0	1995年5月起	一般50年	公告地價5%	地上權及建物所有權可移轉	可以	有所有權	信義區 臺北花園〔50年〕 中山區 京華DC〔50年〕 寶　成 河畔皇家〔50年〕
1.5	2004年4月起	一般50年	公告地價5%	使用權	不可以	無所有權	臺　北 京站〔50年〕 華　固 新天地〔70年〕 昇　陽 寓見〔50年〕
2.0	2013年10月起	70年	公告地價3.5%	地上權及地上物得一部讓與，也就是可「分戶移轉」	可以	有所有權	麗　盛 臺中梧棲透天案〔70年〕 永　信 高雄R5新世界〔70年〕 潤　泰 代官山〔70年〕
2.5	2016年10月起	70年	公告地價3.5%（2.5%固定＋1.5%浮動）	地上權及地上物得一部讓與，也就是可「分戶移轉」	可以	有所有權	新光人壽 臺北中正區成功段一小段126等地號〔70年〕 元大商銀 臺北大安區懷生段二小段114-1等地號〔70年〕 鵬　程 高雄左營興隆段737-3地號〔70年〕

製表：蔡惠芳、郭及天。

⑧休閒住宅（**Casual House**）

把休閒風潮和住宅做結合，以設置多元化的休閒公共設施和功能，作為住宅推出銷售的賣點。建築規劃型式可能是大樓、別墅或小木屋等，近幾年流行的，就屬北投或陽明山溫泉休閒住宅。

⑨銀髮住宅、老人住宅（**Senior House**）

由於老年人口日趨成長，銀髮族的住宅將成為21世紀不動產主流產品之一。銀髮族居住之環境大約可分為傳統住宅（公寓、大樓、透天）、傳統安養院（安養中心、仁愛之家）、高級退休住宅（老人住宅、養生村）。銀髮住宅的規劃與管理相當特殊，其主要客層為60歲以上，需要社工人員的照顧與安撫，因為遠離子女兒孫獨自居住，生理與心理上較一般人容易出現問題，所以整體空間規劃上要以方便、安全為主，並且因應他們的需求來設計。不過要注意的是，老人住宅和外界常說的「老人安養院」大不相同，老人住宅必須是生活能自理、無精神疾病或失智症者才能居住（老人安養院則是有專人照料健康有疑慮的老人），所以一旦有老殘情形發生時，必須搬離老人住宅並由家人帶回照料。目前已投入開發或正在進行中的企業集團，包括潤泰（潤泰生活新象）、台塑（養生村）、奇美（悠然山莊）等。

⑩商務住宅、酒店式公寓（**Service Apartment**）

又稱「酒店公寓」，顧名思義，就是一種具有完善設施與高級服務品質的住宅，不但具有觀光旅館的服務與便利，更具有公寓的隱私與家庭感。為了有別於傳統觀光飯店，和一般陽春型出租公寓，世界各國對酒店公寓都給予全新的稱呼。英國人稱它為「Service Apartment」，法國人的命名是「Residence Hotelieres」，香港人多半叫它「服務式住宅」。也有一些國家，將酒店公寓叫做「Apartment Suites」。商務住宅地點上有其條件限制，最好位於資訊流通、公共資源豐富的商業區。好的硬體設備：如游泳池、交誼廳、健身房、餐廳等，及軟體設備：如網路傳真、收送衣物等，都是商務住宅的必備條件。商務住宅的代表有信義傑仕堡、天母傑仕堡、天母星辰。

(2)**商業區**（**Commerical District**）

為促進商業發展而劃定，隨著經濟的發展、人口的成長及商業活動的增加，都市土地價格往往隨之上揚。本類房屋以提供商業的經濟活動為主，屬營利式的生產空間，大型的商場如：百貨公司、量販店、大型商場、購物中心等；小型的商場如：零售商店、便利商店、黃金店鋪等；其他如大飯店、會

議中心等。辦公大樓亦屬營利式的生產空間。

(3)工業區（Industrial District）

為促進工業發展而劃定，工業用地大多位於工業區內，以提供製造生產空間為主，屬營利式的生產空間，如：工廠廠房、工業大樓、廠辦大樓（集合工廠和辦公用途的大樓）。隨著國內製造業的大量外移，工業區純粹作為工廠的需求已逐漸降低，且因工業用地地價亦隨經濟發展而上漲，興建廠房出售之商機已大為降低，因此工業用地轉而申請自辦重劃變更為住宅用地，或部分之地主及開發商轉而違規興建住宅出售。

然依照土地使用分區管制規定，位於住宅區、商業區或甲、乙、丙種建築用地使用分區內之土地建物方能作為住宅使用；若在都市地區內工業區或非都市地區丁種建築用地上興建的住宅，則為「工業住宅」。

由於工業住宅在建物權狀上的主要用途欄是登載為「一般事務所」或「一般零售業、一般服務業」等字樣，所以是無法申請政府各項優惠貸款的，一般銀行對於工業住宅的貸款成數也不高。

2015年10月1日起，內政部也要求仲介業提供的不動產說明書強制記載應查明建物是否位處工業區，或不得做住宅使用的商業區（例如：娛樂區）或其他分區，若未記載恐會受罰。

(4)農業區（Agricultural District）

供保持農業生產而劃定，除保持農業生產外，僅得申請興建農舍（Farm Housing）、農業產銷必要設施或休閒農場及其相關設施。2000年1月26日《農業發展條例》（Agricultural Development Act）修法前，臺灣的農地政策原為「農地農有」，規定必須具備「自耕農」身分的人才能買賣。但是《農業發展條例》修法後，改為「農地農用」的政策下，現在對農地是只管「地」不管人，因此農地限制為農業之用，只要是自然人都可以承購農地，不管你是什麼身分，都可以購買農地，但是對私法人仍有限制。雖然不限制購買人，但是在農地和耕地的面積上，會有最小面積的限制；耕地面積分割不能小於0.25公頃（756坪），申請人之戶籍所在地及其農業用地，須在同一直轄市、縣（市）內，且其土地取得及戶籍登記應滿二年；興建農舍要滿五年始得移轉所有權，但因繼承或法院拍賣而移轉者，不在此限（農發§18）。

個別興建農舍的興建方式、最高樓地板面積、農舍建蔽率、容積率、最大基層建築面積、樓層數、建築物高度及許可條件，應依《都市計畫法省（市）施行細則》等其他相關法令規定。

至於申請建照方面，依《農業發展條例》第八之一條規定，個別農地所有人只要興建農業設施，不超過建築面積45平方公尺（13.5坪）且屬一層樓之建築者，不需申請建照。

臺灣省和北、高兩市農舍建築規定比較

項目	臺灣省		臺北市	高雄市
	都市計畫地區	非都市計畫地區		
建築屋簷高度	14公尺	10.5公尺	10.5公尺	10.5公尺
樓層限制	4層	3層	3層	3層
最大基層	無	330平方公尺	165平方公尺	無
建築面積最大樓地板面積	660平方公尺	495平方公尺	無	660平方公尺
建蔽率	10%	10%	10%	10%
法源依據	《都市計畫法臺灣省施行細則》第29條	《實施區域計畫地區建築管理辦法》第5條	《臺北市土地使用分區管制規則》第72條	《都市計畫法高雄市施行細則》第25條

註：根據《農業用地興建農舍辦法》第六條之規定，「申請興建農舍之該宗農業用地，扣除興建農舍之土地面積後，供農業生產使用部分應為完整區塊，且其面積不得低於該宗農業用地面積90%。」

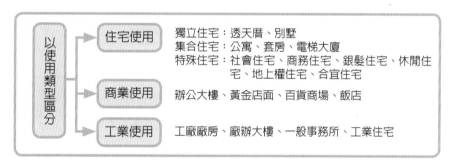

註：集合住宅為多戶住宅共同一個建築基地、共同出入門戶，共用部分公共設施（樓梯、庭院、走廊、水電設備）或空間，住戶進出頻繁，比較有干擾性。

（二）非都市土地（Non-Urban Land）

指都市計畫範圍以外的全部土地，受《區域計畫法》（Regional Planning Act）或《非都市土地使用管制規則》（Use Zone Designation of Non-urban Land Regulations）所管轄，又於《區域計畫法施行細則》第十三、十五條將非都市土地，一般都會先劃定使用分區，再編定用地，其「劃定使用分區」分為特定農業區、一般農業區、工業區、鄉村區、森林區、山坡地保育區、風景區、國家公園

區、河川區、海域區（2013.10.23新增）與其他使用區或特定專用區等十一大類使用（分）區。「編定用地」分為甲種建築、乙種建築、丙種建築、丁種建築、農牧、林業、養殖、鹽業、礦業、窯業、交通、水利、遊憩、古蹟保存、生態保護、國土保安、殯葬、海域、特定目的事業等十九種使用地別，同時規定各種使用分區的劃定標準與各種使用地的編定原則。限制其依規定「容許使用項目」與「使用強度」作為使用，不得違反規定使用，是以土地管制為原則。管制結構乃由直轄市或縣市政府編定農業（甲）區、鄉村（乙）區、森林、山坡及風景（丙）區、工業（丁）區等區域之建築容積管制。

非都市土地使用分區及建蔽率、容積率限制

使用分區	建蔽率	容積率
甲種建築用地（A-class construction land）	60%	240%
乙種建築用地（B-class construction land）	60%	240%
丙種建築用地（C-class construction land）	40%	120%
丁種建築用地（D-class construction land）	70%	300%
窯業用地（Ceramic industry land）	60%	120%
交通用地（Transpotation land）	40%	120%
遊憩用地（Recrational land）	40%	120%
殯葬用地（Cemetry land）	40%	120%
特定目的事業用地（Special-purpose land）	60%	180%

非都市土地使用之類別及性質

甲種建築用地	供山坡地範圍外之農業區內建築使用者
乙種建築用地	供鄉村區內建築使用者
丙種建築用地	供森林區、山坡地保育區、風景區及山坡地範圍之農業區內建築使用者
丁種建築用地	供工廠及有關工業設施建築使用者
農牧用地	供農牧生產及其設施使用者
林業用地	供營林及其設施使用者
養殖用地	供水產養殖及其設施使用者
鹽業用地	供製鹽及其設施使用者
礦業用地	供礦業實際使用者
窯業用地	供磚瓦製造及其設施使用者
交通用地	供鐵路、公路、捷運系統、港埠、空運、氣象、郵政、電信等及其設施使用者
水利用地	供水利及其設施使用者
遊憩用地	供國民遊憩使用者
古蹟保存用地	供保存古蹟使用者
生態保護用地	供保護生態使用者

（續下頁）

（續前表）

國土保安用地	供國土保安使用者
殯葬用地	供殯葬設施使用者
海域用地	供各類用海及其設施使用者
特定目的事業用地	供各種特定目的之事業使用者

註：特定目的事業用地，包括：慈善或社福設施、學校、幼兒園、休閒農業（設施部分）、發電廠、加油站、農（漁）會之集貨、運銷及廳舍等相關設施、營建廢土廠、垃圾掩埋廠、無線電臺設施、泉水包裝設施。

臺灣地區土地使用計畫與管制體制

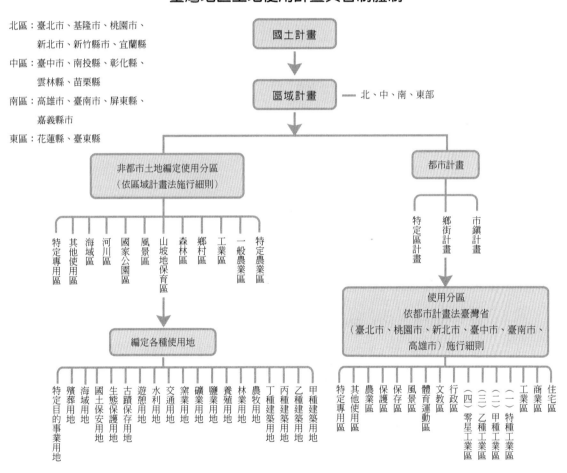

北區：臺北市、基隆市、桃園市、新北市、新竹縣市、宜蘭縣

中區：臺中市、南投縣、彰化縣、雲林縣、苗栗縣

南區：高雄市、臺南市、屏東縣、嘉義縣市

東區：花蓮縣、臺東縣

都市土地與非都市土地之使用管制比較表

項目＼土地類別	都市土地	非都市土地
管制法源	依《都市計畫法》	依《區域計畫法》非都市土地使用管制規則
土地使用分區	農業區、保護區、住宅區、商業區、工業區、行政區、文教區、風景區、特定專用區等9種使用分區	特定農業區、一般農業區、工業區、鄉村區、森林區、山坡地保育區、風景區、國家公園區、河川區、海域區、其他使用區或特定專用區等11種使用分區
使用地編定	無此規定	甲種建築用地、乙種建築用地、丙種建築用地、丁種建築用地、農牧用地、林業用地、養殖用地、鹽業用地、礦業用地、窯業用地、交通用地、水利用地、遊憩用地、古蹟保存用地、生態保護用地、國土保安用地、殯葬用地、海域用地、特定目的事業用地
上級指導機關	內政部營建署	內政部地政司
審議機關	各級都市計畫委員會	各級區域計畫委員會
土地開發方式	徵收區段徵收及市地重劃	向目的事業主管機關提出興辦事業計畫及申請開發許可
使用強度管制	建蔽率、容積率、依各種使用分區分別限制使用	建蔽率、容積率、容許使用之項目及許可使用細目
都市設計之限制	基地內前後側院之深度及寬度、停車場及建築物之高度，以及有關交通、景觀或防火等	無此規定

資料來源：土地建築開發、王啓圳。

二、依土地之權屬區分：私有土地、公有土地

依土地所有權之歸屬來分類，可分為：

（一）私有土地（Private Land）

依《土地法》第十條規定：「中華民國領域內之土地，屬於中華民國人民全體，其經人民依法取得所有權者，為私有土地。」國人依法取得所有權的土地，所有權人為自然人或法人的土地，就為私有土地。私有土地，包括自然人與法定人所有之土地。

（二）公有土地（Public Land）

不屬於私有土地的，即為公有土地，權利歸屬為國有，就稱國有土地。依《土地法》第四條規定，公有土地可分為國有土地、直轄市有土地、縣（市）有土地及鄉（鎮、市）有土地四種。

不屬於私有或地方所有之財產，除法律另有規定外，均應視爲國有財產（國產§2），而爲國有土地外，尙可依徵收（土地法§28、土徵§3）、區段徵收（土§212、平均地權條例§53、土徵§4）、照價收買（土§28、§29、平§16、§26、§26-1、§47-1、§72、§76）、強制收買（新市鎭開發條例§15、§16、§17、§18）取得土地所有權，而爲公有土地。

三、依土地使用目的區分：建築用地、非建築用地

所謂建地（Land Used for Construction）係指法令規定可供建築之土地，而非建地（Land Used not for Construction），乃指不可供建築使用之土地。

根據《土地法》第二條所述，土地依其使用上之差異可分爲四類：

（一）第一類：建築用地（法令規定可供建築之土地）

例如：住宅、官署、學校、工廠、公園、娛樂場、寺廟、教堂、軍營、碼頭、倉庫、墳場、船埠等，都屬於建築用地。

（二）第二類：直接生產用地

例如：農地、林地、牧地、鹽地、水源地、池塘、礦地等，則屬於直接生產用地。

（三）第三類：交通水利用地

例如：道路、水道、湖泊、海岸、溝渠、堤堰等屬之。

（四）第四類：其他土地

除上述之外，例如：雪山、沙漠等屬之。

四、依開發程度區分

（一）生地（Raw Land）

指尙未開發之土地，未經過都市計畫之細部計畫、未經過市地重劃（Land Replotting）、沒有公共設施及道路開闢等，無法隨即開發建築使用之土地，或尙未取得開發許可皆屬之。

（二）熟地（Served Land）

與上述剛好相反，指已經過細部計畫之土地，已有公共設施，並可指定建築線（Building Line），有相關之都市計畫規定，可立即開發建築使用之土地。

生地對建設公司土開人員而言，因屬非建地，無法立即開發建築，需經冗長之開發許可程序或分區變更程序，始得變更為建地，時間冗長，耗時又耗錢；換言之，生地必須經過投資加工，其背後隱含加工之利潤與風險。一般建設公司開發以熟地為主，可立即加工，簡單、時間短，資金回收快。

臺灣地區土地使用計畫與營建法規體系圖

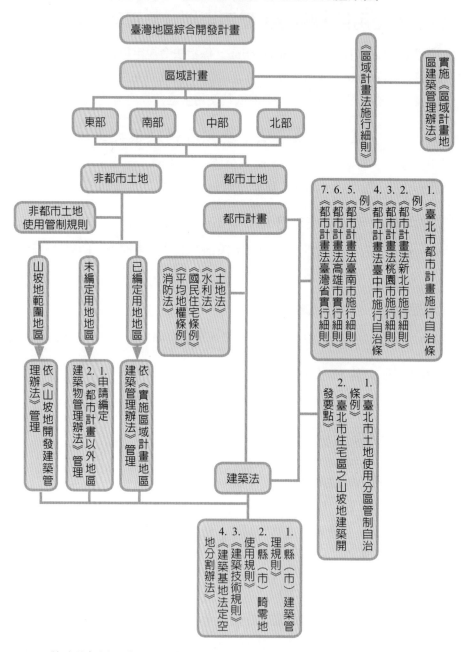

註：《都市計畫法新北市施行細則》2014年5月1日生效。
　　《都市計畫法臺中市施行自治條例》2014年2月8日生效。
　　《都市計畫法臺南市施行細則》，並於2014年4月19日公告實施。

第一篇　入門篇

1-3　房屋有哪些種類？　Real Estate Theory and Practice

一般而言，區域計畫範圍內之土地可分「都市土地」與「非都市土地」；而都市土地大多位於開發較成熟的都市化地區；非都市土地則必經編定使用分區，規定使用地用途的過程。土地使用管理所牽涉的法令層面，包含「都計」及「建管」兩方面；都市土地在都計管理上，是受《都市計畫法》及其施行細則（包括實施容積管制地區的土地使用分區管制規則）所規範，而其建築管理則應依循《建築法》及其子法（如《建築管理規則》、《建築技術規則》、《畸零地使用規則》、《違章建築處理辦法》等）之規定辦理。

非都市土地在都計管理上，是受《非都市土地使用管制規則》所規範，依其規定，非都市土地得劃定分區，並依其土地使用性質編定用途，以為管制的標準。而其已編定使用地者，建築管理則應依循《實施區域計畫地區建築管理辦法》之規定辦理，未編定使用地者，依《都市計畫以外地區建築管理辦法》。（註2）

1-3 房屋有哪些種類？

房屋是指附著在土地之上的建築改良物，簡稱建物。除上節按土地使用類型區分之住宅：住宅區、商業區、工業區及農業區外，還有以下種類。

一、以屋齡分

（一）預售屋

指領有建築執照還沒有動工興建，或正在興建中尚未完工，而以將來完成的建築物作為交易標的物，也就是還沒蓋好，就先行銷售的房子。通常建商會委託代銷公司建造接待中心和樣品屋，展示未來興建完工的樣貌，因此販售的是一種「未來的想像」。

（二）成屋

指領有使用執照、或房子已經蓋好，但還沒有領到使用執照的房屋。成屋又可依完工時間的期限，而分成新成屋、新古屋及中古屋。

（三）新成屋

全新完工開賣或未賣完的餘屋，屋齡在一至三年內，且無人居住過的房子，例如：建商剛完工但還沒銷售完畢的餘屋；或是投資客買進預售屋，在交屋後急欲脫手的新房子。

（四）新古屋（半新成屋）

屋齡三至五年的房屋，沒有居住過的房子，因建商完工後才銷售，銷售期間長達五年，所以稱為新古屋（也有人稱半新成屋）。

（五）中古屋

只要完工屋齡超過一年以上、有人居住過的房子，或是興建完工、銷售期間超過五年以上的房屋，都一律稱中古屋。通常中古屋會在仲介市場上流通。

二、依照拍賣方式區分

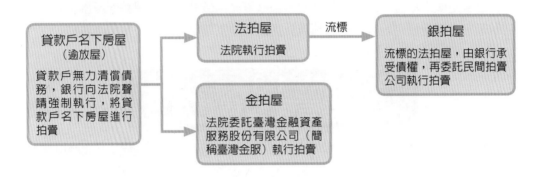

逾放屋

所謂逾放屋，就是原房貸戶因為後來繳不起房貸，而被法院強制執行抵押權或被設定抵押的銀行收回的不良資產。而根據收回或指定單位的不同，大致又分為法拍屋、金拍屋、銀拍屋等。

1. 法拍屋

即被法院拍賣的房子。房屋持有人欠別人或銀行錢不還，債權人即可向法院聲請強制執行，經法院查封、鑑定、公告後拍賣變現，用以償還債權人債務。

2. 金拍屋

係由臺灣金融資產服務股份有限公司（簡稱臺灣金服）拍賣的房子，一般是由法院委託臺灣金服拍賣的拍賣案件，也有金融資產管理公司委託臺灣金服代拍，這種房子就稱金拍屋。

3. 銀拍屋

指銀行自行或委託拍賣公司（例如：戴德梁行）拍賣的房子。銀行貸款出去

客戶已三個月以上不繳本息，銀行因有房地產抵押，經聲請強制執行法拍多次拍不出去，由銀行自行買回，所有權變銀行，然後再拍賣出去的房子。

銀拍屋與法拍屋比較表

	銀行拍賣屋	法院拍賣屋
投標方式	當場口頭公開喊價競標，現場清楚掌握投標人數及投標價錢，買得放心，價格便宜滿意。	預先用借封投標，投標價錢不清楚，不知道投標要投多少錢。
投標底價	專業鑑價公司鑑價，以市價5～7成起拍賣。	價錢高低不確定，必須自己訪價判斷。
投標保證金	每一戶保證金6萬元。	投標底價20%。
標後貸款	一般買賣付款方式，可貸款（銀行保留貸權）。	得標後7日內，須繳清拍定總額價金，再自行貸款。
占用情形	已由銀行排除後再行出售。	需法院點交，取得房屋曠日費時。
占用對象	無。	被賣人、占住人、原承租人。
拍賣風險	可以看屋，屋況清楚，購屋安心。所有權人為銀行，產權清楚，購屋無風險。	無法看屋，屋況不明，有遭蓄意破壞可能，造成額外損失與負擔。

資料來源：中信房屋。

1-4 「產權」的意義

一、不動產權利內涵

房地產的產權權利依據《民法・物權編》、《民法・債權編》的分類，屬於物權關係的有所有權、地上權、抵押權、典權、不動產役權、農育權等六種，屬債權關係的有租賃權。且《民法》第七五八條規定：「不動產物權，依法律行為而取得、設定、喪失及變更者，非經登記，不生效力。」

房地產雖然不能移動，但是它的「權利」卻可以移轉，例如：「土地」除了所有權（完全物權）之外，還有他項權利（《民法》稱為不動產定限物權，包括地上權、抵押權、典權、不動產役權、農育權等）都是可以移轉的。但依《民法》之規定，對於土地權利之適用，尚難囊括無遺，且《土地法》為《民法》之特別法，《土地法》中有關耕作權（土§133）、基地使用權（準地上權）（土§102）、法定優先購買權（土§104、§107、§124）等，亦具有物權之效力，值得注意。除此之外，《民法》中之租賃權，事實上亦為不動產權利之內涵，簡

述如下。

（一）所有權（Ownership）

《民法》第七六五條：「所有人，於法令限制之範圍內，得自由使用、收益、處分其所有物，並排除他人之干涉。」《民法》第七七三條：「土地所有權，除法令有限制外，於其行使有利益之範圍內，及於土地之上下。如他人之干涉，無礙其所有權之行使者，不得排除之。」所以，土地所有權的範圍，除地面外，尚可以達到空間及地下。所有權對於物有全面支配的權利，所以是「完全物權」。當所有權人不自己行使完整所有權權能，卻將部分權能授與第三人，則該第三人所取得者，即爲「定限物權」。定限物權依其權利內容之不同，又可分爲「用益物權」與「擔保物權」。

（二）典權（Dian Right）

《民法》第九一一條：「稱典權者，謂支付典價在他人之不動產爲使用、收益，於他人不回贖時，取得該不動產所有權之權。」所謂的典權，是支付典價，使用他人的不動產或獲得收益的權利。典權存續中，典權人得將典物轉典或出租於他人或設定抵押權；但典權約定期限不得超過三十年；典期屆滿出典人不以原典價回贖時，典權人即取得典物所有權。

（三）租賃權（Lease Right）

《民法》第四二一條：「稱租賃者，謂當事人約定，一方以物租與他方使用收益，他方支付租金之契約。前項租金，得以金錢或租賃物之孳息充之。」不動產之租賃契約，其期限逾一年者，應以字據訂立之。未以字據訂立者，視爲不定期租賃（民法§422）。《民法》第四二五條規定：「出租人於租賃物交付後，承租人占有中，縱將其所有權讓與第三人，其租賃契約，對於受讓人仍繼續存在。前項規定，於未經公證之不動產租賃契約，其期限逾五年或未定期限者，不適用之。」今後凡是未定期租約、或訂約期限超過五年以上者，如未經法院公證效力，即「買賣可破租賃」，買受人的效力是大於租賃權的效力。

（四）地上權（Superficies Right）

地上權係以使用他人土地之用益物權，由於土地之利用，隨科技文明之進步而逐漸向空中與地下發展，由平面化而趨向立體化，乃產生土地空間上分層利用之結構。茲將地上權分爲「普通地上權」及「區分地上權」兩類，以便區別。

1. 普通地上權

《民法》第八三二條規定：「稱普通地上權者，謂以在他人土地之上下有建築物或其他工作物爲目的而使用其土地之權。」其社會意義在於調和土地所有權人擁有所有權而不加以使用，但另一方無所有權而有意使用土地，透過地上權使土地所有權人及地上權人互蒙其利，促進土地利用。例如：在他人土地上興建房屋等，而且地上權得爲抵押權標的物，也就是可以拿去抵押借錢的意思。近幾年來，因都市中心土地取得困難，而政府又欠缺開發土地資金，不少政府的土地開發都借重民間企業，以地上權承租的關係採BOT共同開發公有土地，目前已許可開發完成或正在營造，如臺北火車站旁日勝生建設所推出的個案「京站」就是一成功案例。

2. 區分地上權

《民法》第八四一之一條規定：「稱區分地上權者，謂以在他人土地上下之一定空間範圍內設定之地上權。」以往政府興建公共工程，徵收土地，即使只是蓋個高架橋，仍得徵收整片土地的所有權，可能侵害人民的財產權，也容易引起反彈。這一類土地糾紛，未來可望透過新增的「區分地上權」，由地上權設定空間範圍來解決。以木柵貓纜爲例，貓纜只設定距地表高度60公尺以上到73公尺範圍的土地使用權，對於60公尺以下、73公尺以上的範圍，原土地所有權人仍可使用；對政府而言，因爲只有徵收部分空間使用權，徵收價格也可以壓低。

註：另民法第八七六條第一項所規定的法定地上權，請參閱374頁所述。

（五）抵押權（Mortgage Right）

分爲普通抵押權及最高限額抵押權。

1. 普通抵押權

《民法》第八六〇條規定：「稱普通抵押權者，謂債權人對於債務人或第三人不移轉占有而供其債權擔保之不動產，得就該不動產賣得價金優先受償之權。」例如：拿房地產向銀行抵押借錢，所有權人即將房地產權設定抵押權給銀行。

2. 最高限額抵押權

《民法》第八八一之一條規定：「稱最高限額抵押權者，謂債務人或第三人提供其不動產爲擔保，就債權人對債務人一定範圍內之不特定債權，在最高限額內設定之抵押權。最高限額抵押權所擔保之債權，以由一定法律關係所生之債權

或基於票據所生之權利為限。」

「普通抵押權」：「謂債權人對於債務人或第三人不移轉占有而供其債權擔保之不動產，得就該不動產賣得價金優先受償之權。」（民法§861）

簡單的說，就是由債務人（地主、屋主）以其不動產為擔保，向債權人取得相對價金，並供其設定的擔保物權。意即普通抵押權為一特定債權，債權消滅，抵押權歸於消滅。債權與抵押權乃一對一之關係，亦即一個抵押權僅能擔保一個債權（已發生）。

「最高限額抵押權」：先有抵押權後有債權，或先有債權後有抵押權均可。債權與抵押權乃多對一之關係，亦即一個抵押權可以擔保數個債權（包括現在發生、過去已發生或未來將發生）。擔保債權確定日期內所生之債權，均由此一最高限額抵押權為擔保，超過最高限額，就無優先受償之權利。

普通抵押權與最高限額抵押權之比較

法律關係比較	最高限額抵押權	普通抵押權
擔保之債權	擔保現在、過去、未來發生之債權。	擔保已發生之債權。
使用方式	債權人於存續期間可繼續使用（即隨借隨還），而不需塗銷後重新設定登記。	不能繼續借用。債權受償後，抵押權雖未塗銷，亦失效力。
擔保債權種類	在擔保存續期間內，債務人對抵押權所負在最高限額內之一切債務（借款、票據、保證、墊款、貼現、透支），均可為抵押權擔保效力所及。	除原擔保之債權外，債務人對抵押權人負有其他債務時，對於抵押債務均不予擔保。
抵押權之擔保範圍	超過最高限額範圍外之利息及違約金，無優先受償之權利。	抵押權擔保債權及利息與違約金。

註：很多人以為還完「房貸」，銀行就應該給民眾房貸清償證明、塗銷房地抵押權，讓民眾可以賣房屋。沒想到，銀行不願塗銷該房地抵押權，最常發生的就是借款人還欠有其他債務，包括第二棟房貸、信貸或是現金卡、信用卡，或是借款人還擔任他人的保人，銀行可以因為當初民眾房貸簽訂最高限額抵押權的權利，拒絕給予房貸清償證明，民眾就沒辦法塗銷設定，也就沒辦法賣房子。

2014年11月25日，行政院消費者保護會決議通過金管會所研擬之「個人購屋貸款定型化契約應記載及不得記載事項」草案，為解決歷來借款人向金融機構辦理貸款，設定「最高限額抵押權」所擔保債務範圍之不合理現象，為了進一步保障民眾權益，明訂借款人或第三人提供擔保物設定抵押權予金融機構時，該抵押權擔保範圍僅限「本貸款契約」之債務，避免民眾領不到清償證明。但借款人因未來需求，經擔保物提供人另以書面同意者，不在此限。

（六）農育權（Agriculture Right）

《民法》第八五〇之一條規定：「稱農育權者，謂在他人土地為農作、森

林、養殖、畜牧、種植竹木或保育之權。」農育權之期限，不得逾二十年；農育權人可以將權利讓與他人或設定抵押權，以供擔保債權之履行。成立「農育權」，須以「農業用地」爲對象；又農育權爲「不動產物權」，依《民法》第七五八條「不動產物權登記生效主義」的規定，必須「登記」始生效力。

（七）不動產役權（Easement Right）

《民法》第八五一條規定：「稱不動產役權者，謂以他人不動產供自己不動產通行、汲水、採光、眺望、電信或其他以特定便宜之用爲目的之權。」舉例來說，某人爲了可以遠眺住家前方的美景，和前面空地的所有人簽訂「遠眺地役權」契約，請求他的土地建物不可高於多少公尺，以免妨礙其景觀。

所謂「便宜之用」就是除通信、電信之外，與建築有關的，如造路、排水溝施作、瓦斯等管線施工，即俗稱「路權」者，一般擁有該路權的地主，大多不願爲此而設定役權。因此若遇尚未徵收的面前道路，一般都以地主出具「切結書」的方式處理。不動產役權不得由需役不動產分離而爲讓與，或爲其他權利之標的物（民法§853）。不動產役權亦得就自己之不動產設定之（民法§859-4）。

（八）其他權利（Other Rights）

如耕作權（Cultivation Right），乃依《土地法》第一三三條之規定，爲公有荒地承墾人自墾竣之日起，無償取得所領墾地之耕作權（Cultivation Right）。如繼續耕作滿十年，即無償取得土地所有權。由此可見，耕作權之取得，以墾竣荒地爲要件，並應依法辦理耕作權之登記，以完成物權效力。如此便與《民法》上所規定之物權已無差異，故通常將耕作權視爲法定之用益物權。

《民法》物權有「所有權」與「定限物權」之區別，定限物權根據所支配的標的物內容不同，而有「用益物權」及「擔保物權」之分。當不動產所有權人係以物權契約的方式，將使用收益權授予第三人，則該第三人即取得「用益物權」，《民法·物權編》所規範的用益物權，計有：地上權、農育權、不動產役權、典權四種物權，均係以「支配他人標的物利用價值」爲內涵的定限物權，其支配的形式表現於外在，則是對標的物的使用及收益。例如：地上權就是以「使用他人的土地」，在他人土地上擁有建築物或工作物的權利，當事人間透過「設定」而取得，須經地政機關「登記」，使生效力（民法§758）。相對於「用益物權」，「不動產抵押權」屬「擔保物權」，就是以「支配他人標的物之經濟價值」爲內容的定限物權，作爲擔保債權之用。

二、什麼是容積率？建蔽率？定義及實施目的

土地使用強度影響都市之空間與環境，其影響程度在於其使用強度所引進人與車對環境之衝擊。傳統對土地使用強度的限制是依使用分區，面對大馬路或公園綠地則可獲得較大的使用強度，這是俗稱的建蔽率管制地區，而容積率管制地區則依都市成長理論，依分區訂出限制的土地使用強度，不因馬路大及臨公園則有強大的使用強度，所以容積率的實施，可以改善住宅的生活品質與容貌（1999年6月16日，全省納入容積率管制）（註3）。

我們常聽到建蔽率和容積率這兩個名詞，兩者同樣是控制土地使用強度的法規。

所謂「容積率」（Floor Area Ratio，立體管制），指的是建築基地內建築物地面上各樓層地板面積的總和，與建築基地面積之比率，不包括地下層及屋頂突出物。容積率也就是建坪與地坪的比，用來限制其使用密度，如下圖，E為基地面積；A、B、C為第一層至第三層之樓地板面積。

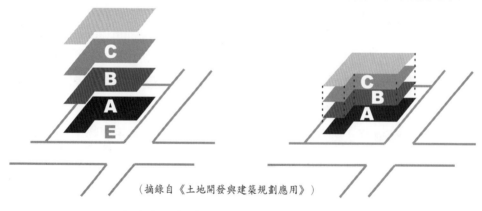

(摘錄自《土地開發與建築規劃應用》)

容積率＝各層樓地板面積之和／建築基地面積

$$＝（A＋B＋C）／E$$

> 基地面積 × 容積率＝總樓地板面積
> 假設基地面積300坪，容積率250%
> 總樓地板面積為＝300坪 × 250%＝750坪

「建蔽率」（Build Coverage Ratio，平面管制）指的是在一塊基地內，建築

物的最大水平投影面積與基地面積之比，來限制其使用密度。簡單來說，建蔽率是屬於平面管制，容積率則是屬立體管制。建蔽率的設立，主要在規定建地必須留有空地，保障日照、採光以維持環境品質，所以當建蔽率小，則表示建築面積小、空地面積大；反之亦然。

建蔽率示意圖

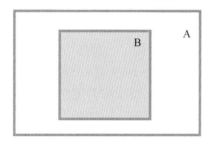

A：基地面積

B：建築面積

建蔽率：B/A

空地比：（A−B）/A

圖A整塊範圍部分為基地面積，圖B陰影部分為建築面積；建蔽率＝建築面積／基地面積＝B/A。容積率和建蔽率的高低，依每筆土地的使用分區而有所不同。

依國內各地區不同地目之建蔽率及容積率相關規定，實施容積率管制的目的，在於有效控制都市建築物的密度及人口分布，以及增加建築物造型的彈性，使都市景觀更豐富。

容積率＝（計畫人口×平均每人居住樓地板面積／建築基地面積）×100%

藉由不同容積率之賦予，合理配置公共設施與確保居住環境品質，鼓勵多樣性的建築設計，創造具有地區特色的優美都市景觀。

從建築開發的角度，容積指的是一塊基地，在都市計畫規範中可開發的最大限度或強度，因此大部分談容積時，都會以比例來做描述，舉例來說，如果一塊基地是100坪，而其法定容積是300%，則代表該基地可蓋最多共300坪的樓地板面積。容積率愈高，仍代表人口數量及活動愈密集，交通流量及建設需求也會增加，故高容積常見於位居主幹道、交通條件較佳的商業區；相對的，住宅區的容積率就略低，因為居住型態不宜過度集中，工業或農業區則是從事生產，加上工業生產還有安全顧慮，故開發密度通常更低。

1-5 何謂建築業？何謂代銷業？何謂仲介業？其關係又如何？

一、建築業簡介

我們一般會把從事房地產和地產開發業務的行業總稱為房地產產業，房地產是內需重要的行業，據行政院主計總處公布資料顯示，2016年營造業產值3,743.41億元，占國內生產毛額2.36%，另外，不動產產值1兆3,334.65億元，占國內生產毛額8.40%，兩者合計占國內生產毛額10.76%，不難了解各國之所以將不動產視為支柱產業的主因。由於其牽涉的相關產業類別甚廣，影響數以百萬員工生計，又是領頭的行業，所以也稱為「火車頭工業」。房地產的產業範圍相當廣闊，包括建築開發業、建築金融相關行業、不動產經紀業、營造業、相關顧問業與專業服務業（建築師、估價師、地政士、設計師等），只要與房地產整體開發過程中有關聯的，幾可稱為房地產的一環。然而建築開發業有很多名稱，一般稱之為建築業、建設公司、投資興建等，國外稱之為開發商或建商（Developer）。如果狹義的解釋，建築業是較符合其實際功能，因為，建築業是一以企業營利組織，從事房地產的整體開發工作，從土地開發、規劃設計、營造施工、銷售、售後服務、大樓管理等，一連串分工價值鏈的整合。

近幾年來，臺灣地區房屋建築業呈現空前的興盛，房屋建築投資公司的設立如雨後春筍般地增加，以臺北地區而言，即有千餘家之多。當前興建房屋銷售，並非只限建設公司可以蓋房屋出售，營造廠、保險公司、信託公司及不具任何法人資格的三五好友集資後，都可以成立建設公司蓋房子銷售；連個人亦可以不必辦理營利事業登記，也可以興建房屋出售。既然如此簡單，又無任何固定銷售方式限制，往往別出心裁，吸引購屋者。

目前建築業的經營型態，依土地取得、房屋興建、房屋銷售等階段，將本業之營建與銷售模式各階段之進行分析於下。

（一）土地取得方式

建設公司經過開發取得土地之後，才進行產品規劃設計，方能進行以後的市場行銷廣告策略，故土地為建築業經營之根本。臺灣的建築業在土地取得方面，約有六個不同的管道來取得土地資源。

建設公司組織圖

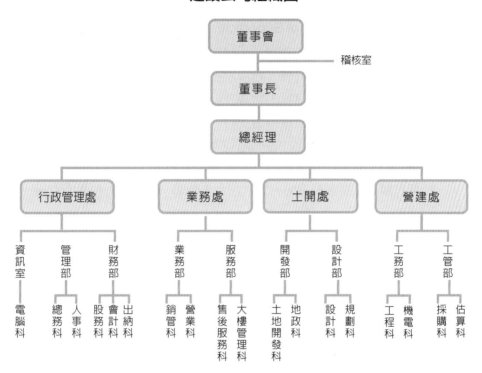

1. 買斷（購地自建，For Sale）

以直接購買民間土地的方式取得土地，此為目前建築業最主要的土地來源，所需資金較大，多為財力雄厚的建築公司所採用，諸如上市公司國泰建設公司、華固建設公司等。當建築公司中意某塊土地，與地主談妥條件後，即將整塊土地直接買下，土地的產權即可轉移至建築投資公司名下，地主則無法對其有任何要求，可避免將來產權不清的麻煩，建設公司可用「自地自建」作為號召，使購屋者對房屋有信心，可在促銷活動上更吸引購屋者。

2. 合建（Cooperative Development）

目前建設公司除以買斷方式外，就以合建方式為土地取得的主要方法。關鍵就是由地主與建設公司合作營建，地主提供土地，建設公司提供資金、技術、人力及規劃興建房屋。合建解決了土地持有者缺乏營建技術與經驗，同時建設公司僅提供部分保證金，可減輕公司的資金壓力負擔，因此，雙方皆能在誠意的合作下，以合建為互惠的方式，達成雙方最大的利益。合建最大的缺點就是易於造成地主與建築公司之間的糾紛，以致產權不清，殃及無辜的購屋者；然而，在土地

日漸昂貴、地主惜售的心理下，合建仍是土地取得的主要方式之一。

3. 承租（地上權）（Creation of Superficies）

建設公司向政府承租土地興建房屋，購屋者只擁有房屋使用權，且須另付地租使用地上權，未取得土地所有權，買屋不買地，承租期滿會被索回土地。早期這種模式多以國有土地用於興建員工宿舍，近期則因國有土地改採標售地上權，由於購屋者只擁有房屋產權，日後得另交付地租，與國人欲購「產權合一」的房屋習慣殊不合；但在臺北市寸土寸金的環境下，因住宅總價比一般行情低二到四成，且賣出房子時不用繳土增稅。通常分「定期地上權」和「不定期地上權」兩種；但一般都有期限，通常長達50～70年左右，時間一到就喪失房屋所有權。

4. 聯合開發（Joint Development）

隨著經濟發展，基地規模日益擴大，不少政府機構之開發案釋出民間投資，如：捷運BOT聯合開發案、巨蛋開發案及高鐵、鐵路局場站聯合開發案等。為降低風險及提高利潤，投資業者逐漸嘗試尋求同業或異業結盟，進行聯合開發。

5. 都市更新（Urban Renew）

都市的成長有其極限，正如人類的生、老、病、死，都市不斷的成長與進步，逐漸讓舊有社區變成生活擁擠與環境品質的惡化。為了讓都市起死回生、脫胎換骨，最好的方式就是辦理都市更新，透過政府與私人團體的努力，實施重建、整建或維護措施，讓老舊社區重建使其注入新血，改變風貌提高生活品質。

辦理都市更新，當參與都市更新的人數達一定比例以上，即同意實施。更重要的是，建築容積獎勵最高可達法定容積的1.5倍或原建築容積加法定容積的0.3倍，而且強制公有土地配合更新，另外，更新期間、更新後之土地房屋、更新機構投資等也給予稅捐減免，提高都市更新參與意願。

6. 土地標售或拍賣（For Sale by Tender or Auction）

為解決財政問題，各級政府單位（如：國有財產署、縣市政府或其他公營事業機構），或民間公開標售（或拍賣）的土地，如臺北市信義聯勤以每坪282萬元標給新光集團即是明顯案例。其他如政府因舉辦區段徵收或市地重劃取得之抵費地，常舉辦抵費地之標售，可說是建築開發商取得土地主要來源之一。

（《平均地權條例》第七條規定：政府依法照價收買、區段徵收或土地重劃而取得之土地，得隨時公開出售，不受《土地法》第二十五條之限制。）

註：

1. 區段徵收（Expropriation by Zone）（土地法§212）：政府因實施國家經濟政策、開發新市鎮區或特定目的事業等之需要，依法將一定區域內之私有土地全部徵收，重新加以規劃、整理、開發，興建必要之公共設施並取得所需土地後，其餘土地由原地主按一定比例領回或由原地主優先買回（土地徵收條例§43）；區段徵收後扣除政府取得之公共設施用地、需地機關用地與放領給地主的「抵價地」，剩餘土地則公開標售，以償還開發相關費用（土地徵收條例§44）。

2. 市地重劃（Urban Land Readjustment）：分為兩類，一為公辦的「市地重劃」，一為私辦的「自辦市地重劃」。依照都市計畫規劃內容，將一定區域內畸零細碎不整之土地，加以重新整理、交換分合，並興建公共設施，各宗土地均直接臨路且可供建築使用，然後按原有位次分配予原土地所有權人。政府公辦或自辦實施者必須拿出一筆開辦費用，再由重劃區內土地所有權人提供土地，以抵付重劃費用負擔之未建築土地，即所稱抵費地（Cost Equivalent Land）加以變現。

（二）房屋興建方式

　　建設公司一般都委託營造廠（Specialized Construction Enterprise）興建房屋，有些建設公司為確保品質，本身就擁有營造廠執照，並聘請專業營造建築技術人員。一般來說，資金雄厚、規模較大、成立歷史悠久之建設公司，才設有營造部門；此外，均是將房屋建築工程委由外部營造廠商承建。

　　建設公司本身設有營造部門，自行從事房屋興建，對房屋品質較易控制，工期也容易掌握；亦可從事研究發展，改進建築技術。房屋興建工程如委由其他營造廠商或者包商代建，若監工有所疏忽，工程品質、工期則難以控制，容易影響建設公司的信譽。

　　目前建設公司發包的方式有三種：

1. 發總包（發大包）

　　委由一家營造廠商統籌管理興建之發包方式，工料均由營造廠負責，建設公司只負責驗收。

2. 自購材料，只發包工資

　　建設公司採購籌措材料，工程發給工頭或營造廠（包工不包料）。

3. 發小包

　　建設公司借營造牌分類發包，材料自購，工程分項發包，至於施工，則由公司派遣人員進駐工地監工。這是目前最常為建設公司運用的辦法。至於營造廠的僱工或小包的種類，有如下幾種：(1)木工；(2)泥工；(3)小工；(4)鐵工；(5)油漆

工；(6)水電工；(7)模板工；(8)鷹架工；(9)混凝土工；(10)裝修工等。

4. 自建

目前國內大型建商都自行成立營造廠，由屬於自己的營造廠興建。如此則視公司體制，或比照發小包、大包方式皆可運用，除可控制工程品質外，更可省下不少管理費用。

（三）銷售方式

目前房屋銷售的方法，其序可分為：第一種是先建後售，第二種是建售並進，第三種是未建先售（預售）。

1. 先建後售

採行此種方式銷售房屋的建設公司，通常是財務穩健、資金雄厚者。亦有因房屋市場後市看好，為待價而沽，房屋採先建後售策略。目前因市場供過於求，市場產品選擇性多，客戶寧願多比三家再做決定，所以建設公司只能採先建後售來取信客戶。

優點：

(1)格局、建材、公共設施一目了然，現場直接感受，避免如預售屋只能憑想像感覺而已。
(2)成屋因為已經完工，可隨時交屋，可省下一筆租屋費用。
(3)購屋較有保障，不用擔心建商無法履約的風險。

2. 建售並進

採用邊建邊售方式的建設公司，先行施工以取信客戶，然後一面進行營建工程，一面促銷；目前很多建設公司即以開工動土後再進行銷售活動，尤其在比較保守的地區，如鄉下等，不先開工就很難銷售房屋。

3. 未建先售（預售）

此種方式一般稱之為房屋預售制度，早期絕大多數的建設公司均採預售制度，亦即未動工興建即公開銷售，接受客戶訂購，再按工程進度向客戶收取約定比例之價款；購屋者憑著建設公司的說明書介紹，預約購屋，再按工程進度依約繳款。因房屋建築所需資金龐大，預售制度可以讓建設公司運用購屋者的分期付款周轉，減輕資金壓力；購屋者分期付款，不必一次付清全部價款，相對減輕籌措房款的壓力。在正常情況下，預售制度是房屋建築業經營及籌措資金之良好方

第一篇 入門篇

1-5 何謂建築業？何謂代銷業？何謂仲介業？其關係又如何？ Real Estate Theory and Practice

法；但亦有少數不肖建設公司利用預售制度欺騙購屋者，騙取款項使購屋者辛苦的積蓄泡湯。

優點：

(1)格局因為房屋尚未蓋好，可以依照個人需求做變更。

(2)建材設備：依個人喜歡或參考選擇建設公司提供的建材，比如說地板或是衛浴廚具。

(3)選擇性多：產品樓層或是方位，選擇性較多。成屋通常是挑剩下的產品，選擇性少，不容易挑到自己喜歡的樓層、方位。

(4)施工品質：對於工程品質，可依進度到工地現場監督是否照圖施工、有無偷工減料。

建商「預售」與「先建後售」差異比較

	預售屋	先建後售
資金來源	由購屋者依工程進度依約付款，紓解建設公司籌措資金的壓力。	除自有資金外，須向銀行抵押貸款以籌措資金。
工程營建	施工期間如遭遇通貨膨脹，原物料大漲，將減少預期利潤。	因先行開工，遭遇通貨膨脹壓力較小，成本容易掌控，利潤較穩定。
區域特性	發展成熟，都會氣息濃厚的臺北市區，客戶較能接受預售屋。	民情較為保守的桃園或中南部地區，成屋較受民眾歡迎。
客戶需求	可以配合住戶需求變更格局、建材。	常因資訊缺乏，產品規劃未能符合消費者需求。
景氣影響	可隨景氣狀況調整行銷策略，彈性較大。	不景氣來臨時，因工程已先行動工，難以隨市場變動修正策略，造成餘屋滯量，容易引發財務危機。
市場及收益分析	預售屋可為建商帶來預期獲利及降低風險。	供給量及產品規劃與品質影響價格，產品售完才可計算收益。
策　略	預售屋代表的意義，是建商對未來市場抱持看好的態度，預售屋賣的是「遠景」與市場潛在購買力。	建商對市場採穩紮穩打策略，先做好財務評估計畫，按目標計畫進行，可達到預期利潤並降低風險。

雖然預售能為專案投資者紓解資金壓力，提高獲利能力，但預售完全出清（俗稱Clean）時，投資者卻面臨通貨膨脹風險，即在預售後及完工交屋前之期間內，若通貨膨脹遽增，工資及原料成本隨之上漲，便可能侵蝕投資者當初之獲利空間，甚至由盈轉虧。1973年及1980年因國際石油危機引發之國際性通貨膨脹，導致臺灣多家預售成功的建商倒閉事件即為一例（華美建設、懿成建設等）。

（四）依建設公司經營所區分的銷售方式

房屋銷售方式又可依建設公司經營的方法而分為：一是自建自售，一是業主

委託他人銷售的代售方式，或是委由現場跑專代為管理銷售。

1. 自售

　　自售即是建設公司自行銷售房屋。自建自售的方式行之已久，是自有房屋建築業以來即有的銷售方式，透過親友、報紙之廣告、海報等，與購屋者直接接觸，而將房屋銷售出去。但因市場競爭的激烈，房屋銷售更需要專門知識與技巧，才能掌握購屋者的心理，建設公司乃設有銷售企劃部門，從事房屋銷售的活動。

　　在房屋市場競爭日益激烈下，房屋銷售已走向專業化領域，雖然需求面很廣，但房屋建築業主如不了解市場動態，則無法掌握購屋者的動向。而且，房屋造型、產品規劃、定價策略或廣告作業都可能與實際情況脫節，因此必須藉助專業銷售房屋的專家，乃產生以代銷業務為主的廣告公司。

2. 代售或代管

　　房屋代售的發展歷史僅有短短數年的時間，但發展相當迅速，其產生主要在1971年，房屋建築業業務上升，房屋的供給數量大增，若干公司無法建立一個與消費者溝通的有效通路，影響資金的收回，造成資金營運的困難，因此產生新的構想，成立包括市場研究、廣告企劃等聚集專門人才，專門代理建設公司銷售房屋的服務性銷售公司，即代銷公司（又稱廣告公司）。

二、代銷公司簡介

（一）代銷公司的角色

　　從市場學探討市場活動的發展史，經歷以下四個階段：1.生產導向；2.銷售導向；3.行銷導向；4.社會行銷導向。在這個演變過程中，可了解市場活動已面臨「消費者本位」及「專業化分工」的時代，亦即如何去滿足消費者需求，及發現尚未被「顧客」以及「市場」滿足的需求，而將滿足這種慾望作為企業的基本目標。市場活動在「消費者本位」的原則下，專業分工便顯得相對重要了。

　　近幾年來，房屋代銷公司的蓬勃發展，反映出「市場」導向日趨重要及「銷售」專業化被顧客肯定，為使成本合理化，建商不得不採取大規模的經營。為追求正確的市場研判，並降低成本減少風險，必須與專業化的行銷公司合作，否則自行成立廣告部門因開銷大、案件少，經營績效不易提高，人才也不易留住；因此，「投資分析」與「廣告代銷」業者已成為建築投資業確實需要的服務

事業。

今後由於銷售制度不易一時改弦易轍，廣告銷售公司仍是建設公司的共生體。新穎的創意、市場的導向，及口若懸河的銷售高手，將透視圖的房屋銷售出去，唯有依賴年輕、有幹勁的業務人員，始可勝任。這也不是一個銷售人員或市場調查人員就可以組織一個代銷公司，而勝任工作必須累積多年豐富的行銷經驗、市場導向、深入購屋者行為及需求，更需要具備企業管理、財務運用、土地代書、建築規劃，以及熟悉政治、經濟、金融的專業人才，配合良好的公共關係；如此資本密集的建築投資業，只需在投資一塊土地之前，將必要的土地基本條件及資料提供給企劃代銷公司，做各方面的深入分析，就可在案件推出前，了解未來的預估利潤及風險，如此，建設公司可節省許多不必要的人力與物力，而機動有效地善用市場資源。

所以代銷的業主是建商，而且是以整批房屋銷售為主，品牌形象的主體是業主，也就是建商，以及建案，行銷往往訴求於建商的品牌，或是建案特色以及售後服務等，是一種「from B to C」的銷售型態。

（二）代銷公司的組織與活動過程

代銷公司的組織比較單純，一般只分市調部、推廣部、業務部、企劃部、管理部、財務部。各部門的工作都非常明顯，而且互相關聯（見55～56頁流程圖及組織圖）。因代銷公司的案子來源時有時無，難以確定，有時因銷售佣金條件談不妥，或經濟不景氣，沒有案子的來源，都會讓銷售公司大部分人員沒事可做（市場部人員除外），所以人事費用常成為代銷公司的最大包袱。故有些公司為節省開銷，如果經營者本身注重企劃工作者，就不設業務部，只設櫃檯小姐，有案子時，臨時請跑單幫小姐；有的小型公司乾脆不設業務部及企劃部，只設推廣、市調部（即老闆、股東都是成員），有案子時，再找跑單幫的銷售小姐及企劃設計外包，如此可省下一大筆人事開銷。但對於有規模、有組織的公司，為維持其公司信譽及水準，經常要維持固定人員及開銷，以保持公司業務蒸蒸日上。如何使人員精簡，且維持最低的人事開銷，應當是代銷公司經營的重點之一。

（三）代銷公司對案子的做法

代銷公司是以賺取銷售佣金為主，因為案子的銷售金額有大小之分，大者數十億以上，小者幾億而已，有的是從開始到結束都需要代銷公司來處理，有的是已經銷售過所剩的餘屋，由於情況不同，處理的方式可以分很多種，再加上有些

業主習性不同，所以在接案子時，就有以下的處理方法。

1. 純企劃

由建設公司支付全部的廣告費用、業務執行費用（包含接待中心之水電費、電話費）等，代銷公司只單純負責媒體設計及企劃費用。有一些案子本身地段不錯，案子銷售金額也不大，業主本身也有銷售人員，只需要廣告公司製作廣告者，稱為「純企劃」。由於純企劃方式的代銷公司不負責廣告費用，其面臨的風險較低，因此通常其服務費用與總銷金額無關，是一筆固定的費用，而此費用約為總銷金額的0.8%～1.2%左右。有的是以固定費用方式，如廣告製作全包，包括：海報、報紙、媒體設計發包及現場處理等，廣告製作費從10萬到100萬不等，視案子銷售金額而定。

2. 純銷售（包櫃）

有些案子因業主本身有十足把握，且戶數並不多，只做簡單的廣告而已，所以自己找銷售人員幫忙，稱為「純銷售」。而純銷售方式也差不多，一般都採日薪加銷售獎金，如每月每位銷售人員月薪5萬元，另加銷售獎金每戶抽取服務費 1‰～5‰ 不等，看案子大小、難易而分。另外，目前市場上流行一種跑單的組織，如早期的十二金釵、霹靂嬌娃、麗人行等銷售群，這些成員都是在代銷公司待過，本身擁有多年的銷售經驗及熟練的技巧，在處理較困難的案子時，如商場、大廈等，往往能發揮其強而過人的銷售技巧，故其收取的服務費也比一般公司的純銷售為高，一般方式有：

(1)無日薪，純抽成者：如果跑單小姐對案子的研判認為可順利銷售者，則只向業主抽成，不拿日薪。這種方式的優點是不拿日薪，所以抽成比率較高。如果銷售順利，則賺取的服務費就較多；如不順利則白做一場，真正可謂純服務了。一般採用此方式者，抽成比率在服務費的5‰～10‰之間。

(2)拿日薪，也抽成者：有些跑單小姐怕銷售不順利，如價位太高，同地段案子推出太多或地段太偏僻等，則採取拿日薪兼抽成，如此可保持固定的收入，不致因乏人問津而白耗時間。在臺北、高雄一般日薪約在1,000至3,000元左右，抽取服務費的比率則在1‰～5‰之間。

為何如此豐厚的收入而跑單小姐似乎年齡層都比較高，少見年輕女性投入跑單之列。主要是因為跑單的工作十分辛苦，在銷售期間，每天的工作時間通常是從早上9點到晚上7、8點，甚至到12點，工作時間長，每週又只能排休一天；再加

上工作穩定性低，要有長期配合的代銷或建設公司，案源才會穩定，另又缺乏基本的健保等福利制度，所以較難吸引年輕族群投入跑單工作，通常只有隸屬於建設公司的業務人員才會比較年輕。

3. 代銷

北部用語叫「純企劃」，指代銷公司只替業主提供業務執行及廣告製作，而廣告費用的支出一概由業主自行交付，代銷公司只代為製作及發包而已。此種優點是有些業主看好自己的產品，認為可輕鬆銷售者，故只請代銷公司代為服務一下，廣告費用由業主自行負擔，業主的控制力較強。對代銷公司而言，無風險可擔，賣得好賺取的銷售佣金多；如賣不好的話也無損失；但對業主而言，就要負擔大筆廣告費用支出的風險。假如反應不錯的話，可省下大筆的銷售佣金，因為代銷公司收取的服務費約在1.5%～2.5%左右，視案子的大小而定。

4. 代管

為因應市場銷售不景氣，廣告公司不願接案，故有新的銷售模式為代管執案，廣告公司提供現場跑專，替建設公司執行現場銷售業務，其他所有費用皆為業主所支付，優點為可善用廣告公司資源、經驗值對個案的加值，代管期間訓練現場銷售人員，公司人員從中學習一起成長，廣告公司抽取0.5%～1%代管服務費。不景氣市場下，建設公司只好藉助廣告公司的專業來訓練現場銷售人員，以做長期的銷售準備。

5. 包銷

對代銷公司而言，這是一種最通行的方式，從業務執行費用、廣告費用、企劃費用支出，全由代銷公司負責到底，以銷售業績結算服務報酬費用。業主只需準備開工的工作，以及工地現場的整理。其優點是，因抽成數較高，代銷公司控制力較強，但風險較大，如銷售反應好時可大賺一筆；其缺點是，如果個案研判錯誤，反應不良時，就可能大賠一場。尤其景氣佳時，代銷公司之間因為搶案子，流行「包成數」之情形，雙方約定未達到一定銷售成數不請款，這才是代銷公司的致命傷。如果市場買氣有一些不利因素出現，公司財務不健全者，往往會關門大吉，故維持本身的利潤及最低的風險，應是代銷公司相互間應有的默契。一般來說，此種方式抽取的%比率，在市區服務費大都在5%～6%之間；而市區以外之區域，服務費抽成較高，可高達6%以上，若再談到加價抽成，則利潤更可觀。有些代銷公司乾脆採「包底價」方式，如每坪底價15萬元，超賣加價部分全部歸代銷公司。所以在時機好時，大家不擇手段的搶案子；當市場不景氣時，則

謹慎保守，有時雖業主再三拜託，都還不敢接案。

　　代銷公司採包銷接案，其廣告費用支出約占總銷金額的2%～2.5%，視個案大小做調整，約占服務費的40%。不過廣告費用如未花完，建設公司會從支付的服務費中，扣除未花完費用的部分或全部，如達到雙方約定之銷售率，則不必扣除。所以代銷公司制度及人才的培養，才是本身最大的本錢，在景氣變化時，能向公司提供各種寶貴的意見，讓公司做最明智的抉擇，難怪每天翻開報紙，都以某幾家有名代銷公司的廣告為多，如：新聯陽、甲山林、海悅、華邦廣告、樸園、上揚等，其原因就在此。

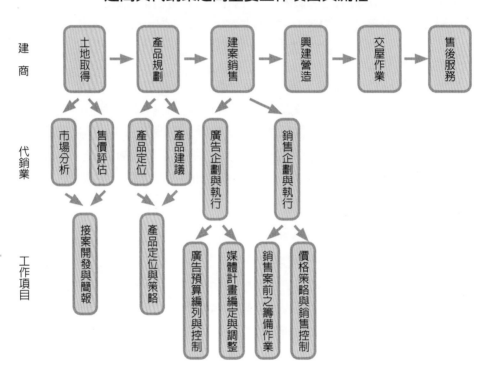

建商與代銷業之間重要工作項目與流程

三、仲介公司簡介

　　為減少消費者不必要的購屋糾紛，保障消費者，政府於1999年頒布《不動產經紀業管理條例》（Real Estate Broking Management Act），並於2002年正式實施，房仲業的買賣流程總算有個規範可依循。依不動產經紀業管理條例第三十二條規定（擅自營業之罰則），非經紀業而經營仲介或代銷業務者，主管機關應禁止其營業，並處公司負責人、商號負責人或行為人新臺幣10萬元以上、30萬元以

下罰鍰。將來非經紀業經紀人員（營業員、經紀人）而從事不動產買賣營業行為將觸犯法令，故取得「證照」是從業人員的基本條件，且「人必歸業」、「業必歸會」，而消費者更能藉由管理條例的規範，監督從業經紀人員的服務流程，消費者糾紛才能逐漸降低。

（一）仲介業的角色

專營中古屋買賣租賃銷售的房仲業，由於收入豐厚的社會印象逐漸深植人心，因此近年來成為社會新鮮人高度青睞的新行業，至於報酬的數額，內政部發布了不動產仲介業報酬計收標準，規定其向租賃或買賣之一方或雙方收取報酬之總額，合計不得超過該不動產實際成交價金6%或一個半月之租金。房仲業經紀人的收入，主要也是以業務獎金取勝，但工作時間長達10～12小時，同時必須犧牲假日與家人的相處時間，與代銷業類似；不同的是，代銷業僅在個案強銷期工作時間較長，而房仲業則幾乎是全年都在相同的壓力之下，長時間的服務顧客，嚴格說起來是更辛苦的。每個月都面臨著業績歸零、重新開始的現實業務壓力與挑戰，如果沒有過人的毅力與抗壓性，很容易就離開此行業；仲介業注重議價、斡旋、談判，而代銷業則是注重廣告企劃、行銷包裝。仲介業主要銷售的產品是「服務加信譽」，作業的重點就是要想辦法找到賣房子的屋主，然後將屋主的房子，賣給需要這種房子的買方，算是一種「配對」，業主就是買賣方，是一種「from C to C」的銷售型態，品牌形象的主體完全集中在房仲公司，行銷訴求重點在於仲介公司的專業與信任。

所謂不動產經紀業，依現行不動產經紀業管理條例所規定，係指經營仲介或代銷業務之公司或商號。所謂的仲介業務、代銷業務依據該條例之規範，前者係指從事不動產買賣、互易、租賃之居間或代理業務。而後者則是指受起造人或建築業之委託，負責企劃，並代理銷售不動產之業務（不動產經紀業管理條例§4）。兩者服務的對象與市場角色的扮演不盡相同，代銷業是代理銷售建設公司所興建之整批成屋或預售屋，其主要賣方是建設公司；而仲介業是代理銷售屋主所委託的房屋，其主要的賣方來自於委託的個別屋主，代銷業在市場上扮演的性質是比較類似於代理行為，而仲介業則是偏向居間性質的行為，不動產代銷業與仲介業最大不同之處是，不動產代銷業的主要收入是由建商支付佣金，而仲介業是向買賣雙方收取費用。

不動產仲介業專營不動產二級市場，收費標準是依成交總金額向買賣雙方各收取一定成數的服務費，收費來源主要是來自於買賣雙方，對不動產一級市場消

費者而言，不動產代銷業的服務是免費的，不動產代銷業收費標準則是按建案的總銷金額向建築商收取契約約定的費用，這些費用會反映在其銷售房價上，對於消費者而言也未必是得到好處；不動產代銷業等同於建築商的代言人，在執行與消費者協商、談判、交易過程中，有一面倒向建築商的利益誘因。

(二) 經營型態

房仲業主要是區分「直營體系」與「加盟體系」。

仲介業或稱為仲介公司、商號，其經營型態一般可分為直營店與加盟店二種，為避免欺瞞消費者，經營型態如為加盟店者，依法應於營業處所明顯處、招牌及名片上標明加盟型態。

1. 直營體系

各店皆隸屬於總部，舉凡所有規章制度、服務訓練，都必須依循著總部的企業文化，經紀人的教育訓練較為扎實，而在總部的經營投資之下，所能使用的工具也較為完整，像是e化服務系統、客戶資源流通等，都能使得新進的經紀人員在進公司後，立即享有豐沛的公司資源，短時間內創造出高績效的經紀人不在少數。

但是享有這樣的權利也是要付出代價的，除了必須處處配合公司要求之外，獎金制度也是較為嚴苛，畢竟直營體系的房仲公司以鉅資開發服務系統，進行大眾行銷，廣闢知名度建立形象，這些成本都不低，通常僅釋出業績的8%～12%作為績效獎金，其餘88%還是會列入公司的收入。

信義房屋薪資結構表

普專	底薪	獎金
前六個月	$ 50,000～60,000	無
六個月過後	$ 23,000	個人：業績8% 團體：（全體業績4%）／全店同仁數

直營體系標榜的是較為穩定的收入來源，因此大多採取「普專制」，即「高底薪、低獎金」的制度，所謂的高底薪分為兩類，一類是指新進人的保障底薪，另一則是指一般的業務底薪，經紀人最重視執行、應變和溝通三大能力，三力比學歷重要。

直營房仲業新進人員的保障底薪約為5萬元及6萬元，保障期間分別為六個月和九個月，當然底薪愈高，保障期間就愈短，這與其他行業新進人員相較，已屬

高薪。但基本上新進人員仍可選擇是否要採用保障底薪制，因為只要選用保障底薪制，在此期間內便不計業務績效，只能領取固定薪資。

　　一般的業務底薪大約是從2萬元左右起跳，按照資歷及業務表現，業務人員分成數個等級，底薪最高可達約6萬元。這種制度的優點是業務人員收入較有保障，比較不會因為業績高低變化而大幅起落，可以在相對安定的環境中學習專業，奠定房地產專業基礎。

　　至於績效獎金的分配，在12%的分配額度內，其中約有6%屬於開發獎金，5%屬於銷售獎金，1%為團體獎金。舉例來說，如果出售一間總價1千萬的房屋，正常狀況下，業績為50萬元，其中12%的6萬元拿來分配業務獎金，若該房屋是由你所開發，就有3萬元的開發獎金，依此類推。

2. 加盟體系

　　是房仲業的另一種經營模式，加盟店每月繳交月費給加盟總部使用該品牌，而為了吸引有經驗的績優業務人員，其獎金制度採「高專制」，即「低底薪、高獎金」，一般大約在50%～70%。但是在底薪部分就較無保障，通常只有1萬元出頭，甚至有些高獎金制公司是無底薪的。

　　同樣賣一間1千萬的房子，業績50萬元，就有25萬元至35萬元的所得會落入經紀人的口袋，比起直營體系而言，的確是較為吸引人，但是收入顯然較不穩定，而且在人性使然下，通常在賣一間大案子之後，工作情緒就會容易鬆懈下來，讓自己休息兩、三個月再衝刺，因此重點是要做好個人的時間及財務管理。

房屋仲介業高、普專薪獎制度表

	連鎖直營（普專）	普專（加盟、非加盟）	高專（加盟、非加盟）
底薪	5萬～6萬	2.2萬～3萬	0
個人獎金	8%	15%～30%	50%～70%
團體獎金	4%	2%	0

　　直營式的經營比較能落實公司的經營理念，採加盟式公司，因為總公司不需負擔這麼多的人事成本，所以展店速度比較快。房屋仲介公司的開辦成本與營業成本低，技術層次不高，許多人憑著自己的人脈關係，便可跨足此一產業，加上近幾年來臺灣房地產又開始活絡，根據以往的記錄，在臺灣的房仲業者就有22家以上，因此我國不動產仲介業市場競爭是相當激烈的。

實際上，房屋仲介業並不只是買賣房子而已，土地的仲介買賣也是目前仲介業所努力的方向，尤其有大量重劃區開發的地區，如桃園、竹北、臺中、高雄等都會地區，土地的成交比重甚至高過房子，由於土地牽涉的法令較爲複雜，所以從事房仲業，必須有一定的專業度，才能取信於消費者，如何提升個人專業度及做好教育訓練，是從事此行業的人員務必努力的方向。

直營與加盟的比較

經營方式 優缺點	直營式	加盟式
優點	便於管理 企業理念能一致	展店速度快 成本低
缺點	人事成本大	管理比較不一樣
代表	信義房屋、太平洋房屋、永慶房屋（註）	住商不動產、21世紀不動產、中信房屋、東森房屋

註：目前太平洋房屋、永慶房屋採直營與加盟的雙軌制。

房地產業的業務性質工作，無論是代銷業還是房仲業，都是一項極爲辛苦的服務業，收入與房市景氣息息相關，不但工作時間長，沒有假日，業務人員工時逾12小時，開發案件時，要面對不斷被拒絕的挫折；一大清早就要進公司打卡，隨後一整天忙著派送傳單、陌生開發、追蹤物件、聯絡客戶與整理資料，一路忙碌到晚上10點，中間還要開兩次內部會議。不論天候狀況，都要承受各種風吹、日晒、雨淋，還必須放下身段服務各種不同類型的客戶，這樣辛苦代價的支出，當然賺到錢的會離職（創業當老闆），賺不到錢的也會走（被淘汰轉業），所以仲介業的陣亡率高達50%以上，而每年仲介公司都在「爭人」、「搶人」，進用人員素質便成了一大問題。

國內房仲業加盟店採底薪少、高獎金徵才，但不少業務人員入行三個月，未達到業績而賺不到錢，就當場「陣亡」，導致業務人員離職率達九成，這與景氣好壞無關。而業務部門人員占整體房仲業人員八成。

由於房地產交易總價高，客戶的要求也會跟著提高，從業人員除應先取得不動產營業員執照以外，必須要有高度熱忱及抗壓性、樂觀進取，以及相關的專業知識，如果對於房地產的相關法令知識了解不夠充分，又沒有足夠的時間觀摩學習，工作不到兩年的員工，如何傳承所謂的「專業」？專業是仲介人員應具備的條件，才能勝任這項高所得的工作。

（三）專任委託與一般委託

委託銷售契約書可分為「一般委託銷售契約書」（簡稱「一般約」）及「專任委託銷售契約書」（簡稱「專任約」），兩者間最大的不同是，後者會清楚載明「在委託期間內，不得自行出售或另行委託其他第三者從事與受託人同樣的仲介行為」等字樣。

1. 專任委託

「專任委託銷售契約書」係專賣契約，俗稱「綁約」，一旦簽訂委託後，就要依照契約的相關條件、期間約定，交由仲介公司，不可以自行出售或再交由其他仲介業來銷售及介紹。專任約的優點是有專人處理，房屋銷售品質容易控制，銷售速度也會因而加快。

2. 一般委託

一般委託契約書則是無專賣權，又稱「開放性委託」，屋主可以自己賣或同時委託他人同步進行，一旦出售時就停止銷售。如果你跟多家簽訂一般委託銷售，由於各家簽訂委託的時間不同，除了各家陳述方式不同外，價格也迥異，這將會讓消費者看得眼花撩亂，因而降低買方對此物件的信賴度。

專任委託與一般委託比較

專任委託	一般委託
帶看單純且屋內不會被破壞	帶看複雜且破壞無人負責
經紀人可專心售屋	因多家委託，經紀人無法專心處理
售屋廣告能見度大	不會特別刊登或主力推薦
單一價格可以穩定房價	各個房仲開價不一，造成自己房屋價格混亂
屋主接收資訊快速且單純	屋主常要接各房仲的詢問電話
可以專心帶看買方且認真議價	不確定房屋是否已賣出，因此買方會遲疑

（四）不動產仲介的作業流程

仲介工作：掃街、畫圖、抄客戶、拜訪、進案、銷售、收斡、成交、代書。銀行不動產仲介的作業流程，可以分為：

1. 開發

「開發」為業績之父，想要成為百萬營業員，先開發物件來當庫存，才能在

休假時有業績出現。

2. 簽約

與屋主簽訂委託銷售契約書時要注意：(1)屋主售屋動機；(2)屋主的期望售價；(3)屋主委託的銷售期間。

3. 銷售

「銷售」為業績之子，做好帶看準備工作、議價技巧運用、以促銷手法來試探買方、要約、斡旋金的收取，理性訴求、維持和諧。

4. 過戶

買賣雙方應準備之簽約、用印過戶資料、稅費金額之計算、付款流程等。

5. 交屋

銀行貸款之撥付、權狀書類及房屋現場之點交、尾款交付完畢，仲介費用結清。

客戶是房地產業特別重要的資產，而業務人員需要與他們建立情感並持續維繫關係才得以發揮價值。在這個產業，口才優異、舌粲蓮花的房仲不在少數，但只要閱讀過一些成功業務員的故事後就會發現，客戶在意的並不是推銷技巧或話術，反而是他們的需求有沒有被真誠傾聽及他們對業務的信任度。

業務人員很大的成功因素來自於他們處理人際互動的方法，他們要知道每個客戶的喜好與習慣，並依此作為行動依據，為未來的成功奠定最穩固的基礎。

開發－回報－議價流程

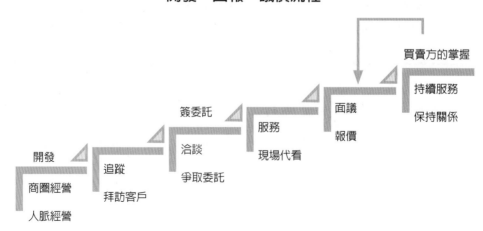

代銷公司作業流程圖

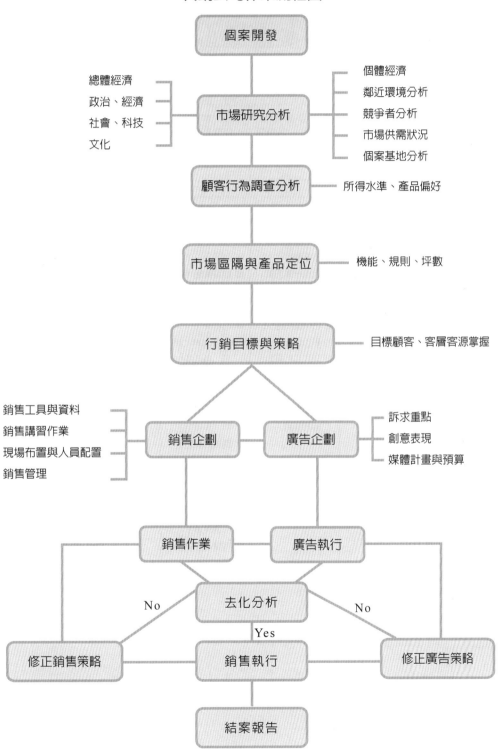

廣告代銷公司組織圖

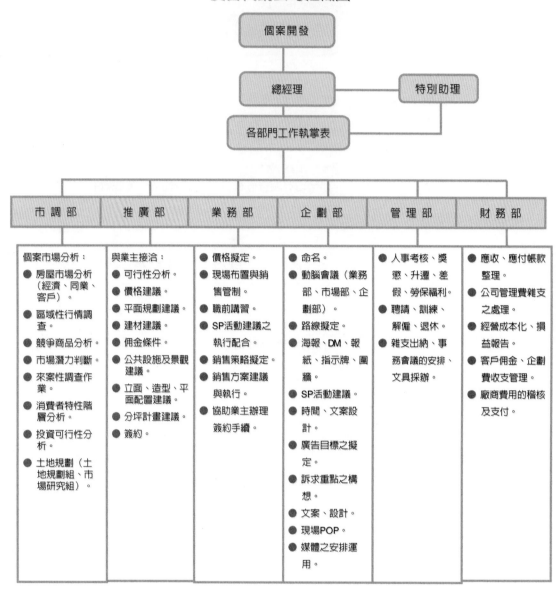

個案開發

總經理 —— 特別助理

各部門工作執掌表

市 調 部	推 廣 部	業 務 部	企 劃 部	管 理 部	財 務 部
個案市場分析：	與業主接洽：	● 價格擬定。	● 命名。	● 人事考核、獎	● 應收、應付帳款
● 房屋市場分析（經濟、同業、客戶）。	● 可行性分析。	● 現場布置與銷售管制。	● 動腦會議（業務部、市場部、企劃部）。	懲、升遷、差假、勞保福利。	整理。
● 區域性行情調查。	● 價格建議。	● 職前講習。	● 路線擬定。	● 聘請、訓練、解僱、退休。	● 公司管理費雜支之處理。
● 競爭商品分析。	● 平面規劃建議。	● SP活動建議之執行配合。	● 海報、DM、報紙、指示牌、圍牆。	● 雜支出納、事務會議的安排、文具採辦。	● 經營成本化、損益報告。
● 市場潛力判斷。	● 建材建議。	● 銷售策略擬定。	● SP活動建議。		● 客戶佣金、企劃費收支管理。
● 來案性調查作業。	● 佣金條件。	● 銷售方案建議與執行。	● 時間、文案設計。		● 廠商費用的稽核及支付。
● 消費者特性階層分析。	● 公共設施及景觀建議。	● 協助業主辦理簽約手續。	● 廣告目標之擬定。		
● 投資可行性分析。	● 立面、造型、平面配置建議。		● 訴求重點之構想。		
● 土地規劃（土地規劃組、市場研究組）。	● 分坪計畫建議。		● 文案、設計。		
	● 簽約。		● 現場POP。		
			● 媒體之安排運用。		

仲介買賣交易流程圖

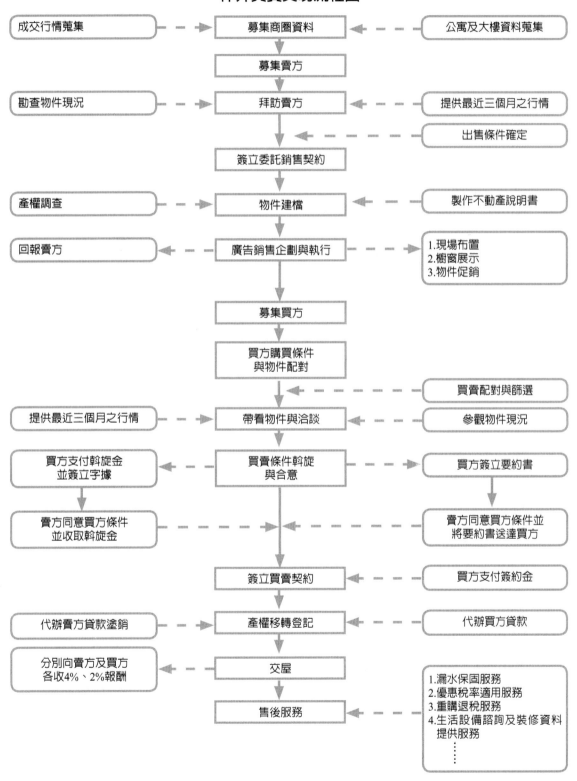

房地產開發流程圖

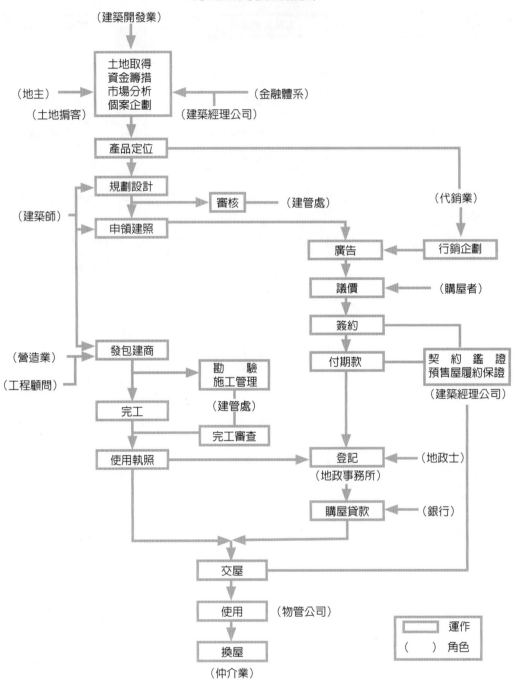

建設公司：業務部工作流程圖

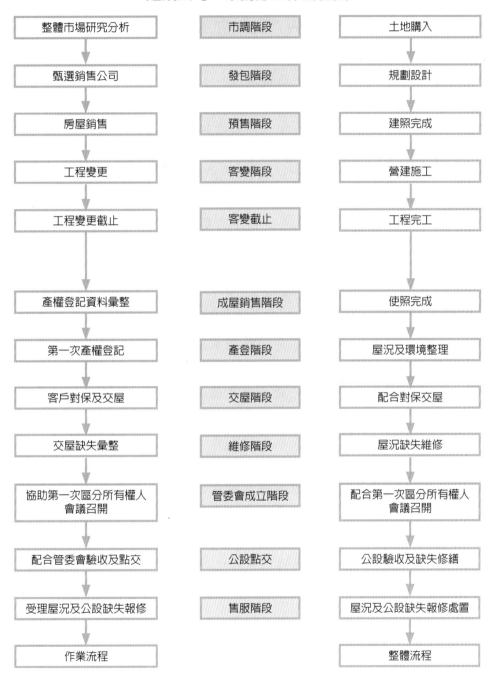

作業流程		整體流程
整體市場研究分析	市調階段	土地購入
甄選銷售公司	發包階段	規劃設計
房屋銷售	預售階段	建照完成
工程變更	客變階段	營建施工
工程變更截止	客變截止	工程完工
產權登記資料彙整	成屋銷售階段	使照完成
第一次產權登記	產登階段	屋況及環境整理
客戶對保及交屋	交屋階段	配合對保交屋
交屋缺失彙整	維修階段	屋況缺失維修
協助第一次區分所有權人會議召開	管委會成立階段	配合第一次區分所有權人會議召開
配合管委會驗收及點交	公設點交	公設驗收及缺失修繕
受理屋況及公設缺失報修	售服階段	屋況及公設缺失報修處置

房屋銷售代理合約書
（跑單人員與業主所簽之合約書）

立契約書人＿＿＿＿＿（以下簡稱甲方）。

＿＿＿＿＿（以下簡稱乙方）。

經雙方協定本契約書，以資信守，協議條款如下：

第一條：代理內容

　　　　一、乙方於甲方指定之地點，使用甲方所提供之場所設備，代理房屋銷售業務。

　　　　二、乙方每月必須完全達成甲方所託付的代理業務。

　　　　三、乙方代理業務地點為：

　　　　＊＊＊＊＊＊＊＊＊＊＊

　　　　＊＊＊＊＊＊＊＊＊＊＊

第二條：報酬及給付方式

　　　　甲方同意給付乙方每月新臺幣＊萬＊仟元整，於每月五日發放並得扣取稅額6%。售出者每戶售出成交金額千分之四、未售出者為千分之零計算。於各戶自備款收足15%以上並辦理貸款核准後一個月內以支票給付、票期30天並扣取稅額6%。

第三條：乙方並非甲方之職員或業務人員，不得以任何理由主張有僱傭關係存在。

第四條：器具設備之使用，甲方同意將店內器具設備免費供乙方使用。乙方要盡善良管理之義務，若有惡意毀損器具設備，要負賠償責任。

　　　　一、工地專線電話以銷售業務為重，私人電話請長話短說。

　　　　二、愛惜現場公物，如銷售桌椅、文具、清潔用品、電器視訊設備及展示材料等。

第五條：其他事項

　　　　一、服務時間每日9：00至21：00。

　　　　二、本代理契約為責任制，延長工作時間不計其他費用。

　　　　三、本契約屬承攬關係不負擔個人之勞工保險、全民健康保險及退休金。因此，請自行於職業工會辦理加保且出具證明

第一篇　入門篇
1-5　何謂建築業？何謂代銷業？何謂仲介業？其關係又如何？

Real Estate Theory and Practice

（勞工保險卡、全民健康保險轉入申報表）。

四、製做團體制服，其費用由甲乙雙方各付50%，於首次給付報酬時扣除。

五、午休輪值、工地之清潔與環境整理工作，由專案排輪值表，每日完成後簽名交班。

六、服裝穿著應端莊大方，並依規定穿著制服；女士須宜淡妝、男士刮清鬍鬚。

七、產品與地理環境認識、市場動態、競爭個案，務求瞭若指掌，遇有問題應即時提出研討與解決。

八、主動接待客戶，以微笑、禮貌、親切的服務態度介紹產品，不與客戶爭執，掌握每一筆交易機會。

九、負責客戶之簽約，簽約金應全額交予甲方。

十、每日得填寫甲方所交予之報表，並於次日上午9：30前交予甲方專案。

十一、得隨時配合甲方之需要參與工作會議或參與其他工作。

十二、其他應注意事項由現場專案訂定公布後實行。

第六條：終止契約

乙方若有下列情形之一者，甲方得終止本契約

一、乙方在代理甲方業務期間，若有使甲方商譽或生意受損嚴重之情事者。

二、乙方因故時常不能達成甲方所託付業務時。

三、乙方在身體或精神不能勝任業務時。

第七條：契約期間

本契約有效期間自民國＊＊年＊＊月＊＊日至民國＊＊年＊＊月＊＊日止期間為　天，甲乙雙方除有本契約終止契約條款中之情形外，任何一方因故欲提前終止契約者，應於契約終止前一個月以書面或口頭通知另一方。

第八條：附則

一、其他未訂定事宜，甲乙雙方依一般商業交易慣例及誠信原則為之。

二、本契約經雙方同意，得隨時修訂。

三、本契約如有訴訟之必要，雙方同意以甲方所在地之地方法
　　院為第一審管轄法院。

甲　　　　方：
地　　　　址：
電　　　　話：

乙　　　　方：
身分證號碼：
地　　　　址：
電　　　　話：

中　華　民　國　　　年　　　月　　　日

房地銷售企劃合約書
（代銷公司與建設公司簽訂之合約）

建設股份有限公司 　　　　　　（以下簡稱甲方）

委由　　廣告股份有限公司 　　　　　　（以下簡稱乙方）

負責房地廣告製作及業務銷售事項，茲經雙方協定以下各合約條款，共資遵守：

第一條：甲方委託之不動產房地坐落：

地號：　市　區　段　小段　　　　　等　筆地號。

第二條：本約有效期間，經雙方洽定自民國　年　月　日起至第一篇報紙稿刊登日起至五個月止，但得視當時銷售狀況經雙方書面協議後延長之。

第三條：(一)本約乙方負責業務銷售之戶數為：

住　宅：　戶

停車位：平面式：約　位（法定　位，自設　位）

(二)雙方同意平均底價如下：（加值稅已內含）

住　宅：2F以上　萬／坪；1樓住宅　萬／坪。

停車位：小車位　萬／位；大車位　萬／位。

（各戶底價詳如底價表）。

(三)依據上項底價乙方得加價若干以為客戶折讓之用，折讓若低於各戶（車）底價時，得就已售出戶（車）之總溢價綜合彈性運用，結案時若有剩餘，甲方得80%，乙方得20%，但當無總溢價可供綜合彈性運用時，每戶（車）成交價如有低於該戶（車）底價時，乙方須先知會甲方，並須經甲方同意後始得售出。

(四)底價表經甲方簽認後為本約之一部分，非經雙方同意，不得變更。

第四條：甲方承諾予購屋者之付款方式為：

訂金簽約	開工款	工程付款	銀行貸款
10%	2%	8%	80%

銀行貸款期限二十年；非經雙方同意，不得中途變更。

第五條：乙方代表甲方簽發購屋者之預約單中，如有附加購屋條件，經甲方同意簽章者，甲方在與購屋者簽訂正式買賣契約書時，不得更改。

第六條：甲方同意付給乙方之業務銷售、廣告製作等服務費為本約有效期間所售出之房地總底價金額之比率如下：

(一)若銷售率於50%（不含）以下時，服務費以5%計。

(二)若銷售率於50%（含）至80%（不含）時，服務費以5.5%計。

(三)若銷售率於80%（含）以上時，服務費以6%計。

(四)於以上銷售率更動時，均可追溯補請服務費比率差額部分。

(五)本合約所有之銷售，服務費全部以底價並含稅作為計價基礎，乙方應開立發票向甲方請款。

(六)銷售率：$\dfrac{\text{售出總底價}}{\text{可售總底價（如底價表）}}$

第七條：(一)廣告費以可售總底價金額之2.5%計實報實銷，由乙方負擔。

(二)廣告費項目內容，如廣告預算表（附件二）。

(三)當銷售率達80%以上時，不限廣告費。

第八條：雙方同意服務費付款辦法如下：

甲方應於訂戶簽訂正式買賣契約後，隨即結付該項費用予乙方。該項費用款金額應以二分之一現金及二分之一一個月支票支付。乙方應於每月十五日前請款，甲方應於該月三十日前支付。該項費用總額，應以本約有效期間所售出之房地產總金額為計算基準。

第九條：雙方同意訂金補足後由甲方收取。正式收據或發票於該訂戶正式簽訂合約時，由甲方一併開予該訂戶。

第十條：雙方同意本合約書所指之「售出」，應包括承攬有效期間之下列交易：(一)甲方自行售出之部分。

(二)由乙方代為售出之部分。

購屋者於合約有效期間預繳訂金，雖正式買賣契約於合約有效期間之後二十日內訂定，亦應屬有效。付款方式比照第八條之

規定。

第十一條：由乙方所負責業務銷售廣告製作之房屋，經甲方與購屋者訂立買賣契約書後，依所訂契約內容，互相負責，嗣後與乙方無涉。

第十二條：本合約經雙方同意訂立，如雙方有一方違反以上所訂任何一項條款時，應負責加倍賠償對方之損失，並放棄先訴抗辯權。

第十三條：本合約自簽訂日起生效，合約期滿自動廢止。

第十四條：本合約有效期間如需增減條款，應經雙方同意換文後生效。

第十五條：本合約壹式貳份，甲乙方各代表人各執乙份，並各自按規定貼足印花。

立合約書人：

  甲　方：　　建設股份有限公司

     負　責　人：
     統一編號：
     地　　址：
     電　　話：

  乙　方：　　廣告股份有限公司

     負　責　人：
     統一編號：
     地　　址：
     電　　話：

  中　華　民　國　　　　年　　　月　　　日

仲介與客戶簽訂之－不動產委託銷售契約書範本

銷 售 同 意 書
（一般委託）

使用狀態	
案　　名	

※第一聯（白）由乙方留存。　第二聯（黃）由甲方留存。

※依內政部公告，委託人簽訂契約前，有三天以上的契約審閱權，委託人可要求攜回本契約影本審閱。（請就下面選項擇一簽名）

1. 委託人業已行使契約審閱權，並已充分瞭解本契約書及其附件之內容無誤。委託人簽名：＿＿＿＿＿＿＿＿

2. 委託人於簽約前已審閱且充分瞭解本契約內容，因此自願放棄三日以上之審閱權利。委託人簽名：＿＿＿＿＿＿

立契約人（即所有權人，以下簡稱甲方）業已詳閱並確實知悉下列條款後，同意委託永慶不動產加盟店　　　　　　　　限公
（經紀業名稱，以下簡稱乙方）居間仲介銷售下列建物及其應有土地持分：

第一條： 委託銷售範圍（本件委託建物之應有土地筆數及地號應依地政事務所登記簿謄本及使用執照所記載為準）

土地標示	所有權人						
	座落	市（縣）	區（市鎮鄉）		段		小段
		(1)	(2)	(3)	(4)	(5)	等地號共＿＿筆
	面積	本件委託建物之應有土地筆數及地號應依地政事務所土地登記簿及使用執照所記載為準					
		依地政事務所土地登記簿所載為準		權利範圍	依地政事務所土地登記簿所載本約建物之土地應有持分		
建物標示	所有權人						
	建物門牌	市（縣）	區（市鎮鄉）	路（街）	段　巷　弄	號	樓之
	建號	段	小段		建號　權利範圍		
	面積	依地政事務所建築改良物登記簿所載為準		共同使用部分建號依建物登記簿所載為準			

車位 是否有車位併同出售：☑無 □有，所有權人在本土地內共持有＿＿＿＿個車位，本次同意銷售＿＿＿＿個車位。
□於本土地上甲方尚擁有其他建物或車位 □於本土地上甲方僅擁有本次委託建物或車位，出售後已無建物及土地持分。

第二條： 委託內容
　（一）委託價額：新台幣＿＿＿億＿＿＿仟＿＿＿佰＿＿＿拾＿＿＿萬元整。
　　　　車位 □內含 □另計 新台幣＿＿＿仟＿＿＿佰＿＿＿拾＿＿＿萬元整。
　（二）委託期間：自民國＿＿＿年＿＿＿月＿＿＿日至民國＿＿＿年＿＿＿月＿＿＿日止，如乙方在此期間內收受定金或價格業經買賣雙方合意，委託有效期間延至不動產買賣契約書簽訂日止。買賣契約成立生效時，甲方應給付成交總價4%之服務報酬予乙方。（若簽立買賣契約後，則簽約同時支付70%，甲方收到尾款同時支付30%）

第三條： （一）甲方同意乙方可為買賣雙方之代理人，買方出價達到委託價額時，乙方得安排買賣雙方簽約事宜。甲方並同意買賣契約於乙方收受定金時成立生效。
　（二）因可歸責於買方之事由而未能簽立不動產買賣契約書時，則定金沒收，而沒收定金價額之50%甲方同意支付予乙方作為服務報酬，乙方則不得再向甲方請求其他費用；但乙方所收取服務報酬之金額若逾買方承購總價額的百分之四時，超過部分仍為甲方所有。因可歸責於甲方之事由而未能簽立不動產買賣契約書時，則甲方應加倍返還定金予買方。

第四條： 甲方同意乙方或其委託處理事務之第三人於其營業項目、章程所定業務之特定目的所需或其他法令許可範圍內，得為蒐集、電腦處理、國際傳遞及利用甲方及甲方所提供第三人之個人及委託標的物資料。

第五條： 特約條款：（本特約條款須經乙方承辦人及甲方另行簽章）

委託人簽章	承辦人簽章

第六條： 本同意書須經乙方蓋用經紀業及其法定代理人印章，並經承辦人親自簽章後始生效力。以上約定事項係經甲乙雙方同意，特立本同意書正本一式二份，第二聯由甲方收執，第一聯由乙方收執。

委託人（甲方）（本人於簽章同時，已詳閱本同意書各條條文並確認已核對承辦人之身分資料無誤）

簽　　章	所有權人			代理人		
身分證字號						
出生年月日	民國　　　年　　　月　　　日			民國　　　年　　　月　　　日		
聯絡地址						
電　　話	（宅）：　　　（公）：（行）：			（宅）：　　　（公）：（行）：		
E－Mail						

受託人（乙方）：永慶不動產加盟店＿＿＿＿＿＿＿＿（經紀業名稱）
法定代理人：＿＿＿＿＿＿＿＿＿　　統一編號：9＿＿＿＿＿＿＿
地　　　址：＿＿＿＿＿＿＿＿＿　　電　　話：＿＿＿＿＿＿＿
承　辦　人：＿＿＿＿＿＿＿＿＿　　經　紀　人：＿＿＿＿＿＿＿
中　華　民　國　　　　年　　　　　　　　　日

第一篇 入門篇

1-5 何謂建築業？何謂代銷業？何謂仲介業？其關係又如何？ Real Estate Theory and Practice

（附表）標 的 物 現 況 說 明 書

地址： 市（縣） 區（市鎮鄉） 路（街） 段 巷 弄 號 樓之

項次	內　　容	是	否	備　註　說　明
1	是否有住戶規約　　　　　　（若是，需檢附資料） 是否有其他分管協議　　　　（若是，需檢附資料）	□	□	勾是，但未檢附原因： 若否，原因：□無書面文件□其他：
2	是否有管理委員會統一管理 管理費及清潔費約：新台幣＿＿＿＿＿元整 收取方式：□月繳 □季繳 □年繳 □其他	□	□	是否尚有管理費等相關費用未繳納 □否□是（屋主於交屋前繳清）
3	本戶是否使用自來水廠提供之自來水	□	□	若否，原因：□抽地下水 □其他：
4	本戶是否使用天然瓦斯	□	□	若否者，是否負擔裝置費用 □是 □否
5	本戶是否有獨立電錶	□	□	說明：
6	賣方是否附贈買方右列設備	□	□	□流理台＿具 □電視＿台 □冰箱＿台 □冷氣＿台 □燈飾＿盞 □洗衣機＿台 □廚櫃＿組 □沙發＿組 □電話＿線 □天然瓦斯 □瓦斯錶（含押錶金） □其他：
7	是否有停車位併同出售 車位管理費□有管理費：新台幣＿＿＿＿＿元整 　　　　　□無車位管理費。 　　　　　□車位管理費包含在大樓管理費中。 （收取方式：□月繳 □季繳 □年繳 □其他＿＿＿＿） 分管契約：□有停車位之使用權約定或管委會、住戶約定證明文 　　　　件，應一併檢附書面文件供承辦人簽收。 　　　　□無以上證明文件，委託人應於簽立買賣契約時協同 　　　　買方現場向管委會、管理員或其他住戶確認。	□	□	車位編號：□有車位編號，在第＿層，現場編號第＿號車位 　　　　□無車位編號。（無車位編號者應附停車位位置 　　　　圖，並認章交由承辦人員簽收） 使用狀況：□固定位置使用 □需承租 □需排隊等候 　　　　□需定期抽籤，每＿個月抽籤一次 　　　　□每日先到先停 □其他： 車位種類：□坡道平面式 □坡道機械式（□上□中□下層） 　　　　□昇降平面式 □昇降機械式（□上□中□下層） 　　　　□其他
8	是否有滲漏水情形	□	□	位置：□屋頂 □外牆 □窗框 □冷熱水管 □浴室 □前陽台 　　　□後陽台 □廚房 □臥室 □客廳 □其他＿＿＿＿ ＊如有滲漏水之處理方式： 　　　□簽約前修復 □交屋前修復
9	建物是否有租賃情形　　　　（若是，需檢附租賃契約書） 建物是否有第三人無權占用情形（若是，需檢附搬遷同意書）	□	□	□騰空交屋　　　□租賃之權利義務隨同移轉 租期至民國＿＿年＿＿月＿＿日止
10	是否有增建部分	□	□	□頂樓增建 □露台增建 □夾層增建 □防火巷增建 □天井增建 □一樓空地增建 □陽台外推 □其他 賣方保證有權處分且隨同主建物移轉絕無異議。
11	增建部分是否有租賃情形　　（若是，需檢附租賃契約書）	□	□	□騰空交屋　　　□租賃之權利義務隨同移轉 租期至民國＿＿年＿＿月＿＿日止
12	是否周邊有其他土地妨害本標的物前門之進出及使用情事	□	□	說明：
13	（若本委託標的非頂樓時，本欄無須填寫） 本房地為頂樓，樓頂平台是否為自己單獨使用	□	□	□其他住戶皆可使用 □被他人占用中 □使用權有爭議 □其他
14	（若本委託標的非壹樓時，本欄無須填寫） 本房地為壹樓，法定空地是否為自己單獨使用	□	□	□其他住戶皆可使用 □被他人占用中 □使用權有爭議 □其他
15	（若本委託標的非壹樓時，本欄無須填寫） 本房地為壹樓，地下室是否為自己單獨使用	□	□	□無地下室□其他住戶皆可使用□被他人占用□使用權有爭議 □其他
16	是否曾經發生火災及其他天然災害，造成建築物損害及其修繕情形。	□	□	說明：
17	是否曾經做過氯離子含量（海砂屋）檢測 （若是，須檢附檢測報告書）	□	□	勾是，但未檢附原因： 勾否，原因：
18	是否曾經做過輻射屋檢測(若是，須檢附檢測報告書)	□	□	勾是，但未檢附原因： 勾否，原因：
19	是否現有或曾有鋼筋外露或水泥塊剝落之情事	□	□	位置：＿＿＿＿時間：＿＿＿＿其他：＿＿＿＿
20	是否有損鄰或鄰損狀況	□	□	□損害他人 □被損害 說明：
21	是否有龜裂傾斜情形	□	□	說明：
22	是否有占用他人土地之情形	□	□	說明：
23	是否有界址糾紛	□	□	說明：
24	是否曾經發生"非自然身故"之情事（如凶殺案、自殺、他殺等）	□	□	說明：
25	是否位於政府徵收預定地內	□	□	說明：
26	於本土地上有無租賃或占用他人土地之情形	□	□	□有租賃 □有占用他人土地 說明：
27	是否有拆除重建、禁建及糾紛之情事	□	□	說明：
28	目前是否被主管單位列為危險建築	□	□	說明：
29	增建部分是否曾被拆除或接獲過拆除通知	□	□	說明：時間：＿＿年＿＿月＿＿日 拆除位置＿＿＿＿＿＿＿；並請檢附通知書
30	增建部分是否曾經其他區分所有權人或住戶主張權利或曾發生爭議	□	□	說明：
31	是否目前有工程受益費之費用負擔	□	□	費用：□已繳部分 □已繳清 □未繳納
32	其他重要事項（針對屋況、產權、使用權等有任何補充）	□	□	說明：

委託人已詳閱，並逐一確認本標的物現況說明書，確實無誤。　　　委託人簽章：＿＿＿＿＿＿＿

＿＿年＿＿月＿＿日

※本表為委託人依現況於委託時填載，若有填載不實或日後屋況、分管協議變更時，其買賣雙方權利義務仍應依買賣契約書或法令規定為準。

業務承攬契約書
（房屋仲介公司與經紀營業員簽訂之合約）

立契約人　　***房屋仲介有限　公司（以下簡稱甲方）

　　　　　　　　　　　　　　先生／女士（以下簡稱乙方）

乙方願為甲方拓展仲介業務，雙方依誠實信用原則合意訂立承攬契約約定條款如下，以資信守。

第一條：契約之性質

　　　　本契約為承攬契約之性質，不適用勞僱關係或勞動基準法之相關規定，乙方與甲方間不具有人格上及經濟上之從屬性，乙方具有獨立業務之執行權限。

第二條：承攬工作

　　　　乙方同意承攬甲方之不動產仲介業務從事不動產買賣、互易、租賃之居間或代理業務，其詳細承攬工作範圍如附件。

第三條：承攬期間

　　　　本契約有效期間自民國　年1月1日起至　年12月31日止為期一年。期滿雙方若無異議，雙方同意按原條件及期限繼續有效。

第四條：承攬報酬

　　　　乙方應於承攬工作完成，經甲方確認後，由甲方將乙方應得之承攬報價依本契約附件「仲介業務拓展報酬支給標準」給付給乙方，除此之外，乙方不得主張任何薪資或利益。

第五條：報酬支領方式

　　　　乙方當月所完成之承攬業務，經甲方驗收確認無誤後，依甲方付款作業流程，支付予乙方或匯入乙方指定之帳戶。

　　　　前項報酬非經甲方同意，不得讓與第三人。

第六條：乙方應備資格

　　　　乙方應具備並在契約有效期間內維持不動產經紀人或營業員資格。前開資格證書並均須在有效期限內，甲方得隨時查驗。

第七條：瑕疵擔保

　　因可歸責於乙方之事由，致工作發生瑕疵，或致甲方遭受客戶求償時，乙方對甲方應負損害賠償之責，乙方並同意甲方得自乙方應領之報酬中予以扣除抵銷之。

第八條：乙方執行業務時應遵守之義務

　　一、乙方應遵守不動產經紀業管理條例及相關政府法令執行業務。

　　二、非經甲方書面授權，乙方不得以甲方公司名義對外為任何法律行為。

　　三、乙方得參加甲方所舉辦之各種仲介承攬業務訓練、講習或研討會。

　　四、乙方所經手之一切款項，應依甲方規定儘速交付甲方或指定之客戶，絕不得移作任何他用，否則即構成業務侵占行為。

　　五、未經甲方同意，不得以任何方式為甲方刊登廣告或發布任何訊息。

　　六、乙方應本於善良管理人之注意切實完成承攬工作，若乙方於實施承攬工作，不法侵害他人時，應由乙方負責，與甲方無涉。

第九條：契約之終止

　　一、乙方死亡或喪失行為能力時，本契約當然終止。

　　二、遇有下列情形時，甲方得以書面通知乙方終止本承攬契約：

　　　　1.乙方從事承攬工作所需之證照逾期，或遭主管機關停權或註銷時。

　　　　2.乙方侵占客戶所交付之金錢或有價證券時。

　　　　3.違反法令致甲方遭主管機關為行政處罰時。

　　　　4.違反執行業務應遵守之義務，情節重大者。

　　　　5.其他違反本合約之約定者。

第十條：註冊或登記之配合義務

　　甲方就前條各項權利如有註冊或登記之必要時，乙方應提出相

關證件、文書、著作等資料配合完成註冊或登記。

第十一條：保密條款

乙方同意甲方所定之各項著作及甲方各種相關之研發技術、產品開發、產品規格、產品價格、經營計畫、行銷策略、廣告企劃、往來廠商、客戶資料等，其尚未公開或具備營業上競爭優勢之營業祕密，非經甲方事前書面同意，乙方不得洩漏、告知、交付，發表或移轉予第三人，亦不得為自己或第三人使用該營業祕密，並於本合約屆滿後一年內仍適用之。

第十二條：保密範圍

營業祕密為與甲方業務相關之各種口頭及書面標示有「機密」之資料，或雖未標示，但依甲方規章或一般商業習慣，應被視為機密之物件或資訊，乙方應依約或依法令規定，對負有保密責任之第三人，亦屬保密之範圍。

第十三條：禁止侵害他人智慧財產權之義務

乙方保證於受承攬期間，在職務上所為之一切創作，均應承諾係由其自行創作，絕不抄襲、仿製或以任何方式侵害他人之著作權、專利權、營業祕密與智慧財產權。

第十四條：違約賠償

乙方同意違反智慧財產權、保密義務及其他相關規定時，甲方得不經預告終止本契約，乙方除應賠償甲方所受之損害及承擔一切法律責任外，並應付給甲方承攬報酬之十倍金額作為違約金。

第十五條：特別約定

甲乙雙方本於承攬關係特別約定如下：

（一）乙方之勞健保投保與甲方無關。

（二）乙方之工時、休假、加班、津貼、資遣、退休、職災補償等與甲方無關。

（三）乙方之報酬由甲方依法代扣所得稅款10%。

（四）乙方因承攬工作所需相關交通、住宿、膳雜等費用由乙方自行負擔。

　　(五)乙方因承攬工作所需辦公、通訊處處所等設備甲方不予
　　　　提供，由乙方自行負擔。

第十六條：若有其他未盡事宜，依民法承攬規定及其他相關法令辦
　　　　　理。

第十七條：本約定書壹式貳份，甲乙雙方各執乙份爲憑。

第十八條：雙方若因本約涉訟，同意以＿＿**＿＿地方法院爲第一審管轄
　　　　　法院。

立契約書人：

　　　甲　　　　方：＊＊＊房屋仲介有限公司（簽章）

　　　負　責　人：＊＊＊＊＊

　　　統一編號：＊＊＊＊＊＊＊

　　　地　　　　址：＊＊＊＊＊＊＊＊＊＊＊＊＊＊

　　　乙　　　　方：　　　　　　　　　　　（簽章）

　　　身分證字號：

　　　地　　　　址：

中華民國　　　　　　　年　　　　月　　　　日

註：房仲介爲了開源節流，從有底薪改爲高抽成、無底薪，然後請員工自己到仲介工會去辦
　　理勞健保。自行投保勞、健保，代表雇主與房仲業務員之間不存在僱傭關係，只有承攬
　　關係，雇主可以減少提撥退休金，員工變相失去保障。

1-6 不動產土地開發及投資分析

一、前言

開發不動產有一句教條，就是「Location、Location、Location」，其意思是說，在開發不動產時，首要注重的是開發區位（地段）的選擇。何謂好的區位（地段）？這就考驗著開發人員的實力與眼光。

土地開發從字面而言，就是以土地為原料所做的開發行為。土地為房地產建設的起點，待開發後經由興建加工完成，再經市場出售房地產商品獲利；故土地是原料，建設公司為加工業者，房地產為產品；因此如何取得好原料為建設公司最重要的一環，也因此土地開發成為建設公司的開路先鋒。找到優質土地，價位當然高，但是好的土地必須透過好的加工與包裝，才能克服高成本的壓力，賣出高價。如果你找到的是普通原料或劣質原料，價格雖然較低，你可能必須比別人更用心企劃、規劃加工出好產品；此時，有關土地開發的技術分析與建築規劃的觀念應用，就成為土地開發成功與否的關鍵，做好事前準備，是任何一位土地開發者所需具有的知識。

實務上，一項投資案自構想開始至個案結束，不僅有單一的評估，且至少必須經歷數個連續且相關的階段，即不動產可行性分析、市場潛力與行銷分析，以及財務可行性分析。其中，市場潛力與行銷分析階段包括消費者行為分析、市場區隔、目標市場分析、產品定位與規劃，以及不動產行銷組合等步驟（見市場篇）。以往臺灣不動產市場發展未成熟前，國內的高經濟成長率為不動產投資注入強而有力的生機，因此有一段期間國內的不動產投資被視為「高獲利、低風險」的市場，投資決策通常僅憑「直覺」或「經驗」，毫無市場分析及調查可言，賺的只是景氣財。然經歷民國86年亞洲金融風暴的洗禮，不動產價格大跌，銀行緊縮銀根，國內各大建設公司皆一家家倒閉與解散，讓大家開使警覺隨便買、隨便賺的時代已經過去，房地產已進入專業時代的來臨。

地產的經營，已經進入了財務、法務、土地、都計、建築不分家的時代。若想要學會如何判斷土地價值，每一種區位，每一種坪效，在地產的影響參數，都需要一段時間的學習，以及除錯。

這當中如何判讀，各地區都市計畫的沿革，變革的原因，又是重中之重。

因此，建商對於不動產的土地開發開始注重事前的投資評估，務求徹底了解市場現況與預測未來發展，以最少的成本達到最大的效益；由此可見，重視投資前的市場分析、行銷分析及財務可行性分析，將是未來不動產投資獲利的契機。

二、不動產土地開發之型態

一般來說，常見的土地開發型態，可分爲下列六種。

（一）土地買斷（購地自建）（For Sale）

建設公司出資向地主購買土地，再進行規劃設計、廣告銷售、工程興建等行爲。

（二）合作興建（Cooperative Operation）

俗稱合建，由地主提供土地，建設公司提供資金，雙方合作興建房屋，完工後，雙方依照約定比例分配房屋或銷售所得，合建的種類可分爲以下四種型態。

1. 合建分屋

係指由建商提供營建資金於地主提供之土地建屋，於房屋興建完成後，則依約定比例或樓層分配房屋及持分土地，雙方各自銷售。

2. 合建分售

係指由建商提供營建資金於地主提供之土地建屋，並約定由建方及地主分別以其各自名義與客戶簽約出售其持有之房屋及土地，故買方會有兩本合約——「土地買賣契約書及房屋買賣契約書」，並各自收取房屋款（建商）及土地款（地主）。

3. 合建分成

係指由建商提供營建資金於地主提供之土地建屋，並約定由雙方以共同名義與客戶簽訂房屋與土地買賣契約，最後賣方（建商與地主）再按約定比例分配銷售總價款。

4. 合建買回

係指由建商提供營建資金於地主提供之土地建屋，並約定由建方房屋興建完成後，再以當初標售簽訂的價格保證買回地主所分得的房屋。目前台糖皆採用此模式完成合建售地的開發土地方式。

（三）聯合開發（Joint Development）

隨著經濟發展，基地規模日益擴大，不少政府機構之重大建設開發案困於財政的困難，不斷釋出引進民間資金參與公共建設之投資，如：捷運BOT聯合開發案、巨蛋開發案及高鐵、鐵路局站廠聯合開發案等，為降低風險及提高利潤，投資業者逐漸嘗試尋求同業或異業結盟，進行聯合開發。民國89年2月9日公布《促進民間參與公共建設法》（簡稱《促參法》），成為國家公共建設引入民間力量之重要法源依據，國內廠商依合作投資型態及合作內容，可分為下列幾種聯合開發型態。

1. 聯合投資開發

由兩家以上公司共同出資購買土地，合資購地既可降低投資風險，又可擴大買地規模。

2. 聯合投資興建

由兩家以上公司共同投資興建、規劃營運、管理等，以合資興建、營運為目的。

3. 聯合開發興建

綜合上述1.與2.之型態，由兩家以上公司合資進行土地開發及建物興建等業務。

（四）承租（地上權）（Establishment of Superficies）

建設公司向政府承租土地興建房屋，購屋者只擁有建物所有權或使用權，未取得土地所有權，即買屋不買地。全臺最高的台北101大樓是一個典型地上權代表，約定存續期間為民國86年至民國156年共計70年，地租以當期公告地價按年息2%計收，等到地上權消滅後，地上物將無償移轉為臺北市政府所有。

（五）都市更新（Urban Renewal Act）

隨著市區土地供給趨近飽和的情況下，都市更新成為建商在市區中取得大片土地的唯一方法。特別是當行政院提出原地、原建蔽、原容積之「三原」獎勵措施後，房市更出現一股「考古風」，好地段裡的老房子愈來愈吃香，也加速了都市更新的腳步。

1. 為何要都市更新

(1)建物窳陋且非防火結構或鄰棟間隔不足，有妨害公共安全之虞。

(2)建物年代久遠有傾頹或朽壞之虞、建物排列不良或道路彎曲狹小，妨害公共交通安全。

(3)建物未能符合都市應有之機能。

(4)居住環境惡劣，妨害公共衛生或社會治安。

(5)其他有迅速更新之必要，如戰爭、地震、火災、水災等重大變故遭受損壞。

《都市更新條例》於1998年10月22日經立法院三讀通過，都市更新可帶來下列好處：

(1)提高生活環境品質，提升房地產價值，讓老舊社區重新規劃興建，使都市獲得新生命。

(2)權利變換取得之不動產於更新後，第一次移轉可減徵土增稅及契稅40%。協議合建移轉土地於實施者部分，其土增稅及契稅得減徵40%。

(3)更新後地價稅及房屋稅減半徵收至第一次移轉前為止，並以12年為限。

都市更新房地稅賦減免優惠一覽表

項目	身分	適用對象／期間	減免內容
土地增值稅（權利變換）	地主	共同負擔部分	免徵
		未達最小分配單元改領現金補償者	
		更新分配土地後第一次移轉	減徵40%
		不參與權利變換改領現金補償者	
契稅（權利變換）	地主	建物第一次移轉	減徵40%
		共同負擔部分	免徵
地價稅	實施者、地主	更新期間土地無法使用	免徵
		更新期間土地可使用	減半徵收
		更新後二年	
房屋稅	實施者、地主	更新後二年	減半徵收
		更新後二年～第一次移轉	減半徵收（最長2+10年）

資料來源：高雄市政府都發局。

註：共同負擔就是辦理都市更新所需的成本花費，包括委託建築師費用、拆除建物及興建建物所需施工費用，以及委託代書辦理產權登記費用等資金總和，稱之為共同負擔。

(4)可獲容積50%的獎勵，容積最高可達法定容積之1.5倍（《都市更新建築容積獎勵辦法》§13及《都市更新條例》§44）。

(5)公益設施免計容積。

都市更新建築容積獎勵基準示意圖

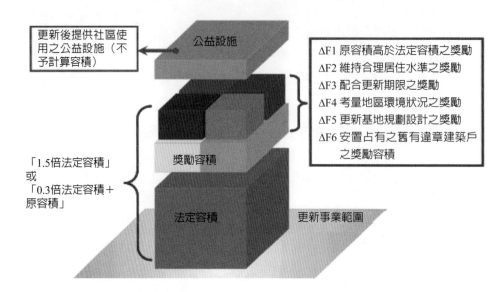

註：《臺北市都市更新自治條例》。

第十九條　都市更新事業建築容積獎勵項目及評定基準，依下列規定辦理：

建築容積獎勵額度，依下列公式核計：

$$F=F0+\triangle F1+\triangle F2+\triangle F3+\triangle F4+\triangle F5+\triangle F6$$

F：獎勵後總容積，其上限依《都市更新建築容積獎勵辦法》第四條規定辦理
（給予獎勵後之建築容積，不得超過各該建築基地1.5倍之法定容積或各該建
築基地0.3倍之法定容積再加其原建築容積）。

F0：法定容積。

採多數人同意實施

修正事項	現行規定	修正後
	人數；產權	適度提高
事業計畫／權變計畫同意比例	迅行：1/2；1/2	迅行／公辦：1/2
	優先：3/5；2/3	優先／策略：3/4
	自劃：2/3；3/4	民間／自劃：4/5
	人數免計：--；8/10	人數免計：產權＞9/10

註：當同意之合法建物及土地面積達9/10（90%）以上，不須再計人數比例。若採合建
方式實施都更，合法建物及土地面積之同意比例應達4/5（80%）以上。

　　都更流程大致分為：劃定都更範圍、提出都更計畫概要（需達住戶二分之
一門檻）、都更事業計畫送審、訂出權利變換計畫、拆除重建等階段（如下頁
圖）。

都市更新申請簡易流程

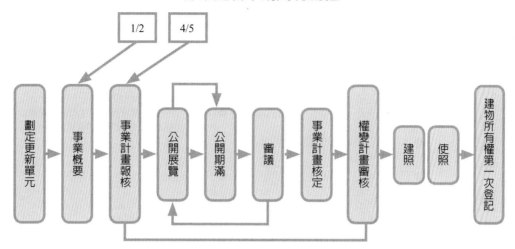

2. 簡易都更

　　為加強都更之進行，臺北市與新北市、高雄市相繼推動所謂簡易都更，針對已整合全部所有權人100%同意，基地條件符合一定態樣，即能申辦「簡易都更」，就能享有15%至20%之容積獎勵，並減化審議流程，有助於中小型都更案之進行。

3. 《危老條例》（Statute for Expediting Reconstruction of Urban Unsafe and Old Buildings）

　　都市更新為達到公益性的目標，所以都市更新條例會限制基地面積規模（例如：部分縣市規定須達1,000平方公尺以上），但需改建的危老屋卻因此面臨整合困難與重建遙遙無期的困境，在無力搬離下，只能冒險繼續居住，現在採《危老條例》模式，不用限定基地規模，也不需走都更聽證、審議程序，前提只要住戶100%同意即可。

　　建築物經快篩及結構安全評估後，民眾可以選擇《都市危險及老舊建築物加速重建條例》（簡稱《危老條例》或《都市更新條例》）兩選項進行重建。若已取得全體土地及合法建築物所有權人同意，建議可依《危老條例》申請重建，最快1個月內核定，最高可獲1.4倍法定容積獎勵。相較申請都市更新曠日廢時，申請危老重建從結構初評、送件審查核准到取得建築執照，最快只需要半年。

　　地價稅：更新期間免徵，更新後減半徵收兩年。房屋稅：更新後減半徵收兩年，自然人於減半徵收兩年內未移轉者，得延長至喪失所有權止，但以十年為限。

《都更條例》與《危老條例》比較表

製表日期：民國111年6月23日

項目	《都更條例》	《危老條例》
申請人	●實施者：如建設公司、所有權人籌組設立之更新會、專責機構（都更中心）、公部門。	●土地及建物所有權人，1戶也可以申請。
基地規模及條件	●規模：面積≧1,000 m²；面積≧500 m²之更新單元，需經都更審議會同意。 ●條件：公劃更新地區或符合自劃更新單元標準或指標。	●規模：無面積限制規定。 ●條件：海砂屋、震損屋或經建築物耐震能力評估得適用《危老條例》申請重建。
容積獎勵	●不得超過法定容積1.5倍或原容積+0.3倍法定容積。 ●可額外申請海砂屋、輻射屋、開放空間等其他獎勵。	●不得超過法定容積1.3倍或原容積1.15倍。 ●時程獎勵+規模獎勵≤法定容積10%。 ●不得再申請其他獎勵。
實施期間	●無申請時效限制。	●民國116年5月31日前受理。
同意比例	●採多數決，須土地及建物所有權人75%及80%同意。	●須全體土地及建物所有權人100%同意。
申辦程序	●須辦理公開展覽、公聽會、聽證會、審議、核定公告等法定程序。視意願整合及爭議處理而定。	●經評定符合危險及老舊建築物後，提重建計畫報核，主管機關於60日內審查完竣。
分配機制	●所有權人與實施者間透過權利變換或協議合建方式分配房地。	●由參與地主自行協商決定。
稅賦優惠	●得減免地價稅、房屋稅、土地增值稅及契稅。	●111年5月11日前申請重建者得減免地價稅及房屋稅。
土地增值稅	★抵付權利變換共同負擔部分免徵。 ★權利變換土地第一次移轉減徵40%。 ★權利變換現金補償者免徵或減徵40%。 ☆協議合建原所有權人與實施者間辦理產權移轉時，減徵40%。	◆無減免。
契稅	★抵付權利變換共同負擔部分免徵。 ★權利變換土地第一次移轉減徵40%。 ☆協議合建原所有權人與實施者間辦理產權移轉時，減徵40%。	◆無減免。
地價稅	★更新期間免徵。 ★更新後減半徵收2年。	◆重建期間免徵。 ◆重建後減半徵收2年。
房屋稅	★更新後減半徵收2年。 ☆減半徵收2年內未移轉者，得延長至多10年。	◆更新後減半徵收2年。 ◆減半徵收2年內未移轉者，得再延長10年。
申請時限	★無申請時效限制。 （符號☆申請期限至民國113年1月31日。）	◆2022年3月11日行政院宣布，危老重建租稅優惠措施延長至2027年5月11日。

註：都更諮詢工作站專區：https://uro.gov.taipei/cp.aspx?n=433CBB76EABC1DE4。
　　危老專區：https://dba.gov.taipei/Content_List.aspx?n=86486C93F5470B03。
　　2022年3月11日行政院宣布危老重建租稅優惠措施延長至2027年5月11日。
資料來源：臺北市都市更新處。

（六）公有土地標售（For Sale Under Public Use Property）

公有土地屬各級政府機關所有及管轄，其分成國有、直轄市有、縣（市）有及鄉（鎮、市）有等四種。各級政府機關因公務或公共需用公有不動產時，採無償撥用為原則，剩下非公用之土地，依性質、區域、計畫等不同，採出租、放領、委託經營管理、標售、地上權、BOT、聯合開發或暫為閒置等。

三、土地開發的目的

（一）作為不動產投資的規劃及準備

不動產投資牽涉法令及部門甚廣，如無法事先做好產品定位及規劃申請作業或是產權調查，會造成公司承受不可知的風險，身為土地開發工作者必須提早做事先的準備。

（二）作為不動產投資的損益計算、風險評估、可行性評估

事先預估未來的成本與售價，做好利潤分析，才能對未來的風險有所控制，並可了解所開發的土地是否具開發價值。

（三）作為不動產投資的比較，以求取最佳獲利模式

對公司而言可投資的工具種類甚多，不管是買地、合建、BOT或是都更，都是土開人員評估的選項，如何選出最佳獲利模式，考驗著土開人員的經驗與智慧。

（四）降低投資風險及投資成本

事先的風險評估、產權調查及法規的了解，對各項工作都能事先做好評估，可減少未來發生的風險。

（五）發揮土地最大效能

透過土地的基準容積與獎勵容積，及土地面積的大小，將土地的坪效做最大的利用，不僅可發揮土地的最大價值，也可降低土地分攤成本，發揮土地最大的價值。

四、不動產土地開發流程

不動產的土地開發與一般產業的開發有極大的不同，不僅耗日費時、手續

繁雜，牽涉的關係人及相關產業也相當眾多，特別是投入的開發資金更是十分龐大。

因爲不動產與我們的生活息息相關，所以認識不動產的土地開發流程與程序，將有助於我們對房屋興建的始末有一完整的概念。不動產投資往往涉及土地之取得，因此在房地產開發前，均應進行一連串縝密的規劃及分析步驟，稱爲「不動產（土地）開發流程」。由於不動產土地開發的過程牽涉層面廣泛，所以，參與不動產土地開發的人員除了開發商以外，其他參與討論服務的人員，包括建築師、地政士、廣告公司、技師（土木、機電、結構）、估價師、景觀設計師、室內設計師、規劃師等，都與土地開發的過程有所關聯。

（一）廣義的土地開發

自土地開發策略擬定、投資可行性與市場分析、土地取得、資金籌措、產品規劃設計、開發興建、廣告行銷及招商管理、物業管理服務等步驟，均是不動產投資開發個案所需具備之要件。由下頁圖可明顯看出不動產（土地）開發流程之各步驟及其間相關之角色。

不動產土地開發流程，自投資者開發計畫至租／售後物業管理，可分爲如下數個階段。

廣義不動產開發流程與步驟

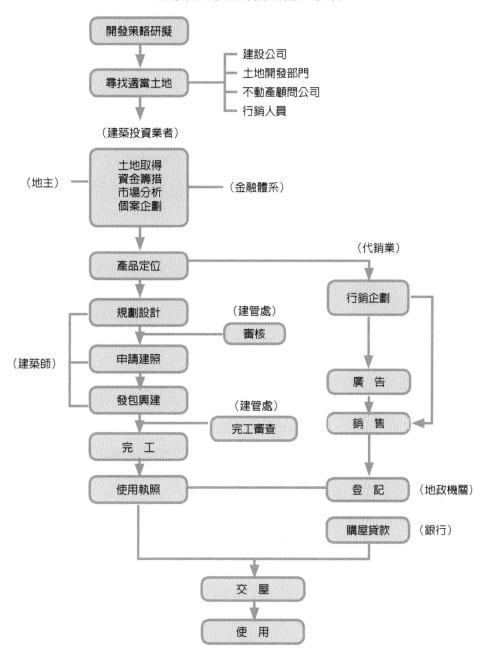

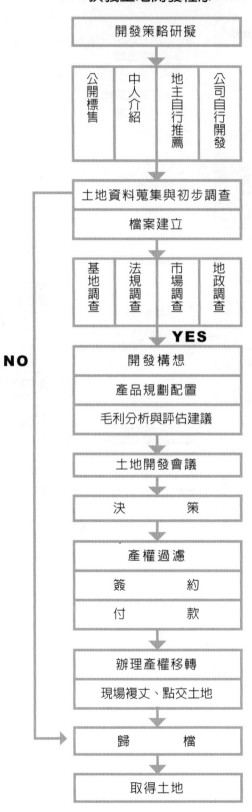

狹義土地開發程序

```
┌─────────────────────┐
│      開發策略研擬      │
└─────────────────────┘
          ↓
┌──────┬──────┬──────┬──────┐
│ 公開 │ 中人 │ 地主 │ 公司 │
│ 標售 │ 介紹 │ 自行 │ 自行 │
│      │      │ 推薦 │ 開發 │
└──────┴──────┴──────┴──────┘
          ↓
┌─────────────────────┐
│   土地資料蒐集與初步調查  │
├─────────────────────┤
│      檔案建立         │
└─────────────────────┘
          ↓
┌──────┬──────┬──────┬──────┐
│ 基地 │ 法規 │ 市場 │ 地政 │
│ 調查 │ 調查 │ 調查 │ 調查 │
└──────┴──────┴──────┴──────┘
         YES
          ↓
┌─────────────────────┐
│      開發構想         │
├─────────────────────┤
│    產品規劃配置        │
├─────────────────────┤
│   毛利分析與評估建議    │
└─────────────────────┘
          ↓
┌─────────────────────┐
│     土地開發會議       │
└─────────────────────┘
          ↓
┌─────────────────────┐
│    決      策         │
└─────────────────────┘
          ↓
┌─────────────────────┐
│     產權過濾          │
├─────────────────────┤
│    簽      約         │
├─────────────────────┤
│    付      款         │
└─────────────────────┘
          ↓
┌─────────────────────┐
│     辦理產權移轉       │
├─────────────────────┤
│   現場複丈、點交土地    │
└─────────────────────┘
          ↓
┌─────────────────────┐
│    歸      檔         │
└─────────────────────┘
          ↓
┌─────────────────────┐
│     取得土地          │
└─────────────────────┘
```

NO

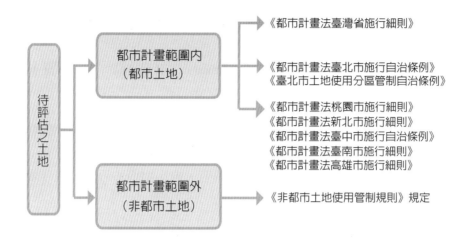

（二）狹義的土地開發

即一般建設公司土地開發程序的主要工作內容，也是一般建設公司土地開發部最主要的工作範圍。從土地資料取得至土地取得的階段性作業，其作業流程內容如下。

1. 土地資料處理

核對中人主動提供或自行參與標售、拍賣的土地資料，篩選及檔案建立。

2. 基地調查（現場勘查）

基地面積、形狀、面臨道路寬度、位置及地上物狀況（參考基地調查表）、基地優缺點與使用限制、基地與鄰地狀況、出入道路、電線桿、排水溝、社區環境、地主報價、附近之成交地價及過去土地之交易記錄。

判斷資料：

(1)基地位置圖（基地所在之街廓圖）。

(2)都市計畫圖（使用分區，基地位置）。

(3)地籍圖（地界位置、地段、地號）。

(4)現況圖（基地四周環境）。

(5)套繪圖（基地與鄰地建物資料）。

3. 地政調查（公告地價、公告現值、前次移轉現值等）

(1)鄰房調查：有無本基地不為人知之事。

(2)地上物調查：有無出租、違章（Squatter）、占有、建物登記簿謄本。

（152～153頁）

(3)產權調查：所有權利、他項權利、使用分區證明、土地登記簿謄本（150～151頁）。

(4)建管調查：私設道路、畸零地（Deformed）、計畫道路、地籍圖謄本等。

4. 市場調查

(1)區域環境析：都市計畫發展與規範、市場、行政區、學區、生活圈等。

(2)鄰近環境分析：交通條件、生活機能設施、公共設施、嫌惡設施。

(3)競爭個案分析：個案名稱、位置、型態、推出總價、平均單價、規劃坪數、戶數、銷售率、客源。

5. 法規調查

簡單的說，就是「查法規」，對於一些開發比較熱門的地區，尤其是重劃區的土地，由於相關法規比較明確，查法規就可自己來；相對的，非重劃區的土地，「查法規」就相對複雜與專業，一般公司開發部多將此項工作交給配合的建築師事務所或代書事務所，讓他們幫助「查法規」，再告訴我們這塊地有無法令上的開發限制或使用分區管制的限制等，確定無疑後，接下來的規劃、請照、施工等後續作業，都能呼應法規的規定，整體作業才能一貫而有效率。

實質的土地使用與建築管理，則由下面兩大法系予以規定：

(1)建築法系法規：針對實質的建築行為，以《建築法》法系予以規範。另有都市更新、容積移轉、開放空間及停車獎勵等法規及相關法規對建築管理使用的規定。如《建築技術規則》係針對建築設計、施工、構造與設備等技術層面的規定。簡單的說，就是「應如何蓋房子？」

(2)計畫法系法規：上承國土計畫，頒定法定計畫法規來規範國土的實質開發行為。實質的土地使用與建築管理，則由《區域計畫法》、《都市計畫法》兩大計畫法系予以規範，上述法系法規係針對土地、建築予以原則性規範，主要為土地劃定使用分區，規範得否開發（開發許可），以及開發為建築使用時，其容許使用項目（用途管制）及建蔽率與容積率（強度管制）予以規範。都是在規定這塊地得否或應先如何處理，始得開發供建築使用。簡單的說，就是「這塊地能不能蓋房子？能蓋幾坪？」

6. 開發構想

根據市場調查及消費者行為分析，擬定基地開發的開發構想與產品定位。

7. 產品規劃配置

在相關法規的許可下，了解土地強度與潛力，從強度分析計算允建容積率

（即1坪土地可蓋多少坪建坪），從潛力分析將開發構想賦予規劃設計，研判建物可做之用途與產品，落實爲可討論的設計圖面與可評估的坪數，以了解產品配置的實用性。

8. 投資效益評估

從投入資金、收益、成本與利潤的比較，評估本案土地投資的風險與可行性。

9. 土地簽約作業

根據以上作業，審愼評估後，經公司高層授權則正式進入與地主議價及完成購地或合建簽約作業程序。

以上土地開發程序內容爲一般業界公司的土地開發部門主要業務，也是土地開發人的必備核心價值。

土地開發人從各管道取得地籍圖等資料後，盡快塡列「土地調查評估表」（94頁）及「土地仲介人資料表」（86頁），以作爲與地主接洽聯絡及土地調查初評之依據。若該筆土地具開發研究價值，建設公司營業、工程及開發等部門即應進行開發檢討建議，實務上常使用基地調查表（95頁）做調查，開發及工程相關人員可依此表進行下列步驟。

土地開發評估內容

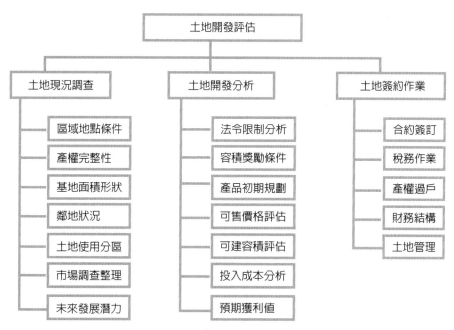

10.中人資料建檔

　　對建築業而言，中人仲介的土地，仍是公司主要的土地來源，而由於中人成分難免複雜、素質不齊，仲介佣金利害關係頗為敏感，因此針對此一最主要的管道，最好建立公司的「土地仲介制度」，以避免不必要的糾紛。除約見中人，建立基本資料之外，明確告知公司的土地仲介規定，並要求中人於土地仲介切結書中簽名確立，建檔備用，以免重複收件，徒增困擾，影響公司形象。良好的建檔，除可消極避免糾紛，並可積極提高作業效率，提供購地參考。

土地仲介人資料表

編號　　　　　　　　　　　　　　　　　　　製表日期：　年　月　日

基本資料	仲介人姓　名		聯絡電話		住電：公電：		傳眞：手機：	
	類　型	□成果型　□專業型　□線索型		評等		級	職業	
	擅長區域		住址					

	日期	區域	土地位置	地段、地號	使用分區	基地面積	成交單位	成交條件
過去實績	/					坪	萬	
	/					坪	萬	
	/					坪	萬	
	/					坪	萬	

	日期	區域	土地位置	地段、地號	使用分區	基地面積	預售單價	處理方式		
								速報	追蹤	中止
與公司合作記錄	/					坪	萬			
	/					坪	萬			
	/					坪	萬			
	/					坪	萬			
	/					坪	萬			
	/					坪	萬			

五、土地基本資料蒐集與現場勘查

　　一般公司之運作，土地開發多由建設公司開發部籌劃起始。基本上，每一塊土地在開發前，均會擬定整體開發計畫，有的計畫是公司已經握有土地的狀況（公司自有）；有的是發現一塊土地，但需要議價、購買、招標等後續開發工

作。此階段之主要工作，包括基地比較及分析、環境勘查，經公司開發部討論，初步選定較適合之地點及產品類型後，交由投資者或決策者裁決。

（一）土地基本資料蒐集

一般而言，土地之取得有以下幾種來源：私有、仲介者（即「中人」）介紹、參與重劃或都市更新計畫、自行開發、公開標售、法院拍賣等。土地開發人員必須透過公開或私下協商管道，以買斷、合建、委建、更新或是其他如地上權、租賃權方式取得土地。由於一般業者開發主要以較成熟的地區或重劃區為主，這些地區的土地大都已完成細部計畫作業，不需變更土地使用分區的私有土地（一般稱熟地），則可在經過都市設計委員會審議通過後，直接進行開發計畫與工程。

牽涉土地變更的土地開發案，要經過都市計畫委員會（都市土地）或是區域計畫委員會（非都市土地）審議通過，並經縣市政府發布實施後，才能進行土地開發計畫。從土地開發的角度來看，就是如何將一片待開發的「生地」，藉

土地開發審議流程圖

```
                                          ┌─ 平地個案變更審議
                        ┌─ 都市計畫土地 ──┤
                        │                 └─ 山坡地個案變更審議
                        │
各                      │                          ┌─ 平地變更審議
類                      │              ┌─ 內政部 ─┤
土                      │              │           └─ 山坡地變更審議
地                      │   ┌─開發許可─┤
開 ─────────────────────┤   │          │           ┌─ 平地變更審議
發                      │   │          └─ 縣市政府─┤
審                      │   │                       └─ 山坡地變更審議
議                      └─ 非都市土地 ─┤
流                          │          ┌─ 平地用地變更審議
程                          └─ 用地變更─┤
                                       └─ 山坡地用地變更審議
```

註：非都市土地申請使用分區或用地變更之規定：
　　1.用地變更編定（2公頃以下）（非都管制規則§27、§28、§30）。
　　2.開發許可變更（2公頃以上）（非都管制規則§11、§12、§15）。
　　3.區域計畫法第十五條之一規定經區域計畫擬定機關許可審議，面積規模於30公頃以下者，委辦直轄市、縣（市）政府代為許可審議核定。

由土地變更的手段，如非都市土地採「開發許可」（Development Permission）（區域計畫法§15-1）自擬開發方式，或申請用地變更（非都市土地使用管制規則§27）；都市土地採「個案變更」或公部門「通盤檢討」（Overall Review）方式（都市計畫法§26、§27），主管機關得要求土地權利關係人提供或捐贈都市計畫變更範圍內之公共設施用地、可建築用地、樓地板面積或一定金額（回饋金）予當地直轄市、縣（市）（局）政府或鄉、鎮、縣轄市公所（都市計畫法§27-1）。透過區段徵收（Zone Expropriation）、市地重劃（Land Readjustment）或回饋方式等作業，完成土地使用分區變更，使「生地」變成可立即開發的「熟地」。此種土地開發方式因耗時、耗錢，不確定性高，一般而言，除了土地重劃公司外，大部分建設公司土地開發人員並不以此為公司開發土地的方向。

　　一般建設公司，除了少數資金雄厚著眼於未來土地增值利益而「養地」之外，公司購地的目的當然是為了蓋房子，而且要能立即開發興建，因為公司可以藉由銀行土、建融貸款，達到快速獲利的目的。所以如果公司買了地之後，發現土地位於管制區或這塊土地是道路、公園用地等公共設施用地，根本不得「許可開發」，或因土地被劃入重劃、區段徵收等因素而「禁建」，或土地尚需經過整體開發完成捐地後，「始得請照（被限建）」，或被劃入「整體規劃」地區，而無法單獨興建使用，以致延宕了土地的開發時程，讓公司資金被套住無法有效運用，這都是公司所不願樂見的事情，故開發人員應熟悉《都市計畫法》及《建築法》法系的相關規定，才不至於因專業不足造成公司不必要的損失。

　　資料蒐集初步階段，應積極與土地仲介或地主聯絡接洽，以取得下列土地初步資料：

　　(1)基地位置；(2)土地面積；(3)使用分區；(4)面臨路寬；(5)欲售地價；如頁95所附基地調查表。

　　經初步篩選值得開發之土地，進一步蒐集土地相關之下列資料：

　　(1)基地現況圖；(2)地籍圖；(3)都市計畫圖；(4)基地現況圖等；如96頁所附土地開發工作進度表。

（二）現場勘查

　　至基地現場進行嚴謹實地查核（Due Diligence, DD）以了解基地現況，並進行：(1)基地現場拍照，(2)附近房價及環境調查。因此勘查的項目就範圍而言，包含基地本身、周圍小環境與區位大環境。現場勘查的主要目的有以下幾個重點：

1. 基地的現況是否可以立即開發？

　有無禁、限建，進出道路是否開闢？有無路權問題？

2. 基地的條件與周遭的環境，是否適合公司的開發要求？

　基地形狀有無被占用？路沖、嫌惡設施、負面觀瞻（酒家、神壇、工廠）等。

3. 比對、記錄基地與附近鄰地的現況，是否與地籍圖吻合，繪製現況圖供後續作業之用，針對其地與附近鄰地的現況，與事先準備的圖面（地籍圖或現況圖）核對。

4. 地主之報價、附近之成交地價及過去土地之交易記錄。

5. 市場資料之蒐集，以便該基地的產品定位與利潤分析。

6. 不動產說明書的索取：詳實的不動產說明書內容有助於提供交易標的充分資訊，以協助當事人作成正確的決定並順利完成交易。

（三）地政調查、法規調查

1. 地政調查、問題解決

查「產權」確定「產權清楚」，除是購地的先決條件外，也需注意以下問題：

(1)建物：有無侵（竊）占、地上物、出租等，應由賣方於簽約前或交地前負責拆除騰空點交。

(2)路權：若有未徵收的計畫道路，或私設道路等涉及路權者，應向賣方反映，由賣方於簽約前或交地時處理妥當。

(3)農林作物：現場有農作等經濟作物，應釐清有無「三七五租約」。為確保買方權利，最好能於簽約前處理完畢，否則應於簽約時，由賣方出具「切結書」，於公司交付相對期款前處理完畢。

(4)土地所有權：有無限制登記，包括預告登記、查封、假扣押、假處分、破產登記等，由賣方於簽約前或交地時處理妥當。

(5)他項權利登記：土地或建物如有被設定典權、地上權、抵押權時，賣方應於簽約前或交地時，處理妥當。

(6)稅金之計算：公告地價、公告現值（Announced Land Current Value）、前次移轉現值。

若基地各項條件皆良好時，則進一步追蹤各項資料及該地區單行法規與過去交易資料。（註4）

2. 法規調查、有無限制

法規規範重點：「土地」與「建築」兩大類。法規調查內容，主要以土地開發許可、禁／限建規定，以及建築用途、強度管制、建築管理、他項規定為主。

(1)土地：得否開發，有無：①禁建；②限建；③整體開發。

(2)建築：①用途（《都市計畫法施行細則》「正面」及「負面」表列兩種）；②使用強度（建蔽率、容積率）；③退縮、高度、面寬、規模等；④建築管理（都審、整體開發、容移、開放空間）。

一塊地能不能蓋？有無禁／限建？能蓋什麼產品（用途管制）？能蓋幾坪（強度管制）？能否指定建築線？面寬是否夠寬？基地面積是否夠大？決定了這塊地值多少錢及要不要買的關鍵，土地開發人員也該有基本的認識。

(1)建築法系法規（Building Act）：《建築法》第一條：「為實施建築管理，以維護公共安全、公共交通、公共衛生及增進市容觀瞻，特制定本法」。「建築管理」則是針對實質的建築行為，由「建築法系法規」予以規範。其法系子法中與土地最有關者，主要分為兩部分：一為針對建築設計、施工、構造與設備等技術層面，由《建築技術規則》（Building Technique Regulation）予以規定。一為針對建築執照（Construction Permit）、使用執照（Usage Permit）等相關管理使用予以規定，如建築線、畸零地、騎樓等，其中都市土地依《○○縣（市）建築管理自治條例》及其他相關法規管理。簡單的說，就是「如何蓋房子」？

《建築法》之法規體系表

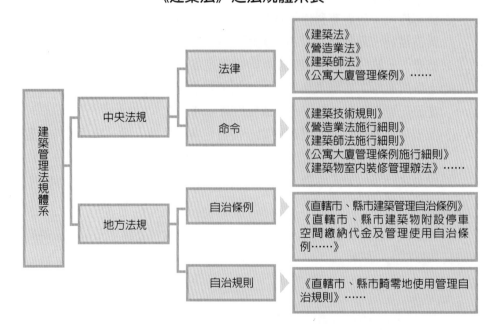

(2)計畫法系法規（Planning Law）：《區域計畫法》、《都市計畫法》主要是規範土地使用，其層面由區域計畫法系與其他相關法規的「得許可開發」，到都市計畫法系的「始得申請建造執照」（Construction License），都是在規定這塊土地得否或應先如何處理，始得開發供建築使用。簡單從土地開發的角度來說，就是「這塊地能不能蓋房子？」、「這塊地有無禁、限建開發限制？」若開發之土地被規定尚須經「市地重劃」、「區段徵收」後始得開發，則須待接手的地政單位完成該地政作業後，始得解禁開發，或尚需經整體開發、捐地後，始得請照（即「限建」），於購地前須查明，以免購入被「禁限建」的土地，無法開發。

此外，因不同都市計畫區，使用分區規定亦有所不同，有關基地使用性質應依循該基地「細部計畫」（Detail Plan）中有關「事業及財務計畫」及「土地使用分區管制」Zoning之規定，如無相關規定，則應依各都市計畫施行細則而定。基地各細部計畫之相關規定，建議土開人員可至各縣市都市計畫辦理機關網站查詢〔如下頁圖(A)〕，以了解基地相關使用規定。這些工作都可委由建築師處理，但土開人員也應自行上在地建設局（或都市發展局）的官網，覆核以基地所屬都市計畫區計畫書為主的適用法規，查詢下列規定：

(1)開發許可（Development Permit）：都計書中「事業及財務計畫」章節，調查開發方式有無禁限建之規定。

(2)開發限制（Development Ristrict）：若無上述禁限建規定，原則上得開發建築，但仍需符合都計書中「土地使用分區管制要點」章節對開發規模、臨街面寬的規定。

(3)用途管制：針對各類使用分區的土地於建築使用時，適用的建築用途類別。

(4)強度管制：都計書中「土地使用分區管制要點」章節，針對各類使用分區與特殊指定條件土地的使用強度規定。

細部計畫中，「事業及財務計畫」章節主要規劃開發方式，土開人員需確認是否有禁、限建之規定；「土地使用分區管制」章節主要規範不同的使用分區其使用性質、強度，及有關開發規模、容積獎勵、退縮建築、都市設計等規定，土開人員需確認上述內容，評估基地允建容積及建築型態，以符合法規規定。

以變更高雄市仁武都市計畫細部計畫（土地使用分區管制）通盤檢討案計畫書為例，住宅區建蔽率、容積率分別為60%、180%，住宅區並應退縮5公尺建築〔如下頁圖(B)〕，與《都市計畫法高雄市施行細則》規定略有不同。

　　前述用途管制、強度管制與他項規定，為《都市計畫法》法系法規針對建築管制的主要控管工具，也是各都市計畫區控管其計畫範圍內，建築的用途與總量管制其建築量體，藉以達成計畫目標的重要工具。

(A)

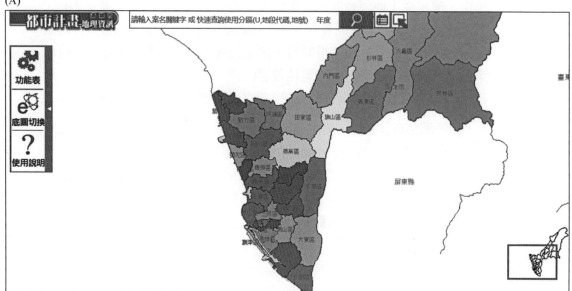

(B)

變更高雄市仁武都市計畫細部計畫(土地使用分區管制)通盤檢討案計畫書

辦理機關：高雄市政府

中華民國 104 年 8 月

第四章　實質發展計畫

一、本要點依都市計畫法第 22 條及同法高雄市施行細則規定訂定之。

二、各分區之建蔽率與容積率不得大於下表之規定，本要點無規定者，依「都市計畫法高雄市施行細則」規定辦理。

使用分區			建蔽率(%)	容積率(%)
住宅區			60	180
商業區			80	300
工業區	甲種工業區	工甲一、工甲二、工甲五、工甲六、工甲八、工甲十	60	210
		工甲三、工甲四、工甲七、工甲九、工甲十一、工甲十二	70	210
	乙種工業區		70	210
	特種工業區		70	210
文教區(永達技術學院仁武分部)			40	250
市場用地			60	240
學校用地	文中		50	150
	文小		50	150
	文中小		50	150
	文大(中山大學仁武分部)		50	250
機關用地			50	250

三、計畫區各項使用建築退縮規定如下：

(一)實施區段徵收地區或市地重劃但尚未配地之地區及地區及1,000平方公尺以上基地由低使用強度變更為高使用強度之整體開發地區，其退縮建築應依下表規定辦理，並得免再設置騎樓地。

分區用地別	退縮規定	備註
住宅區、商業區	1.面臨計畫道路界線之建築基地，應退縮5公尺建築，如屬角地，應依下列規定辦理。 a.五層樓以上(不含)：如屬角地且兩面道路應均應退縮。 b.五層樓以下(含)：如屬角地且兩面道路寬度不一時，應以較寬道路退縮為退縮面，兩面道路寬度得同書，擇一退縮。 2.面臨計畫道路境界線之建築基地，自道路境界線起留設淨寬1.5公尺人行步道，該人行道得計入法定空地。	退縮部分得計入法定空地，並至應委予接設綠化。
其他使用分區或公共設施用地	1.面臨計畫道路界線之建築基地，應退縮5公尺建築，如屬角地，兩面均應退縮。 2.面臨計畫道路境界線之建築基地，自道路境界線起留設淨寬2公尺人行步道，該人行道得計入法定空地。 3.如有設置圍牆之必要者，圍牆應自道路境界線至少退縮3公尺，圍牆高度不超過2.5公尺為限，圍牆應採透視性設計或設置綠籬。	

　　從各管道取得地籍圖後，應盡快塡寫「土地調查評估表」，以作爲與地主洽接聯絡及「土地調查評估表」之依據，若該筆土地具開發研究價值，建設公司營業、工程及開發等部門，即應進行開發檢討建議。

○○建設公司
土地調查評估表

填表日期： 年 月 日

<table>
<tr><td rowspan="3">1.聯絡資料</td><td>仲介人</td><td></td><td>聯絡電話</td><td></td><td>聯絡地址</td><td></td></tr>
<tr><td>地主</td><td></td><td>聯絡電話</td><td></td><td>聯絡地址</td><td></td></tr>
<tr><td>資料來源</td><td colspan="5">□中人介紹 □公開招標 □自行找尋</td></tr>
</table>

<table>
<tr><td rowspan="11">2.土地資料</td><td>區域</td><td colspan="2">土地位置</td><td colspan="2"></td><td>□地籍圖：</td><td>張</td></tr>
<tr><td>地段地號</td><td colspan="2"></td><td>土地開發狀態</td><td>□已開發 □未開發</td><td>□位置圖：</td><td>張</td></tr>
<tr><td>使用分區</td><td>建蔽率</td><td>%</td><td>容積率</td><td>%</td><td>□土地資料彙總表：</td><td>張</td></tr>
<tr><td>基地面積</td><td>坪</td><td>面臨路寬</td><td>米</td><td>可建高度 米（ 樓）</td><td>□土地現場照片：</td><td>張</td></tr>
<tr><td>欲售坪價</td><td colspan="2">萬／坪</td><td>欲售總價</td><td>萬</td><td>□土地調查初評表：</td><td>張</td></tr>
<tr><td>可購坪價</td><td colspan="2">萬／坪</td><td>可購總價</td><td>萬</td><td>□都市計畫圖：</td><td>張</td></tr>
<tr><td>交易方式</td><td colspan="2">□購地 □合建</td><td>公告現值</td><td>萬／坪（ 年）</td><td>□使用分區證明：</td><td>張</td></tr>
<tr><td rowspan="4">交易條件</td><td colspan="4" rowspan="4"></td><td>□利潤分析表：</td><td>張</td></tr>
<tr><td>□土地登記謄本：</td><td>張</td></tr>
<tr><td>□</td><td>張</td></tr>
<tr><td>□</td><td>張</td></tr>
</table>

<table>
<tr><td rowspan="6">3.市場調查</td><td>個案名稱</td><td>工地位置</td><td>樓層</td><td>可售總額</td><td>平均坪價</td><td>銷售率</td><td>公開日期</td></tr>
<tr><td></td><td></td><td>／</td><td>億</td><td>萬</td><td>%</td><td></td></tr>
<tr><td></td><td></td><td>／</td><td>億</td><td>萬</td><td>%</td><td></td></tr>
<tr><td>本案預估</td><td></td><td>／</td><td>億</td><td>萬</td><td>%</td><td></td></tr>
<tr><td>商圈調查概況說明</td><td colspan="6"></td></tr>
</table>

<table>
<tr><td rowspan="14">4.利潤分析</td><td colspan="4">(1) 營 業 收 入</td><td colspan="5">(2) 營 業 成 本</td></tr>
<tr><td>樓層</td><td>坪數</td><td>平均坪價</td><td>總價</td><td>項目</td><td>計算方法</td><td>總價</td><td>利息</td><td>月數</td></tr>
<tr><td>F ～ F</td><td>坪</td><td>萬</td><td>萬</td><td>購地成本</td><td>萬× 坪</td><td>萬</td><td>萬</td><td>月</td></tr>
<tr><td>F1</td><td>坪</td><td>萬</td><td>萬</td><td>營造成本</td><td>萬× 坪</td><td>萬</td><td>萬</td><td>月</td></tr>
<tr><td>陽臺</td><td>坪</td><td>萬</td><td>萬</td><td>管銷費用</td><td>萬× %</td><td>萬</td><td>萬</td><td>月</td></tr>
<tr><td>屋突</td><td>坪</td><td>萬</td><td>萬</td><td>土地增值稅</td><td>萬× %</td><td>萬</td><td>萬</td><td>月</td></tr>
<tr><td>地下公設</td><td>坪</td><td>萬</td><td>萬</td><td>其他費用</td><td></td><td>萬</td><td>萬</td><td>月</td></tr>
<tr><td>地下車位</td><td>坪</td><td>萬</td><td>萬</td><td>管理費用</td><td>萬× %</td><td>萬</td><td>萬</td><td>月</td></tr>
<tr><td>其他</td><td>坪</td><td>萬</td><td>萬</td><td>成本小計</td><td></td><td>萬</td><td>萬</td><td>月</td></tr>
<tr><td>可售數額</td><td>坪</td><td>萬</td><td>萬</td><td></td><td></td><td></td><td></td><td></td></tr>
<tr><td>收入總計</td><td>萬</td><td>利息收入</td><td>萬</td><td>成本總計</td><td colspan="4">萬</td></tr>
<tr><td>預估淨利</td><td colspan="2">萬 淨利率</td><td>%</td><td>自有資本</td><td colspan="2">萬 自有資本報酬率</td><td colspan="2">%</td></tr>
</table>

<table>
<tr><td rowspan="5">5.作業記錄</td><td>日期</td><td>處理內容</td><td>日期</td><td>處理內容</td></tr>
<tr><td rowspan="2">年 月 日</td><td rowspan="2"></td><td rowspan="2">年 月 日</td><td rowspan="2"></td></tr>
<tr></tr>
<tr><td rowspan="2">年 月 日</td><td rowspan="2"></td><td rowspan="2">年 月 日</td><td rowspan="2"></td></tr>
<tr></tr>
</table>

<table>
<tr><td rowspan="4">6.評估結論</td><td colspan="2">(1) 等 級 評 定</td><td colspan="2">(2) 處 理 方 式</td></tr>
<tr><td>□A淨利率15%以上</td><td rowspan="3">付款條件</td><td>□盡速提報</td><td rowspan="3">評估重點</td></tr>
<tr><td>□B淨利率15%～8%</td><td>□繼續追蹤</td></tr>
<tr><td>□C淨利率8%以下</td><td>□中止作業</td></tr>
</table>

資料來源：歐亞企管顧問公司，土地開發講義。

○○基地調查表

土地代稱

填表日期： 年 月 日

調查分類		調查項目	調查內容
1.自然環境	(1)基地地理形勢	①基地方位、風向	方位： 座 朝 風向：
		②基地之地質	
		③基地景觀	□佳 □尚可 □差 向： 向： 向： 向：
		④基地地形	坡度 %
		⑤排水方向	
		⑥基地填挖方高度	米
	(2)基地地上物之狀況	①地上物	□房屋： □植物：
		②地上物權屬	□權屬所有人 □侵占 □違建
		③違建物處理	違建數量： 處、位置 構造： 處理方式： 處理困難度：
		④特殊地上物	□排水溝（涵管） □高壓電線 □墳墓、小廟
		⑤有無畸零地	□基地為畸零地 □基地非畸零地 □鄰地為畸零地 □鄰地非畸零地
2.交通環境	(1)都市計畫道路現況	①開闢狀況	已開闢道路： 未開闢道路：
		②臨路狀況	□臨接計畫道（距離 米） □未臨計畫道（距離 米）
		③路心找尋	□已尋獲 □未尋獲
	(2)出入及臨接道路現況	①主要出入道性質及路寬	□私設道路： （寬 米） □計畫道路： （寬 米） □既成道路： （寬 米） □
		②基地臨接道路	路（寬 米）、 路（寬 米）、 路（寬 米）
	(3)交通路線	①捷運交通	捷運 線 站、距離 米
		②主要道路	路（距 公尺）、 路（距 公尺）、 路（距 公尺）
		③公車交通	站（距 米）、公車路線：
	(4)水電瓦斯	①供排水狀況	供水： 排水：
		②電力、瓦斯狀況	電力： 瓦斯：
3.區位環境	(1)公設環境	①學校、公園	
		②市場、銀行	
		③其他公設	
	(2)鄰地鄰房狀況	①與鄰地交界情況	地界與鄰房距離： 米
		②防火巷配置情況	
		③鄰地建物情況	
		④鄰房地下室狀況	位置： 大小： 深度：
		⑤鄰房狀況	地質： 防護措施：
		⑥與鄰地關係	□須留設保留地 □不須留設保留地
4.基地圖示	(1)基地位置圖		(2)基地照片
5.辦理及審查之資料	□①基地位置圖 □②都市計畫圖 □③基地現場照片		

資料來源：歐亞企管顧問公司，土地開發講義。

土地開發工作進度表

分類	工作大項	工作項目	負責人	完成率															
1.流程項目作業	(1)找地	①土地案源資料取得																	
		②聯絡、交易條件確認																	
		③土地調查初評																	
	(2)調查分析	①產權調查																	
		②基地調查																	
		③法規調查																	
		④市場調查																	
		⑤產品定位																	
		⑥產品初步規劃、價位及建材建議																	
		⑦造價初估，售價預估																	
		⑧全案利潤分析																	
	(3)簽約產權移轉	①購地呈核																	
		②地主協商、議價																	
		③買賣（合建）草約擬定																	
		④訂金支付																	
		⑤土地買賣合約修訂、呈核																	
		⑥產權移轉、銀行貸款																	
		⑦土地點交，付清尾款																	
2.各類書狀之辦理	(1)地政作業	①地籍圖謄本請領、審查																	
		②土地登記簿請領、審查																	
		③土地相關權利人清冊列出																	
		④地價證明請領																	
		⑤鄰地合併、分割																	
		⑥各地主之產權範圍及戶籍資料審查																	
		⑦他項權利人權利範圍及戶籍審查																	
		⑧他項權利塗銷、契約書審查																	
		⑨土地相關權利人印鑑證明及戶籍資料取得																	
		⑩土地建物申請複丈																	
		⑪地上權及抵押權設定（問題土地）																	
	(2)建管作業	①都市計畫圖請領、審查																	
		②使用分區證明請領、審查																	
		③建蔽率、容積率審查初算																	
		④航照圖、等高線圖請領審查（山坡地）																	
		⑤基地面臨道路之路寬確認																	
		⑥建物高度及容積限制確認																	
		⑦可建層數及樓地板面積估算																	
		⑧畸零地及通道確認																	
		⑨保留畸零地範圍及面積確認																	
		⑩建物權利人拆屋同意書取得確認																	

（續下頁）

（續前表）

分類	工作大項	工作項目	負責人	完成率									
		⑪水利地廢路地及廢非都計道路辦理											
		⑫無三七五租約證明請領											
	(3)稅務作業	①公告地價調查、土地增值稅估算											
		②房屋稅及地價稅單之取得確認											
		③辦理繼承，繳納遺產稅											
		④一年內無營業、出租證明確認											
		⑤辦理自用住宅準備											
	(4)其他	①承租人或共有人優先購買拋棄書取得											
		②各項水電申請費之收據取得											

資料來源：歐亞企管顧問公司，土地開發講義。

六、市場調查分析

在自由競爭激烈的環境下，客戶的選擇範圍及商品種類愈來愈多，生產者如何得知消費者的需求，消費者如何從市場獲得生產者的產品，這便是「市場調查分析」的主要內容。市場既然如此重要，生產者便須確實掌握市場的動態，目前國內房屋自有率已高達83%，房市也逐漸步入買方市場，然而因不同的投資區位與基地條件，加上工作環境與消費能力，對產品的喜好與選擇就有甚大差異，所以如何做好產品定位，就是市場調查分析的重點，也就是要蓋「什麼樣」的房子。

市場分析（Market Analysis）乃土地開發成功的關鍵之一，從個案市場現況調查，如基地條件分析、產品內容分析、競爭者分析及消費行為分析等，可發掘市場中客戶潛在的需求與趨勢，再依市場資料分析，如人口數與成長趨勢、總體經濟趨勢與區域產業經濟結構，以及公共工程建設等背景資料，配合公司之資源、能力及經營目標找出目標市場，再依行銷組合（即4P策略）進行市場行銷策略分析，將不確定性風險降至最低，以創造企業最大的獲利空間。

（一）市場分析之目的

市場分析（Market Analysis）通常運用於各種商品之投資開發及行銷過程，主要調查市場供需及價格變動情形，並加以研判及預測，作為投資管理或決策之依據。

1. 總體市場（Macro Market）或大環境分析，也稱作市場研究（Market Study）

    (1)針對總體市場、區域性市場或都會性市場等環境之供需狀況等情形，做分析及預測。

    (2)目的：針對過去到現在的區域性或都會區總體市場之經濟情況，做一比較分析，並整合國家人口及經濟發展狀況做一綜合歸納，藉以預測未來發展趨勢。

2. 個體市場（Micro Market）或小環境分析，也稱作市場能力分析（Marketability Analysis）

    (1)針對投資人個案市場、鄰里性市場或基地四周範圍等市場環境之供需狀況等情形，做實地調查、分析及預測。

    (2)目的：針對投資個案，分析其基地環境條件與市場競爭情形，以作為個案銷售型態、價格定位、行銷策略及投資可行性之參考依據。

（二）市場分析內容

1. 整體經濟環境分析

    (1)經濟成長率。
    (2)國內生產毛額。
    (3)平均國民所得。
    (4)貿易順差。
    (5)房地產價格及相關數據指標。

2. 區域環境分析

    (1)區域市場動態。
    (2)生活環境公共設施。
    (3)交通運輸情況。
    (4)競爭個案調查。
    (5)消費者需求調查。

3. 社會結構分析

    (1)人口結構。
    (2)年齡層。

(3)職業別。

(4)所得分類。

(5)教育程度。

4. 競爭個案分析

產品內容：戶數、坪數、建材、公共設施、價位、客層訴求、銷售率、廣告預算、地段環境／地段價位、公設及管理。

七、產品定位與開發構想

美國行銷大師柯特勒（Philip Kotler）稱所謂「產品定位」，是指「設計公司的產品和行銷組合，使能在消費者心目中占有一席之地」。

產品定位的程序：

1. 設定目標：從基地綜合各項條件，研判推案規模、購屋客層、來客區域等。
2. 分析需求：針對主訴求客層，分析其購屋偏好及特質。
3. 產品初擬：從主訴求客層之購屋偏好，初步擬定產品定位。
4. 產品修訂：經初步規劃、產品市調及綜合評估後，確定產品。

（一）就意義而言

1. 以投資興建者或地主的立場為出發點，滿足其獲利之目的。
2. 以目標市場潛在客戶需求為導向，滿足其產品期待。
3. 以土地特性及環境條件為基礎，創造產品附加價值。
4. 以同時兼顧「規劃」、「市場」、「財務」三者之可行性為原則，設計供需有效之產品。
5. 產品定位：面積、特色、單位、種類、用途、樓層數。
6. 客層定位：年齡、職業、所得、使用性質、家庭人數、購買原因、居住地區、生活習慣。
7. 價格定位：單價、總價、差價。
8. 廣告定位：預算、媒體策略、媒體標的、廣告設計、廣告文案。
9. 通路定位：接待中心位置、廣告公司、中人、仲介公司。

（二）「產品定位」有何好處

1. 土地的「基本價值」（即至少具備的價值），已幾乎全部為地主所獲取。

2. 而土地開發者真正的利益空間，來自產品定位所創造的「附加價值」。

3. 產品定位對土地開發而言：

    (1)消極避免不當開發風險，確定合理開發條件。

    (2)積極掌握開發良機，創造土地開發附加價值。

（三）產品定位的因素

確定產品的定位後，尚需從法規面對基地的綜合條件，核對其適用法規（《都市計畫法》、《建築法》）對其用途管制、強度管制、他項規定等先決條件的規定。

1. 就用途管制而言，有無得或不得作為何種建築用途的規定？

2. 就強度管制而言，以容積為主、建蔽率為輔，決定建築量體；其容積是否足夠蓋大樓或僅夠蓋透天？

3. 就他項規定而言，有無針對建築配置、高度限制等影響建築型式的特殊規定？

從上述法規面，確認產品的用途及建築型式。

以上三者對產品定位均有決定性的影響，因此法規的許可，可說是產品定位的先決條件，上述法規之規定通常僅是大原則的規範，對產品的影響雖然極大，但不至於太離譜。因為目前僅屬「草圖」階段，相關數據尚多屬概算，因此應有適當的彈性或級距，作為規劃者於作業中，視情形調配的彈性選擇。

八、投資可行性粗估：不動產估價

土地乃不動產開發之基本要素之一，土地價格取得之高與低，都會影響開發後所獲得之利潤，故做好投資報酬分析是開發人員決策的重要參考依據。在取得土地前，投資者宜進行各項土地初步調查之評估，如土地基本資料調查、市場概況及預估投資利潤與風險等（參考110頁建築個案利潤分析表）。

1. 地籍圖：確定基地形狀及範圍。

2. 土地登記簿謄本：確定基地面積及產權。

3. 都市計畫分區：確定分區、容積及建蔽率。

4. 建築法規規範：樓層數、建築高度、免計入容積、建築面積。

5. 地主之售價或合建條件：概算投資報酬率。

土地資料分析後，一方面準備與地主談判，一方面做好投資報酬率分析。

按《不動產估價技術規則》（Regulations on Real Estate Appraisal），有以下四種評估方法。

（一）比較法（Sales Comparison Approach）

係指以比較標的價格為基礎，經比較、分析調整等，以推算勘估標的價格之方法。依比較法所求得之價格為比較價格（估技§18）；又稱市場比較法，係就過去市場上已經成交的價格，來推算勘估標的之價格。

指蒐集市場上與評估標的類似之不動產交易價格或條件，並比較相互間各項差異因素後，推定評估標的價格的方法。由於市場比較法考慮市場變化及區域、個別因素對不動產標的物影響，與市場價格較為接近，實務上多採用此法。

（二）收益法（Income Approach）

又稱收益資本化法或收益還原法。收益法得採直接資本化法、折現現金流量分析法等方法，依此方法所求得之價格為收益價格（估技§28）。

所謂直接資本化法，指勘估標的未來平均一年期間之客觀淨收益，應用價格日期當時適當之收益資本化率推算勘估標的價格之方法。以此方法所求得之價格為收益價格（估技§29），指求取土地或房屋未來可能產生的收益，以適當還原率折算為現值之方法。

收益價格（P）＝勘估標的未來平均一年期間之客觀淨收益（R）÷收益資本化率（Y）

$$P（收益價格）= \frac{R（純收益）}{Y（收益資本化率）} \qquad （估技§30）$$

收益法適合用於「收益性」不動產或興建期間較長之土地價格及合建條件，如出租套房、辦公大樓、飯店、百貨公司等。惟其對不動產未來收益及成本須做合理預估，以免跟市場差距過大。（收益資本化率即還原利益）

實例演算：

只要找出同區域內，屋齡、坪數相似房屋的合理租金（R）與合理報酬率（Y），就能算出合理房價（P）。

$$P（合理房價）= \frac{R（合理每月租金）\times 12個月}{Y（合理租金報酬率）}$$

合理租金報酬率也就是不動產的投資報酬率，計算方法為年租金除以房價，又稱為資本還原率（Capitalization Rate）。把以上的公式靈活運用，就能計算出合理租金報酬率與合理每月租金。

例如：房價1,200萬元，租金每個月3萬元，報酬率為：（3萬×12）／1,200萬 ＝3%

> 租金（年）報酬率（Y）＝〔月租金（R）×12個月〕÷房價（P）

案例1：某甲擁有一棟屋齡10年，位於某大廈10樓，其合理價應該是多少？

首先要調查市場成交資料，假設調查結果顯示，同區域、相同條件的房屋，合理租金為每月建坪600元，合理租金報酬率4%，那麼合理房價應該怎麼算？

$$\frac{600元 \times 12個月}{4\%} = 每建坪18萬元$$

案例2：某甲擁有好路段的平面停車位，假設每月租金5,000元，1年租金6萬元，以合理報酬率4%計算，停車位合理價格應為？

$$\frac{5,000元 \times 12個月}{4\%} = 150萬元$$

另應注意的是機械式停車位的價位，通常不到同區域平面車位的一半，如果超過，就是買貴了。

> 註：上面舉例個案報酬率皆以4%計算，是參照不動產證券化標的（如富邦1號、國泰1號等）之報酬率及當前通膨率2%，定存利率1%相加共計3%，4%才可打敗通膨＋定存。假如是房價不易上漲區域，風險較高的資產如套房、店鋪或辦公室等，應將報酬率提高至6～8%不等。而房價容易上漲區域，如臺北市，則報酬率反而較低，約在3%左右。

（三）成本法（Cost Approach）

指求取勘估標的於價格日期之重建成本或重置成本，扣減其累計折舊額或其他應扣除部分，以推算勘估標的價格之方法，依此方法所求得之價格為成本價格（估技§48I）；建物估價以求取重建成本為原則，但建物使用之材料目前已無生

產或施工方法已改變者，得採重置成本替代之（估技§48I）。

重建成本：指使用與勘估標的相同或極類似之建材標準、設計、配置及施工品質，於價格日期重新複製建築所需之成本（估技§48II）。

重置成本：指與勘估標的相同效用之建物，以現代建材標準、設計及配置，於價格日期建築所需之成本。

此法較為簡單與直接，即估計標的物重新建造成本，扣除折舊費用，再加上土地的市價，便是該不動產的估計價值。

P＝C－E

P：建物現值（成本價格）

C：重新建造成本（建物總成本）

E：折舊總額

建物營建總成本＝建築成本＋其他費用＋利潤

成本推算法是以評估基地未來可建造的總房地產價值，扣除營造成本、規劃設計費、管理費、廣告費、銷售費、稅捐及其他費用、資本利息、開發或建築利潤、折舊總額後，獲得土地價格之方法。採用本法，資料容易取得，而且能依據土地特性及建築物型態，反映不同的土地建物成本內容，是一準確又客觀的方法。

（四）土地開發分析法（Land Development Approach）

指根據土地法定用途、使用強度進行開發與改良所導致土地效益之變化，估算開發或建築後總銷售金額，扣除開發期間之直接成本、間接成本、資本利息及利潤後，求得開發前或建築前，土地開發分析價格（估技§70）。

土地開發分析價格之計算公式如下：

V＝〔S÷（1＋R）÷（1＋I）－（C＋M）〕（估技§81）

V：土地開發分析價格

S：開發或建築後預期總銷售金額

R：適當之利潤率

I：開發或建築所需總成本之資本利息綜合利率

C：開發或建築所需之直接成本

M：開發或建築所需之間接成本

土地開發分析法是從銷售總金額反推算出其土地開發前之價格，方法更為簡單，因基地附近推出個案銷售資料容易取得，故從其總銷售金額中，扣除上述所列之各項費用及利潤就可得知，故一般公司採用此法較為普遍。

不動產估價方法：不動產估價師應力求客觀公正，運用邏輯方法及經驗法則，進行調查、勘查、整理、比較、分析、調整等估價工作。三大基本估價方法，包括：1.成本法；2.比較法；3.收益法。

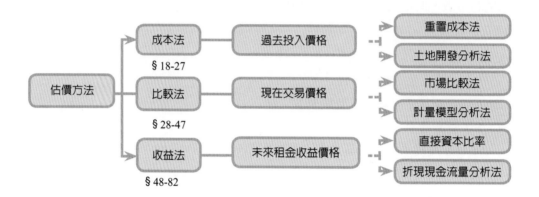

（五）實務上建設公司最常用之定價法：毛利率加成定價法、成本法

房屋銷售總收入＝實際成本＋投資利潤

成本可分為三大類：(1)土地成本；(2)營建成本；(3)管銷費用。

1. 土地成本：土地款是以每坪之購買地價×基地面積（坪）。

   包括：(1)土地款；(2)仲介佣金；(3)容移費用。

2. 營建成本：指的是工程、材料費用、營建費用。

   (1)工程：如模板、地下室安全措施、油漆、安裝鋁門窗、配筋、泥水、水電、搭架、大理石等。
   ・一般分類如下：
   ・假設工程：放樣、鷹架、圍籬、工務所、清潔等。
   ・基礎工程：挖填土方、整地工程、地盤改良、導溝、連續壁、地下室安全措施等。
   ・結構工程：鋼筋綁紮、混凝土澆置、模板組立、塔吊、鷹架。
   ・隔間工程：輕隔間、磚牆隔間等。
   ・裝修工程：泥作工程（外牆、天花、地坪、牆面）、油漆工程、木作

工程、石材等。

‧門窗工程：鐵捲、各類門扇、各類窗扇、五金玻璃等。

‧防水工程：屋頂防水、外牆防水、陽臺防水、浴室防水、地下室防水等。

‧雜項工程：鐵爬梯、欄杆、扶手。

‧設備工程：公設（中庭）、電梯、照明等。

‧水電消防工程：

　①電氣工程：電氣設備管路。

　②給、排水及衛生工程：給、排水設備與管路。

　③消防工程：消防設備與管路。

　④弱電工程：監控設備、有線電視、電話、電腦、音頻線路等。

‧發電機設備工程：柴油發電機。

(2)材料：如水泥、紅磚、磁磚、鋼筋、砂、廚具、電梯、大理石、門窗、衛生配備（含安裝）等。

(3)營建費用：除了土地成本及營建成本，其他必要費用統稱為營業費用。包括：①工地綜合保險；②雜項費用（建築設計費、鑽探費、外接水、電、瓦斯、管線工程費、建物拆遷補償費、交際費、鄰房鑑定費、跑照、保全與管理等）、建照規費；③公寓大廈公共基金（管理基金）；④工地人員薪津。

營建工程成本表

項次	工程項目	複價（元）	平均單價（元／坪）	百分比
一、建築工程費用				
1	假設工程			2.33%
2	擋土柱工程			2.20%
3	開挖工程安全措施			0.89%
4	結構體工程			34.42%
5	外牆工程			5.31%
6	內部裝修工程			15.78%
7	門窗工程			5.61%
8	設備工程			7.47%
9	防水隔熱工程			0.94%
10	營建保險費			0.03%
11	庭園景觀工程			2.72%
	小計			78%

（續下頁）

（續前表）

項次	工程項目	複價（元）	平均單價（元／坪）	百分比
二、水電消防工程費用				
1	電器設備工程			4.72%
2	弱電設備工程			2.64%
3	發電機設備工程			0.36%
4	給排水設備工程			3.49%
5	消防設備工程			1.82%
6	空調設備工程			0.30%
	小計			13.04%
三、工程施工管理者				4.55%
四、工程營業稅				5.00%
總計（一＋二＋三＋四）				100%

3. 銷管費用：包括銷售費用、辦公人員及相關費用。

4. 稅賦：包括房地合一稅、土增稅、營業稅（5%）、營所稅（20%）、成屋（地價稅、房屋稅）。

損益表實例

民國○○年1月1日至12月31日	
	項目
①	營業收入總額
	減：銷貨退回及折讓
②	營業收入淨額
③	營業成本
④＝②－③	營業毛利
⑤	營業費用
	推銷費用
	管理費用
	研究發展支出
⑥＝④－⑤	營業淨利
⑦	營業外收入
⑧	營業外支出
⑨＝⑥＋⑦－⑧	稅前純益（稅前淨利）
⑩	預計所得稅
⑪＝⑨－⑩	稅後純益
⑫	每股盈餘（元）（EPS）

投資效益：收入－成本＝毛利

銷售毛利率＝〔（銷售收入－銷售成本）／銷售收入〕×100%

毛利－費用＝淨利

銷售淨利率＝〔（銷售收入－銷售成本－管理費用）／銷售收入〕×100%

淨利愈高，代表企業獲利能力愈好。

1. 毛利率加成定價法

$$\boxed{營業成本} + \boxed{加成毛利率} = \boxed{價格}$$

假設：營業成本（土地成本＋建築成本）10億＋賺3成（毛利30%）＝13億（銷售底價）。

一般建設公司常態毛利率：北部建商：30%～55%、南部建商：25%～45%。此為建設公司常用之定價法，簡單又容易計算。

南北上市（櫃）公司：毛（淨）利比較表

年分	京城		永信		華固		興富發	
	毛利	淨利	毛利	淨利	毛利	淨利	毛利	淨利
2014	47.8%	29.8%	47.4%	40.7%	36.9%	26.6%	37.86%	28.65%
2015	44.78%	13.41%	36.79%	28.61%	44.94%	35.28%	36.97%	25.85%
2016	44.88%	21.81%	30.35%	21.56%	30.73%	20.64%	32.2%	20.73%
2017	37.58%	18.52%	29.60%	21.89%	30.76%	21.23%	26.64%	13.08%
2018	35.76%	15.08%	29.54%	21.69%	29.35%	18.75%	29.8%	19.77%
2019	43.26%	26.98%	27.93%	18.62%	24.08%	15.85%	27.94%	14.66%
2020	34.42%	19.44%	34.69%	26.18%	33.53%	24.45%	28.01%	11.93%
2021	40.36%	24.97%	42.84%	32.05%	32.19%	21.57%	31.00%	21.74%

2. 成本法定價法

土地成本＋營運成本＋管銷費用＋利潤＝成交價

利用成本法推算售屋的計算公式如下：

（土地容積單價成本 + 建築成本）×10%～15%

（土地容積單價成本 + 建築成本 + 管銷費、廣告費、利息）×20%～30%

註：管銷費用一般以15%計算，是不含土地增值稅及房屋、地價稅。

「成本推算法」是以成本來推算售價的算法。即以賣方的開價為土地成本，加上公司的營建成本及管銷費用，並以公司設定的報酬率為收益，來估算本案售價的算法。這種算法因為土地成本、營建成本、報酬率（淨利率）都為已知，因此以上列公式演算，即可直接推算出房屋售價，方法較為簡單快速。

（六）房價合理推算計價圖

計算公式

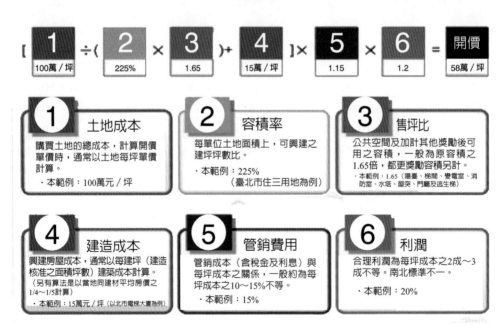

每建坪合理房價＝〔每建坪土地容積單價成本（每坪合理土地成本÷S.F.I）＋建造成本〕×（1＋管銷費用比率10%～15%）×（1＋利潤比例20%～30%）

S.F.I（Sale Floor Index）為「銷售樓地板指數」，也就是土地坪效，就是「每坪土地可銷售建坪數」，簡稱「坪效」。

一般「坪效」都以〔基準容積×1.65（公共空間計算係數）〕為標準，是因為一般建案公設比約為32%之故，故「公共空間計算係數」數字愈大，公設比就會愈高。

成本收益關係圖

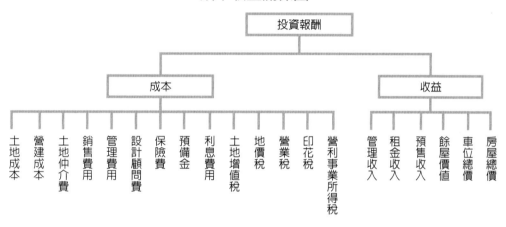

建築個案利潤分析表

案　名：
製表人：　　　　　　　　　　　　　　　　　　填表日期：　年　月　日

1.基本資料	①基地面積	坪（　　　　m²）	④面臨路寬	米
	②使用分區	（建蔽率：　%）（容積率：　%）	⑤公告現值	元／坪（　　　年度）
	③基地位置		⑥地段地號	

2.基本規劃	①建築面積	坪（建蔽率：　%）	⑥客戶銀貸比率	%
	②可售面積	坪（容積率：　%）	⑦土地貸款額度	萬（　　%）
	③預售百分比	萬（　　　%）	⑧營造貸款額度	萬（　　%）
	④訂簽開工款	訂：　%、簽：　%、開：　%	⑨總貸款額度	萬（　　%）
	⑤工程期款	%（分　　個月）	⑩貸款年利率	%（土地：　%營造：　%）

3.利潤分析	(1)收入分析				(2)成本分析				
	項　目	面　積	坪　價	總　價	項　目	計算方法	總　價	利　息	月　數
	①F1	坪	萬	萬	①購地成本		萬	萬	
	②F～F	坪	萬	萬	②營造成本		萬	萬	
	③陽臺	坪	萬	萬	③購地佣金		萬	萬	
	④屋突	坪	萬	萬	④設計費		萬	萬	
	⑤地下公設	坪	萬	萬	⑤廣銷費		萬	萬	
	⑥地下車位	坪	萬	萬	⑥土地增值稅		萬	萬	
	⑦一樓門廳	坪	萬	萬	⑦加值營業稅		萬	萬	
		坪	萬	萬	⑧合建保證金		萬	萬	
		坪	萬	萬	⑨管理費+其他		萬	萬	
	(1)可售數額（①+…⑦）	坪	萬	萬	(2)成本小計（①+…⑨）		萬	萬	
	(3)利息收入小計			萬	(4)利息支出小計				萬
	(5)收入總計 [S=(1)+(3)]			萬	(6)成本總計 [C=(2)+(4)]				萬

| (7)預估淨利（R = S – C） | 萬 | (8)預估淨利率（R/S） | % |
| (9)自有資金（CI） | 萬 | (10)自有資金報酬率 | %（R/CI） |

資料來源：歐亞企管顧問公司，土地開發講義。

實務計算表

高雄市左營區**段

製表日期：民國107年4月9日

基地資料	基地位置	海×街		路寬		15		使用區分		住3
	基地面積	1,029.00坪		建蔽率		50%		容積率		240%
	樓層	15F		總樓地板		5,962.00		總售坪		6,329.00

可銷售金額		類型	型式	坪數	戶數	總坪數	單價（萬）	總金額（萬）		
	大樓		一樓店家		6	303.70	25.00	7,593		
			住家		146	5,164.00	17.50	90,370		
			車位		139	828.00	85.00	11,815		
	總銷金額				\$109,777.50					
	透天		店面							
			臨路							
			社區							
	總銷金額				0.00萬					
	總銷合計				\$109,777.50					

支出費用	購地費用	基地面積	1,029	單價	32	土地總價		32,928	土地成本	33,428
		佣金	0.00	容移	500.00			500		
	營建費用	總建坪	5,962	造價	7.2	合計造價		42,926	營建成本	43,607
		管理基金	181	建築設計費	500	中庭	0	681		
	管銷費用	管理費（占總銷比例）		4.0%	4,391.10			4,391	管銷成本	13,537
		廣告費（占總銷比例）		5.0%	5,488.88			5,489		
		營建融資（金額）50%		21,803.70	利率	2.30%	36月	利息	1,504	
		土地融資（金額）70%		23,399.60	利率	2.30%	48月	利息	2,153	
	總成本			\$90,572.59						

利潤	自有資金	45,369.29萬	預估毛利	19,204.91
	土地投資報酬率（毛地／土地）			57.45%
	對總成本報酬率（毛利／總成本）			21.20%
	對總銷售額報酬率（毛利／總銷）			17.49%

坪效	32	/	5.24	=	6.11			
	6.11	+	7.2	×	1.15	=	15.30	

董事長	總經理	協理	承辦

九、土地取得

土地為房地產建設的起點，土地為原料，建設公司為加工業者，房地產為產品，所以，土地開發的首要條件是找土地。開發人員藉由土地資訊（自有與土地掮客）的獲取，蒐集不同來源土地之基本資料，包括：地籍圖、土地登記謄本、都市計畫圖、使用分區證明、地主條件。若各項資料完備，便可著手建立該筆土地檔案，並概略計算投資報酬率；經初步研判後，開發人員將報告交予建設事業相關主管審核，主管則依地價之合理性、市場供需狀況，評估公司經營方向與地主所開出之條件及土地現況是否配合，裁決是否值得做進一步之開發研究或只是存檔備考。因土地開發牽涉各種法令規章，如都市計畫變更、都市更新、容積移轉等，這些變更的工作困難度高、風險大、時程長，雖然獲利亦較高，但並非一般企業有能力處理的工作，可委由專業顧問公司處理。

（一）產權調查，簽約付款及移轉

資料蒐集分析研判，更進一步必須確定產權及文件之真偽與效力；開發人員應依地籍資料深入查證，如標的物之權屬、面積、地上物處理、畸零地、路權、是否內含公有地、有無他項權利之登記（如有抵押權，應請義務人先塗銷或辦理代償）或限制登記（如有被查封等限制登記情事，應先協調排除）及土地分割等。特別注意與請照有關事宜，如未臨建築線；都計圖與地界線不重疊時；中心椿未釘或需重釘的情況及其他依法限建、禁建之情事等。如一切正常後，應確定所有權人之權利身分（如非所有權人應有充分之授權），便可與地主議價，完成簽約付款事宜，並交由代書辦理產權移轉手續。

土地買賣契約書主要內容及應注意事項為：

1. 買賣雙方及仲介人姓名、住址、身分證字號。
2. 標的物名稱。
3. 買賣價款。
4. 付款方式。
5. 稅金負擔。
6. 特約事項：限制登記與他項權利處理約定路權處理、現地勘查問題處理、繼承待處理等其他約定事項。
7. 違約罰則：雙方有任何一方違約之處理。合約註明本筆土地地主保證為可建築用地，否則無條件退還買方所付之價款。
8. 附件：地籍圖著色為附件、切結書或其他附件。

（二）實務上「土地開發人員」面臨的問題

實務運作面臨問題：

1. 什麼是獲取土地資源的最佳途徑？
2. 是買地、租地，還是合建？
3. 什麼才是開發土地的合理條件？如何跟地主談條件？
4. 要如何利用才能發揮最高效益？
    (1)是閒置土地坐等它增值？還是將土地租與他人使用以收取租金？
    (2)是興建房屋出售獲取收益？還是興建房屋以供自行使用或經營？
5. 任何一種土地開發的途徑、條件或利用方式，到底能獲得多少的投資報酬？

（三）建地買賣

影響地價的主要因素：土地之價格係依土地之強度，開發銷售後，所得之利潤決定土地價格。

1. 地段：蛋黃 > 蛋白 > 蛋殼。
2. 土地使用分區及容積率：商業區 > 住宅區 > 工業區。
3. 獎勵面積之多寡：開發空間獎勵、容積移轉獎勵、都市更新獎勵可提高土地的坪效面積。
4. 當地房屋售價：房屋售價愈高，土地價值也相對較高。
5. 未來性（增值）：發展題材容易創造話題。
6. 獨特性（景觀、商機）：稀有就代表獨特，物以稀為貴。

（四）土地開發配合之顧問人員

土地開發時，需要配合的顧問人員有以下八項：

1. 土地代書：土地相關業務之處理或顧問。
2. 建築師：建築設計相關業務之處理及顧問。
3. 會計師：營建業之租稅規劃處理及顧問。
4. 律師：合約訂定之規劃處理及顧問。
5. 都計及建管人員：有關相關法令及申請執照作業要項之顧問。
6. 土地及銷售人員：市場行情之提供服務。
7. 銀行人員：貸款額度及利率運算之顧問。
8. 其他相關人員。

十、產品規劃設計、資金措籌、風險管理

在此階段，公司各部門可同步進行，包括產品規劃設計、資金措籌、風險管理等。

（一）產品規劃設計

規劃設計工作是影響產品是否如定位所預期的重要步驟，需耗費精力與創意，在合乎人性行為空間與價格、坪數間折衝，在藝術與現實中權衡。根據產品定位來規劃符合消費者需求的產品，期能以最有效合理的成本支出，創造最高附加價值。依照以往從事房地產累積的資訊：

1. 項目

- ・基地整體配置（平面、高度、各樓層用途等）。
- ・分坪構想（戶數、坪數表）。
- ・公共設施（門廳、停車位、宴會廳）。
- ・開放空間（庭園景觀、植栽等）休閒設施。
- ・交通動線（聯外、社區）。
- ・建材設備。
- ・規劃平面（格局、細部）。
- ・社區管理、保全、服務等。
- ・其他（未來發展）。

除了上述需求面的因素外，在規劃產品前，也需從供給面參考市場分析所得之結果，如總體經濟環境、供需情形、人口結構與未來趨勢及收入概況等資料，因為這些資料對於規劃中產品未來之市場供給面有極關鍵之影響。產品規劃設計除了建築師、景觀建築師及室內設計師之間協調合作外，營建開發人員的參與及建議，亦是不容忽視的工作重點。

2. 基本工作

- ・確定基本資料。
- ・建築草圖定案。
- ・繪製施工圖。
- ・請領建築執照。
- ・繪製施工詳圖。
- ・編列工程預算。

‧總樓層與總戶數。

規劃配置對土地開發人員而言，有兩大重點：

(1)繪製平面配置圖（俗稱排厝間）。

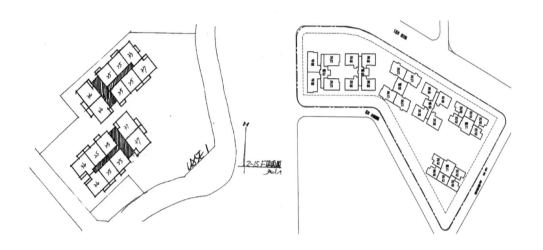

(2)核計面積（算坪數），要算出每坪坪效的倍數，以便計算「投資效益評估」（俗稱算毛利）所需的「可售面積」（總銷售面積）與「成本建坪」（建照總樓地板面積不含陽臺面積）。建照總樓地板面積加上陽臺面積，即為「可售面積」（含車位）。

這兩項工作都屬建築專業的領域，除了熟悉建築相關法規，能正確的估算出法規允建之樓地板面積，並轉換成業界所用「可售面積」（總銷售面積）與「成本建坪」（建照總樓地板面積）之外，並能配合基地的條件，規劃出最適當的配置案，使產品動線及格局良好，客戶容易接受，公司也獲利。

面積概算表

建設 _____ 縣市 _____ 設計案　面積概算表

項目		內容		備註
基地條件	基地地號			
	基地面積　A	m²	坪	
	使用分區			
	建蔽率		%	
	容積率		%	
	允建建築面積　F_m	m²	坪	
允建總容積	基準容積　V_0	m²	坪	
	都市更新獎勵面積　V_1	m²	坪	
	開放空間獎勵面積　V_2	m²	坪	
	停車獎勵面積　V_3	m²	坪	
	容積移轉面積　V_4	m²	坪	
	其他獎勵面積　V_5	m²	坪	
	允建總容積　$\sum V$	m²	坪	
免計容積	機電設備空間　F_a	m²	坪	$F_a \leqq \sum V \times 15\%$
	總梯廳面積　F_b	m²	坪	$F_b \leqq (\sum V + F_a + F_b) \times 5\%$
	總陽臺面積　F_c	m²	坪	$F_c \leqq (\sum V + F_a + F_b) \times 10\%$
總樓地板面積·售坪	屋頂突出物面積　F_1	m²	坪	$F_m \times 1/8 \times 3$ 或 $F_m \times 15\% \times 3$
	地上總樓地板面積（不含陽臺）　F_2	m²	坪	$\sum V + F_a + F_b + F_1$
	地下層面積　F_3	m²	坪	
	總樓地板面積（不含陽臺）　$\sum F$	m²	坪	$\sum V + F_a + F_b + F_1 + F_3$
	總銷售面積　S	m²	坪	$\sum F + F_c$
	銷售坪效比	m²		
停車檢討	法定汽車停車位		輛	
	獎勵增設停車位		輛	
	法定機車停車位		輛	
	實設機車停車位		輛	
規劃模擬	規劃方式模擬			
	1.地上層			
	2.地下層			

註：最大可建築面積＝允建（基準＋免計）＋允增（獎勵＋容移）。

（註4）

允建容積示意圖

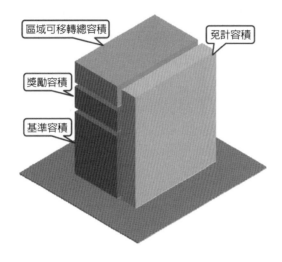

區域可移轉總容積

免計容積

獎勵容積

基準容積

註：

1. 依現行臺北市容積管制相關制度，可將完整的允建容積分爲四個部分，即基準容積、獎勵容積、免計容積、容積移轉之可移入容積等。

2. 容積：指土地可建築之總樓地板面積，是一種面積的觀念。「容積率」是百分比，兩者不同。

3. 基準容積（法定容積）：指都市計畫或其法規規定之容積率上限乘以基地面積 Site Area 所得之積數。

4. 實設容積（允建容積）：法定容積加上各式獎勵容積及容積移轉後之實際設計容積。

（二）工程工務檢討

爲將來施工先行討論，營建工程人員應先了解周遭環境及施工難易度狀況，並依地籍資料觀察現場之地形、地勢情況等。當取得開發之土地標的後，更需進一步完成以下的工作。

在土地方面：

1. 進行現場重新複丈、放樣，以確定正確基地面積與範圍。

2. 鄰房調查（地質不好的地區需做連續壁，以防鄰房損害）。

3. 現場騰空點交。

4. 地上物清除。

在建築物方面：完成地質鑽探報告、鄰房調查、建築物拆除。後續相關契約書簽訂完成及產權移轉作業進行等，都是土地取得後需留意之處。

（三）資金措籌

1986至1995年是臺灣房地產史上最光輝燦爛的黃金十年，許多叱吒風雲的建

商就地風生水起。在市場景氣時，人人短視近利，懷著「有地就買」、「有案就推」的心態，往往以高財務槓桿手法，高價高貸款搶地。但隨著熱錢燒盡、房價崩盤，為了急於求售套現，粗糙拋售，導致許多投資客進駐，最後斷頭法拍情事頻傳；不少富可敵國的人物，在這場急急謝幕的景氣中，兵敗如山倒，徒留滿坑滿谷的債務及餘屋。如今，十年的生聚教訓過去了，2004年至今，市場再度來了另一場大多頭，過往老建商「財務槓桿過高、產品定位錯誤、專業能力不足、經營理念偏離、風險評估誤判」的五大陋習，令人深怕再度出現。有了當年「血的教訓」，如今學了一次乖，因此在這一波多頭中，金融機構提供給建商的土地貸款，門檻已經提高，不少銀行甚至祭出規定，建商想跟銀行辦理土地融資，都得準備高額的自備款，因此借款依存度自然愈低愈好，只要沒有積壓資金的問題、資金調度得宜，即使餘屋量大，慢慢去化，問題也不大。

　　由於營建業的投資金額龐大，除了上市公司外，一般公司只能向銀行辦理貸款且困難度高，加上中南部因房屋市況不佳，都採先建後售，所以需先向銀行辦理土地融資及建物融資，公司負債資產比都高達七成以上，且多為舉債經營，因此一般業者除了少數的自有資本外（來自本身、親友或少數股東），其餘資金都仰賴銀行抵押貸款而來。所以土地取得後，接續與銀行聯繫取得相關資料與表格，以進行初期資金募集、申請專案融資、抵押貸款設定手續，以及土地款與周轉金核發等工作，以便取得銀行融資貸款；然而在景氣不穩定且銷售量難以預測的情況下，業者投資風險甚高，如何做好風險控管，是業者必備的首要任務。

　　當業者預期景氣繁榮且房屋可銷售順利時，適合提高舉債比率，因投資報酬率高於所付之銀行利息，且交屋後即可還掉負債，舉債經營顯得淨值報酬率較高，會提高股東權益（Stock-holder's Equity，即自有資本）報酬率（Return on Equity, ROE）；反之，若預期未來景氣衰退且不利於銷售，因房價有可能繼續下跌，再加上每月還需負擔銀行利息，此時則應減少負債，避免損失加劇，所以應提高公司自有資本比例，以免對股東權益報酬率造成「雪上加霜」的效應，故「水能載舟、亦能覆舟」。

　　當房地產出現泡沫或景氣衰退時，將會導致信用緊縮的現象，不論是企業或個人，都將陷入資產負債表修復的階段，銀行不願意增加貸放的行為，也就是說，這些人將優先償還過去在泡沫期間累積的負債，而縮減了借款投資與消費的意願。而信用緊縮也正是通貨緊縮期的最大特徵。而在通貨緊縮時代，各種的負債，包括政府、企業或個人的債務，將會成為猙獰的死神，穩定的現金流量將會是未來最重要的保命工具。

（四）財務管理

1. 開發成本：土地成本、建築成本、其他成本。

2. 資金募集計畫：自有資金、融資貸款。

3. 申請融資計畫：資金用途、還款來源、擔保品、貸款期限。

4. 損益表、現金流量表、資產負債表。

・損益表（Income Statement）就是用財務數字表示企業在一段期間內的績效，它表達的就是「收入－成本費用＝利潤」。

・資產負債表（Balance Sheet）是用來表達企業在某一特定時點（會計年度終了）所擁有之經濟資源（即資產）及對資源的請求權或資源的來源（負債及業主權益）。資產負債表的等式：「資產＝負債＋業主權益」。

・現金流量表（Cash Flow Statement）：現金流量為一投資計畫案在其投資年限中，為從事營運活動、投資活動及理財活動而產生的現金流入與流出。現金流量一般是對投資計畫案未來之收入與支出做預先的估計，其重點是在於了解投資計畫案未來各時段現金流入與流出對其計畫之影響，並可分析財務可行性及投資報酬狀況。

一般進行投資評估時，都會把握三項原則，即「安全性」原則、「獲利性」原則與「流動性」原則。這三大原則，其實與財務報表中的三大報表是互相呼應的，即資產負債表主要是屬「安全性」，損益表主屬「獲利性」指標，而現金流量表則是「流動性」指標。

5. 淨現值（NPV）、內部報酬率（IRR）、回收年期。

(1) 淨現值分析法（NPV）：將各期現金收益用需要報酬率（RRR）貼現成現值（即NPV）。投資者將資金投入後，就是希望未來能夠回收，但是未來的投資回報是每年分批進來的。NPV的計算很簡單，每一個投資案都會有期望報酬率R，只要將該投資未來所產生的現金流量以報酬率R折成現值再全部加總，再扣除投資本金後，就是淨現值。若NPV總和大於零，即表示在需要報酬率RRR要求下，現金收益之現值大於投資金額之現值，個案投資有利潤。

$$NPV = -CF_0 + \frac{CF_1}{1+R} + \frac{CF_2}{(1+R)^2} + \cdots\cdots + \frac{CF_n}{(1+R)^n}$$

NPV：淨現值

CF_0：期初投資成本

CF_i：i＝1, 2, 3, …, n：未來第 i 期之現金流量

R：投資者所要求之報酬率

n：期數

若NPV總和大於零，即表示在需要報酬率RRR要求下，現金收益之現值大於投資金額之現值，個案投資有利潤。

(2) **內部報酬率分析法（IRR）**：找出一適當的貼現率，使投資支出等於貼現之現金收益總和，此貼現率即內部報酬率。

相當於一可行計畫的最低收益率底限：藉由比較內部報酬率與資金成本，可以了解計畫的投資效益。此比率用於衡量投資者投資本案所可獲得之報酬率及其財務槓桿效果，當內部報酬率大於投資者資金成本率時，即表示此計畫對投資人而言具投資價值，比率愈高，此投資計畫愈具吸引力。

$$\sum_{t=0}^{T} \frac{R_t - C_t}{(1+i)^t} = 0$$

R_t：第 t 年之收入；i：折現率；C_t：第 t 年之成本　T：許可期間

折現率（Discount Rate）是指將未來有限期的預期收益折算成現值的比率，也稱貼現率。折現率是根據資金具有時間價值這一特性，按複利計息原理，把未來一定時期的預期收益折合成現值的一種比率。因此投資學上亦把折現率視為資金成本。

IRR > RRR，則NPV > 0，表示投資有利。

IRR < RRR，則NPV < 0，表示投資不利。

IRR = RRR，則NPV = 0，表示投資視企業經營者態度而定。

6. 不動產估價數學公式表。

不動產估價對價值的評估，常涉及需對未來收益折現為現在時間價值，以及成本法中有關折舊之估價，亦需有將價值（折舊額）往未來攤提的時間價值觀念，因此將六個估價數學基礎運用之計算公式彙整如下。

估價數學公式表

公式名稱	公式	估價主要之用途	計算運用
1.複利終價率	$(1 + r)^n$	投資分析用	R = 6%，n = 9年後，現存1,000元，問n年後的本利和？元 $\Rightarrow 1,000 \times (1 + 6\%)^9 = 1,690$元
2.複利年金終價率	$\dfrac{(1 + r)^n - 1}{r}$	計算折舊用（償債基金法）	r = 6%，n = 9年，每年投入5,000元，問n年後，本利和？元 $\Rightarrow 5,000 \times \dfrac{(1 + 6\%)^9 - 1}{6\%}$ $= 57,457$元

（續下頁）

（續前表）

公式名稱	公式	估價主要之用途	計算運用
3.複利年金現價率（又稱資本化法）	$\dfrac{(1+r)^n - 1}{r(1+r)^n}$	A.一定期間之收益價格。 B.租賃權價格。 C.地上權價格。	r = 6%，n = 9年，每年投入5,000元，問現值？元 $\Rightarrow 5,000 \times \dfrac{(1+6\%)^9 - 1}{6(1+6\%)^9}$ = 34,008元
4.複利現價率	$\dfrac{1}{(1+r)^n}$	折現現金流量分析（DCF）	r = 6%，9年後之1,690元，問現值？元 $\Rightarrow 1,690 \times \dfrac{1}{(1+6\%)^9}$ = 1,000元
5.償還基金率	$\dfrac{r}{(1+r)^n - 1}$	A.計算折舊用。（償債基金法） B.期末支付之重置提撥費，每年提存之金額。	r = 6%，n = 9年後要得57,457元，問現在每年要存多少元？ $\Rightarrow 57,457 \times \dfrac{6\%}{(1+6\%)^9 - 1}$ = 5,000元
6.本利均等償還率（又稱逆資本化法）	$\dfrac{r(1+r)^n}{(1+r)^n - 1}$	A.實際年租金。 B.地上權之年租金。 C.期初支付之重置提撥費，每年攤提金額。 D.權利金不用返還之年本利和。	r = 6%，n = 9年，期初支付34,008元，問每年要償還本利和為？元 $\Rightarrow 34,008 \times \dfrac{6\%(1+6\%)^9}{(1+6\%)^9 - 1}$ = 5,000元

（註）公式6：本利均等償還率（又稱逆資本化法）。

　　　　於期初貸款或支付一筆權利金或修繕費，在一定的n年期間內，每年應固定分攤之本利和為多少？（俗稱給大的求小的）

　　　　公式運用：

【例6-1】「小吳」向「小李」租地設定地上權，租期5年，雙方約定期初支付權利金200萬元後，期間無庸再支付租金，到期亦不退還，假設該權利金之運用收益率為5%，請估計其實質年租金為多少元？

$$2,000,000 元 \times \frac{5\%(1+5\%)^5}{(1+5\%)^5 - 1} = 461,950$$

【例6-2】「小李」向銀行貸款200萬元，約定分10年本利均等償還。假設利率為10%，每年應清償之本利合計金額為多少元？

$$2,000,000 \times \frac{10\%(1+10\%)^{10}}{(1+10\%)^{10} - 1} = 325,490$$

資料來源：土地估價實務，蕭華強。

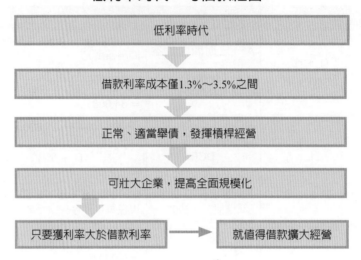

低利率時代，可借款經營

低利率時代

↓

借款利率成本僅1.3%～3.5%之間

↓

正常、適當舉債，發揮槓桿經營

↓

可壯大企業，提高全面規模化

↓

只要獲利率大於借款利率 ➡ 就值得借款擴大經營

（五）風險控制及管理

　　房地產是屬於資本密集的產業，投入金額龐大，回收期間又長，不可控制因素又多（如政治、景氣變化等），故如何做好風險管理是經營者首要任務。任何投資開發案均需事先評估其風險與報酬。投資者無不希望投資標的能以最低的風險，獲得最高的報酬。然而通常高報酬的投資大多伴隨著高風險，2008年因美國次級房貸效應，發生全球金融海嘯，影響所及如經濟蕭條、企業獲利大減、投資意願降低、人民失業、實質所得減少，危機如骨牌般環環相扣，破滅的泡沫幾乎淹沒所有人，讓所有財富在短期內大幅縮水，對個人及企業皆造成很大的傷害，投資者更能深刻體驗風險管理之重要性。

　　簡單可分為以下兩大類風險：

1. 外部風險：政治與法令、社會與文化、技術與自然、經濟與環境。
2. 內部風險：投資風險（因資金不足所產生的風險）、生產風險（因工程管理不良所產生的風險）、交易風險（市場供需過剩造成的風險）、使用風險（管理不良引起的下跌風險）。

　　因此為得到投資的未來報酬，除當前價值之犧牲外，還要有承擔未來可能遭受損失的心理準備，這就是投資過程中所產生的風險。

房地產開發經營管理內外部風險圖

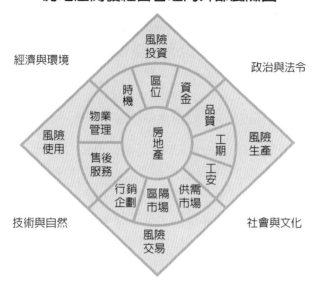

○○建設股份有限公司
□□專案土地開發──風險項目與影響後果

表單編號：RM-　　　　　　　　　　　　　　　　　　　填表日期：

風險項目		影響後果
1.1	區域地點條件	影響銷售造成開發成本增加
1.2	產權完整性	影響開發時程導致成本增加
1.3	基地面積形狀	營造成本及工期增加導致開發成本增加
1.4	鄰地狀況	延誤土地開發時程
1.5	土地使用分區	使用分區受法令規定影響開發強度、減少收益
1.6	市場調查整理	錯誤資訊造成土地開發風險增加
1.7	未來發展潛力	錯誤資訊造成土地開發風險增加
2.1	法令限制分析	影響開發時程及強度
2.2	容積獎勵條件	造成收益減少
2.3	初期產品規劃	規劃不良造成收益減少
2.4	可售價格評估	評估錯誤造成收益減少
2.5	可建容積評估	評估錯誤造成收益減少
2.6	投入成本分析	評估錯誤造成開發成本增加
2.7	預期獲利值	評估錯誤造成收回期拉長及收益減少
3.1	合約簽訂	影響開發時程及造成管理風險增加
3.2	稅務作業	造成開發成本增加
3.3	產權過戶	影響開發時程造成管理風險增加
3.4	財務結構	融資增加造成開發成本增加
3.5	土地管理	管理不善造成開發成本增加

十一、工程興建與費用

工程興建要考慮的因素有兩項：(1)工程時間；(2)營建成本及影響實際工程期間（指從開工至完工為止的時間）的估算因素有哪些？

（一）建物的規模

即建物的樓層數（高度）——樓層愈多、高度愈高，所需工程期愈長。

一般而言，建築工程在正常施工無意外事件發生之情形下，3層樓之工程應在10個月內竣工並完成交屋，所以透天厝的施工簡單且速度最快，對業者投入資金的回收也快。5層樓之工程應在12個月內竣工完畢。一般大樓（15至20樓）之建築個案施工期限為2～3年。因6樓以上依《建築法》規定需增建地下室，所以施工期限較長，施工成本也較高，加上都市施工環境管制較多，進出巷道多所限制，工程進度也愈難掌控，因此具多年實務經驗的工地主任或專案經理（Project Manager），將是興建階段成功與否的關鍵。

（二）建物的構造方式

不同的構造方式，其施工期限亦不同。例如：鋼構造（SC）完成一層樓的工期，較鋼筋混合造（RC）所需之期間短，因為其採乾式施工（焊接或鎖螺栓）較為迅速，而RC採溼式施工，有必要的施工步驟（組模→配筋→澆置），自是較慢。

構造方式可分下列四種：

1. 鋼骨構造（Steel Scaffold Concrete，簡稱SC或SS）

結構體純由鋼骨所構築，外牆用帷幕系統建構，樓板以鋼浪板組立而成，室內隔間多採用輕質隔間系統，採最具彈性的乾式施工法，主要建材多在工廠完成，再運至現場組立施工。鋼骨材料由於韌性和強度都是最好的，而且比鋼筋混凝土構造輕，故適用於較高的建築物，將是未來超高建築的主流。

2. 鋼骨鋼筋混凝土構造（Steel Frame and Reinforced Concrete，簡稱SRC）

建築物的構造以型鋼、槽型鋼等鋼骨材為主要架構，加附輔助鋼筋後，再澆置混凝土包覆而成。由鋼筋混凝土及鋼骨共同承擔結構物，較鋼筋混凝土構造有更大的韌性及強度，可補鋼骨構造不能耐火之缺點，造價也比鋼骨結構便宜，很適合臺灣超高層建築使用。一般15層樓以下的房子適合用RC（鋼筋混凝土），中高層建築（16至25層）可用SRC（鋼骨鋼筋混凝土），而超高層建築則適合用SS（鋼骨構造）。

3. 鋼筋混凝土構造（Reinforced Concrete，簡稱RC）

以鋼筋及混凝土兩種主要材料結合為一體之結構體，屬於現場施工的溼式構造法，簡稱RC結構。

4. 加強磚造（Reinforced Brick Structure，簡稱RBC）

加強磚造係指磚牆上下均有鋼筋混凝土加強梁柱，與牆連成一體。加強磚造的加強梁柱並不是主要結構體，而是必須和磚造契合一體，才能支撐建築物；而鋼筋混凝土的梁柱系統獨立於磚牆，純由梁柱承擔重量。

造價高低順序依次為：SC (SS) > SRC > RC > RBC。

RC/SRC/SC結構體比一比

項目	RC鋼筋混凝土	SRC鋼骨鋼筋混凝土	SC/SS鋼構
造價	較便宜	貴	貴
工期	工期長	工期最長	工期短
適合建築高度	中低樓層建築	高樓層建築	高樓層建築
對空間影響	結構柱大，最占空間	結構柱中等	結構柱小，最不占空間
防火性	防火性高	防火性高	防火性差
防水性	防水性高	防水性高	防水性差
材料韌性	材料韌性差	材料韌性比RC好	材料韌性最好
隔音效果	隔音性佳	隔音性佳	隔音性較差
可能發生缺失的問題點	鋼筋與綁筋偷工減料混凝土磅數降級	地震會出現裂紋要兼顧RC與SC兩種材料與技術，施工較複雜，品管要更嚴格	地震看不出牆壁裂縫，若以傷害結構無法預先防範。

（三）何謂「制震」、「隔震」？

現代的結構防震技術分成制震與隔震，簡單來說，也可稱為減震與免震，但基於成本、性能及適用性來看，目前臺灣有設置防震技術的建築物當中，90%以上均採用制震技術。

1. 制震

「制震」指的是地震的能量進入建築物之後，將地震能量導引至制震器，並將能量吸收掉，是疏導策略，讓地震能量有宣洩的管道，有別於傳統耐震建築硬碰硬的圍堵策略。目前許多住宅、辦公大樓已經可以看見這樣的制震技術。基本

原理類似汽車的避震器，在建築物適當位置的梁柱之間加裝「制震元件」，一般稱為「阻尼器」或是「制震壁」（如下圖）。當地震發生造成建築物搖晃時，就可藉由阻尼器產生變形，進而吸收能量，以減少結構搖晃幅度以及震動時間，這樣可以保護主結構體不受破壞，讓居住者住得更安心。

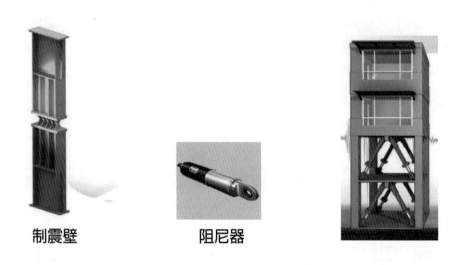

制震壁　　　　　　　阻尼器

2. 隔震

所謂「隔震」，又稱「免震建築」，其原理就是將能量的傳輸路徑切斷，不讓地震能量進到建築物。在建築物柱體底部加裝隔震器，是利用設置一段介於結構基座及基礎之間的隔震層（如下圖），來阻隔或吸收將近九成以上的地震能量，如此一來，便可以直接避免因為過大震動所造成的建物損壞狀況。

目前國內建設公司皆採制震居多，一個隔震層的造價要160萬到200多萬元，比阻尼器或制震器約20萬～30萬元高出很多，而且工法也比較複雜，所以免震建築在市面上較少推出，通常都是豪宅或高總價建案才會配備免震技術，但是卻可以在地震來時，比制震住宅更有效地減少房屋結構的搖晃，增加居住的安穩程度。

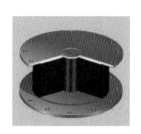

隔震器

（四）營建成本包含哪些內容？

　　營建成本的意義包含「時間」與「費用」兩方面。時間成本包含申請建照許可的「請照時間」與為期較久的「工程期間」，費用成本包含「規劃設計費用」及「工程費用」兩大項目；時間成本較不易量化，故不被重視，反而是費用成本因為有實際的報表與支出，故比較會被重視。

　　營建工程的實際執行與控制進度，與預期情況會有一些出入，影響項目如下：(1)氣候因素導致進度延遲；(2)建築構造與規劃不同；(3)材料短缺；(4)工人短缺；(5)與廠商發生糾紛；(6)設備故障。

　　在施工過程中，必須確保施工品質、人員安全，以及設備的正常運作，這有賴於良好的營建管理。（註5）

營建成本分類表

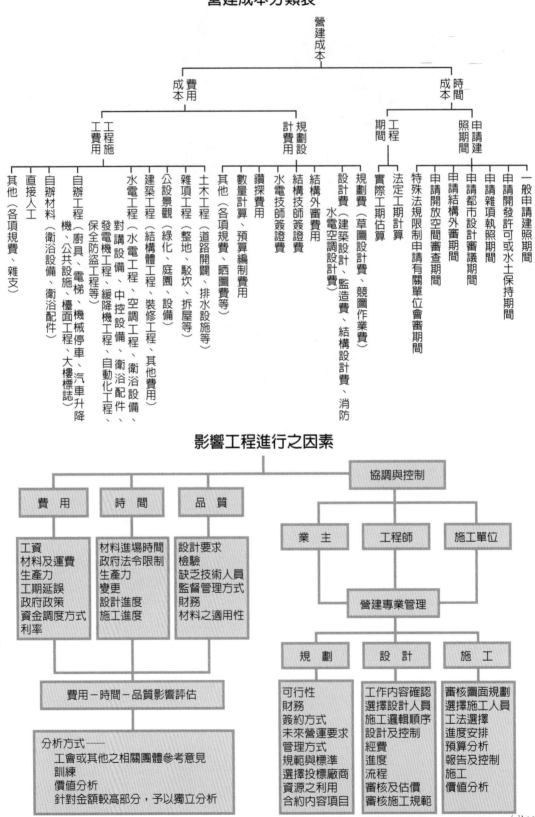

影響工程進行之因素

（註10）

十二、廣告銷售

國內建設公司對個案的銷售策略不一，有採預售者，亦有採銷售成屋者。預售屋付款較輕鬆，格局、建材皆可量身訂做，且不受施工期間通膨之影響，對購屋者較為有利；唯一的缺點就是施工品質及能否順利完工交屋等，風險難以衡量。所以上市公司或區域性的老字號建商所推的預售屋，可能較受購屋者的青睞。至於購買成屋，因已經完工，一目了然，交屋糾紛也較少；唯一的缺點是付款快，價格較高。因預售屋及成屋各有利弊，購屋者宜根據自己需求做出最好的選擇。

「預售制度」之所以受到投資開發者的喜愛，是因為預售所得款項可為投資者紓解龐大資金需求壓力。在中小型建商自有資本比率普遍偏低的情況下，高預售率更可確保投資專案工程的順利執行及獲利性。

本階段工作如下：(1)選任銷售公司；(2)產品定位；(3)價格、貸款比率確定；(4)銷售時機；(5)廣告策略及預算；(6)建材定位；(7)委任銷售合約簽訂。

廣告銷售流程

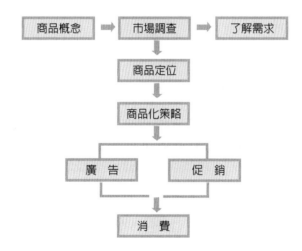

十三、交屋作業

建設公司為使客戶感受到公司為其個別戶特別安排的尊榮禮遇及用心，特別成立驗屋客服專案小組，由驗屋客服專員負責從初驗到複驗屋及完成交屋過程中有關房屋驗收、交屋相關問題的聯絡與處理，隨時掌握問題處理情形及進度，作為工地與客戶間的橋梁。

業務部交屋作業流程

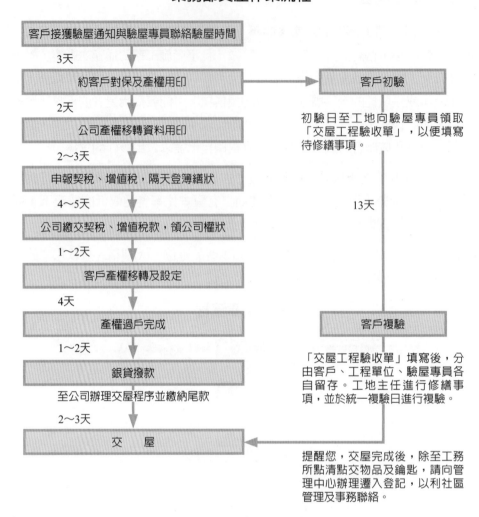

客戶接獲驗屋通知與驗屋專員聯絡驗屋時間

3天

約客戶對保及產權用印 → 客戶初驗

初驗日至工地向驗屋專員領取「交屋工程驗收單」，以便填寫待修繕事項。

2天

公司產權移轉資料用印

2～3天

申報契稅、增值稅，隔天登簿繕狀

4～5天

公司繳交契稅、增值稅款，領公司權狀

13天

1～2天

客戶產權移轉及設定

4天

產權過戶完成

客戶複驗

1～2天

銀貸撥款

「交屋工程驗收單」填寫後，分由客戶、工程單位、驗屋專員各自留存。工地主任進行修繕事項，並於統一複驗日進行複驗。

至公司辦理交屋程序並繳納尾款

2～3天

交　　屋

提醒您，交屋完成後，除至工務所點清交物品及鑰匙，請向管理中心辦理遷入登記，以利社區管理及事務聯絡。

十四、交屋後管理（出售／出租、營運管理）

　　不動產在交易後將進入一個長達數十年的使用階段，後端涉及較多軟體的服務，未來成屋出售不動產價格的高低往往受社區管理的好壞影響。如有良好的維護與管理，住戶水準自然提升，就容易受買者青睞，故交屋後的大樓管理也是消費者考慮購買的重要因素之一。建築業只是一種買土地加工興建銷售的組織，所以有人戲稱建築業為「土地加工業」。然而因不動產證券化法案的通過，透過證券化，開發業者握有飯店、百貨、商辦、俱樂部等產品，為維持其建物的良好品質，需有經營管理的能力，資產租／售後管理的服務，逐漸成為未來國內房地產

市場的發展趨勢，導致「物業管理」（Property Management）公司的大量成立。物業管理的工作，包括商場經營顧問、環境維護、公共設施管理、房客找尋、租金收取、客戶生活服務、保全與消防檢修及環境清潔維護等，進階如社區網路、宅配物流等商業支援，均可由物業管理公司一手包辦。相關涉入人行業的重要法遵有三：一是1991年12月公佈的《保全業法》，二是1995年6月公布的《公寓大廈管理條例》，三是2004年9月的（非法律形式之）物業管理服務業發展綱領。

管理中心組織架構圖

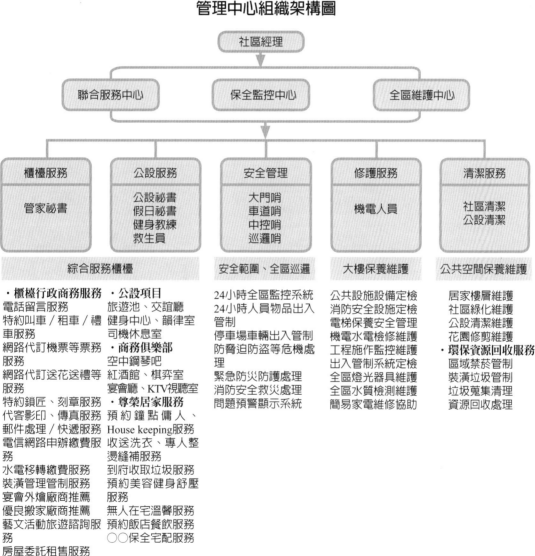

十五、售後服務

買方交屋後一定期間的服務，簡稱保固服務（一般分結構部分、建材與設備部分）。依保固約定契約書的約定內容執行保固服務，結構部分（如梁柱、樓梯、擋土牆、雜項工作等）負責保固15年，固定建材及設備部分（如門窗、粉刷、地磚等）修繕服務保固1年，賣方並應於交屋時，出具房屋保固服務記錄卡予買方作為憑證。建設公司為了提升形象，減少購屋糾紛，就必須加強服務性的管理，專責售後服務。短期來看，「售後服務」與「利潤」似乎有衝突；但長遠來看，適切的服務確能為公司帶來開源（提高獲利及市占率）節流（節省廣告成本、改善產品設計及施工方法、減少不必要的訴訟及協調的費用與時間）。一般建設公司作業流程如下：

維修服務作業流程

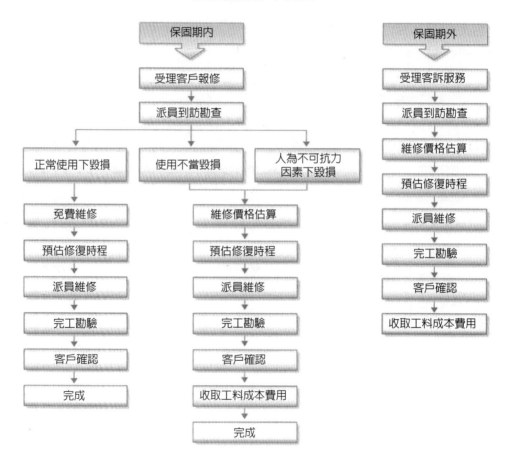

十六、土地開發作業常用「中央主管」所提供的免費地籍及使用分區查詢套繪系統

系統名稱	網址	單位	特點
全國土地使用分區資料查詢系統	https://luz.tcd.gov.tw/WEB/default.aspx	內政部營建署城鄉發展分署	● 可快速查詢各縣市都市計畫、非都市土地使用分區，並可用縣市道路、重要地標、門牌地址等定位 ● 附簡易測量工具、可查詢開發土地面寬、進深、鄰近道路寬度等資訊
國土測繪圖資服務雲	https://maps.nlsc.gov.tw/	內政部國土測繪中心	● 可套疊都市計畫、地籍圖、空照圖等資訊，快速分析欲開發土地之各項基本圖資 ● 也可結合國土利用調查內容，套疊開發土地之各項圖資，如淹水潛勢、土壤液化等內容
地籍圖資網路便民服務系統	https://easymap.land.moi.gov.tw/Home	內政部地政司	● 可透過地段地號查詢開發土地面積、公告現值、公告地價等資訊 ● 也可透過地圖，反查欲開發土地範圍之地段地號
土地開發資訊系統	https://develop.land.moi.gov.tw/Index	內政部地政司	● 可查詢區段徵收、市地重劃、農村社區土地重劃案件開發案 ● 提供各開發案之明細資料，含各項先行作業（如都市計畫等）、計畫辦理進度等內容
國土規劃地理資訊圖臺	http://nsp.tcd.gov.tw/ngis	內政部營建署城鄉發展分署	● 提供都市計畫圖、非都市使用分區圖、非都市使用地類別圖、各項環境敏感地區圖、正射影像、衛星影像套合應用 ● 附區域統計資訊，可產出自定範圍內之土地使用分區面積、基礎社會經濟統計圖表內容
臺灣工業區土地應用系統	http://120.126.139.162/idb	經濟部工業區	● 提供全臺灣工業區基礎資訊，包含工業區範圍、工廠使用狀態、土地利用現況等資訊

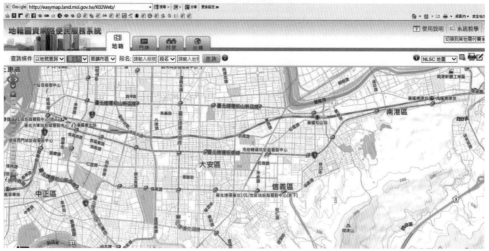

國土功能分區劃設及編定使用地

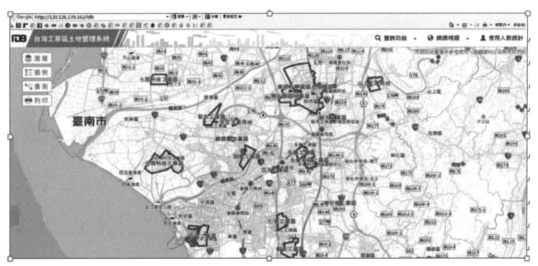

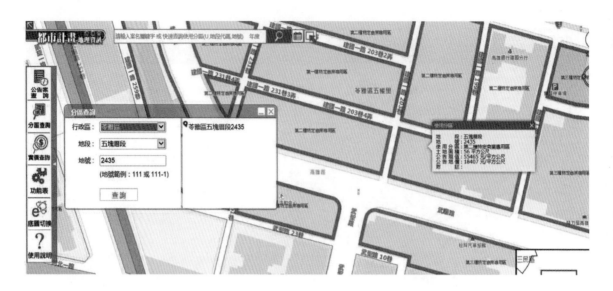

　　各縣市都發局都有土地使用分區網站供業者搜尋（上圖為高雄市都發局都市計畫地理資訊網站）。

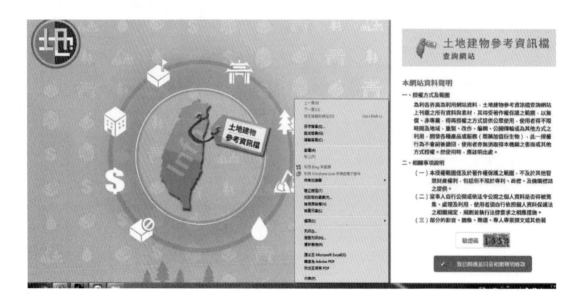

　　https://moiref.land.moi.gov.tw/pubref/（此網站可查詢土地上有無建物及其他事項），民眾只須上網輸入地號或建號，即可查詢相關機關註記的土地汙染、容積移轉或土地開發使用限制等重要參考資訊，以維護自身不動產交易安全）。

　　透過政府提供的土地使用分區查詢系統，可幫助土地開發工作者，快速了解每塊取得土地資料的使用分區及相關位置，不僅可節省時間，也可減少不必要的

錯誤，由其在計算坪效時，分區的容積率往往決定此塊土地的價值，政府的網站也不用花費金錢，取得容易又可靠，身為一位土地開發者應善用此工具，讓自己的工作效率事半功倍，輕鬆完成任務。

十七、土地開發的甘苦談

地產的開發、避險、經營及傳承，第一代努力經商、第二代努力學習；但第二代在這個時代機會少於第一代，但所面對的風險卻數倍於前代的大環境中，最重要且需面對的問題：「如何蒐集資料，且會判讀資料、使用資料；因為市場上的諸多地產報導，皆是財團或利益團體下的廣告，或是有心人士渲染出來的，坑大於丘，是丘又坎坷不堪。」

在都市土地已經使用殆盡的臺灣，要產生新的建地，只能從區段徵收、通盤檢討、整體開發、公有地解編、都市更新取得；而這些都不是市井小民，甚至一般建商可以參與的流程。以致，即使手上握有資金的人，也只能以高價購買私人土地、參與土地價格競標，或者經由重劃土地完成開發，取得的土地。由此看出土地開發是一門很專業的學問且需要時間累積經驗及功夫，唯有不斷的學習與嘗試才能有機會成功。

一、產權調查第一步：取得賣方資料

要了解房子或是土地的產權狀況，須先向賣方或仲介公司取得下列資料：

1. 土地的地號（Land Number）。
2. 房屋的建號（Building Number）。
3. 房屋所有權人的姓名及身分證字號（Name of Owner）。

不動產買賣不像買一件衣服、皮包，幾萬元就能搞定，其交易金額動輒以數百、數千萬元計，所以要非常小心，以免買到產權不清楚的不動產。所以不論是買地或購屋之前，應先學會審閱執照、權狀及登記簿謄本，以掌握致勝先機。

在不動產仲介活動中或進行不動產開發前，清楚且無其他債權的產權是最基本的條件，應該調查的產權項目如下。

　　根據我國相關地政法規，目前針對不動產登記核發土地所有權狀、建築改良物所有權狀和他項權利證明書等三種權利書狀，等於是對不動產所有權人完成合法登記之後的一種正式證明文件，就像是房地產的身分證一樣。當買賣雙方或地政士（Land Administration Agent）幫忙辦完各項登記過戶作業之後，地政單位就會核發三種權利書狀。

（一）所有權（Ownership）

　　由於我國法律規定房地產之所有權以登記為效力（我國土地登記係採「托倫斯」登記制度，即強制登記主義），因此房地產買賣之產權調查，必須查明是否有合法登記之所有權。關於記載不動產所有權的書狀有二，即土地所有權狀及建物所有權狀。新建完工之建築物，在完成保存登記之手續後，即可以辦理建築改良物所有權狀，而在辦理交屋之同時，必須連同基地面積一起辦理過戶手續，亦即必須同時取得土地所有權狀以及建物所有權狀，以確定產權之完整性。

1. 土地所有權狀（Certificate of Land Ownership）

　　土地權利登記完畢之後，登記機關發給所有權人的土地所有權書狀。主要內容記載所有權人與管理人之姓名、統一編號，以及土地之地籍資料，包括土地坐落位置、地目、等則、面積、權利範圍、登記日期及權狀字號等，如下頁圖1所示：

(1)權狀內容

- ・登記日期（Registration Date）：地政機關依法登記在登記簿上的日期，所有權的效力正式生效。
- ・發狀日期（Date of Issue）：地政機關核發權利書狀的日期。
- ・權狀字號（Certificate Number）：地政機關核發權狀的字號。
- ・所有權人（Registration Representative）：實際擁有土地的所有人。
- ・統一編號（ID Number of General Owner）：所有權人的身分證字號。

(2)土地標示（Date of Land Description）

- ・坐落（Land Number of Building Base）：土地所在地，目前依市、區、段、小段為記載。
- ・地號（Land Number）：目前依段落每筆土地編定一個地號。
- ・地目（Land Category）：依土地使用現況加以詮定所做的分類，包括：建、旱、田、道等地目。地目是沿用日據時期課徵土地稅賦的分類方法，未據實質意義，我國土地使用管制政策已由過去的「地目等則」作為管制

圖1　土地所有權狀

高雄市政府地政局楠梓地政事務所

土地所有權狀

登記日期：中華民國111年06月17日
發狀日期：中華民國111年06月17日
權狀字號：111楠狀字第009262號

所有權人：

統一編號：

土地標示：

　坐　　落：左營區果貿段

　地　　號：0177－0000

　面　　積：***5,701.00平方公尺

權利範圍：****100000分之180*******

權狀註記事項：果貿段７２１５至７７１４建號等之建築基地地號：果貿段１７
　　　　　　　７地號

以上土地所有權業經依法登記完畢，合行發給本權狀以憑執管。
本地籍資料管轄機關為高雄市政府地政局楠梓地政事務所。

主任　簡瑩雪

本書狀物權是否變更或設定他項權利請查詢本所登記之權利資料　　　　　111008028

依據，變爲以《土地使用分區及編定》作爲現行土地規劃利用之依據，此等分類已無重要性，內政部已公告於2017年1月1日廢除地目等則制度。

· 等則（Grade of Land Productivity）：是針對農地的分級，如果是一般住宅則無（因國內土地現有銓定的地目等則，多已與其土地使用現況及國內土地使用管制所依據的《土地使用分區及編定》不符，因此政府已廢除地目等則）。

· 面積（Registration Area）：是以公制單位計算，例如：公頃、公畝、平方公尺等。

· 權利範圍（Right Region Over Ownership）：一般登記爲應有部分1,000分之50、10分之1，是指土地所有權人擁有該土地的範圍，也是一般指的持分。

2. 建築改良物所有權狀（Certificate of Builiding Ownership）

建物在依法完成保存登記手續，並經公告期滿後，即可取得建築改良物所有權狀，以確定產權之範圍。而其應注意事項則可歸納如下幾點：

主要內容記載所有權人與管理人之姓名、統一編號、建築改良物標示、權利範圍、登記日期及權狀字號。其中，建築改良物標示明列基地坐落、建物門牌、建號、建築完成日期、層數、主要建材、建物面積及附屬建物（陽臺、花臺、地下室及屋頂突出物），如下頁圖2。

(1)權狀內容

· 登記日期（Registration Date）：地政機關依法登記在登記簿上的日期，所有權的效力正式生效。

· 發狀日期（Date of Issue）：地政機關核發權利書狀的日期。

· 權狀字號（Certificate Number）：地政機關核發權狀的字號。

· 所有權人（Registration Representative）：實際擁有建物的所有人。

· 統一編號（ID Number）：所有權人的身分證字號。

(2)建物標示（Date of Building Description）

· 坐落（Land Number of Building Base）：是指房屋所坐落的土地。

· 建號（Building Number）：地政機關對有登記的房屋，會依段落編定號碼以便管理。

· 建物門牌（Address of Building）：指的是房屋所在地址。

· 建築完成日期（Date of Building Construction Finished）：是指使用執照核發日期。

圖2　建物所有權狀

高雄市政府地政局楠梓地政事務所

建物所有權狀

登記日期：中華民國111年06月17日
發狀日期：中華民國111年06月17日
權狀字號：111楠建字第009070號

所有權人：
統一編號：

建物標示：

坐　　落：左營區果貿段
建　　號：07607-000
門　牌　號：鼓山三路391號七樓之2
建築完成日期：民國111年03月29日
主要建材：鋼筋混凝土造
主要用途：集合住宅
建物層數：015層
建物層次：七層
層次面積：****46.71平方公尺
總　面　積：****46.71平方公尺
附屬建物：陽台　　　　　　　　　　雨遮
面　　積：****3.42平方公尺　　****0.87平方公尺

權利範圍：全部********1分之1********

建物坐落地號：果貿段 0177-0000
建築基地權利（種類）範圍：果貿段177地號（所有權）100000分之1
　　　　　　　　　　　　　80
共有部分：
　果貿段 07714-000建號 *31,652.98平方公尺
　權利範圍：****100000分之188********
（合停車位編號41　　　　　權利範圍：****100000分之101*******）

權狀註記事項：建築基地地號：果貿段177地號

以上建物所有權業經依法登記完畢，合行發給本權狀以憑執管。
本地籍資料管轄機關為高雄市政府地政局楠梓地政事務所。

主任 簡瑩雪

- 主要建築材料（Main Architectural Materials）：指房屋所用的建材，目前有木造、加強磚造、鋼筋混凝土、鋼骨鋼筋混凝土。
- 主要用途（Main Use of Building）：是住家用，還是商業用，或是其他使用用途。
- 建物層數（Floor of Building）：這棟建築物總共是幾層樓。
- 層次（Hoor）：擁有的這一層建物所在的層次。
- 主建物面積、總面積（Total Area of Building）：是指主建物面積，即室內面積。
- 附屬建物、面積（Area of Auxiliary Building）：指陽臺、花臺、露臺等及其面積。
- 權利範圍（Type of Right Range）：擁有的權利有多大範圍，一般主建物和附屬建物所有權人大都是擁有所有權的全部。
- 建物坐落地號（Section Number of Building Base）：是指土地坐落地號，就是土地所有權狀上的地號。
- 公共設施（Public Facilities）：是指所有住戶共同使用分攤的部分，包括：屋頂突出物、樓梯間、電梯間、地下層等。
- 權利範圍（共用部分）（Right Range）：一般會登記為應有部分的幾分之幾，如150‰、400‰。

（二）他項權利（Date of Other Rights）

除所有權以外的地上權、地役權、抵押權、永佃權、典權等其他權利，如有登記，則會發給所有權人他項權利證明書（Certificate of Other Right）。

他項權利證明書中主要記載權利人與統一編號、土地與建物標示及設定之權利種類（如抵押權、地上權、典權等）、權利範圍、權利順位、原因發生日期、清償日期存續期限、登記日期、利息、遲延利息、違約金、義務人、債務人及證書字號等，如下頁圖3。

目前不動產的他項權利證明以抵押權設定登記為主要代表，下列就以抵押權設定登記來說明：

1. 登記次序、字號（Order of Registration）：登記的排序和字號。
2. 登記日期（Registered Date）：完成登記的日期。
3. 權利種類（Type of Other Rights）：如設定抵押貸款，則是抵押權（2007年9月28日以後，分為普通抵押權及最高限額抵押權）。

圖3　他項權利證明書範例

屏東縣屏東地政事務所
他項權利證明書

登記日期：中華民國089年05月09日
發狀日期：中華民國089年05月09日
證明書字號：089屏東他字第004781號

權　利　人：　　建設股份有限公司
統　一　編　號：

權　利　種　類：抵押權
債　權　範　圍：全部＊＊＊＊＊＊＊＊＊1分之1＊＊＊＊＊＊＊＊＊
權　利　價　值：新台幣＊＊＊＊＊＊620,000元正
存　續　期　間：自089年05月03日 至 095年06月30日
清　償　日　期：095年06月30日
利　　　　　息：無
遲　延　利　息：無
違　約　金：每日每壹萬元罰新臺幣參拾元計付
債　務　人：×××
收　件　字　號：089屏登字第101170號
抵押權標的：
土　　　　地：屏東市明正段1943-0000地號
面　　　　積：＊＊＊＊2,436.00平方公尺
登　記　次　序：0163-000
權　利　標　的：所有權　　　　標的登記次序：0066
設定權利範圍：＊＊＊＊＊10000分之105＊＊＊＊＊＊＊＊
設定義務人：×××

建　　　　物：屏東市明正段01792-000建號
門　牌　號：協和東路○○號十一樓
總　面　積：＊＊＊＊＊79.80平方公尺
附屬建物總面積：＊＊＊＊＊＊＊10.29平方公尺
登　記　次　序：0003-000
權　利　標　的：所有權　　　　標的登記次序：0002
設定權利範圍：全部＊＊＊＊＊＊＊＊＊1分之1＊＊＊＊＊＊＊＊
設定義務人：

以上他項權利業經依法登記完畢，合行發給本證明書以憑執管。

主任陳啟輝

本書狀物權是否變更或設定他項權利請查詢本所登記之權利資料　　89038563

4. 登記的原因（Reason of Registration）：如是設定抵押權即為設定。

5. 存續期間（Type of Contract Term）：抵押貸款的起始期限。

6. 債權範圍（Loan Righes Range）：是全部或部分。

7. 擔保債權總金額（Number of Joint Guaranty）：抵押權設定的金額。

8. 擔保債權種類及範圍（Type of Rights Value）：將債務人之擔保債權範圍除該棟房地產外，擴大到其他各種債權並予以明示化。

9. 清償日期、利息、違約金（Date of Contract Termination、Penalty）。

10. 擔保範圍約定。

11. 權利人（Date of Owner）：一般是向銀行借貸，所以多以銀行總行為代表具名。

12. 債務人與設定義務人（Setup the Name of Obligor）：債務人＝借款人；設定義務人＝所有權人。

13. 設定抵押權標的（Type of Targets）：以不動產為標的，包括土地與房屋。

（三）有無限制登記（Registration of Restrication）

所謂「限制登記」，是指限制登記名義人處分其土地權利所為之登記，包括預告登記（Registration of Caution）、查封（Compulsory Execution）、假扣押（Provisional Attachment）、假處分（Provisional Injunction）、破產登記及其他依法律所為禁止處分之登記，都是屬限制登記〔《土地登記規則》（Regulations of the Land Registration）第136條第2項規定〕，是限制所有權人對土地或建物產權的處分權利。可知「限制登記」共有六種，且概分為兩類：第一類由當事人（一般為債權人）向法院其他政府機關聲請，暫時凍結原本登記人可以使用的土地權利狀態，限制土地所有權人行使他對該土地的權利，以保障其權益，如：預告登記、查封、假扣押、假處分、破產（債務人亦得聲請）登記等。第二類則由行政機關為防止逃欠稅或配合實施重劃、區段徵收所為的禁止處分登記。地政機關即依囑託「限制登記」該不動產之移轉（Transfer）、設定（Ceation）或處分（Disposition）。若經限制登記，該不動產之產權移轉將受限制。

（四）有無預告登記（Registration of Caution）

「預告登記」乃預為保全對於他人不動產權利之取得、喪失、變更登記之請求權，經登記名義人同意所為之限制登記。亦即請求人經登記名義人同意，向該管登記機關申請。或請求人向法院聲請，由法院囑託該管登記機關，登記其所請求內容之限制登記。預告登記請求權，主要有不動產：1.權利移轉或消滅；2.權利

內容或次序變更；3.附條件或期限之請求權等，查明有無預告登記之目的，是為防止登記名義人對其不動產權利為妨害保全請求權所為之處分，以保全請求權人之利益。例如：購買房屋，賣方因故欲將不動產延期過戶，而買方同意給予緩期者，則可先進行「某限期內移轉」的「預告登記」，以保全買方權利。

二、產權調查第二步：申請土地及建物登記簿謄本

謄本分成一至三類：①第一類謄本：所有權人、抵押權人等登記名義人或其繼承人，可申請含完整資料；②第二類謄本：任何人皆可申請，惟謄本上的個資會去識別化（例如：所有權人王小名會變成 王**）；③第三類謄本：利害關係人若欲取得完整姓名與住址的謄本，但又非屬可申請第一類的登記名義人時，可檢附相關證明以申請「第三類謄本」。

（一）登記簿謄本（Copy of Register）的重要性

由於土地或房屋有沒有設定抵押、有沒有設定地上權，以及其他的限制登記，例如：預告登記、查封、假扣押、假處分和其他禁止處分登記等，在所有權狀上面是看不出來的。如果所有權人光是拿出所有權狀，而沒有出示他項權利證明者，則無法得知不動產的其他權利狀況。所以，權狀並不是不動產交易時唯一可信的正式憑證，而且所有權狀也容易偽造。若產權有任何異動或設定他項權利時，都會在登記簿謄本詳細記載，所以不要以為對方拿出所有權狀就表示產權清楚，購屋者還是須以登記簿謄本上所記載的資料為準，才能對想買的土地和房屋「瞭若指掌」。拜網路之便，我們現階段可上網點閱、列印土地登記資料或上網列印電子謄本。新式謄本分為兩類，主要為保障登記所有權人個人隱私，第一類供地主或專業人員（如地政士、代書）申請，列印全部資料；第二類供一般人申請，保留部分地主個人私密資料（如身分證、生日）。

當不動產經登記後，地政事務所即發給權狀，作為產權憑證。但由於他項權利登記、限制登記、預告登記或查封登記等相關訊息，均無法自權狀中得知，故應向地政事務所申請「登記簿謄本」，以確實了解產權，包括「土地登記簿」及「建物登記簿」，其內容可分為三個部分，即標示部、所有權部及他項權利部。

（二）土地登記簿謄本（Copy of Land Register）

土地謄本分成三大部分：「土地標示部」、「土地所有權部」、「土地他項權利部」。

1. 土地標示部（Date of Land Description）：此筆土地的基本資料

　　這個部分記載了這筆土地首次（原始、重劃、重測、分割出新地號）及土地的地段、地目、地號、使用分區、建號、面積、公告現值等，有關此筆地「身分」的主要內容；可以清楚地知道土地的面積、公告土地現值（Announced Current Land Value）和公告地價（Announced Land Value）等，地目等則之記載因與土地使用現況已有失實，2017年1月1日起已經廢除。當土地合併、分割或地目變更而導致面積等標示有所變更時，應依先後次序登記，且以最後一欄之登記資料爲準。如有三七五租約或配合重劃、徵收等被「禁建」規定，會以「限制登記」事項載明相關內容，登記在「其他登記事項」中。

　　都市計畫內土地其使用分區（Land Use Zoning）與使用地類別會以空白表示；土地重劃前或重測前之地段、地號；合併或分割之地號等訊息，則記載於「其他登記事項」或「備考」。

　　非都市計畫內之土地登記簿謄本，有關地目（如標示爲「旱」）、使用分區（如標示爲「農業區」）、使用地類別（如標示爲「農牧用地」），均會明白記載。

　　地上建物建號：記載在土地上所座落建築物的建號。

　　(1) 一地一建：載明土地上建物之建號。
　　(2) 區分建物：載明地上建物之棟數。

2. 土地所有權部（Date of Land Ownership）：所有權及限制登記的資料

　　登記日期、原因發生日期：登記日期是地政機關依法登記之日期→對抗第三者效力之時刻。原因發生日期是如買賣契約訂定日或繼承原因發生日期。

　　權利範圍：土地所有權人的持分比例。

　　當期申報地價：每二年重新評估一次，係作爲課徵地價稅用及計算土地登記費的依據。

　　前次移轉現值或原規定地價：用以計算土地增值稅。

　　歷次取得權利範圍：如果土地所有權人是分次取得這塊土地的所有權利範圍，歷次取得的持分就會分次詳細記載。

　　其他登記事項：記載其他應登記之資料。須注意此欄位是否記載有預告登記、假扣押、假執行等，避免產權複雜的物件。

這個部分記載所有權人，可以看到要賣房子給你的人是不是所有權人；如果不是，就要留意這個人和所有權人的關係，以免後續引發買賣糾紛。此外，個別所有權人若有被「查封」、「假扣押」、「破產登記」等「限制登記」事項，則會登記在本部個別所有權人的「其他登記事項」中。有如此登載時，該不動產之產權移轉將受限制，表示這筆土地產權有問題，因此在限制登記為塗銷前，依法不能辦理移轉登記。

3. 土地他項權利部（Date of Other Rights）

當土地設定他項權利，除了上面的所有權之外，登記簿將有「他項權利部」，記載此筆土地所有權之外的物權。因此對於未設定「他項權利」的土地，則此部從缺，以上兩部是每一份土地登記簿謄本必備內容。

(1)權利種類（Type of Other Rights）：土地他項權利的種類，可分為「用益物權」及「擔保物權」。

①用益物權分為：普通地上權、區分地上權、農育權、不動產役權。

②擔保物權分為：普通抵押權、最高限額抵押權。

是否有被設定權利，權利人是誰？

(2)權利人基本資料（Date of Owner）：通常設定抵押權的權利人是銀行，如是自然人，可能為民間借貸只要有其他權利登記，都要特別注意。

(3)擔保債權總金額（Number of Joint Guaranty）：包含債權額比例、擔保債權總金額、存續期間、清償日期、利息（率）、遲延利息（率）、違約金及其他擔保範圍約定等資料。

債權人為保障債權，通常設定之擔保總額會 > 實際借款金額

（設定金額約 = 實際借款額×1.2倍）

抵押權設定的金額，常見以本金最高限額新臺幣○○○○元表示。所謂「最高限額抵押權」者，乃為預定抵押物應擔保債權之最高限額所設定之抵押權。如所預定擔保之債權非僅限於本金，而登記為本金最高限額新臺幣若干元，其約定利息、遲延利息及約定擔保範圍內之違約金，固為抵押權效力所及，但仍受最高限額之限制，故其約定利息、遲延利息及違約金連同本金合併計算，如超過限額者，其超過部分無優先受償之權。

(4)債務人資料（Data of Other Rights Owner）：包含債務人姓名（或名稱）、債權額比例、權利標的（一般為所有權）、標的登記次序（比對所有權部的登記次序）、設定權利範圍、設定義務人等資料。

(5)存續期間（Date of Contract Termination）：房貸以20至30年最常見（2007年9月28日以後，為擔保債權確定日期）。

(6)共同擔保地、建號（Number of Joint Guaranty File）：除本筆土地外，可依他項權利共同設定為擔保品之其他土地、建物。

(7)其他登記事項（Contents of Registration Notes Over Other Rights）：本項是針對個別地主的被設定他項權利，有無其他約定事項而登記。

（三）建物登記簿謄本（Copy of Building Register）

1. 建物標示部（Date of Building Register）

　　每一棟建物均編定一建號，這個部分就詳細列明房屋的產權，包括建物的建號，坐落的地段、門牌、主要用途、主要建材、使用執照字號、完工日期。建物的總面積、使用樓層、總共樓層等。在建物的標示部和土地較不同的是，建物又分主建物和共同使用部分。主建物又包含附屬建物的使用用途、面積等，像陽臺、花臺等附屬建物的面積。另外則是共同使用公共設施的面積、權利範圍等資料，指的是「公設面積」，計算方式是將共同部分面積乘上權利範圍；若有不同的公設項目，也會分別標示出面積和權利範圍。如果有車位，則會有車位編號、權利範圍，若要計算房屋的「全部面積」，則要將「總面積」、「附屬建物」及「公設面積」三者相加。建物的面積可分為主（總）建物面積、附屬建物面積和共同使用面積等三部分。主建物一般指室內面積附屬建物，如陽臺、平臺、花臺、露臺等。另外則是共同使用部分，如機電室、樓梯間、電梯間、水塔等公共設施。通常在買賣時的銷售面積計算，都包含這三部分權利範圍登記資料，若有不同的公設項目，也會分別標示出面積和權利範圍。如果有車位，則會有車位編號、權利範圍。

主建物面積＋附屬建物面積＋共同使用面積＝房屋總面積

該建號面積×權利範圍＝共同使用部分面積

　　共同使用部分通常為另一個建號，所以必須乘上權利範圍，才知道面積有多少。

　　建物登記謄本的登記方式是以平方公尺為單位，而房屋買賣習慣上是以坪為計算單位，兩者可互相換算，1平方公尺＝0.3025坪。

2. 建物所有權部（Date of Building Ownership）

　　這個部分記載所有權人相關資料，還有權利範圍、權狀字號等所有權人的相

關權利。除非土地與建物登記在不同人的名下，否則建物謄本上所記載的所有權人，應該和土地登記簿謄本是一樣的。其他登記事項如果房屋有被預告登記、假扣押、假處分及查封等各種登記，則會依照主登記次序，逐次編號登記在這個部分，並且無法過戶。

3. 建物他項權利部（Date of Other Rights）

　　房地產如有設定他項權利，會列在登記簿的他項權利部上。以抵押權為例，如果向銀行貸款，就會有抵押權設定登記，會載明權利範圍和借貸的條件如何。如果有設定抵押權時要特別小心，一定要和土地的他項權利登記資料一起看，看權利人、擔保債權種類及範圍和擔保債權總金額、存續期間等記載是否一致。擔保債權總金額就是不動產所有人向銀行或他人借貸的金額。

　　審閱土地登記簿謄本及建築改良物登記簿謄本之主要作用在於：
(1)確定標的物之所有權人。
(2)核計買賣面積是否有出入，尤其應注意主建物、附屬建物及共同使用部分面積之合理比例，以及是否有「灌水」之嫌。
(3)注意是否有他項權利的存在？其權利範圍及借貸條件為何？

三、產權調查第三步：申請地籍圖謄本及建物測量成果圖

　　申請地籍圖（Cadastral Map）謄本的最主要用途是了解這筆土地的地目、地形及相關的位置；建物測量成果圖對於房屋登記的面積、形狀（長、寬尺寸）都有詳細的記載，有了建物平面圖後，可現場比對，即可充分了解賣方是否有增建、違建或改建等情形。

四、產權調查第四步：申請分區使用證明書

　　購買的土地如果位於都市計畫內，由於土地登記簿謄本沒有記載使用的種類，就必須以申請好的地籍圖謄本向市政府（都市發展局）或鄉鎮市公所工務局（建設局）申請分區使用證明。分區使用證明書會記載該筆土地位於住宅區、商業區或公共設施用地（道路預定地、公園用地等）。有時開發人員疏忽，以為市區大馬路旁應該是建築用地，待土地買賣簽約完成後，才知道是公園用地，即是未申請土地分區使用證明書查明所致。為求審慎，除了詢問鄰居附近是否有都市計畫變更或道路拓寬計畫等情形外，申請土地分區使用證明才是最安全的方法。

其他相關權狀，如建物測量成果圖，或計畫範例如都市計畫圖、地籍圖，如154～160頁，圖6～13所示。

買房子一定要看的文件

文件種類	內　　　　容
1.土地及建物所有權狀	藉此了解土地及建物所有權人、面積、權利範圍、基地坐落地號、共同使用部分建號、建物門牌等相關資料。
2.土地及建物所有謄本	可由謄本內之標示部、所有權部及他項權利部，全面了解該土地及建物之坪數、用途、構造、建築完成日等相關資料，以及是否有抵押權設定、查封、限制處分等狀況。
3.地籍圖謄本	藉此可了解土地形狀、位置、界址、與鄰地之關係。
4.土地使用分區證明	藉此可確定建物是否坐落於住宅區、商業區、工業區或其他使用分區，以保障購屋權益。
5.建物測量成果表圖	藉此可確定主建物所在位置，以及陽臺、平臺、樓梯，甚至停車位形狀與相關位置。

資料來源：北區房屋不動產理財研究室。

有關成屋或中古屋之買賣，除應審閱土地所有權狀以及建築改良物所有權狀外，更應再至地政事務所，申請查閱土地登記簿謄本以及建築改良物登記簿謄本，以徹底了解不動產標的物之實際狀況。此外，為進一步了解建物所在位置之土地面積、形狀、界址、臨路寬度，以及與鄰地之相關關係，可就土地所有權狀或建築改良物所有權狀上所載之地號，向地政事務所申請地籍圖謄本。

善用地政資訊網路

近年來網路普及，一般民眾可利用內政部的「地籍圖資訊網路便民服務系統」（網址http://www.land.moi.gov.tw），以地段、地號或門牌號碼免費查詢該筆地的位置，並可連結Google Maps、Google Earth取得進一步的鳥瞰照片；但若是要其地籍圖、土地（建物）登記資料，則需另付費用，才可上其他網站。目前提供該服務項目的民營單位，有全國地政電傳e網通（網址http://www.eland.hinet.net）、中華電信（網址http://www.land.hinet.net）可提供全國性的服務。另關貿網路（網址http://www.land.net）現已提供北北桃地區的服務，值得我們善加利用。

圖4　土地登記簿謄本

土地登記第二類謄本（所有權個人全部）
鳳山區頂新段　0161-0000地號

列印時間：民國104年05月19日15時27分　　　　　　　　　　頁次：1

本謄本係網路申領之電子謄本，由██建設開發股份有限公司自行列印
謄本種類碼：4SX2PNK!T*CC，可至http://ep.land.nat.gov.tw查驗本謄本之正確性
鳳山地政事務所　主　任　李文聖
鳳山電謄字第061965號
資料管轄機關：高雄市鳳山地政事務所　　　　謄本核發機關：高雄市鳳山地政事務所

*************** **土地標示部** ***************

登記日期：民國097年12月20日　　　　　　　登記原因：土地重劃
地　　目：（空白）　　　等則：--　　　面　　積：****1,825.46平方公尺
使用分區：（空白）　　　　　　　　　　　使用地類別：（空白）
民國104年01月　公告土地現值：***42,000元／平方公尺
地上建物建號：共67棟
其他登記事項：重劃前：頂庄段２００、２０１、２１７、２１８地號
　　　　　　　權狀註記事項頂新段６２２～６８８建之建築基地地號

本謄本未申請列印地上建物建號，詳細地上建物建號以登記機關登記為主

************ **土地所有權部** **************

（0001）登記次序：0025
登記日期：民國104年05月12日　　　　　　　登記原因：買賣
原因發生日期：民國104年05月06日
　所有權人：劉＊＊
　統一編號：S122*****5
　住　　址：高雄市鳳山區過埤里迪雄街２７巷６６號十二樓
權利範圍：*****10000分之154********
權狀字號：104鳳資字第006889號
當期申報地價：102年01月****4,800.0元／平方公尺
前次移轉現值或原規定地價：
104年05月　***42,000.0元／平方公尺
歷次取得權利範圍：*****10000分之154*******
相關他項權利登記次序：0022-000
其他登記事項：（空白）

************ **土地他項權利部** ************

（0001）登記次序：0022-000　　　　　　　權利種類：最高限額抵押權
收件年期：民國104年　　　　　　　　　　　字　號：鳳抵字第048220號
登記日期：民國104年05月12日　　　　　　登記原因：設定
　權　利　人：華南商業銀行股份有限公司
　統一編號：03742301
　住　　址：臺北市信義區松仁路１２３號
債權額比例：全部　***1分之1***
擔保債權總金額：新台幣****************7,560,000元正
擔保債權種類及範圍：擔保債務人對抵押權人現在（包括過去所負現在尚未清償）及將來在
　　　　　　　　　　本抵押權設定契約書所定最高限額內所負之債務，包括借款、透支、
　　　　　　　　　　貼現、買入光票、墊款、承兌、委任保證、開發信用狀、進出口押匯
　　　　　　　　　　、票據、保證、信用卡契約、應收帳款承購契約、衍生性金融商品交
　　　　　　　　　　易契約及特約商店契約。
擔保債權確定期日：民國１３４年5月5日。
清償日期：依照各個債務契約所約定之清償日期。
利息(率)：依照各個債務契約所約定之利率計算。
遲延利息(率)：依照各個債務契約所約定之利率計算。
違　約　金：依照各個債務契約所約定之違約金計收標準計算。
其他擔保範圍約定：1、取得執行名義之費用。2、保全抵押物之費用。3、因債務不履
　　　　　　　　　行而發生之損害賠償。4、因辦理債務人與抵押權人約定之擔保債權
　　　　　　　　　種類及範圍所生之手續費用。5、抵押權人墊付抵押物之保險費及按
　　　　　　　　　墊付日抵押權人基準利率加碼年利率2‧5％之利息。
權利標的：所有權

（續次頁）

土地登記第二類謄本（所有權個人全部）
鳳山區頂新段 0161-0000地號

列印時間：民國104年05月19日15時27分　　　　　　頁次：2

標的登記次序：0025
設定權利範圍：　＊＊＊＊＊10000分之154＊＊＊＊＊＊＊
證明書字號：104鳳資字第002943號
共同擔保地號：頂新段 0161-0000
共同擔保建號：頂新段 00655-000
其他登記事項：（空白）

〈 本謄本列印完畢 〉

※注意：一、本電子謄本係依電子簽章法規定產製，其所產製為一密文檔與地政事務所核發紙張謄本具有同等效用。
　　　　二、若經列印成紙本已為解密之明文資料，僅供閱覽。本電子謄本要具文書證明效力，應上網至 http://ep.land.nat.gov.tw 網站查驗，以上傳電子謄本之文檔案，或輸入已解密之明文地政電子謄本第一頁的謄本種類碼，查驗謄本之完整性，以免被竄改，惟本謄本查驗期限為三個月。
　　　　三、本謄本之處理及利用，申請人應注意依個人資料保護法第5條、第19條、第20條及第29條規定辦理。
　　　　四、前次移轉現值資料，於課徵土地增值稅時，仍應以稅捐稽徵機關核算者為依據。

圖5 建物登記簿謄本

建物登記第二類謄本（建號全部）
鳳山區頂新段 00655-000建號

列印時間：民國104年05月19日10時00分　　　　　　　　　頁次：1

本謄本係網路申領之電子謄本，由████建設開發股份有限公司自行列印
謄本種類碼：9WP424EB25，可至http://ep.land.nat.gov.tw查驗本謄本之正確性
鳳山地政事務所　主　任　　李文聖
鳳山電謄字第061584號
資料管轄機關：高雄市鳳山地政事務所　　　　謄本核發機關：高雄市鳳山地政事務所

*************** 　**建物標示部**　 ***************

登記日期：民國103年04月01日　　　　　　登記原因：第一次登記
建物門牌：頂新七街２７號二樓
建物坐落地號：頂新段 0161-0000
主要用途：集合住宅
主要建材：鋼筋混凝土
層　　數：０１２層　　　　　　　　　　　　總面積：*****80.56平方公尺
層　　次：二層　　　　　　　　　　　　　層次面積：*****80.56平方公尺
建築完成日期：民國103年02月10日
附屬建物用途：陽台　　　　　　　　　　　　面積：******8.84平方公尺
　　　　　　　雨遮　　　　　　　　　　　　　　******3.00平方公尺
　共有部分：頂新段00688-000建號**4,973.46平方公尺
　權利範圍：****100000分之1633******
　　　　　　（含停車位編號５０ 權利範圍：****100000分之465*******）
　其他登記事項：（共有部分註記事項）本共有部分之項目有防空避難室兼停車空間，
　　　　　　　　公共服務空間，管委會使用空間，梯廳，樓電梯間，頂蓋型沿街式開
　　　　　　　　放空間，頂蓋型廣場式開放空間，機械室，樓梯間，水箱等項。
　　　　　　　　主要建材：鋼筋混凝土
　　　　　　　　使用執照字號：（103）高市工建築使字第００６１４號
　　　　　　　　權狀註記事項建築基地地號：頂新段１６１地號。
　　　　　　　　建物層次第一層夾層：92.04平方公尺，屋頂突出物二層：８０
　　　　　　　　・４８平方公尺。
　　　　　　　　停車位共計：６６位
　其他登記事項：使用執照字號：（１０３）高市工建築使字第００６１４號
　　　　　　　　權狀註記事項建築基地地號：頂新段１６１地號
　　　　　　　　建築基地權利（種類）範圍：頂新段１６１地號〈所有權〉１００００分之
　　　　　　　　１５４

*************** 　**建物所有權部**　 ***************

（0001）登記次序：0002
登記日期：民國104年05月12日　　　　　　登記原因：買賣
原因發生日期：民國104年05月06日
　所有權人：劉＊＊
　統一編號：S122*****5
　住　　址：高雄市鳳山區過埤里過雄街２７巷６６號十二樓
　權利範圍：全部 *********1分之1*********
　權狀字號：104鳳資字第003686號
　相關他項權利登記次序：0001-000
　其他登記事項：（空白）

*************** 　**建物他項權利部**　 ***************

（0001）登記次序：0001-000　　　　　　權利種類：最高限額抵押權
收件年期：民國104年　　　　　　　　　　　字號：鳳地字第048220號
登記日期：民國104年05月12日　　　　　登記原因：設定
　權　利　人：華南商業銀行股份有限公司
　統一編號：03742301
　住　　址：臺北市信義區松仁路１２３號
　債權額比例：全部 ***1分之1***
　擔保債權總金額：新台幣***************7,560,000元正
　擔保債權種類及範圍：擔保債務人對抵押權人現在（包括過去所負現在尚未清償）及將來在
　　　　　　　　　　　　　　　　　（續次頁）

建物登記第二類謄本（建號全部）
鳳山區頂新段　00655-000建號

列印時間：民國104年05月19日10時00分　　　　　　　　　　　　　頁次：2

　　　　　　本抵押權設定契約書所定最高限額內所負之債務，包括借款、透支、
　　　　　　貼現、買入光票、墊款、承兌、委任保證、開發信用狀、進出口押匯
　　　　　　、票據、保證、信用卡契約、應收帳款承購契約、衍生性金融商品交
　　　　　　易契約及特約商店契約。
擔保債權確定期日：民國１３４年５月５日。
清償日期：依照各個債務契約所約定之清償日期。
利息(率)：依照各個債務契約所約定之利率計算。
遲延利息(率)：依照各個債務契約所約定之利率計算。
違　約　金：依照各個債務契約所約定之違約金計收標準計算。
其他擔保範圍約定：１、取得執行名義之費用。２、保全抵押物之費用。３、因債務不履
　　　　　　行而發生之損害賠償。４、因辦理債務人與抵押權人約定之擔保債權
　　　　　　種類及範圍所生之手續費用。５、抵押權人墊付抵押物之保險費及按
　　　　　　墊付日抵押權人基準利率加碼年利率２．５％之利息。
權利標的：抵押權
標的登記次序：0002
設定權利範圍：全部 ********1分之1********
證明書字號：104鳳登字第002943號
共同擔保地號：頂新段 0161-0000
共同擔保建號：頂新段 00655-000
其他登記事項：（空白）

〈　本謄本列印完畢　〉

※注意：一、本電子謄本係依電子簽章法規定產製，其所產製為一密文檔與地政事務所核發
　　　　　　紙張謄本具有同等效用。
　　　　二、若經列印成紙本已為解密之明文資料，僅供閱覽。本電子謄本要具文書證明效
　　　　　　力，應上網至　http://ep.land.nat.gov.tw　網站查驗，以上傳電子謄本
　　　　　　密文檔案，或輸入已解密之明文地政電子謄本第一頁的謄本種類碼，查驗謄本
　　　　　　之完整性，以免被竄改，惟本謄本查驗期限為三個月。
　　　　三、本謄本之處理及利用，申請人應注意依個人資料保護法第５條、第１９條、第
　　　　　　２０條及第２９條規定辦理。

圖6 建物測量成果圖

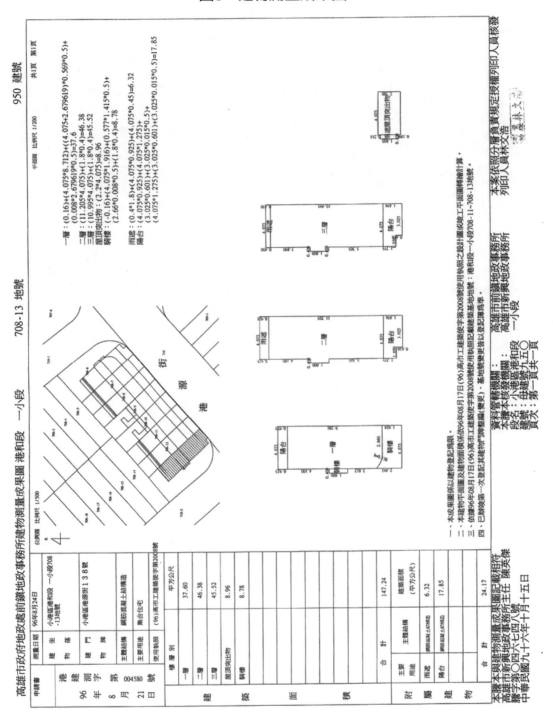

註：其係地政機關依據建造執照之設計圖實地測量繪製而成，藉此可確定主建物之所在位置，主建物與附屬建物之正確位置及坪數，便可一一加以查明。

圖7 建築線指示（定）圖範本

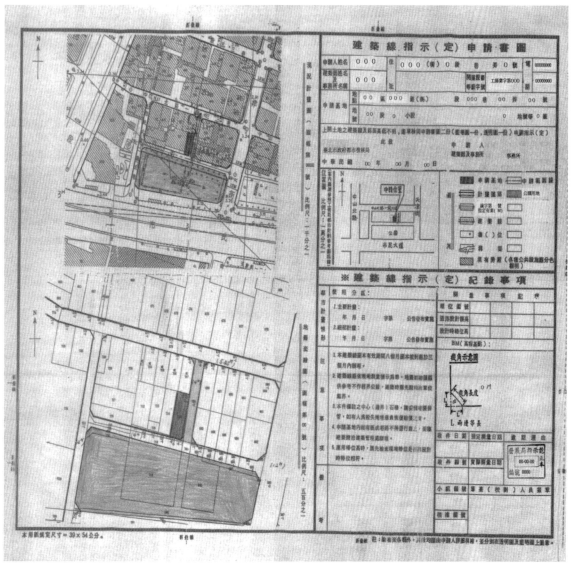

資料來源：臺北市政府網站。

註：

何謂建築線（Line of Building Frontage）？建築線指示證明書？

建築線就是土地與計畫道路（或現有巷道）重疊密接的界限（建築法§42）。也就是基地與已經依法公布的都市計畫道路間的境界線，或是依法有指定退讓之現有巷道邊界線。基地必須與建築線相連接達法定長度以上才能建築，且其建築不得超出建築線。亦即基地需臨接建築線，才可以據以申請建築執照，臨接建築線是土地開發的必備條件。

申請建照時，一般除重劃區外，都需附上由建築師事務所代為向都市計畫單位申請「建築線指示（定）申請書圖（或指定建築線證明書圖）」，並依據其指定的建築線，作為施工時基地放樣的依據。

圖8　使用分區證明書

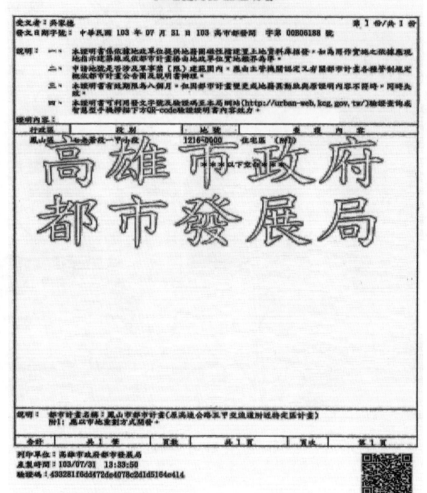

註1　內政部民國85年6月7日台(85)內營字第8572786號函頒「都市計畫書規定應以市地重劃、區段徵收或其他方式整體開發並於完成整體開發後始准核發建築執照處理要點」。

註2　「整體開發區」為「都市計畫書附帶條件應以市地重劃、區段徵收或其他方式開發之地區」。

註3　內政部都市計畫委員會於民國71年第259次會議決議：「非建築用地變更為建築用地，以及非公共設施用地，應盡可能納入市地重劃範圍，做整體開發使用，非建築用地變更為建築用地，並應負擔必要公共設施，在未做整體開發前，禁止發照建築。」

註4　此塊土地使用分區證明書，說明附1：應以市地重劃方式開發。顯示本筆土地位於整體開發地區，未經市地重劃程序完成後，無法開發興建，購地時應詳加注意。

圖9　都市計畫圖

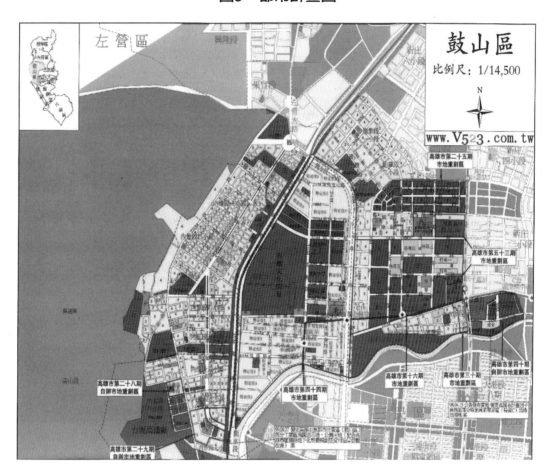

註：以上各縣市的都市計畫主管機關網站，由其提供的「都市計畫資訊整合系統（或類似名稱）如
　　臺北市都市發展局／臺北市都市計畫整合查詢系統」，便可查出這塊地所屬的都市計畫區。

　　地籍圖係為地籍測量後，依實地測繪結果，按一定比例尺展繪而成，為進一步了解建物所在位置之土地面積、形狀、界址、坐落、臨路寬度以及鄰地之相關關係，可就土地所有權狀或建築改良物所有權狀上所載之地號，向地政事務所申請地籍圖謄本。

圖10　地籍圖謄本

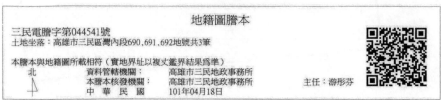

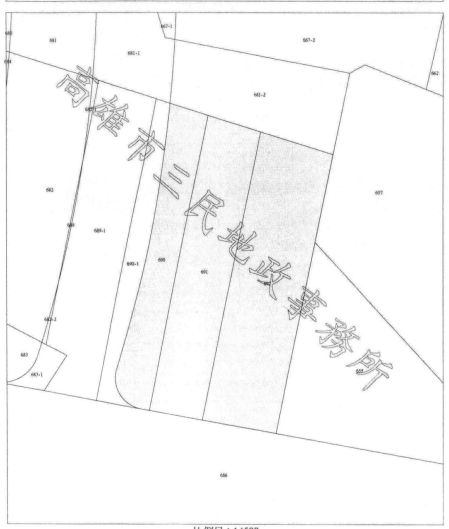

比例尺：1/500

本謄本係網路申領之電子謄本，由同興開發股份有限公司自行列印
謄本檢查號：101ED044541PIC18293A4A59444EAD4657A517368EA6
可至：http://LAND.HINET.NET查驗本謄本之正確性。惟為考量檔案傳輸中心之資料負荷度，線上有效查驗期限為三個月。

圖11　現況套繪圖

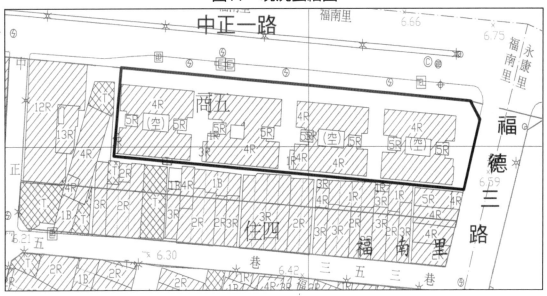

圖12　現況圖

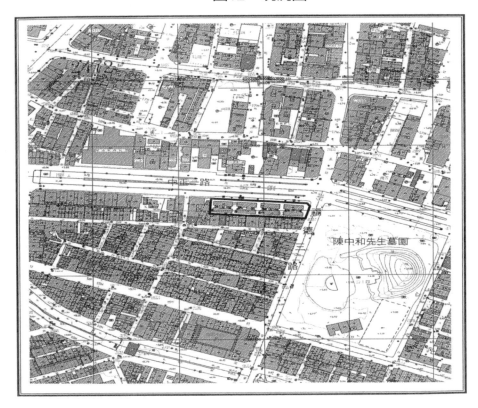

圖13　非都市土地謄本

土地登記第二類謄本（地號全部）
旗山區大洲段　0150-0000地號

列印時間：民國101年09月10日12時03分　　　　　　　　　　頁次：1

本謄本係網路申領之電子謄本，由.　　　　　股份有限公司自行列印
謄本檢查號：101SC018897REG5DBEAF54E4416BE307B
670BF3D8B3，可至：http://land.hinet.net 查驗本謄本之正確性
旗山地政事務所　主　任　　劉永富
旗山電謄字第018897號
資料管轄機關：高雄市旗山地政事務所　　　　謄本核發機關：高雄市旗山地政事務所

＊＊＊＊＊＊＊＊＊＊＊　土地標示部　＊＊＊＊＊＊＊＊＊＊＊＊＊

登記日期：民國096年11月04日　　　　　　登記原因：地籍圖重測
地　目：建　　　　　等則：75　　　面　積：＊＊＊＊＊＊＊64.85平方公尺
使用分區：特定農業區　　　　　使用地類別：甲種建築用地
民國101年01月　公告土地現值：＊＊＊＊3,400元／平方公尺
地上建物建號：大洲段　00081-000
其他登記事項：重測前：溪洲段0653-0017地號

＊＊＊＊＊＊＊＊＊＊＊　土地所有權部　＊＊＊＊＊＊＊＊＊＊＊＊

（0001）登記次序：0004
登記日期：民國101年07月20日　　　　登記原因：繼承
原因發生日期：民國101年06月16日
所有權人：
住　　址：
權利範圍：＊＊＊＊＊＊＊＊4分之1＊＊＊＊＊＊
權狀字號：101旗字第005106號
當期申報地價：099年01月＊＊＊＊＊＊480.0元／平方公尺
前次移轉現值或原規定地價：
101年06月　＊＊＊＊3,400.0元／平方公尺
歷次取得權利範圍：＊＊＊＊＊＊＊＊4分之1＊＊＊＊＊
其他登記事項：（空白）

　註：
　使用分區：一般僅有「非都市土地」才會在此登記其分區，因此若此欄空白，則表示此筆土地為「都市土地」，故需至鄉鎮市公所或都計單位申請核發「都市計畫土地使用分區證明書」，以資證明。
　使用地類別：「非都市土地」除劃定上述「土地使用分區」外，尚編定「使用地」類別（共18種）。因此都市土地本欄則多留空白，非都市土地本欄則登記其使用地類別。

使用分區內各種使用地變更編定原則表（非都市土地）

使用地類別	特定農業區	一般農業區	鄉村區	工業區	森林區	山坡地保育區	風景區	河川區	特定專用區
甲種建築用地	×	×	×	×	×	×	×	×	×
乙種建築用地	×	×	+	×	×	×	×	×	×
丙種建築用地	×	×	×	×	×	×	×	×	×
丁種建築用地	×	×	×	+	×	×	×	×	×
農牧用地	+	+	+	+	+	+	+	+	+
林業用地	×	+	×	+	+	+	+	×	+
養殖用地	×	+	×	×	+	+	+	×	+
鹽業用地	×	+	×	+	×	+	+	×	+
礦業用地	+	+	×	+	×	+	+	×	+
窯業用地	×	×	×	×	×	×	×	×	+
交通用地	×	+	+	+	×	+	+	+	+
水利用地	+	+	+	+	+	+	+	+	+
遊憩用地	×	+	+	+	×	+	+	+	+
古蹟保存用地	+	+	+	+	+	+	+	+	+
生態保護用地	+	+	+	+	+	+	+	+	+
國土保安用地	+	+	+	+	+	+	+	+	+
墳墓用地	×	+	×	×	×	+	+	×	+
特定目的事業用地	+	+	+	+	×	+	+	+	+

說明：一、「×」為不允許變更編定為該類使用地。但本規則另有規定者，得依其規定辦理。

　　　二、「+」為允許依本規則規定申請變更編定為該類使用地。

非都市土地各種使用地容許使用項目表

容許使用項目 ＼ 使用地類別	甲種建築用地	乙種建築用地	丙種建築用地	丁種建築用地	遊憩用地	窯業用地	交通用地	墳墓用地	特定目的事業用地	農牧用地	養殖用地	林業用地	鹽業用地	礦業用地	國土保安用地	古蹟保存用地	生態保護用地	水利用地
農舍										○	○	○	○					
鄉村住宅	○	○	○															
日用品零售及服務業	○	○	○															
鄉村教育設施	○	○	○		○													
衛生及福利設施	○	○	○		○													
行政及文教設施	○	○	○		○													
宗教建築	○	○	○		○													
無公害性小型工業設施	○	○																
安全設施		○	○		○							○						
公用事業設施	○	○	○		○					○	○	○			○			
遊憩設施		○	○		○													
交通設施		○	○	○			○					○						
觀光遊憩管理服務設施		○			○													
農產品集散批發運銷設施	○	○	○															
農作產銷	○	○	○							○	○							
畜牧設施	○	○	○							○	○							
養殖設施		○	○			○				○	○							
農作使用					○		○			○	○							
林業使用（及其設施）					○			○		○		○			○	○		
水源保護及水土保持設施		○	○		○					○		○		○	○			
生態體系保護設施					○							○					○	
古蹟保存設施					○											○		
按現況或水利計畫使用																		○
按現況或交通計畫使用							○											
工業設施				○														
工業社區				○														
窯業使用及其設施						○												
採取土石										○		○		○				○
埋葬設施								○				○						
鹽業設施													○					
礦石開採及其設施														○				

（續下頁）

（續前表）

廢物及汙水處理設施									○			
戶外遊憩設施			○		○				○			○
森林遊樂設施			○						○			
水岸遊憩設施				○								○
休閒農業設施							○	○	○			
按特定目的事業計畫使用						○						

註：依《非都市土地管制規則》第六條規定編製，依編定使用地對應其容許使用項目，即可確定其用途。

註釋：

註1.張金鶚（2003），《房地產投資與市場分析：理論與實務》，華泰文化。

註2.施智傑（2010），《不動產的大贏家》，永然出版。

註3.陳奉瑤、章倩儀（2006），《不動產經營管理》，智勝出版。

註4.黃宗源（2006），《土地開發與建築規劃應用》，永然出版。

註5.傅瑋瓊（2007），《房地產致富全書》，早安財經。

註6.歐亞企管顧問公司，《土地開發講義》。

註7.顏堯山（2005），《建築規則實務》，基泰管理顧問公司。

註8.王英欽（2011），《土地開發實務作業手冊》，詹氏書局。

註9.卓輝華（2014），《房市激盪50年》，財信出版。

註10.楊世清（1992），《營建專案管理》，臺北斯坦出版。

第二篇
產業篇

成功是最差勁老師，它會誤導聰明人，讓他們以為自己不會輸。

Success is a lousy teacher.

It seduces smart people into thinking they can't lose.

～比爾・蓋茲（Bill Gates）

Project

2-1 臺灣房市正在形成的趨勢

2-2 建築業之產業特性及定位

2-1
臺灣房市正在形成的趨勢

　　面臨二十一世紀知識經濟時代的來臨，企業全球化已是必然的趨勢。產業的快速變動，市場競爭更為激烈，加上國內市場的對外開放，外資與私募基金機構的湧入，使得企業不得不以國際化的視野來看國內市場，誰掌握了趨勢，誰就是贏家，故順勢而行，才能事半功倍。臺灣房市有哪些趨勢正在發展中，預先洞悉趨勢，才能成為房市大贏家。

一、經濟成長進入低度化

　　臺灣目前的經濟成長已面臨到瓶頸，產業及經濟體有出現弱化的現象。在長期面及現在整個國際的經濟走緩之情形下，不可能再出現開發中國家大幅度躍升的機會，所以未來的經濟成長可維持在5%，甚至4%的低度水準；相對的，對於整體經濟的貢獻度或個人所得的提升，較為不利。

二、就業市場走向高失業率

　　在加入WTO及三通的效應下，其負面效應就是提高國內失業率。因臺灣在農業傳統產業的轉型過程中，會讓不符合職場需求的人士被淘汰，從長期面來看，臺灣的失業率將成為一種常態。最近有一較諷刺的名詞為「臺勞」，事實上這也是一種趨勢，兩岸三通後，無論是人民或是貨品的往來愈加頻繁，就市場而論會更加趨向大中華化，對高失業率而言，何嘗不是一種紓解。

三、社會變成全面老年化，人口成長停滯化

　　內政部表示，根據世界衛生組織定義，65歲以上老年人口占總人口比率達到7%時，稱為「高齡化社會」，達到14%是「高齡社會」（Aged），若達20%則稱為「超高齡社會」（Super-aged），我國老年人口比率在1993年便超過7%，進入高齡化社會，而後受到戰後嬰兒潮世代陸續成為65歲以上老年人口影響，我國老年人口自2011年起加速成長，並於2017年2月首度超過幼年人口（老化指數達100.18），直至2018年3月，我國65歲以上老年人口占總人口比率達14.05%，正式邁入高齡社會。

　　亦即在未來的十一年內，臺灣將從高齡化社會（Ageing Society）的7%門檻，演變為高齡社會（Aged Society）的14%門檻，緊接著成為超高齡社會（Super-aged Society）的20%門檻。

臺灣高齡化時程

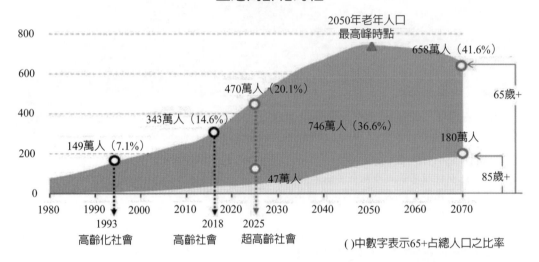

　　註：國際上將65歲以上人口占總人口比率達到7%、14%及20%，分別稱為高齡化社會、高齡社會及超高齡社會。

　　　　本圖2022年（含）後為中推估值。

資料來源：國家發展委員會「中華民國人口推估（2020至2070年）」，2020年8月。

　　國發會公布我國總人口已於2020年1月達到最高峰2,360萬人，未來將轉呈負成長，且在近年國人婚育狀況仍不理想的情況下，預估將提早於2025年進入超高齡社會，而人口紅利時期雖延後一年至2028年結束，惟主因亦為少子化使工作年齡人口占比相對提高所致。

　　2025年高齡人口占比將超過20%，進入超高齡社會；2028年我國15～64歲工作年齡人口占比將低於66.7%，人口紅利將全數消失。少子女化及人口老化現象，不僅會使國人扶養負擔日益加重，更會嚴重影響國家競爭力。對房地市場來說，人口持續成長才能支撐房地市場大成長，或再度躍進的機會，如果人口成長停滯化，對於未來房地產或公共設施配置的問題是較令人擔心的。長期來看，房市結構勢必面臨大幅調整，購屋者買房與建商推案，一定都要多留意少子化趨勢，否則恐面臨買房後難以轉手或難以去化的狀況。長期來看，「符合少子化需求的中小坪數」與「屋齡適居性較高的產品」，未來將最具保值抗跌性。

人口紅利期間延長

推估人口紅利期間為1990至2027年,較前次推估延長1年。

工作年齡人口結構趨於老化,由2020年每10位中有4位為45-64歲中高齡者,2040年轉變為每2位即有1位為中高齡者。

15-64歲工作年齡(青壯年)人口數(萬人)及占比(%)

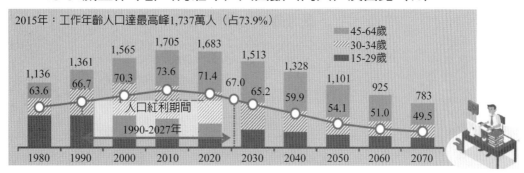

註1:2020年起,為中推估值。

註2:人口紅利係指年齡人口相對其他年齡層較充沛,對經濟發展有利;上圖係以工作年齡人口占總人口比率大於66.7%作為衡量標準。

資料來源:國發局。

四、知識經濟取代資產價值

以往的資產公司只要有土地資產,就能點土成金,股市長紅。但隨著科技的來臨,土地不再是最大的財富來源,知識經濟取代了土地的價值。世界首富比爾·蓋茲即是最佳的例子,其最大的財富不在土地資產上,而是知識經濟,特斯拉及台積電均是靠其技術及研發能力創造價值,而非投資至土地開發。

五、都市更新與拉皮防老化

隨著市區土地供給趨近飽和的情況,都市更新變成建商在市區中取得大片土地的唯一方法。特別是當行政院提出原地、原建蔽、原容積之「三原」獎勵措施後,房市更出現一股「考古風」,好地段裡的老房子愈來愈吃香,也加速了都市更新的腳步。內政部2016年公布縣市土壤液化潛勢區資訊後,老舊建物耐震力不足疑慮再度浮上檯面。根據內政部不動產資訊平臺最新統計,在九二一地震提高「建築物耐震設計規範」之前的老舊住宅數量(逾20年屋齡)高達五六二萬餘宅(戶),占全國住宅比重近七成;其中以新北市戶數最多、達九十五萬餘戶,比重以臺北市最高,達78%以上。這些耐震力不足的老舊建物都急需透過都更方式,打造耐震力更好的新建物。因此,如何加速都市更新也是未來都市發展努力的目標。

110年第四季全國及6都30年以上屋齡統計表

縣市／地區	房屋稅籍住宅類數量B	住宅平均屋齡	30～40（含）年	30～40（含）年比例	40～50（含）年	40～50（含）年比例	50年以上	50年以上比例
全國	8,965,080	31	1,648,656	18.39%	1,925,309	21.48%	915,684	10.21%
新北市	1,664,797	29.89	301,245	18.09%	388,999	23.37%	86,731	5.21%
臺北市	901,085	36.23	244,925	27.18%	291,163	32.31%	105,760	11.74%
臺中市	1,072,741	28.73	177,145	16.51%	179,203	16.71%	70,915	6.61%
臺南市	715,178	33.18	137,956	19.29%	133,745	18.70%	90,577	12.66%
高雄市	1,093,221	31.91	211,062	19.31%	243,496	22.27%	109,213	9.99%
桃園市	876,366	26.61	126,842	14.47%	140,421	16.02%	34,490	3.94%

說明：本表統計項目代表戶內人口數量之戶籍登記戶數，該數量無涉家庭成員結構。

資料來源：內政部戶政司。

六、豪宅與小宅兩極化，住宅數位化、住宅休閒化

　　據趨勢大師大前研一的觀察，未來的社會型態將走入「M」型社會。這樣的社會型態已逐漸反映在國內房地產市場，特別是近幾年在大都會地區，建商取得土地愈來愈困難，加上地價高漲，有幸取得大面積土地者，都傾向於規劃大坪數、高總價的豪宅產品。只能取得小面積者，則以市場最易接受的小套房或小品居為主，加上少子化甚至無子化、單身化、單親化等社會變遷愈嚴重，滿足這類族群的需求就更加流行，小坪數住宅大樓因侷限於基地條件規模之不足，則規劃部分象徵性及必要性的休閒設備，並配合社區俱樂部，以達休閒目的，而此種個案大多位於市區內適合小家庭及單身主義者。隨著5G時代來臨，未來屋主可以在外遙控通訊設備，掌握家電設備、居家保全、小孩老人照顧等，數位時代的來臨已不是夢想。

　　註：一般人俗稱的豪宅，在臺北市稅捐稽徵處稱「高級住宅」，以戶為單位，房地總價在8,000萬元以上，且總面積要達八十坪以上，或每坪單價100萬元以上；其他縣市的豪宅總價則略低。

　　要構成豪宅，還得符合八大特徵，包括獨棟、外觀豪華、地段絕佳、景觀甚好、每層戶少、保全嚴密、管理周全，而且戶戶都有車位。

七、軌道經濟——逐捷運、高鐵而居

　　大臺北地區有捷運經過的地方，房價都大漲，這種好機會已不再由臺北市民所獨享，未來十年，全臺主要都會區會陸續進入捷運時代。臺灣高鐵的開發與通車，不但能使臺灣西部交通走廊沿線地區形成一日生活圈，從而使臺灣的空間結構因此產生重組，而以高鐵車站特定區（包括桃園站、新竹站、臺中站、嘉義站以及臺南站）為核心之城市區域及高鐵沿線的新增住宅用地，也必然是一個重要的住宅用地供給來源。

八、實價登錄2.0，交易全都露，房市健全化

實價登錄2.0修法通過，不僅接下來預售屋行情將以實價揭露，未來不論是預售屋或是成屋的價格都將更公開、透明、即時，唯有公開透明的房價，才能保障消費者權益，把選擇權交回消費者手上。民眾可以上網免費查詢交易價格、交易日期、區位、構造、屋齡、移轉面積、車位類別、臨街道路寬度，以及使用現況等資訊，不但可保障買賣雙方的權益，排除人為操縱價格，也因為議價空間縮小，而能加速交易時間，大幅減少無謂的成本浪費及糾紛的產生。另外，對於銀行房貸審核，或政府進行長期住宅、國土政策規劃作業，也提供充分的資料基礎。對市場最直接的影響，則是好地段出現競價的價格支撐，反觀供給量過大、開價膨風的地區，價格也會快速修正到市場行情。長期來看，實價登錄有助於透過價格機制來均衡目前供需失調所引發的住宅問題，對臺灣房市正常化有極大幫助。

九、高稅負時代來臨，不動產將走向自用為主流的大市場

2016年開始，臺灣不動產市場將因為房地合一稅上路而進入新紀元，整體而言，以不動產持有目的來看，房地合一稅與持有成本調整對投資者影響比較深遠，一方面得面臨包括房屋稅、地價稅等持有成本水漲船高的壓力，二方面是對於在2016年1月1日後取得者，非自用者稅率達15%至45%，且不能退稅。當持有成本增加，會讓養屋族開始思考養房的價值，勢必影響不動產業的生態，實質上也將挑戰房地產的運作邏輯。

房市已邁入自住的天下，經過了2017～2020年，4年的市場回溫，大家已普遍樂觀看待未來的房市，但也只能平穩的前進，因為暴利的時代、價格亂漲的時代（以前並沒有實價登錄把關）已經過去了，現在不動產市場已經進入一個比較正常健康的時代了！

2-2 建築業之產業特性及定位

一、臺灣建築業產業概況

隨著臺灣經濟的發展，房地產與建築業曾歷經過最輝煌的時代，並見證二十年的興衰循環。自1992年之高峰期後，從亮麗燦爛逐漸趨向於平淡，並因受到

近幾年全球不景氣的影響，百業蕭條，使房地產市場呈現一片低迷景象，衰退期長達十一年之久，其變化幅度之大，歷時之久，所造成的損失實難以估計。直到2003年底起，房地產市場終於開始熱絡起來，買氣不斷上升，價格也屢創新高。臺商的回國置產，加上經濟面的逐漸轉好，讓業者又充滿著信心與期待。回顧過去，房地產業者為因應容積率的全面實施，從1992年至1997年的大量搶建，造成整個房屋市場的供給額供過於求，2001年空屋率達116萬戶之普，空屋率為16.5%。加上爾後國內經濟環境欠佳，產業外移，人口逐漸高齡化、嬰兒出生率下降、法拍屋的大量湧出，使得房地產市場的走勢逐漸下滑，陷入苦戰。

然而自2003年SARS過後，房地產在中央銀行低利率政策下，走了十幾年的多頭，2011年在回流熱錢及投資客炒作下，國內房價繼續不斷攀升，引發眾怒；稅制不公，積成民怨。

尤其是北部地區的民眾居住痛苦指數不斷攀高，想要買棟房子，平均須花費超過十五年的所得。市井小民難堪負荷，只得望屋興嘆。但另一方面，社會上卻同時看到許多富商巨賈，動輒耗資億元競購豪宅，過著一擲千金的奢華生活。兩相對照，更增民間不平之氣，亟盼政府推動稅制改革，遏止歪風蔓延。從全國房價所得比來看，從2003年第一季全國房價所得比4.41倍至2021年第四季，全國房價所得比已經漲至9.46倍，漲幅為2003年房價的2.14倍，在所得無法成長的環境下，房價痛苦指數居高不下，房價已經漲過頭了。

近15年臺灣房市

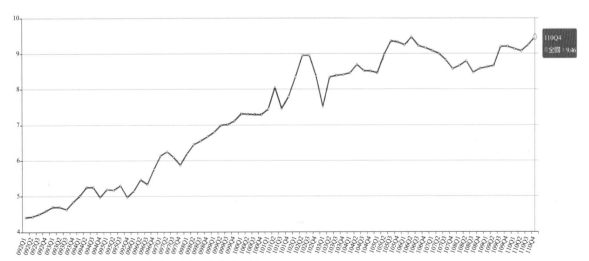

註：所謂房價所得比係指中位數房價／中位數家戶所得之比。

◎2010～2014年之信用管制規定

　　SARS後房地產業再度蓬勃發展，2010年央行開始整頓投機的房產市場，惟第一波管制政策力道不夠，且好規避，導致效果不佳，於同年12月擴大限制建商在土地、建物的融資額度，於2012年擴及到豪宅，更於2014年四度擴大，使房地產熱度從高點開始冷卻，直到2016年3月25才解禁。（豪宅貸款除外）

　　為了維護社會正義，避免房地產泡沫化，政府終於在2011年4月15日立法通過課徵15%「奢侈稅」，並於6月1日實施；同年12月13日政府為實現「土地與居住正義」，立法通過《土地五法》，宣布在2012年7月1日年實施「實價登錄」制度，旨在促進房地產交易資訊的公開透明，遏止不當炒作哄抬房價，為往後「實價課稅」預作準備，種種措施皆為打房而來，使得房地產市場買盤突然縮手，成交量及委售量皆創新低。

　　2012年6月央行更採取不動產管制，推出第三波選擇性信用管制。央行與金管會聯手要求各大行庫全面緊縮豪宅貸款，對臺北市、新北市鎖定8,000萬元以上個案，其他縣市逾5,000萬元的豪宅貸款，祭出降成數、調升利率及無寬限期「三縮」政策，以防堵建商及投資客利用銀行資金炒房。利率也比一般房貸高出一碼以上，影響所及，一般房貸亦同受波及。

財政部、央行管制房市措施

中央銀行選擇性信用管制內容			
實施日	購置住宅貸款		土地及建築融資
	適用區域	管制措施	
第一波 2010/6	臺北市及新北市板橋、三重、中和、永和、新莊、新店、土城、蘆洲、樹林、汐止等十區	1.成數最高7成 2.取消寬限期 3.嚴禁利用修繕、周轉金等名目，變相增加成數	無
第二波 2010/12	新增新北市三峽、林口、淡水、淡水等三區	1.成數最高6成 2.納入公司戶	1.須提興建計畫 2.貸款金額以土地取得成本或鑑價，取較低的6.5成為限 3.其中1成須等動工興建後才撥貸
第三波 2012/6	新增臺北市、新北市高於8千萬、其他地區高於5千萬元之高價住宅	1.成數最高6成 2.取消寬限期 3.嚴禁利用修繕、周轉金等名目、變相增加成數	同上

資料來源：中央銀行。　　　　　　　　　　　　　　　　　　　　　製表：黃琮淵。

2014年6月中央銀行再出重拳打房，第四波管制措施出爐；央行理監事會決議，新增新北市五股、泰山、八里、鶯歌及桃園縣蘆竹、中壢、桃園市與龜山等八個行政區，這也是央行「打房令」首度跨出雙北都會區，擴及桃園縣。

中央銀行房貸管制新舊對照

管制項目		舊制	新制
一、擴大房貸信用管制特定地區範圍（自然人第2戶購屋貸款）	地區	臺北市所有行政區及新北市13個行政區	新增新北市五股區、泰山區、八里區、鶯歌區及桃園縣桃園市、蘆竹市、中壢市、龜山鄉
	成數	最高6成	維持6成
二、新增自然人第3戶以上購房貸款規範		特定地區6成	全國不分區一律5成
三、調整豪宅認定標準及最高貸款成數	臺北	8,000萬元以上	7,000萬元以上
	新北	8,000萬元以上	6,000萬元以上
	其他	5,000萬元以上	4,000萬元以上
	成數	最高6成	降為最高6成
四、調整公司法人購置住宅貸款規範		特定地區及豪宅6成	全國不分區一律5成

資料來源：中央銀行。　　　　　　　　　　　　　　　　製表：黃琮淵。

2010	2011	2012	2013	2014	2016	2020	2021	2022
選擇性信用管制	奢侈稅	實價登錄	調高公告現值	房屋稅修法	房地合一政策	選擇性信用管制	升息	內政部五招
		金八條		北市調高房屋標準單價			房地合一2.0	各地方囤房稅
		選擇性信用管制					實價登錄2.0	
		豪宅稅					禁止紅單炒作	

近年來健全房市政策內容。住商提供。

2014年堪稱是臺灣最著名的「打房年」，不僅有房地合一實價課稅的議題，接二連三還有臺北市祭出囤房稅及大幅拉高房屋稅，而最致命的最後一根稻草，當屬房地合一的實價課稅，邊際稅率高達45%，雖是2016年正式生效，但是，受到市場集體預期心理影響，2015年以來的房地產市場終於結束十二年多頭，景氣正式反轉向下。

2016年買賣移轉棟數甚至只剩下24.5萬棟，創下1991年以來的新低，開發商買地推案心態保守，現階段主要仍是「去庫存、拚現金、求生存」為主，未來恐需面對少子化首購需求下滑的風險，因此，在產品規劃考量上，仍需密切觀察首購產品銷售速度是否有減緩跡象，以免供過於求，由於量體龐大，去化關鍵將不僅僅是總價及單價競爭力的考量，對客戶而言，可挑選的產品太多，因此將更凸顯格局規劃及產品特色的重要性。

房地稅制改革時程表

稅制變動緣由	時間	內容
SARS後 提振景氣 三次調降稅率	2005	土地增值稅大幅調降至20%、30%、40%
	2009	遺產及贈與稅大幅調降至10%單一稅率
	2010	營利事業所得稅率由25%大幅調降至17%
紅色警戒乍現 央行出手干預	2010.6.25	實施選擇性信用管制
高級住宅 加重房屋稅	2011	高級住宅加重課徵房屋稅：8大要件、總價8,000萬元以上
	2011.6.1	臺北市率先實施奢侈稅
	2011.7.1	豪宅稅：臺北市大幅調高房屋標準單價與路段率
實施實價登錄	2012.8.1	實施實價登錄
修正房屋稅條例	2014.6.4	房屋稅條例第5條修正：1.2%、2.4%、3.6%
稅制改革 五箭齊發	2014.7.1	第一箭：房屋稅稅基與稅率大幅調整。臺北市率先實施囤房稅
	2016.1.1	第二箭：公告地價大幅調整，全國30.54%、臺北市30.38%、宜蘭縣118%（最高）
	2016.1.1	第三箭：公告土地現值調整，全國6.7%、臺北市6.23%
	2016.1.1	第四箭：房地合一稅邊際稅率45%
	2017.5.12	第五箭：遺產及贈與稅由10%單一稅率調整為10%、15%、20%三級距

資料來源：《理財周刊》第895期。

◎疫情時期之信用管制規定

2020年1月23日中國大陸武漢因COVID-19疫情封城，全球亦隨之擴大邊境管制。所幸經過8個月後，疫苗問世開始施打普及，加上各國政府採取量化寬鬆貨幣政策刺激消費，全球經濟終於緩過勁來，民眾也終於回歸正常生活。但緊接著因經濟強勢復甦需求驟升，供應商搶料備貨，國際貿易因缺船、缺櫃與塞港等因素，導致原物料、農作物價格上升，全球面臨通膨風暴。2020年房市增溫，主

要因臺商回流效應，廠房及商用不動產炒熱，加上疫情引爆全球推出史上最大寬鬆，造成資金外溢，閒錢浮氾嚴重，紛紛轉進房市，造成住宅也跟進上漲。

政府爲了穩定房價自2020年12月8日央行實施選擇性信用管制，吹起新一輪政府打房的號角，接著2021年，3/19、9/24、12/17共4度調降貸款成數與建地限期18個月開工等，希望從資金面截斷炒房動能。「房地合一稅2.0」、「實價登錄2.0」政策加上近期熱議的「囤房稅」以及「預售屋禁止換約」議題，政府這套打房組合拳又快又猛，希望房價可以停止漲幅並軟著陸。然而在國際通膨浪潮之下，置產成了資金良好的避風港，而隨著土地與營造成本不斷上升，剛性買盤也終於停止觀望紛紛出籠，形成房價的一股上升螺旋。2021全年買賣移轉棟數預估爲35萬棟，是近8年新高。在央行多次限縮融資條件下，市場買盤已由自住剛性需求接手撐盤，而房市量能具創高可見確實剛性需求者衆，動能強大。

央行五度調整選擇性信用管制

調整時間	重點
第一次 （2020/12/8）	·法人第一和第二戶，及自然人第二戶降貸款成數，且無寬限期，購地及餘屋貸款降成數
第二次 （2021/3/19）	·再降法人所有購屋及自然人第三戶以上的貸款成數，高價住宅及工業區土地限制貸款成數
第三次 （2021/9/23）	·指定八區自然人第二戶無寬限期，購地及工業區土地貸款再降成數
第四次 （2021/12/16）	·自然人豪宅及第三戶、第四戶以上再降貸款成數，且無寬限期，購地、餘屋、工業閒置土地再降成數，及土地限期興建
第五次 （2022/1/13）	·鎖定養地、囤地，限18個月內興建，否則收回貸款及式加息，未落實將列金檢重點，並移請金管會或農委會查處
第六次 （2022/3/17）	·第一季理事會，央行升息1碼

資料來源：中央銀行。　　　　　　　　　　　　　　　　　　　　　製表：呂清郎。

2022年的房地產，在美國聯準會邁入升息循環後，臺灣央行也在3月17日跟進提前升息，央行重貼現率、擔保放款融通利率及短期融通利率各調升0.25個百分點，分別由年息1.125%、1.5%及3.375%，調整爲1.375%、1.75%及3.625%。6月16日，央行再度決議2次升息，重貼現率、擔保放款融通利率，以及短期融通利率，各調升0.125個百分點，分別由年息1.375%、1.75%及3.625%，調整爲1.5%、1.875%及3.75%，央行強調，有鑑於全球通膨壓力、景氣下行風險高，爲達成維持物價穩定、金融穩定、協助經濟成長等法定職責。調升政策利率，宣示持續採取緊縮性貨幣政策立場。但對購屋者而言，升息卻會加重其貸款負擔，是買房的壓力。政府打房的態度很難有所改變，後續發展如何，值得觀察下去，隨時注意臺灣的房市有無泡沫現象。

央行升息半碼利率連2升

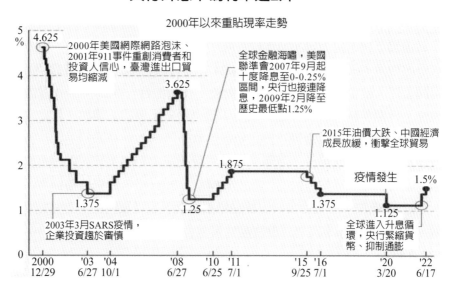

2000年以來重貼現率走勢

2000年美國網際網路泡沫、2001年911事件重創消費者和投資人信心，臺灣進出口貿易均縮減

全球金融海嘯，美國聯準會2007年9月起十度降息至0-0.25%區間，央行也接連降息，2009年2月降至歷史最低點1.25%

2015年油價大跌、中國經濟成長放緩，衝擊全球貿易

疫情發生

2003年3月SARS疫情，企業投資趨於審慎

全球進入升息循環，央行緊縮貨幣、抑制通膨

建築物供給相關指標

民國	西元	建造執照住宅（宅數）	使用執照住宅（宅數）	買賣移轉棟數（棟數）	法拍案量（宅數）
92	2003	64,341	57,448	349,706	306,495
93	2004	110,981	69,408	418,187	271,614
94	2005	121,652	78,760	434,888	219,151
95	2006	116,831	124,120	450,167	185,476
96	2007	106,270	130,596	414,641	205,996
97	2008	69,941	111,202	379,326	220,646
98	2009	51,180	75,870	388,298	224,728
99	2010	84,518	71,875	406,689	182,010
100	2011	97,755	71,565	361,704	148,810
101	2012	98,663	80,653	328,874	128,298
102	2013	133,072	86,438	371,892	124,460
103	2014	124,127	91,883	320,598	119,574
104	2015	106,752	99,429	292,550	115,665
105	2016	79,490	97,620	245,396	108,750
106	2017	91,981	88,636	266,086	83,063
107	2018	121,689	98,953	277,967	77,095
108	2019	148,566	92,284	300,275	90,129
109	2020	160,039	98,260	326,589	86,727
110	2021	170,468	104,872	348,194	88,291

資料來源：內政部營建署統計處、透明房訊，2022/3/1。

歷年建造、使用執照住宅供給圖

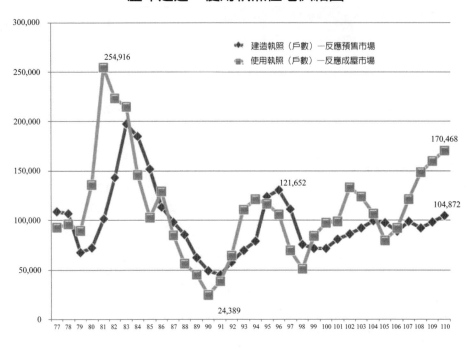

1991～2021年全國買賣移轉棟數統計表

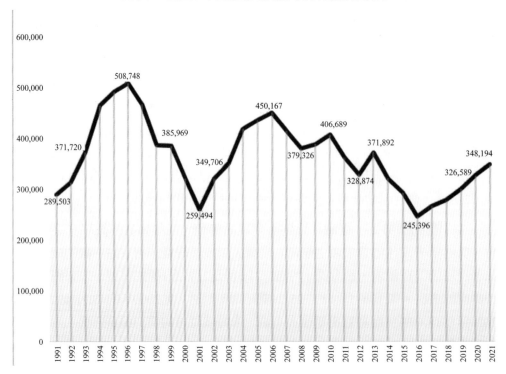

資料來源：內政部2022年3月住宅資訊統計網。

2011～2020年全臺戶籍數-人口數-戶量統計表

西元	戶籍數	戶數成長率	人口數	人口增加率（‰）	戶量
2011	8,057,761	1.52%	23,224,912	2.71	2.88
2012	8,186,432	1.60%	23,315,822	3.91	2.85
2013	8,286,260	1.22%	23,373,517	2.47	2.82
2014	8,382,699	1.16%	23,433,753	2.58	2.80
2015	8,468,978	1.03%	23,492,074	2.49	2.77
2016	8,561,383	1.09%	23,539,816	2.03	2.75
2017	8,649,000	1.02%	23,571,227	1.33	2.73
2018	8,734,477	0.99%	23,539,816	0.75	2.70
2019	8,832,745	1.13%	23,603,121	0.60	2.67
2020	8,933,814	1.14%	23,561,236	-1.77	2.64
2021	9,006,580	0.81%	23,375,314	-0.79	2.60

　　從建築物供給相關指標看出民國81年推出預售住宅量達最高峰25萬4千餘，90年剩2萬4千戶，到93年後推出住宅量又高達11萬戶以上，然從上表「臺灣居住戶數與人口增加數」表比較結果，民國100-110人口增加平均數每年降為1.36萬餘，但據主計總處統計，100年到110年，臺灣的人口雖然僅增加1.63%，但家戶數卻增加12.71%。戶數明顯比人數成長更多。家庭戶數的增長是房屋交易市場的基本客源，儘管近幾年來臺灣人口成長趨緩，2020-2021年人口數首度出現負成長，2021比2020年人口數少了18.5萬人，但家庭戶數仍維持溫和成長，（2011-2021年）11年來平均每年增加8.62萬戶，至2021年第四季臺灣共有900.6萬戶（戶籍登記戶數）。另一方面，隨著社會型態的改變，包括小家庭的盛行及少子化的趨勢，平均每戶人口數呈現持續減少的趨勢。2021年平均還守住每戶2.6人，2022年1月則正式跌破2.6人，平均每戶剩下2.59人創下歷史新低。六都之中每戶人口最少的是臺北市2.39人、高雄市2.43人、新北市2.47人、臺南市2.62人、桃園市2.63人、臺中市2.76人，顯示都會化愈高的區域，平均每戶人口數量愈少。

　　少子化的趨勢下，臺灣社會逐漸浮現高齡化、高離婚數及高單身之三高現象，勢必對未來住宅需求產生變化。臺灣人口成長緩慢，而家庭戶數的成長也意味著房屋的潛在需求，都會區小坪數、小3房及2房1廳1衛的房型，未來將成為房市購屋的主流。如下表所列，在25-29歲結婚年齡層，從2000年的48.71%大幅降至2020年的18.60%。明顯看出年輕人不婚、未婚或晚婚的情形嚴重惡化，連帶造成年輕人購屋比例下降，且購物年齡層延後之情形。

初婚年齡及育齡婦女有偶率

年度	初婚年齡（歲）		婦女有偶率（%）							
	男	女	15-19歲	20-24歲	25-29歲	30-34歲	35-39歲	40-44歲	45-49歲	合計
2000	30.3	26.1	1.52	14.6	48.71	72.83	79.63	80.85	80.47	56.78
2010	31.8	29.2	0.34	4.81	26.16	54.90	67.27	70.93	72.82	51.20
2020	32.3	30.3	0.33	4.17	18.60	44.96	61.02	64.42	64.83	49.03

資料來源：內政部戶政司人口資料庫；政大不動產研究中心。

　　社會結構改變，隨著不婚族、頂客族、單親家庭劇增，「兩代不同堂」家庭有樹大分枝及追求居家更舒適生活空間之趨勢，以往三人成一戶的主流家庭型態，逐漸變成兩人甚至單身成戶的小家庭，根據110年底家戶結構年報表，臺灣「一人戶」高達近313萬戶，占全臺家戶數的34.78%，「二人戶」也有20.79%，這些「無偶」、「無子」族群占總家庭戶數比率達55.57%。因居住需求較以往大家庭不同，他們的購屋行為，預期將使六都房市產生結構性的改變。加上這三年來投資客的湧入，使得國內家庭戶數越來越多。

　　根據行政院主計總處資料，2021年臺灣已超過698.07萬的單身人口，若再加上離婚187.5萬人、喪偶140.03萬人等形成的單身族，總人數高達1,025.6萬人，臺灣家庭變小了，2022年3月臺閩地區平均每戶人口數減為2.58人，比起20年前，臺灣的單身戶明顯增加，從2000年至2020年間，增加了94.2%。因應單身化、不婚之趨勢，住宅供給型態建商以小坪數回應住宅需求之改變。

戶籍資料之家戶結構變動

單位：戶（%）

年度	總計	一人家戶	二人家戶	三人家戶	四人家戶	五人家戶	六人以上家戶
2006	7,394,758（100%）	1,952,987（26.4%）	1,309,669（17.7%）	1,302,751（17.6%）	1,327,650（18.0%）	764,284（10.3%）	736,703（10.0%）
2011	8,057,761（100%）	2,363,499（29.3%）	1,543,750（19.2%）	1,470,139（18.2%）	1,344,776（16.7%）	697,433（8.7%）	637,596（7.9%）
2017	8,649,000（100%）	2,814,583（32.54%）	1,719,466（19.88%）	1,571,035（18.16%）	1,319,952（15.26%）	630,673（7.29%）	592,744（6.85%）
2021	9,006,580（100%）	3,133,858（34.8%）	1,873,035（20.8%）	1,629,386（18.09%）	1,279,106（14.20%）	572,484（6.36%）	518,177（5.75%）

註：內政部戶政司，111年3月。

　　自從房市在2014年結束多頭市場反轉向下以來，歷經四年房價緩跌，市場在軟著陸後逐漸回穩，專家學者解讀供給增加房價不跌反漲是市場失靈，有可能因為現階段供給雖然增加，然而需求並未下降，反而因時空因素轉變，某部分新的

需求卻在逆勢增加，這是專家學者市場判斷的一大盲點、小宅及剛性需求的增加都是潛在的購買市場。

從下表看出，2011年至2021年國內銀行發行貨幣總數從32兆增至53兆，購屋貸款利率降至1.355%。2011年以後，臺灣唯一最明顯有穩定利潤的產業就剩房地產業，於是市場熱錢通通集中到房地產，就算是2011～2015年，銀行利率調高了，也難以撼動房地產的漲勢，因為資金無處疏導，只剩房地產這條路，地產持有成本低，可以穩定收租，又有房價升值的可能收益，於是在低報酬率的景氣環境中，房地產成為吸金熱門產業。

房屋及土地在「利率低」、「稅負低」、「自備款低、貸款成數高」的三大力量催促下，房地產價格不斷創新高。

在此環境下，房市的繁榮從何而來？基本上除了低利率條件外，就是財富（或資金）之間相互堆疊的「資金潮」效應。

民國100～110年12月全體貨幣總計數與五大銀行購屋貸款利率對照表

年度	全體貨幣總計數M2 （新臺幣：億元）	購屋貸款利率（%）
100年12月	324,519	1.834
101年12月	335,744	1.894
102年12月	355,188	1.948
103年12月	376,968	1.963
104年12月	398,839	1.952
105年12月	413,018	1.724
106年12月	427,702	1.646
107年12月	439,052	1.626
108年12月	458,922	1.621
109年12月	501,878	1.356
110年12月	538,752	1.355

近兩年2021～2022年全國及六都之房價所得比一路往上攀高。房價漲得讓人一頭霧水。這裡漲、那裡漲。漲的跟地方建設多寡、施政效能無關，漲得跟地區生活機能、交通條件無關。臺灣長期以來資金充沛且利率低、貸款額度高，有利於自銀行借錢買房炒作，早已成為投資客運用資金槓桿操作的商品，因而在利率低、資金熱潮不斷增加下，加上「買房抗通膨」的心態促使下，被視為商品的房屋便容易被利用來炒作獲利，2022年銀行定其儲蓄存款金額高達14.8兆，即使COVID-19疫情對全球匯市造成巨大衝擊，仍未影響臺灣房市基本盤，盤整後更是

猛爆上衝繼續大漲，依內政部編製的住宅價格指數，我國住宅價格已由2012年底的79.7升至2020年底的108.2，七年之間大漲35.7%，2021年底又升至117.5，短短一年又漲了8.6%，房價漲勢凌厲。引發了史上最嚴厲的打房措施，炒房之風可望銷聲匿跡，房地產也面臨新的變化。

　　在此環境下，房市的繁榮從何而來？基本上除了低利率條件外，就是財富(或資金)之間相互堆疊的「資金潮」效應，加上全球需面對的通膨壓力，未來房市會如何發展，我們都要小心面對，以免崩盤傷及無辜。

全國住宅價格季指數趨勢圖

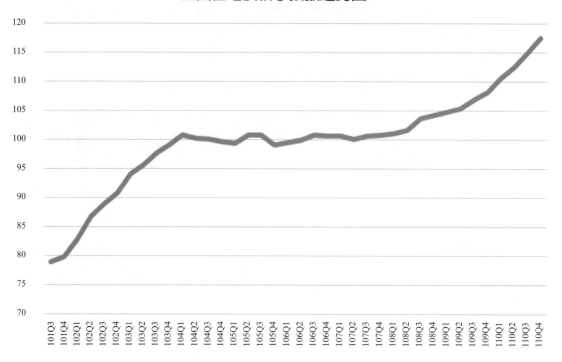

　　主計總處2022年估計，2003年家庭債務占GDP比重只有57.7%，隨著房價逐年高漲，2016年這項比重升至85.1%，2020年進一步升至91.9%，家庭部門負債於2020年升至18.2兆，平均每戶負債204萬元，不論負債規模或負債占GDP比重，都創下歷年新高，反映家庭債務成長速度遠超過GDP的成長速度。從國民所得的觀點來看，債務成長會讓每月貸息支出增加，為平衡自己的支出，必然會排擠消費，隨著民間消費的趨緩，也會影響經濟成長動能。但實際上更深層的問題則是臺灣的實體經濟出現了危機，只要我們沒有改變產業的結構，就算房價不再漲了，薪資的停滯、年輕族群的失業、苦勞經濟仍然不會改變，大量房貸吸乾了人民的消費能力，房價高漲也增加了中小企業的營運成本，非常不利於經濟發展。

隨著M型化社會的來臨，房市無可避免的將朝向兩極化發展（貧富差距大），也就是豪宅市場及自住型（首購及首換）市場，稅制的合理化，將使得房地產市場的未來發展需由供需法則來決定，呈現個案表現的趨勢。

在探究房地產的興衰之前，我們應先從房地產的產業背景來探討其過程的演變。

（一）產業特性

1. 不可移動性（Immobility）

由於建設業之產品為房地，而土地具有不可移動性，且供給彈性近於零，房屋則除了拆建及特殊構造外，亦大致不可移動。故房地價格在不同地區、地點，差異性極大，個案與整體市場之榮枯，無法相提並論。

2. 投資與消費雙重性（Duality）

不動產乃少數兼具消費財與資本財雙重特性的資產；易言之，不動產乃是兼具消費（即自用）及投資獲利的功能。投資性因置產增值之預期，易受整體經濟景氣之影響，自用性則因為民生基本需求而有其穩定成長空間。

3. 稀少性（Scarcity）

土地並不能像其他商品一樣被生產，所以區位優良的土地逐漸減少，因而造成土地價格差異相當大。由於土地供給有限，且建物之興建至完工期間至少在半年以上；相對的，其生產所需要時間就比其他產品長。因土地取得、申請許可、施工等需時甚久，加上耐久年限長，使得供需調整緩慢。

4. 不可分割性（Indivisibility）

房地產不可能像一般黃金或股票般分割買賣，所以購買房地產不僅是購買房地產本身而已，同時也購買了其周遭環境、公共設施、鄰里關係等。所以購買房地產時，應考慮其整體內涵，才不會造成轉手不易的情形。

5. 負債比例偏高（High Ratio of Liabilities）

由於上述預售制之高度財務槓桿經營方式及會計科目「在建工程」與「預收房地款」無法以淨額來表示，故資產負債大幅虛增，導致該行業負債比例偏高。目前因房地產市況不佳，客戶不敢購買預售屋，建商只好先建後售。為減輕自備資金的壓力，都會先向銀行辦理建融及土融，所以報表上會顯示負債比例稍高的現象。

6. 風險性、不確定性高（Risky）

建築的資金需求高，加上建築工期較一般製造業長，資金回收慢，資金壓力大，且極易受到外在環境不確定性影響，如政府的政策、金融環境的改變、景氣的變動，皆會造成風險性的影響。

7. 業者投機心態嚴重（Speculative）

根據法令規定成立建設公司的資本額，已於2009年4月29日廢除最低資本額限制，所以任何人皆可成立建設公司，只是資本額大小而已。以目前房價水準來說，建設公司推案的金額均大於資本額甚多，倘若推案失敗，業者經常一走了之，造成投機心態嚴重。

8. 相關法令限制多（Legal Constraints）

影響建築業的法令眾多，不管是稅法、相關的法規準則或最重要的釋函，大致可分為以下幾種：

(1)相關的法規

①《國土計畫法》：將臺灣土地分為國土保育地區、海洋資源地區、農業發展地區、城鄉發展地區四大分區。

②《區域計畫法》：主要區分都市與非都市用地。

③《都市計畫法》：主要將都市土地再細分為住宅、商業、工業、行政、文教等地區，並對土地使用做合理之規劃而言。

④《非都市用地使用管制規則》：將非都市土地劃定為特定農業、一般農業、工業、鄉村、森林、山坡地保育、風景、國家公園、河川、海域特定專用等十一種使用分區、十九種用地。

⑤《建築法》：主要在實施建築管理，管理申請建照、使用執照與施工過程中的管理規定，以維護公共安全、公共交通、公共衛生及增進市容觀瞻。

⑥《不動產經紀業管理條例》、《公寓大廈管理條例》、《不動產估價技術規則》、《消費者保護法》、《公平交易法》、《土地法》、《平均地權條例》等。

(2)稅法

《土地稅法》、《所得稅法》、《房地合一所得稅》、《遺產及贈與稅法》、《營業稅法》、《印花稅法》、《契稅條例》、《房屋稅條例》等稅法。

9. 長久性（Durability）

不動產生命週期很長，如無地震、土石流等天災，使用壽命約有五十年；而

土地的收益期幾乎無限，使得一般人都喜歡投資不動產。但短期或舉債投資房地產可能因低流動性低、周轉不靈，容易導致違約風險。

10.異質性（個別性）（Heterogeneity）

一般商品為了達到降低成本與大量生產的目的，大都皆採取標準化、規格化的規模經濟製造流程，以便在市場維持相同之價格。然而不動產卻有很大的差異性，每一件不動產的區位地點、座向環境及使用管制、建築型式等均不同，都有其不同的特點，更會因所在的樓層、座向、格局、採光等不同，而構成不動產之異質性（Heterogeneity），且具不可移動性，也無法仿製，或大量生產相同的產品，因不動產具有此特性，從而發展出專業的不動產估價理論架構，以及不同的市場交易價格。

不動產與一般商品之差異

一般商品（完全競爭市場）	不動產（不完全競爭市場）
1.眾多的買賣雙方	1.賣方獨占（寡占）
2.產品的同質性	2.土地異質
3.完全的資訊	3.市場資訊不完全
4.資源的充分流通（可任意加入或進出）	4.資源非充分流通（資金龐大）
5.沒有人為干預	5.人為干預強（個人獨占、政府管制）

資料來源：不動產經營管理，2006。

11.昂貴性（Expensive）

不動產投資需相當龐大金額，少則百萬，多則上億，經常是許多人一生中所購買或投資最昂貴的商品，且交易金額大、交易次數少，並非人人買得起。因為中國人「有土斯有財」的觀念，在通貨膨脹時期，常將不動產視為良好的保值工具。

不動產因具有以上特性，市場上對於不動產的評價一直無法產生基本價值的共識，民間也習於在通貨膨脹時期，視不動產為最佳的保值工具。然而自1992年國內不動產市場開始出現供給過剩的情況後，再加上1997年東南亞金融風暴的波及而雪上加霜，房價不斷往下修正，使得傳統上「有土斯有財」的觀念也因此面臨前所未有的挑戰。在金融理財時代裡，投資理財商品種類繁多及國際化的影響下，不動產因其具短期不易變現的特性，且易受景氣波動之影響，投資人在做選擇時，仍須詳加思考自己的所得負擔能力，做出最好的資金配置，以免為了購屋而勉強去置產，讓自己背負長期高額貸款，成為「有土斯有債」，一旦經濟狀況有所變動，更讓自己的住屋陷入被拍賣的命運。

（二）產製過程及工程作業流程

產製過程

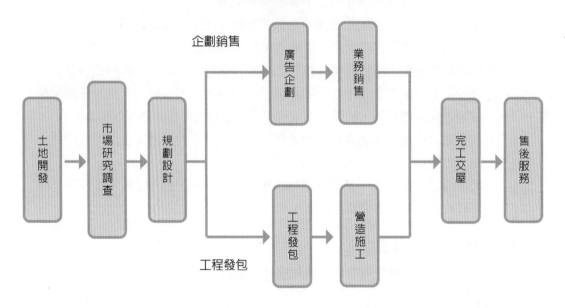

工程作業流程圖

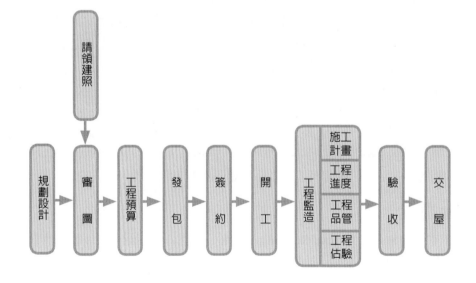

（三）產業發展

1. 《公平交易法》、《消費者保護法》、《不動產經紀業管理條例》、《公寓大廈管理條例》等相關法令，將使產業與消費者之間權利與義務愈來愈明確，如誇大不實的銷售廣告、銷售面積之認定、貸款銀行之指定、定型化契約之使用等相關問題，皆是業者必須面對並導引自身邁向正軌。
2. 建設業之組織功能將朝向服務客戶的企業導向，以符合消費時代的來臨。
3. 建設業靠土地開發創造之超額利潤已難再現，必須以專業管理及專業開發技術賺取合理利潤，使體質不佳或不能因應時代需要的企業逐漸淘汰。
4. 建設業之產業形象逐漸為社會認同，與政府攜手共同建設合作開發的機會將大為增加。
5. 因環保運動的興起，使業界開始重視環保問題，因此在工程施工期間及綠建材的選用上，必須更為慎重。

（四）產品發展趨勢

從近年來房市發展，可整理出消費趨勢的脈動，茲分述如下。

1. 銀髮族產品（老人住宅）

依世界衛生組織的定義，滿65歲稱為老人，即所謂的銀髮族，臺灣地區65歲以上老年人口占總人口的比率在1993年已達7.1%，正式邁入「高齡化社會」，依經建會推估，2026年老年人口比率將成長到20%，從「高齡化社會」進入「高齡社會」；銀髮族（65歲以上）握有相當的經濟實力及高儲蓄率，加上醫療水準大為提高，銀髮族是嚮往健康的消費族群，若能妥善開發規劃高品質、管理佳的銀髮居，將是未來房市一項新興產品。

2. 單身貴族產品

在個人自我意識高漲的今天，單身貴族嚮往自由、獨立的生活空間已蔚為趨勢，都會區、小坪數、精緻規劃的產品，是理想的市場目標。

3. 頂客族產品

頂客族（Double Income No Kids, DINK）是都會新族群，高學歷、高薪餉、高品味的雙薪家庭對居住品質要求高，公共設施、管理品質及大小環境，是這一階層的訴求重點。

4. 都會新貴，一國兩府

隨著國內各項交通建設開展，臺灣各大都會區之間往來頻繁，城鄉間之交通網絡密集，人們對居住品質要求漸高而往郊區擴展。然而工作職場仍以都會為中心，將形成一種居住型態──一國兩府。由於住處離工作地點較遠，未來上班族會在工作地租間房子以為工作之便。週末或假日方返回居住地和家人團聚，這種居住型態，將造成都會區租賃市場加速成長。

5. 創業風潮，個人工作室（SOHO族）

許多新興行業的資源是人才，此乃已開發國家之明顯趨勢，有別於開發中國家以生產、製造、勞力為主力。而在智慧財產權受到重視的今日，許多學有專精的人才選擇資金不大的創業空間蔚為風潮，企業與個人工作室的合作於焉產生，適合此類型創業者的小型辦公室將是市場新寵。

6. 休閒產品，房市第二春

時下消費性逐漸改變，追求高品質生活已為潮流趨勢，也是現代人的生活觀念。針對中上階層設計的休閒產品──第二個家，正可提供全家人一個省時、安全、健康的休閒空間。此類個案多位於風景優美的景觀區，甚或以整體休閒規劃之社區為訴求，將成為未來房市新貴。

7. 高層住商大樓

由於土地日漸稀少，因此高度利用土地且具高經濟效益的大樓，將逐漸取代過去傳統透天厝及公寓。

8. 複合型商品

由於生活品質提高，連帶要求建築物之功能提升，即融合住宅購物、休閒娛樂、學校、商場等綜合性之社區產品為趨勢。

9. 舊社區改造，都市更新

由於土地逐漸稀少及社區功能改變，故舊式社區之重建、改造，將逐漸增多。

10. 地上權產品

九○年代起，大面積公有土地採只租不售，幾乎只能朝地上權來釋出土地，部分採用BOT模式，期限50～70年，因地點大都屬精華商圈，大部分供作商用不動產，如百貨商場辦公大樓及飯店使用，少部分作為住家產品。

11. 以房養老產品

臺灣面臨少子化及高齡化的社會問題，以房養老正切合臺灣目前社會需求。所謂以房養老，指擁有房子但沒有現金流的老人，以其所居住的房子向銀行抵押貸款，銀行每月支付年金給老人作為生活費，直到老人往生，往生後拍賣房屋清償，餘額由家屬領回。目前規劃中以房養老有三種方式：

以房養老方式比較

	住宅反向抵押貸款 （RM）	售後租回方式 （SL）	社會照顧捐贈方案 （SC）
作法	老年人到銀行辦理住宅反向貸款，銀行每月給予固定生活費，等到往生後，由受益人將貸款還清，取回不動產或領回沒用完的資金。	老年人將名下房屋賣斷給保險公司，再向保險公司回租，保險公司扣除月租金後，再提供每月生活費，直到老人往生為止。	老年人將不動產捐給社福團體，由其提供老年人需要的服務，如休閒、娛樂、醫療等，等到百年後，房屋所有權屬於社福團體。
優點	* 符合國人有土斯有財觀念，未售出所有權。 * 老人擁有不動產，增值可由指定繼承人領取。	* 無須負擔稅賦、房屋管理事項。 * 搭配保險公司壽險機制，可降低道德風險。	* 老年人支付費用較少。 * 社福機構除了提供服務，也能提供零用金。
缺點	銀行手續費高，貸款成數低。	* 保險公司給付買賣價格可能偏低，造成買賣不成。 * 可能有道德風險。	利用附負擔贈與方式，可能缺乏監督機制。

資料來源：張金鶚。

12. 銀髮產品

65歲以上老年人口則因國人平均壽命延長而增加，2017年超越幼年人口，且隨戰後嬰兒潮世代陸續邁入老年階段，2070年預估老年人口約為658萬人，較2020年增加280萬人（或74.0%）。另值得留意的是，自2043年起，預估至少23年的時間，老年人口均維持在700萬人以上之規模，高峰可達746萬人，未來大量的高齡照護需求及社會保險給付費用，為值得政府正視並為業界應注重的未來新興市場。

銀髮產品名稱多樣，有老人院、安養院、養老院、老人住宅、銀髮住宅、養生住宅、健康宅等。為解決高齡話各項問題，民國104年政府通過《長期照顧服務法》，政府提出長照2.0方案，未來10年將陸續投入千億資金，為銀髮不動產帶來商機，並逐漸形成一個銀髮產業鏈。

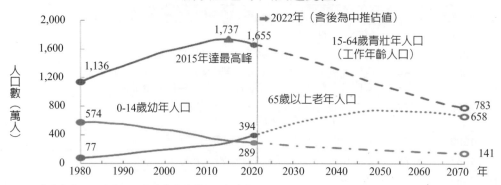

· 15-64歲青壯年人口已於2015年達最高峰後即逐年減少。
· 老年人口於2017年起超越幼年人口，預估2029年，老年人口將達幼年人口的2倍。

二、建築產業景氣變遷及產銷概況

市場分析

　　自1971年迄今，臺灣不動產歷經三次高峰期，分別為1973年、1974年、1979年、1980年，以及1988年、1989年。前兩次主要受到石油危機與美元貶值的影響，第三次則是因流通在市場上的資金充裕所致。而三次由高峰往下跌，都與政府政策息息相關，第一次受到五樓以上禁建令與取消建築融資的衝擊；第二次則有政府宣布空地限建並追查資金來源，又碰到全球性經濟不景氣；第三次主要受到選擇性信用管制於資金上的箝制而一蹶不振。綜合而言，房地產受景氣影響較深，景氣好時，市場資金充裕，自住、換屋者眾，不動產呈現欣欣向榮的景象，且價格一路上漲；然而一旦遭到社會大眾批評時，政府便有所行動，總會伸出看不見的手，讓市場又下沉一段期間後，才可慢慢恢復。以下所列為1971至2022年不動產發展歷史重大事件表，可間接觀察臺灣不動產的影響情形。

不動產發展歷史重大事件表

西　元	民　國	事　　　　　　件
1971	60	退出聯合國
1972	61	中日斷交
1973	62	美元貶值，首度石油危機（一） 6月頒布5樓以上禁建、預售制度開始
1974	63	十大建設開始、《區域計畫法》公布 取消建築融資、5樓以上禁令解除
1975	64	公布《國民住宅條例》，4月蔣公崩殂
1976	65	3月頒布《非都市土地使用管制規則》 《山坡地保育利用條例》公布

（續下頁）

（續前表）

西 元	民 國	事　件
1977	66	《平均地權條例》公布
1979	68	石油價格上漲、中美斷交、高雄升格為院轄市
1980	69	國際油價再漲（物價指數上漲19%）石油危機（二） 政府宣布空地限建，並追查三戶以上購屋資金來源
1983	72	公布《臺北市土地使用分區管制規則》 公布《山坡地開發建築管理辦法》
1986	75	7月公布《建築經理公司管理辦法》
1987	76	2月28日國泰人壽標購華航旁國有土地
1988	77	蔣經國先生逝世
1989	78	2月28日選擇性信用管制　　　　　　　　　　　　　（股價破萬點） 8月無殼蝸牛抗爭　　　　　　　　　　（開放黨禁、天安門事件）
1990	79	3月全國土地會議　　　　　　　　　　　　　　　（伊拉克戰爭） 10月6日宣布放寬228選擇性信用管制　　　　　　　（股市慘跌）
1991	80	放寬融資貸款（13%→10%） 2月公布《公平交易法》
1994	83	1月《消保法》通過，6萬元勞工住宅之提供
1995	84	6月《公寓大廈管理條例》通過　　　　　　　（四信、國票事件）
1997	86	臺北縣8月全面實施容積管制　　　　　　　　　（林肯大郡災變）
1998	87	8月通過《非都市土地開發審議規範》，嚴格限制山坡地使用 11月《都市更新條例》公布
1999	88	2月公布實施《不動產經紀業管理條例》 921大地震　　　　　　　　　　　　　　　　　　（建照延2年）
2000	89	新政府上臺 10月公布《不動產估價師法》通過
2001	90	10月公布《地政士法》 911恐怖攻擊　　　　　　　　　　　　　　　　　　（建照延2年）
2002	91	1月17日起土增稅減半增收2年　　　　　　　　　　（建照延3年） 8月發布《大陸地區人民在臺灣地區取得設定或移轉不動產物權許可辦法》
2003	92	SARS風暴 2月公布《營造業法》 6月27日，央行調降重貼現率至1.375%歷史新低 7月9日通過《不動產證券化條例》 12月建築技術規則修正，隔年起，樓地板面積240平方公尺以下、樓高8樓以上的集合住宅必須設置兩座安全梯
2004	93	1月通過土增稅減半措施延長1年 國內第一宗不動產資產信託，嘉新國際以萬國商業大樓發行44.1億元、為期8.5年的三種受益證券，採公開招募方式 7月五大銀行平均購屋貸款利率降至最低點2.38%，創歷史新低 9月金融業者提供「百分百」全額房貸業務
2005	94	1月通過土增稅永久調降為20%、30%、40% 7月1日《建築法》修訂（8樓以上大樓須有兩個安全梯直通避難樓層、機電空間增加5%不計入容積、雨遮面積列入陽臺面積計算、地下層獎勵車位須20部才給樓層高度獎勵，且增挖機械車位不計入獎勵） 10月6日《不動產估價師法》正式施行

（續下頁）

（續前表）

西　元	民　國	事　　件
2006	95	6月雪山隧道通車
2007	96	1月5日高鐵正式通車 5月臺北縣升格直轄市 12月30日通過自97年1月1日起，個人賣屋逾6戶，課徵5%營業稅
2008	97	3月22日馬英九當選中華民國新總統 3月24日行政院核定《寺廟或宗教團體申請贈與公有土地辦法》自本年7月1日核定實施 4月11日施行 為《地籍清償條例》施行日 7月11日，國際油價飆漲到147.27美元的天價 7月國內人口正式突破2,300萬人 9月美國雷曼銀行倒閉，引爆全球金融海嘯，重創全球經濟 9月22日內政部開辦2,000億元優惠購屋專案貸款，利率為2.925%，臺北市每戶最高350萬元，其他地區每戶最高300萬元 12月15日兩岸正式大三通，16航班直航
2009	98	1月12日立法院通過調降遺贈稅至統一稅率10% 4月14日內政部同意續撥2,000億優惠貸款，利率為1.325% 4月27日立法院初審通過新增「一生一屋」的規定，放寬土地增值稅10%的優惠稅率適用範圍 5月5日兩岸簽訂MOU金融合作備忘錄 行政院6月通過開放陸資來臺投資辦法 行政院12月通過臺北縣、臺中縣市、臺南縣市、高雄縣市五都正式升格為院轄市 經濟部9月30日公告，開放192項陸資可來臺投資項目，正式開啟兩岸雙向投資時代
2010	99	2月2日財政部宣布課徵「豪宅稅」，房屋現值由現行三年一調改為一年一調，並自2011年開徵 5月1日主建物、附屬建物、公設面積預售屋分開登記及計價 5月28日立法院三讀通過所得稅法修正案，將營利事業所得稅調降為17% 6月24日央行升息半碼利率（調升至1.375%），宣布實施選擇性信用管制，針對北市及北縣等10縣轄市及第二套房貸成數設限，並取消寬限期 6月29日兩岸正式簽署ECFA（兩岸經濟合作架構協議） 11月財政部推出青年安心成家優惠貸款 11月《地質法》三讀通過
2011	100	1月9日行政院通過，雨遮屋簷可登記、不得計價；雨遮可登記部分以不超過窗戶左右各五十公分、凸出寬度一百公分為限 4月15日立法院三讀通過課徵《特種貨物及勞務稅條例》（奢侈稅） 7月1日起臺北市開徵豪宅稅，豪宅的定義，條件是：必須是獨棟、面積100坪以上、且要四面採光等 10月25日立法院三讀通過《銀行法》部分條文修正案，明訂銀行辦理自用住宅及消費性放款，不得要求借款人提供「連帶保證人」。 12月13日立法院通過《土地五法》，公開登錄地價、房價交易價格，讓房地產市場公開透明化 12月13日立法院通過《住宅法》
2012	101	6月21日央行採取不動產管制。臺北市與新北市住宅鑑價或買賣金額高於8,000萬元、其他地區高於5,000萬元的高價住宅，貸款成數皆不得高於六成、不適用寬限期 8月實價登錄正式上路 9月起土地徵收依市價補償

（續下頁）

（續前表）

西 元	民 國	事　件
2013	102	2月28日內政部宣布「不動產逆向抵押制度」（以房養老），試辦至106年底 10月24日內政部通過《都市計畫法臺灣省施行細則》第34條之3及第42條修正草案，增訂都市計畫法定容積放寬建築容積額度之總量累計上限，新制將於2015年7月1日施行 11月12日：自103年1月1日起，內政部對於大陸地區人民來臺取得不動產將採「總量管制」，每年取得數額上限為土地13公頃，建物400戶
2014	103	1月24日財政部宣布豪宅「實價課稅」。雙北市8千萬以上、其他地區5千萬以上豪宅交易，若未舉證取得成本，則財政部認定交易價格的15%為獲利所得課稅 5月20日立法院通過《房屋稅條例》，將自住屋的非自住房屋稅，由過去1.2%到2%提高為1.5%到3.6%，自住房屋或公益出租使用的稅率維持1.2%不變
2015	104	1月20日立法院通過《海岸管理法》海岸開發受限制 6月5日立法院通過《房地合一稅法》，將自2016年1月1日起施行 12月18日國土計畫法通過，將臺灣土地分為國土保育地區、海洋資源地區、農業發展地區、城鄉發展地區
2016	105	1月1日《房地合一稅法實施》 12月22日建物測量登記新制107年上路，屋簷、雨遮不再測繪登記
2017	106	1月1日《租賃定型化契約》上路 4月21日立院通過，地價稅改2年1調 4月25日立法院通過《遺產及贈與稅法》部分條文修正案，將遺贈稅從原本法律規定的單一稅率，改為累進稅率 11月25日立院通過《都市危險及老舊建築物加速重建條例》 11月28日立院通過《租賃法》
2018	107	2月2日立法院通過《國家住宅及都市更新中心設置條例》 4月11日環保署公告應實施環境影響評估認定標準，放寬高樓建築應實施環境影響評估的高度為120公尺以上（約相當40層樓），未來也不再以住宅或商辦用途、樓層數來認定 6月27日租賃專法《租賃住宅市場發展及管理條件》正式上路 12月28日立法院通過《都市更新條例》修正草案，透過三加一的爭議處理機制，解決釘子戶問題
2019	108	6月27日《工廠管理輔導法》部分條文修正。規範未登記工廠與特定工廠之管理及輔導 7月1日《平均地權條例》修正。將房地交易資訊的申報登錄責任，回歸到買賣雙方而非地政士
2020	109	3月19日新冠肺炎影響，央行降息1碼利率1.125%，創下歷史新低 4月17日《危老條例》修正三讀，延長時程獎勵2025落日 4月17日立法院三讀：「縣市國土計畫」延一年、「國土功能分區」延2年 7月1日實價登錄新制自2020年7月1日施行，新制改由買賣案件權利人及義務人（即買賣雙方）共同申報登錄 12月7日央行再度宣布採取新一波房市管制措施，鎖定公司法人、自然人、購地貸款與餘屋貸款四項，進行貸款成數限制 12月30日三讀通過實價登錄2.0，最重要的變革是預收屋銷售前後都要申報納管，同時實價登錄公布資訊將揭露到每個門牌，讓房屋交易市場更加透明

（續下頁）

（續前表）

西　元	民　國	事　　　　件
2021	110	3月18日央行去年針對公司法人、自然人第三戶以及購地貸款與餘屋貸款祭出第2次信用管制 4月9日立法院三讀通過房地合一2.0修法，規定2016年後取得房地、預售屋及特定股權交易，持有2年內出售課45%稅率，超過2年未滿5年內出售課35%；新制110年7月1日上路 7月1日實施實價登記2.0及房地合一稅新制 9月23日央行宣布第三波選擇性信用管制 12月21日央行宣布第四波選擇性信用管制
2022	111	3月17日央行重貼現率、擔保放款融通利率及短期融通利率各調升0.25個百分點，分別由年息1.125%、1.5%及3.375%調整為1.375%、1.75%及3.625% 6月16日央行重貼現率、擔保放款融通利率，以及短期融通利率，各調升0.125個百分點，分別由年息1.375%、1.75%及3.625%，調整為1.5%、1.875%及3.75%

　　回顧過去國內房地產市場的發展，曾分別在民國62年、69年、76年左右經歷過三次景氣盛況，因此市場上有所謂「七年房地產景氣一循環」的說法，乃認為儲蓄到一定年限，始有能力籌足購屋自備款而跨越買房子門檻。但在這一波不景氣當中，此一說法徹底被粉碎，也因此讓不少消費者與業界人士認為，房地產已不可能再回春，但事實是如此嗎？從以下十五年來的市場變化，你或許可發現其中端倪。

1. 復甦上漲期（民國75～77年）：初升波

　　民國75年4月中美貿易談判確定新臺幣升值，促使外資大量流入，貿易順差持續增加。政府於民國76年宣告臺灣解嚴並放寬外匯管制，使得臺幣快速升值，新臺幣對美元匯率由民國75年的36.5躍升為民國76年的28.55，股市大漲；經濟成長率於民國75年高達12.57%，股市於民國78年突破萬點，充分顯示，自民國75年起，臺灣經濟起飛的跡象。

　　另一方面，預期臺幣持續升值影響下，國外熱錢大量匯入；同時央行寬鬆貨幣政策，貨幣乘數提高，使得M1b年增率於民國75年高達51.41%，造成游資氾濫。GNP於民國76年也突破每人5,000美元，國民所得提高，購買能力增加。

　　房地產市場方面，自民國74年7月政府通過《促進建築業健全發展之有關財稅金融措施》，使得建築業融資放寬，民國75年12月國有財產局標售土地，民國76年2月國泰人壽以每坪90萬元標下國產局位於華航旁邊土地，民國77年4月公共設施保留地補償費發放等措施，使得市場自民國70年持續低迷之後，再展生機。在民國77年中期至民國78年初期，達到前所未有的榮景（市場一日三市），主要是因為國內游資過多，再加上投資管道沒有因應經濟日趨活絡而多樣化，導致過多

的資金追逐稀少的房地產。由房市與股市的發燒面可看出，「臺灣錢淹腳目」，土地交易熱絡，土地投機交易盛行，賣方市場儼然成形。

2. 房價狂飆期（民國78～81年）：主升波

房價一日三市，接待中心尚未搭好，房子已銷售一空（尤其是投資客在景氣狂飆時，一窩蜂追求投資標的，購買辦公大樓、商場、店鋪等投機性強的商用產品，以至於往後景氣衰退時，房價大跌，無人問津，資金被套牢），銀行房貸利率飆高至16%，房價狂飆，主要城市的房價漲幅甚至超過300%，民國79年2月股票指數亦衝破一萬兩千點。

1989（民78）年的房地產景氣高峰，促使建築業者快速累積財富，激發業者興建大樓比高、比大的雄心，就在臺灣各大都市房價攀向高峰的1989年至1991年間，全臺掀起興建摩天大樓熱潮，這些大樓陸續完工啟用在1992年至1996年間（見下表）。1989年至1991年間，房地產市場以辦公室產品為主，其價位普遍高於住宅產品，當這些辦公大樓完工之後，卻遭逢房地產市場景氣轉折，臺中與高雄市的某些辦公大樓空置率，有將近十年以上的時間維持在40%以上，在亞洲金融風暴之後的2001年間，某些大樓甚至淪為不良資產的命運。這就是目前中、南部辦公大樓大量閒置的背景。

1991～1995年間新建摩天大樓一覽

大樓名稱	樓層數	坐落	完工時間
新光摩天大樓（百貨、辦公）	51	臺北市	1993
東帝士摩天大樓（辦公）	35	臺北市	1991
遠企大樓（百貨、辦公、飯店）	41	臺北市	1994
國際星鑽大樓（辦公、住宅）	30	臺北縣（新北市）	1993
世貿財星廣場（辦公、住宅）	30	桃園縣	1993
龍邦世貿大樓（辦公）	37	臺中市	1993
大安國際大樓（辦公、住宅）	42	臺中市	1993
林鼎高峰大廈（辦公）	33	臺中市	1994
良美大飯店（百貨、飯店）	38	臺南市	1994
85國際廣場大廈（百貨、辦公、飯店、住宅）	85	高雄市	1997
長谷世貿聯合國（辦公）	50	高雄市	1993
寶成企業大樓（辦公）	37	高雄市	1991
亞太財經廣場（辦公）	42	高雄市	1992
漢來新世界中心（百貨、辦公、飯店、）	45	高雄市	1995

註：政府警覺房價的飆漲對於社會、經濟產生負面的影響，在1989年2月宣布「選擇性信用管制措施」，等於斷絕房市的資金動能，融資條件緊縮，房貸額度大減，另一方面也決心整頓地下投資公司，希望對房市與股市的降溫，1990年開

始急速降溫，1991年初因波斯灣戰爭結束後，終於止跌回升的反彈起來，但在同時間，1991年政府提出全面《實施容積率管制辦法》的喊話，但後來決定授權各縣市依實際狀況分區、分時實施；頓時造成全臺建商與地主的恐慌，紛紛全面搶照、搶建、搶地（深怕一旦容積率實施後，建築面積減少、成本增加、獲利減少），使得原本供需和諧的市場機制頓時混亂，供給量驟增，沉重的餘屋造成銷售的惡性競爭，為往後數年來房地產市場埋下了嚴重傷害的伏筆，1992年建造核發戶數逾25萬4千戶，創近十年來的新高水準（175頁建築物供給相關指標）。

註：1993年初，臺北市全面實施容積率管制。1993年起，臺灣地區及高雄市亦逐次實施，至1999年6月18日透過《都市計畫法臺灣省施行細則》修正，訂定都市計畫各土地使用分區之容積率上限，全臺灣地區已納入容積率管制，臺灣建築開發的「容積率時代」才正式開始。

註：選擇性信用管制措施：1989年2月28日，中央銀行宣布實施，強制金融機構限定土地的貸款成數及期限，稱之為房地產界的「二二八事件」。摘錄如下：

1. 購地貸款

(1)以無擔保方式承作之購地放款暫停辦理。
(2)購置土地未完成過戶之前，不得提供作為擔保品辦理放款。

2. 建造及購買住宅或企業用建築放款

額度：以建造住宅或企業用建築之土地為擔保之放款，其額度最高以不超過「1989年2月底該土地公告現值加四成」為限（土地增值稅由承作金融機構自行酌訂其減貸額）。其餘建造住宅或企業用周轉金放款，最高以不超過造價之五成為限，依工程進度分批撥款。

期限：最長不超過三年，未屆貸款期限出售者，應先提前收回貸款。

申貸時應提供該土地具體之興建計畫，貸放後六個月內，應提供該土地之建築執照，一年內應動工，否則貸款應予收回。

3. 土地擔保放款

無正當使用目的之都市空地放款，及承貸時該土地於最近兩年內，轉手過戶達三次或三次以上者，不得貸放。

3. 百家爭鳴，假性需求期（民國82～85年）：盤整波

民國82年受國際經濟景氣低迷影響，經濟成長率僅5.87%，房地產市場呈現供給熱絡、交易相對冷清的市況，行政院提出「振興經濟方案」，計畫發展臺灣地區成為「亞太營運中心」，鼓舞了股票市場與房地產市場，推案熱烈，投機歪風讓建設公司如雨後春筍般出現。以高雄市為例，民國84年光是加入公會的建設公司會員累計總數就高達九百一十餘家，市場上投資性商用不動產大行其道，豪宅價位不斷創新高，市場年推案量超過5,000億元。民國85年3月總統大選，兩岸關係低迷，中共導彈試射軍演，房地產市場陷入量增、價跌的膠著狀態，政府政

策面則提出輔導建築業與放寬管制措施，多空訊息齊出，但是市場供給過量與銷售低迷的事實，已讓財務不穩的建商出現危機。

4. 泡沫夢醒期（民國86～88年）：衰退波

民國86年7月2日泰國金融危機演變成亞洲泡沫經濟風暴：匯率貶值、股價狂跌、出口萎縮、工業衰退、失業率上升、銀行岌岌可危，使得臺灣「地雷股」事件頻傳，市場上風聲鶴唳。上市公司破產倒閉的金額與建商不斷推出大規模案量有關，民國80年開始，建商先前搶照的惡夢依然存在，市場仍是明顯的供需失調。建商為求降低售價，刺激買氣，採「以量制價」策略，大型開發案為市場主流（如長億推出的長億城、寶成推出的陽明山天籟、東帝士推出的大船入港），但市場買氣已江河日下。為避免市場急速惡化，影響金融機構，政府首度對房地產市場實施「優惠貸款」——民國87年12月25日開放1,500億元5.95%優惠房貸、「建照展期」等激勵政策，取代過去的打壓政策，然而，亞洲金融經濟風暴的餘威，開始大大影響臺灣經濟，民國87年10月起，陸續傳出企業危機、跳票或暫停交易等訊息，民國88年第四季時，南投縣集集鎮發生芮氏規模7.3的921大地震，造成全臺灣數千棟房屋倒塌及人員嚴重傷亡，不僅對中部地區的房地產市場造成有行無市、交易冷清的慘況，全臺灣房地產市場也深受影響。

5. 黑暗蕭條期（民國89～92年）：蕭條波

921地震、臺海飛彈危機、政黨輪替、網路泡沫化、水災連連、美國911事件等，國內外天災人禍不斷，臺灣經濟跌落空前谷底，經濟負成長，傳統產業不斷外移，失業率創新高，銀行雨天收傘，法拍屋及銀行不良債權賣壓湧現，價格破壞無以復加，房地產乏人問津，建商全年推案量不及千億元。民國79年時，臺灣空屋率為13.3%；但至民國89年時，則已攀升至17.6%。

民國91年臺閩地區住宅建造執照核發戶數僅有二萬五千餘戶（不含店鋪住宅），創十年來新低水準，為民國81年二十五萬四千戶的十分之一（見「建築物供給相關指標」）。雖然政府祭出相關優惠低利率貸款（民國89年8月開放3,200億元優惠房貸，利率2.55%。民國90年8月27日再度釋出2,000億元優惠房貸，利率2.55%。民國91年4月增撥2,000億元優惠房貸，利率2.55%。民國92年1月增撥2,000億元優惠房貸，利率2.55%。民國92年8月增撥2,800億元優惠房貸，利率2.55%。民國93年5月增撥3,000億元優惠房貸，利率2.55%），共1兆5,000億元，其主要目的在於去化大量餘屋，一則穩定房價，再則提振房市景氣，並調降土地增值稅減半徵收兩年。所謂「三低」：「低價」、「低利」、「低稅」，以及民國89年「振興房地產方案」；其他相關措施計有：調降存款準備率、解除選擇性信用管

制、農地釋出、暫停獎勵興建國宅四年、交通建設及公共工程之推動等。但因宣布實施的時間較慢，難怪建商不是倒閉，就是轉換跑道，就連上市上櫃公司也難逃一劫。民國89～92年亞洲金融風暴，約56家銀行（含農會、信合社）遭到中央存保接管，民國91～93年間，法院倒出將近87.4萬件法拍屋與土地，其中以民國92年最多，一年便高達約30.6萬件，已接近奢侈稅後一整年的全國買賣移轉棟數。

本國銀行全體逾放金額與潛在逾放屋

	廣義逾放金額（億元）	廣義逾放比（%）	推估逾放屋（戶）
2002年第一季	16,765	11.74	335,300
2002年第二季	15,305	10.83	306,100
2002年第三季	14,262	10.17	285,240
2002年第四季	12,512	8.85	250,240
2003年第一季	12,043	8.60	240,860
2003年第二季	11,340	7.97	226,800
2003年第三季	11,229	7.87	224,580
2003年第四季	8,858	6.08	177,160
2004年12月底	5,907	3.80	118,140
2005年06月底	5,181	3.24	103,620
2005年09月底	4,550	2.80	91,000
2005年12月底	3,705	2.24	74,100

註：1.逾放屋以逾放金額六成，每戶三百萬計算。
　　2.2005年7月起，國內銀行之逾放金額採國際標準一致之廣義逾期放款，不再採行原逾放金額之統計。
資料來源：中央銀行、金管會、信義房屋不動產企劃研究室。

6. 百花開放、春暖花開期（民國92～103年）：回升上漲波

　　嚴格來說，這波房市復甦是在2003（民92）年SARS疫情之後，才展現出較強勁的上升走勢，開始呈現黃金交叉（建造申請宅數超過使照宅數），建商開始大量推出預售屋，導致建築執照發放量領先成屋建成後的使用執照發放量。其中關鍵就是低利優惠房貸與土地增值稅降低至20%、30%、40%。政府已釋出1兆8,000億元的低利優惠房貸，嘉惠購屋民眾超過八十五萬戶。

　　加上先前房市長期低迷，房價自然低落，共同營造出一個「低房價」、「低利率」與「低稅賦」的「三低」環境，簡單的說，就是壓低購屋門檻。眾多民營銀行更是推出免頭期款的「百分之百房貸」，或是寬限期高達二至五年的房貸方案。這一波房價飆漲之原因，主要在於臺灣進入有史以來最低、最長之低利率時期，與有史以來最多之氾濫游資，導致國內有史以來最高之地價漲幅，並且不斷推升房價至每坪1、2百萬元所致。

　　這一波長達十二年的房地產多頭，必須以2008年金融海嘯為分水嶺。2003～2008年這一段時間，主要係長期低利率與游資氾濫之外，加上全球原物料大漲的年代，房價跟著通膨一起上漲。2008年9月美國雷曼銀行倒閉，引爆全球金融海嘯，重創全球經濟，導致國內2009年全年經濟負成長1.93%，創下臺灣歷年來最大衰退幅度。馬總統上任後，發布幾項重大財經政策，首先是遺贈稅調降至10%，2010年營所稅降至17%，低於新加坡的18%，中國大陸的25%，比起香港的16.5%只多了一點點。過去臺商很多錢都放到香港、中國大陸，現在諸多的條件已經改變，將使臺商的資金回流，配合兩岸簽訂ECFA之後，兩岸人流、物流、金流，進行空前大交流，外資、中資也可望持續湧向臺灣。

SARS後提振景氣三次調降稅率	2005	土地增值稅大幅調降至20%、30%、40%
	2009	遺產及贈與稅大幅調降至10%單一稅率
	2010	營利事業所得稅率由25%大幅調降至17%

　　加上ECFA、開放中企來臺投資等利多因素，更加上中國景氣強勁成長，促成投資回流，臺商回國置產的「鮭魚潮」，帶動都會區的「豪宅」熱賣，因此2010年至2013年的房地產多頭，為「資金潮」效應。資金潮湧向預售屋，形成預售屋反覆炒作紅單事件頻傳，不僅預售市場代銷業可任意炒高房價，仲介業也在投資客占市場近半比例帶動下，成屋、中古屋交易持續增溫，銷售價格也不斷創新高，直到奢侈稅實施後才稍有收斂。

臺灣房地產市場經歷過4波多頭

資料來源：Smart，2007。

　　此波段的房地產景氣循環與前幾期的循環因素不同，不僅內有國內總體環境、政經情勢變化與各種不動產業相關政策影響，更有國際總體環境影響，尤其貿易自由化後，國際金融環境變化快速，資金及投資金流快速流動，2008年金融海嘯後，美國實施QE資金量化寬鬆政策，美國聯準會一方面持續維持資金寬鬆，調降利率讓氾濫美元出走，另一方面逼迫人民幣、日圓等升值，使得美元湧入亞洲等開發中國家，加速使這些國家股匯市及房地產狂飆，且「低利率」環境造就多餘資金、游資苦無投資管道，就此投入能對抗通膨的不動產相關產業投資，這

些都是影響房地產價格近來追漲不停的原因，這二至三年的狂飆有很大因素是由資金動能帶起來的，這些都是近年房地產景氣與以前二十至三十年前的整體環境完全不同的原因。

7. 回歸市場面，高稅時代來臨（民國94～98年）

　　為使房地產走上更健全的道路，減少投機，臺灣半世紀以來最大的不動產稅制改革《房地合一稅》三讀，終於在2015（民94）年6月5日通過，此舉也宣告長達十二年的房市大多頭時代終結，代表低稅時代終結，短線投機客將絕跡，取而代之的是高稅時代來臨。臺灣房地產進入「實價課稅」階段，房地產投資客的黃金時代正式結束。

　　政策對短期持有的非自用客戶不利，得適用45%高稅率，否則持有二至十年再脫手也得繳20%～35%稅率；加上交屋後還要面臨高額房屋稅，如臺北市自2014（民93）年7月1日正式實施《房屋稅》修正條文，領取使用執照並完工交屋的房屋標準單價全面調高1.6倍，甚至更高，加上符合豪宅標準者的「懲罰性稅率」，自此房屋稅就激增數倍。房地產將有利於長線持有不動產的投資者及自住客進場，《房地合一稅》2016（民95）年1月1日正式上路，2017（民96）年《遺產贈與稅》再堵住最後一個漏洞，為符合社會公平及避免產生稅負遽增情形，並配合長期照顧服務之財源籌措，將原遺產及贈與稅率由單一稅率10%，調整為三級累進稅率10%、15%及20%。長期自用有優惠稅率，預計房市會更趨健全，促進金融穩定，達到金融安定效果。

房地合一稅制1.0版

課稅範圍		・2014年1月1日之次日以後取得，且持有期間在二年以內 ・2016年1月1日以後取得
課稅稅基		交易時之成交價額減除原始取得成本，與因取得、改良及移轉而支付之費用後之餘額
課稅稅率	境內居住者	・持有一年以內者，稅率為45% ・持有超過一年，未逾二年者，稅率為35% ・持有超過二年，未逾十年者，稅率為20% ・持有超過十年者，稅率為15%
	非境內居住者	・持有一年以內者，稅率為45% ・持有超過一年者，稅率為35%
	防錯殺條款	・因財政部公告之調職、非自願離職或其他非自願性因素，持有二年以下，稅率為20% ・個人以自有土地與營利事業合作與建房屋，自土地取得之日起算二年內完成並銷售，稅率為20% ・期間之規定，於繼承或受遺贈取得者，得將被繼承人或遺贈人持有期間合併計算
	自住優惠	個人與其配偶及未成年子女持有並居住於連續滿六年，交易前六年內，無營業使用，且未曾適用自住優惠 ・交易獲利400萬內，免稅 ・交易獲得逾400萬部分，稅率為10%

資料來源：行政院、立法院。

8. 打炒房年＋實價登錄2.0版實施，房地產走向不二價時代的來臨（2020年……）

立法院2020（民109）年12月30日三讀通過實價登錄2.0，最重要的變革是預收屋銷售前後都要申報納管，同時實價登錄公布資訊將揭露到每個門牌，讓房屋交易市場更加透明。施行後將可促進不動產交易資訊更透明、即時、正確，並遏止預售屋交易炒作，健全市場發展。

預售屋銷售價格最具關鍵領先指標，因現行法令規定全部預售房屋銷售完畢後一個月才需要實價登錄，更使得消費者無法得知現行預售房屋價格，也不知道預售建案銷售率，資訊完全掌握在業者手中，很容易造成哄抬炒作、銷售熱絡不實假象，導致不透明、不公平的房屋市場交易，損害購屋者權益。實價登錄2.0版讓房屋的買賣透明，預售及仲介買賣可以讓消費者有知的前提，雙方買賣會更透明，減少人為操縱、利用話術讓消費者誤以為真，卻買了更高的價格，消費者爭議不斷，透過此次的修法，讓買賣雙方資訊更加透明，減少了消費者不必要的麻煩。

實價登錄2.0五大重點

項目	重點
交易資訊更透明	成交資訊門牌、地號完整揭露，並溯及已揭露案件。
預售屋全面納管、即時申報	自行銷售也納入實價登錄範圍。 申報時間提前至簽訂預售屋買賣契約書後三十日內。
增訂主管機關查核權及加重罰則	得向相關機關、金融機構查詢價格相關文件。 改按建物戶（棟）數處罰。
紅單納管	禁止紅單轉售，違者最高可按建築戶處100萬元罰鍰。
預售屋買賣定型化契約應備查	不符規定，按戶（棟）處6萬元至30萬元罰鍰。

製表：蘇秀慧。

2020年最大利空與不確定因素，則為新冠肺炎疫情，由於目前房市是剛性需求支撐，而疫情首先影響有錢人，豪宅產品會受到衝擊，房市雖然降溫，但低利率環境，卻沒有出現業者賠售的情形，只有買氣有所衰退。

疫情肆虐下靠著政府印鈔救股、撒錢救經濟，房、股兩市，股漲房熱，貨幣貶值，購買力下降，定存族恐慌，積極尋求下個投資標的。有錢人煩惱，沒錢也煩惱，大量資金在炒作虛幻的標的，如此世道下，嚴重拉開貧富差距，財富又重新分配，有能力的人用錢賺錢，年輕人只能等機會買房。

疫情摧殘下，經濟層面亂了套，近來資金湧入房市，加上建商買地、原物料及人工成本高漲，央行2020年12月8日至2021年12月16日對房市祭出第四次選擇性

信用管制，防範銀行信用資源過度流向房地產。央行總裁宣布四大規定，包括限制公司法人與自然人第3戶以上購屋貸款成數，也首次限縮餘屋貸款成數為四成；限令上路，瞄準打炒房兼打囤房。內政部稽查紅單炒房，修正實價登錄三法，不動產交易資訊更加透明化。

央行打炒房（2020～2021年）

對象	條件	第一波（2020/12/08）	第二波（2021/03/19）	第三波（2021/09/24）	第四波（2021/12/17）
公司法人	第一戶購置住宅貸款	6成，無寬限期	4成，無寬限期	維持不變	維持不變
	第二戶（含）以上購置住宅貸款	5成，無寬限期	4成，無寬限期	維持不變	維持不變
自然人	特定地區[註1]第二戶	未規範	未規範	無寬限期	無寬限期
	第三戶（含）以上購屋貸款	6成，無寬限期	5.5成，無寬限期	維持不變	4成，無寬限期
	第四戶（含）以上購屋貸款	（同第三戶，未另規定）	5成，無寬限期	維持不變	
	購置高價住宅貸款	6成，無寬限期	● 無房貸或已有二戶以下房貸者；5.5成，無無寬限期 ● 已有三戶以上房貸者；4成，無無寬限期	維持不變	● 無房貸或已有二戶以下房貸者；5.5成，無無寬限期 ● 已有三戶以上房貸者；維持不變
購地貸款	購買都市計畫劃定為住宅區及商業區之土地貸款	6.5成，並保留一成動工款（需檢附興建計畫）	維持不變	6成，並保留一成動工款（需檢附興建計畫）	5成，並保留一成動工款（需檢附興建計畫，並切結於一定時間內動工興建）
餘層貸款	新建餘屋住宅貸款	5成，無寬限期	維持不變	維持不變	4成
工業區閒置土地抵押貸款	工業區閒置土地抵押貸款	銀行自律規範	5.5成 *惟該抵押土地已動工興建開發，或借款人檢附興建計畫，並切結於一定期間內興建開發者，則不適用。	5成 *惟該抵押土地已動工興建開發，或借款人檢附興建計畫，並切結於一定期間內興建開發者，則不適用。	4成 *惟該抵押土地已動工興建開發，或借款人檢附興建計畫，並切結於一定期間內興建開發者，則不適用。

註：特定地區係指臺北市、新北市、桃園市、臺中市、臺南市、高雄市、新竹縣及新竹市，即為六都及新竹縣市。

全國暨六都房地合一稅（個人）

單位：億

區域	2017年	2018年	2019年	2020年	年增減幅（19/20）
全國	11.9	27.9	60.5	119.1	97%
臺北市	1.5	3.4	5.9	12.0	102%
新北市	1.8	2.9	7.3	12.7	73%
桃園市	1.0	3.9	5.7	12.2	113%
臺中市	2.1	4.3	10.2	27.1	165%
臺南市	1.0	3.2	8.2	11.5	41%
高雄市	1.4	3.9	9.7	20.3	109%

　　為了打炒房，財政部2021年3月再提出「所得稅法」修正（房地合一2.0），修正房地合一稅制，並於2021年4月9日三讀通過，7月1日正式上路：

- ·延長個人短期交易房地適用高稅率之持有期間（45%高稅率適用期由現行的1年延長到2年，超過2年未滿5年，則課以35%稅率）。
- ·新增明定營利事業房地交易所得，應按持有期間課徵差別稅額。
- ·同時擴大房地交易適用範圍（納入預售屋買賣）。

　　進一步遏止短期投機炒作不動產，健全不動產交易市場發展。

　　房地合一稅2.0版本是延長短期持有時間，包括個人、境外法人皆然；此外也將境內法人比照自然人，但排除建商等起造者。非我國境內居住的個人，持有房地期間在2年以內交易稅率45%，超過2年稅率35%。針對公司法人部分，總機構在我國境內的營利事業，持有房地期間在2年以內者，稅率為45%，持有房地期間超過2年、未逾5年者，稅率為35%。房地合一稅修法可抑制短期交易炒作，杜絕短進短出買賣，增加炒作者的機會成本，可讓遏止效果集中。

房地合一稅2.0

項目	交易所得稅	房地合一稅1.0（01.01.2016）	房地合一稅2.0（07.01.2021）
境內個人	45%	持有1年內出售	持有2年以內出售
	34%	持有1年未滿2年	持有2年未滿5年
	20%	持有2年未滿10年	持有5年未滿10年
	15%	持有10年以上	維持不變
境外個人	45%	持有1年內出售	持有2年以內出售
	35%	持有1年以上出售	持有2年以上出售

（續下頁）

（續前表）

項目	交易所得稅	房地合一稅1.0 （01.01.2016）	房地合一稅2.0 （07.01.2021）
境內公司	45%		持有2年以內出售
	35%		持有2年未滿5年
	20%	未區分持有期間	持有5年以上
境外公司	45%	持有1年以內出售	持有2年以內出售
	35%	持有1年以上出售	持有2年以上出售
豁免條款	20%	非自願因素交易	維持不變
		自有土地與建商合建分回房屋	
		參與都更危老取得房屋第一次移轉	
		建商興建完成房屋第一次移轉	
	10%	自住房屋持有並設籍6年以上 享有400萬元免稅額度	
新增適用			預售房屋

　　由於預售屋市場遭不肖業者炒作哄抬，嚴重影響不動產市場交易秩序，行政院會2022年4月7日拍板《平均地權條例》修正草案，限制預售屋、新建成屋除例外、特殊情況簽約後不得轉售，全面禁止預售屋及新建成屋換約轉售，且私法人購屋將採許可制並於五年內不得移轉等五項新規定，針對惡意炒房者將嚴懲，遏止飢餓行銷、散布不實銷售價格與銷售量、明確規範若散播不實資訊影響交易價格、透過通謀虛偽交易營造熱銷假象、利用違規銷售影響市場交易秩序或壟斷轉售牟利、或以其他影響不動產交易價格或秩序操縱行為進行炒作，都可按交易戶（棟、筆）數處罰100萬元至5,000萬元，經限期改正但未改正者，可連續處罰。

政院祭五重拳打炒房

項目	內容
限制預售屋 或新建成屋換約轉售	● 排除配偶、直系或二親等內旁系血親或經內政部公告的特殊情形；轉售的戶（棟）數，全國每二年以1戶（棟）為限 ● 違者按戶棟處罰50萬至300萬元
重罰炒作行為	意圖影響交易價格、製造熱銷假象及壟斷轉售牟利不當炒作，罰100萬至5,000萬，限期未改正，可連續處罰
管制私法人購屋	● 私法人取得住宅用房屋採許可制 ● 5年內不准轉售，排除強制執行、徵收，法院判決或其他法律規定點而移轉或讓與者 ● 許可用途限員工宿舍、長期出租經營、都更危老重建等
預售屋解約 須申報登錄	● 預售屋解約應在30日內申報登錄 ● 違者按戶棟處罰3萬至15萬元
建立檢舉獎金制度	建立不動產炒作銷售、買賣或成效資訊申報違規的檢舉及獎金制度

資料來源：行政院。　　　　　　　　　　　　　　　　　　　　　　製表：蘇秀慧。

從2016年起，政府先後祭出房地合一稅、選擇性信用管制、房地合一2.0、禁止紅單炒作、實登2.0、央行升息、各地方政府實施囤房稅、限制預售屋換約轉售、預售屋解約須申報、管制私法人購屋等，洋洋灑灑健全房市政策，但房價下修有限，如實登2.0上路原先用意在於讓市場價格透明，賣方無法作假，媒體無法哄抬，結果卻碰上市場大好，買方追高，政府揭露價格成為市場地板價。

2021年是政府史上打房最嚴厲的年份，三大部門同時採用最嚴格的措施與政策，目的就是希望不要讓少數人炒作房市及房市不理性的人為哄抬，然而國內房地產市場在2021年經濟成長率強勁、通貨膨脹陰影、資金缺乏出口等因素帶動下，房價欲小不易，中南部因基期低加上產業大舉南移，在房價基期低的因素下，難免有一定程度的補漲空間，市場價格難免有波動，就會有炒作空間。

儘管政府關切房市，宣示打炒房，下手之重，前所未見，對投資客將有重大影響，但在資金氾濫且無疏散管道，短期房價要回檔，有所難度，但卻也走出市場新局面。

當新制度創造新市場，新市場面臨新挑戰，隨之而來的就是新機會，任何時間都有人賺錢，也有人賠錢，關照好自己的資本與眼光，新時代來臨就會是一個新機會。

在房價多頭走勢中，一旦發生房屋需求超過房屋供給的情況，新的供給短時間是無法增加，因為房地產的開發如果從購地起算，需要好幾年的時間；如果從素地投資整地起算，開發週期更可能長達十年以上，導致市場無法均衡，令價格一路快速上升；通常在這種時候，攀高的價格會吸引投資需求者加入市場，假性的需求讓供需失衡更嚴重，惡性循環的結果，房地產一旦開始起漲，在供給無法跟上的期間內，假性投資（Artificial Demand）需求反覆被刺激，房地產的多頭走勢可以長達多年，而且愈到後來，漲幅愈大；由於假性需求過多，自然刺激出相當多的長期無效供給，這些供給包括生活機能非常不成熟的新市鎮、超過實際居住需求的豪宅與套房、鄰近高汙染工業區的不適居住宅、缺乏可長期運作機制的休閒住宅等，當多頭走勢時，這些長期無效供給被假性需求追逐，漲幅甚至比正常產品還大；一旦假性需求退場後，就形成過剩經濟（Surplus Economy），便進入空頭市場，假性需求愈多的產品，如蛋殼、蛋白區因無人接手，價格下修幅度就愈大。

房地產市場因不像股票是集中交易市場，其市場缺乏效率、供給缺乏彈性、調整屬於不均衡調整與時間落後性等特性，容易造成房地產其專有的特性，從

事房地產投資者應深入了解其原因，避免在房地產投資過程中所遭遇的風險及損失。（章定煊，天下獨立評價）

其實，影響房價漲跌因素眾多，除資金、利率、市場投資環境以外，包括人口增減、經濟成長、土地與市場供需、進出口貿易、匯率、稅率、房價所得比、市場供需等基本面，以及景氣技術循環面，還有政策消息面、購屋信心指數等因素，若把資金氾濫、利率偏低、持有稅偏低、房價所得比偏高等任一因素做為房價漲跌判斷依據，就容易忽略掉其他影響的變數，而陷入比較變數上失真的盲點，也難以單一變數公式化的認定其影響房價的程度，以及認定臺灣房市走勢一定就會日本化或泡沫化，只能不斷提醒業者或消費者居高思危，量力而為。

三、產業價值鏈

價值鏈之定義

所有的企業都必然會執行某些活動，即使是功能單純的代理商，也必須執行報關、尋找銷售通路等活動。所有可能替企業帶來價值的活動，稱之為價值活動（Value Activity）。而一個企業所執行的所有價值活動之總和，稱之為價值鏈（Value Chain）。

價值鏈為美國學者Porter於1985年提出的觀念。所謂價值鏈，係指企業創造有價值的產品或勞務與顧客的一連串「價值創造活動」，包括往上溯及原料來源之供應商，下追至產品的最終購買者為止。主要是在描述顧客價值在每一個作業活動累積之情況，目的在於連結那些導致低成本或有差異化的價值創造活動。診斷競爭優勢並尋求改善的基本工具就是價值鏈，價值鏈把企業運作的各種活動劃分成產品設計、生產、行銷和運送等獨立領域。透過對價值鏈的影響，這些企業活動的範疇對競爭優勢，產生舉足輕重的效應。

「價值」是顧客願意為企業所提供服務付出的金額。價值的多寡必須以總收益來計算，它反映出產品的價值和總銷售量。價值鏈所呈現的總價值，是由各種「價值活動」和「利潤」（Margin）所構成。價值活動是企業進行各種物質上和技術上具體的活動，也是企業為顧客創造有價值產品的基礎。價值鏈顯示一個產品由原料階段轉換成為最終產品的過程。對一家企業而言，價值鏈的重要性是：「在盡可能增加價值的同時，要盡可能的降低成本；最重要的是，要能夠獲得更多報酬」。

　　價值鏈分析可以讓企業了解與分辨哪些內部作業是有價值的，哪些是沒有價值的。這一方面的認識十分重要，因爲企業只有在成本低於所創造的價值時，才能夠賺到平均以上的報酬。Porter認爲價值鏈的觀念，除可用於企業內部主要價值活動的成本分析，及與主要競爭者各項主要價值活動成本的比較外，亦可將價值鏈的觀念運用於整個產業（即「價值系統」）。任何一種產業都是由一連串價值活動所構成的；產業價值鏈可以分割成許多階段或價值活動，每一個產業的價值鏈不同，即使同一產業中的各個企業，所認知的價值鏈也不盡相同。

　　建築業的投入與產出是爲創立顧客價值的一連串活動，基本上是從開發到房屋銷售連成一環的上下游關係——土地取得、產品定位、建築設計、銷售廣告、施工規劃、採購發包、營造施工、財務資金、竣工交屋、客服等。

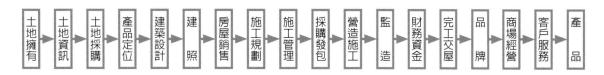

資料來源：黃永盛，〈營造業的經營策略與管理重點〉，《現代營建月刊》第262期。
http://www.arch.net.tw/modern/month/262/26-1.htm。

　　建築業價值鏈貢獻主要活動的項目是：土地開發、土地購買、產品定位、建築設計、銷售廣告、工程營建、售後服務等一系列的價值活動，這些活動彼此鏈結，生產過程中的每個活動都可能是企業競爭優勢的來源。由於時空環境的改變，對建築業的創造顧客價值活動，亦有所不同。1993年以來，臺灣建築業的持續低迷，總體環境的改變，全球化趨勢改變了資金與土地的需求、人口與經濟所得結構趨勢改變了住屋的有效需求。依建築產業分析，對建築業價值貢獻提出新詮釋；建築業的價值鏈活動從土地、資金，應逐漸重視產品設計規劃與售後服務的消費意識。所以，沒有良好的建築品質、售後服務，就無法產生良好的品牌價值。而顧客對品牌的認同感，來自於「有形的硬體：建築物」及「無形的軟體：服務過程」所傳遞出的價值感。

　　後勤支援也在建立品牌、加強人脈關係、財務資金管理等之外，更應強調社區機能與社會責任的經營，方能符合環境的現況與顧客價值的商業活動。從廠商的資金投入，到完成產品與售後服務於顧客的價值鏈當中，價值鏈透過一連串的成本活動績效分析，讓廠商決定要採用低成本優勢或其他策略，來幫助企業做產品與服務的差異化，並藉此差異化，強化企業競爭優勢，使企業立於不敗之地。

開發流程及關鍵因素

流程	建設產業相關關鍵因素	流程	建設產業相關關鍵因素
土地 評估	推案地點之交通條件	銷售	建設公司形象知名度
	推案地點之周邊生活設施		銷售策略研擬
	推案地點之區域環境		銷售廣告企劃研擬
	推案土地之購買成本	發包施工	明列各界面管理項目及檢查表
資金 評估	融資政策的研擬		進行工程中協調作業
	建案成本計算		施工確保零汙染及零工安
產品 規劃	產品定位		承包商之施工品質
	設計規劃之建材格局	售後 服務	售後維修服務
	設計規劃之公共設施		輔助社區成立管理委員會
	設計規劃之物業管理		客訴處理機制的建立
	規劃時從顧客導向為出發點		公共設施管理

四、建築業多角化的省思

　　1990年代，電子資訊產業成為我國外貿出口的主流，吸引了大批資金及人才的投入，相形之下，傳統產業就受到了漠視，使得傳統產業的股票市價低於淨值。從經營角度來看，要提高市場對傳統產業的評價，有兩個最主要的作法。

　　一為努力改善本業的營運效能、降低成本、加強創新與產品品質，重視服務，以提升競爭力。另一個重要途徑則是在本業以外，多角化到獲利及成長潛力較高的產業，以提升企業價值。多角化並不是放棄本業，而是透過增加新事業的經營，達到營運範疇的重組，來增加整體價值。多角化牽涉到進入新的經營領域，失敗的代價甚大，經常是損失慘重，甚而危及本業，使整個企業落入破產、重整的命運。因此在多角化之前，實有必要詳盡考量多角化的策略目的及可行性評估準則。

　　以臺灣為例，民國70、80年代，企業經營者紛紛走入多角化的花園，想把手伸進別人的口袋，賺自己賺不到的錢。傳統企業幻想一步踏進高科技的領域。在1998至1999年期間，共有六大集團、三十家上市公司遭遇財務危機，其中，廣三、宏福、長億、漢陽四家集團發生危機的直接原因就是「不當的跨業多角化」（《商業周刊》，2002. 7. 29, p. 92）。探究過去那些建設公司為什麼會倒掉？原因當然有很多，有些是不顧本業胡亂轉投資，有些是擴張太快，忽略了風險的存在，想當年個個都是響噹噹的一方霸主，真的是看他起高樓，看他樓塌了，樓起樓塌，當然景氣大環境是原因之一，但是人、制度、風險管理等，何嘗不是壓垮

駱駝的稻草呢？

金融風暴下影響之公司

日期	建造公司	發生財務危機情況
1995年5月30日	捷力建設	退票5,000萬元
1995年7月28日	臺暘建設	發生退票事件
1995年12月26日	新偕中建設	退票5,000萬元
1996年3月	東怡營造	發生退票事件
1998年7月	安峰集團	退票7,900萬元
1998年9月30日	瑞聯建設旗下瑞圓纖維	退票4,258萬元
1998年10月2日	擎碧建設旗下公司	退票9,000萬元
1998年10月28日	羅傑建設	退票4億6,000萬億元
1998年11月9日	國揚建設	退票5,000萬元
1998年11月26日	廣三建設	退票16,000萬元
1998年12月1日	傑聯建設	退票1億3,450萬元
1998年	宏福建設	發生退票事件
1999年6月30日	百年建設子公司新燕紡職	退票4,603.5萬元
1999年8月	仁翔建設	退票1億餘元
1999年9月	新巨群旗下臺芳公司	退票800萬元
1999年11月1日	臺鳳公司	總裁黃宗宏退票4,000萬元
2000年2月1日	海山集團	劉炳偉退票1,600萬元
2000年4月15日	尖美建設	退票1億9,500萬元
2000年4月	亞世集團	發生退票事件
2000年8月	東帝士營造公司	退票1,500萬元
2000年9月25日	僑泰建設	退票2,037萬元
2001年1月31日	榮美建設	退票5,309萬元
2001年10月21日	三采建設	退票8,000萬元

　　當景氣變差、需求清淡時，企業受到的衝擊會大於同業，變成大好大壞的情況。經歷過1998年的金融風暴洗禮後，這些集團公司卻正面臨著縮編、裁撤、重整的命運。多角化變成「不務正業」，成為最大的諷刺。2008年的金融風暴中，我們學到最重要的一課是：「拒絕改變」可能使企業停滯不前；但「過度擴張」則會使企業迅速自我毀滅。

　　這些企業巨人，都曾是業界中的標竿企業，但是什麼原因造成它們「先勝後衰」？《從A到A⁺》作者，吉姆‧柯林斯（Jim Collins）的研究發現，組織衰敗就像人體生病一樣，是分階段的。愈早期的階段愈不容易察覺，但愈容易治療；愈晚期的症狀愈明顯，但愈難醫治。研究最重要的目的，就是找出企業在各階段所

Real Estate Theory and Practice

顯現的罹病症狀，以實現「預防勝於治療」。

（一）五階段病灶，體檢組織是否走向衰敗

1. 第一階段病灶

　　成功後的傲慢自負，認為卓越理所當然，高估自己的功勞和能力，忽略了運氣的成分。所以，卓越領導者不停止學習，會不斷思考「為什麼」——因為他們明白，當初的成功因素，可能會在企業規模變大或跨入新領域時失效。

2. 第二階段病灶

　　不知節制，不斷追求更多、更快、更大，跳進自己不擅長、無法達到卓越水準的領域，誤以為「大」就代表「偉大」。

3. 第三階段病灶

　　輕忽風險、罔顧危險，對惱人數據充耳不聞，認為問題只是暫時性或週期性。

4. 第四階段病灶

　　病急亂投醫，空降魅力型領導人、推出激進轉型計畫等。

5. 第五階段病灶

　　一連串錯誤嘗試導致彈盡援絕，最終變得無足輕重或走向敗亡。

企業從卓越走向衰敗五階段

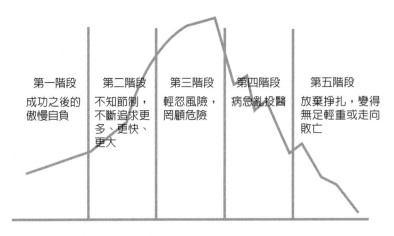

第一階段
成功之後的
傲慢自負

第二階段
不知節制，
不斷追求更
多、更快、
更大

第三階段
輕忽風險，
罔顧危險

第四階段
病急亂投醫

第五階段
放棄掙扎，變得
無足輕重或走向
敗亡

資料來源：《為什麼A$^+$巨人也會倒下》，遠流出版。

　　然而，有些企業一路直落谷底，永無翻身之日；有些企業卻能逆轉頹勢、重攀高峰。差別究竟在哪裡？吉姆・柯林斯強調：「如果要扭轉頹勢，最重要的是回歸健全的管理措施和嚴謹的策略思考」，企業失敗的原因，遠多過成功的方法；這個研究，應驗了「所有的幸福家庭都很類似，但每個不幸的家庭都各有其不幸」這句話。所以經營者最重要的就是對衰敗的特徵保持警覺，兢兢業業守護當下的成功。

（二）失敗永遠是最好的教材

　　房地產市場是個景氣起落非常大的產業，當景氣走多頭的時候，就是時勢造英雄，只要建築業者趕得上這班上升列車，大家都是大賺其錢，風光一時；相反的，當景氣走下坡，很多業者若是不懂持盈保泰之道，或是擁有完整的公司治理之道，很容易就兵敗如山倒，被淹沒在景氣的浪頭之下。

1. 無法找到創造利潤的經營模式。當支撐早期市場的風險資金耗盡後，自然會產生泡沫化。
2. 美好的產業前景，最終還是要經歷現實的考驗。
3. 凡盲目追隨風潮者，必將一敗塗地。
4. 經營模式偏差及過度樂觀。
5. 未即時發展出進入利基市場的經營模式。

五、開放陸資購買不動產，利多？利空？

　　2002年立法院修正通過《臺灣地區與大陸地區人民關係條例》，將第六十九條原規定大陸地區人民不得在臺灣地區取得或設定不動產物權，修正為「大陸地區人民、法人、團體或其他機構，或其於第三地區投資之公司，非經主管機關許可，不得在臺灣地區取得、設定或移轉不動產物權。」將完全禁止改為有條件許可陸資投入臺灣房地產市場，2002年8月12日起，正式開放陸資申請來臺投資不動產。

　　以大陸經濟大幅成長的狀態下，未來房地產應該會有增值效益的空間存在，以臺灣人的三分之一所得，就有能力到大陸投資房地產的情形下，未來臺灣人投資大陸房地產會只增不減。相對而言，以往國內對大陸人士的法令諸多限制，就無法克服，國人對三通所帶來的商機，只是緣木求魚、畫餅充饑。

　　為加速兩岸交流，行政院於2009年5月決議於該年6月30日開放陸資來臺，

Real Estate Theory and Practice

新辦法規定比照外資來臺規定，陸資投資達20萬美元以上者，得申請兩人來臺。陸資企業因業務需求，可在臺購買商辦、廠房、自用住宅等。修訂《大陸專業人士來臺從事專業活動許可管理辦法》，增訂陸資來臺居停留、購買不動產相關規定，取得不動產的大陸人民，每年來臺的總停留時間，從現行的一個月放寬到四個月。

　　依據內政部統計，自2002年開放陸資來臺購置不動產至2013年12月30日止，陸資經內政部許可取得不動產計136件，占全國不動產交易量比例仍低。內政部表示，為健全房地產市場發展，已訂定《大陸地區人民在臺灣地區取得不動產物權採行總量管制之數額及執行方式》，將於近日正式發布作為總量管制執行依據，針對大陸地區人民取得住宅用不動產予以管制，規定每年大陸地區人民得取得土地之上限為13公頃，建物400戶，長期總量管制取得土地之上限為1,300公頃，建物2萬戶，並自2014年1月1日起實施。另為避免陸資集中購買特定區域不動產，影響當地房價正常發展，經通盤檢討後，於2015年3月19日修正規定，自2015年7月1日起，再增加集中度總量管制，大陸地區人民取得同棟或同一社區的建物，以總戶數10%為上限；總戶數未達10戶者，只得取得1戶。陸資須經內政部逐案審核許可後，始能在臺購置不動產，程序嚴謹審慎。至於陸資法人因業務需要申請取得辦公室及廠房等，經會商相關部會意見，基於營造友善投資環境及滿足產業實際需要，目前原則上不納入總量管制。

（一）來臺居留

1. 有房產者

　　每年最長四個月，但不限制每次停留期間和次數。

2. 有工作者

　　陸資投資達20萬美元以上者，大陸專業人士每家企業原則兩人（投資金額每增加投資50萬美元，可再增加一人，但以七人為限），每次停留不得超過一年。但如果獲准停留超過一年，大陸人士可以和配偶、隨行子女一起享有健保。配偶與未滿十八歲的子女得隨行，隨行配偶若為大陸籍，不得在臺就業；未滿十八歲的子女，可申請就讀與學歷相銜接的各級學校或外僑學校。

（二）買不動產

　　1. 個人只能買住宅，且登記後滿三年，才能出售移轉。
　　2. 企業與法人只能買辦公大樓、廠房與員工宿舍，但出售時間無限制，貸款

成數也不受限。

3. 個人購買貸款：有居留權者，貸款成數比照本國人；無居留權者，貸款成數最多五成。

（三）金融

1. 有居留權者

可在銀行存款、可申請各項貸款、信用卡（比照本國人）。

2. 無居留權者

可存款；貸款只限申辦購屋貸款，成數不得超過五成。

無居留權之陸客，可來臺買賣不動產部分，該無居留權陸客，只需向內政部申請許可後，即可來臺買賣不動產。

所謂「有居留權陸客」，指在國內取得長期居留資格、或依親居留、或已取得營業登記執照的公司，如聯想（Lenovo）來臺設分公司、子公司後，就可向銀行借臺幣、外幣，也不受房貸成數五成的限制。

大陸自然人購買臺灣不動產，取得地政機關核發的所有權狀後，申請來臺不需要邀請單位，來臺次數不受限制，每年在臺停留總天數，由目前的一個月增為四個月。

開放陸資來臺，政府應使資訊透明化，也應該做風險控管，讓國內建商與購屋者明確知道陸資來臺後的房市變化。而未來要觀察的重點，首先當然是兩岸政策的進度，諸如三通直航、開放大陸觀光、開放陸資來臺購買不動產等，因為如果進度不如預期，不排除反而出現失望性賣壓；其次是追蹤放寬後人潮、錢潮進來的數量，就可以研判推升股市、房市到多高水位；第三則是資金及商業活動的流向，也就是會購買何種商品。最後再根據這項結果，做出投資、置產的最好決策。

（四）開放陸資購買限制多，效果打折扣

臺灣房市在兩岸簽訂ECFA之後，出現價量齊漲的景象，這從ECFA簽訂前，臺北精華地段標售案價格、豪宅新推案開價頻創新高，資金大戶卡位激烈，可見一斑。陸客來臺觀光、自由行商機，吸引外資進入臺灣設立辦公據點、營運中心，有助商用不動產的需求，除了都會區一級地段的商辦、百貨商場和店鋪，觀光景點的飯店也是熱門題材。

ECFA生效的關鍵期間，雖然有多項利多有助於兩岸置產的交流行為，但因兩岸政經環境認識未深，加上法令規定三年內不得移轉、企業限於自住，一年最多居留四個月，以及「五四三條款」（貸款不得超過五成、來臺停留不能超過四個月、三年以內不能移轉），限制條件不少，因此現階段尚不足以引發所謂的陸客搶灘購屋潮，臺灣民眾可免擔憂與陸客爭房的房市危機；反而是國內投資客利用此題材，藉機炒作，哄抬價格，讓無知買者，買在最高點。

可見大陸人士來臺置產意願不高，詳閱《大陸地區人民在臺灣地區取得設定或移轉不動產物權許可辦法》第四條第一項規定：

符合下列情形之一者，得為不動產登記之權利主體：

一、大陸地區人民。**但現擔任大陸地區黨務、軍事、行政或具政治性機關（構）、團體之職務或為成員者，不得取得或設定不動產物權。**

只要在大陸擔任公職及黨員身分者，不得取得或設定不動產物權，且自然人每人限購一戶，不可兩人共買一戶。如此一來，大陸人民符合購買條件之人士則大為降低。

根據該許可辦法第七條規定：「……向該管直轄市或縣（市）政府申請審核……直轄市或縣（市）政府為前項之審核通過後，應併同取得、設定或移轉不動產權利案件簡報表，報請內政部許可。」不動產物權登記採事前審核許可制。

另許可辦法第三條規定：**不得涉及土地壟斷投機或炒作者。**且許可辦法第六條規定：大陸地區人民取得供住宅用不動產所有權，於登記完畢後滿三年，始得移轉。**惟目前陸委會和經濟部仍守住「五四三」的陸資來臺門檻，即陸資在臺購屋置產的銀行貸款最高五成、每年居留時間不得超過四個月、取得不動產產權最少三年不能轉賣過戶。**

內政部2017年6月修正發布《大陸地區人民在臺灣地區取得設定或移轉不動產物權許可辦法》，陸資買房限一人一戶正式入法，且新增撤銷或廢止陸資買房許可的處理方式。

這次陸資取得不動產許可辦法共有四大修正重點：一是明定陸資每人限購一戶供自用的住宅不動產。二是增訂對於違反原申請目的或相關規定，應撤銷或廢止許可。三是明定許可文件補正期限及許可文件有效期限。四、明定陸資取得的不動產經拍賣後，若由臺灣人民拍定，免再申請許可。

大陸地區人民取得的不動產所有權或是地上權，限已登記並供住宅用，且

每人僅限單獨取得一戶，並不得出租或供非住宅使用。換句話說，大陸人民不能購買店面、辦公室等，僅能購買以供住宅用為目的的不動產。若有出租事實將要求其出售，否則將廢除其許可，或標售其不動產，並由行政部門收取一定行政費用。

如此嚴苛之條件，加上不動產移轉買賣申請許可程序冗長，不足以吸引大陸人士來臺置產。深入了解許可辦法之內容後，則不應對大陸人士來臺置產存有幻想，隨報章雜誌報導起舞，以為ECFA生效後，對臺灣房市有重大利多，而許可辦法下的真正受益者，除商辦大樓、旅館外，如大陸留學生及大陸親屬，可依許可辦法規定，購買小坪數住宅或套房，以享受在臺居留四個月之便利，而不受自由進出之限制，因熟悉此許可辦法之人數並不多，故目前核准件數較少之原因在此。累計自2002年開放大陸人民、陸資法人來臺購買不動產至2020年，十九年來，陸資總計購買臺灣房產628件，總金額約115億元，從陸資在臺購買不動產平均每件金額僅一千多萬元來看，現階段以陸資身分在臺買不動產，應以個人或中小型公司為主，其中可能包括來臺新住民，目的是自住或自用。以上得知，ECFA對臺灣房市的影響屬於「消息面」而非「實質面」，以陸資來臺為例，實際上來臺的金額並不顯著，因而造成「炒作面」大於「實質面」的現象，國內業者喜歡炒作「陸資」話題，消費者只能當作廣告僅供參考。

大陸地區人民在臺灣地區取得不動產物權總量管制數額統計表

（截至110年2月1日止）

	土地面積（公頃）	建物戶數（戶）	集中度
長期總量	1,300	20,000	10%
每年年管制數額	13	400	
110年已核准數額	0.0337	8	
91年迄今累計總額	2.4788	628	

資料來源：內政部。

（五）過戶程序

1. 在臺灣找到房子後，選定委任代理人，新屋可以是建設公司或指定代書，二手屋則委任仲介公司，但需有二年以上開業或代書資格。
2. 由委任代理人出具文件及相關物件資訊發給大陸人士。
3. 由大陸人士帶著上述文件與身分證一同至公證處公證並用印一式二份，一份由公證處寄給海基會，一份寄給委任代理人。

4. 臺灣的代理人需至海基會核對資料及文件無誤後，待海基會再發文過去給大陸買方，即可取得合法來臺購屋入臺證。之後入臺，就可以辦理購屋程序及資金匯入。

5. 相關連結

(1)《大陸地區人民在臺灣地區取得設定或移轉不動產物權許可辦法》全條文（新）http://www.land.moi.gov.tw/onlinebill/620-n1.pdf。

(2)《臺灣地區與大陸地區金融業務往來及投資許可管理辦法》全條文 http://law.moj.gov.tw/LawClass/LawAll.aspx?PCode=Q0040004。

第三篇
市場篇

> 沒有做好準備，就是準備好要失敗。
> By failing to prepare, you are preparing to fail.
>
> ～美國開國元勳　班傑明・富蘭克林

Project

市調人員在衡量市場需求時，不僅要準確地衡量現在市場的規模、特性，更須深入潛在市場的規模、發展及未來性。看到的不僅是現在市場的眼前機會，更要看出未來潛在的商機，讓公司能隨時掌握市場動態，把握短期與長期的利益，創造不敗的利基。

3-1 何謂「市場調查」？

3-2 市場調查與實務

3-3 市場調查的一般原則及程序

【附錄】簡報案例及個案表格

　　「市場分析」（Market Analysis）通常運用於各種商品之投資開發及行銷過程，主要在調查市場供需及價格變動情形，並加以研判及預測，以作為投資管理或決策的依據。一般而言，房地產市場分析通常分成兩大部分：一是總體市場（Macro Market）或大環境分析，也稱為市場研究（Market Study），是針對總體市場、區域市場或都會性市場等環境之供需狀況等情形做分析及預測；另一個是個體市場（Micro Market）或小環境分析，也稱為市場能力分析（Market Ability Analysis），是針對投資個案市場、鄰里性市場或基地四周範圍等市場環境之供需狀況做實地調查、分析及預測。（張金鶚，2005）

　　依張金鶚教授大作《房地產投資與市場分析理論與實務》對市場分析簡單整理如下：

1. 總體市場分析藉大環境之研究探討總體因素，適用於擬定投資決策及進入市場時機之參考。因實地調查不容易，因此使用的皆屬二手資料，分析結果多為粗略之定性社會經濟環境描述與說明。

2. 個體市場分析針對個案基地與鄰里小環境之市場動向分析，作為個案產品定位及定價參考。因為資料真實性攸關產品銷售成功與否，須實地調查，因此使用的皆屬一手資料，分析結果多為精細之定量分析。

　　市場分析乃不動產投資決策中極為重要的一環，後續之不動產行銷活動多須依市場分析之結果來決定進行之方向，因此缺乏市場分析的投資，可謂「有勇無謀」的賭博，獲利性往往無法掌控；而經市場分析及評估結果所進行之投資，則可降低不動產投資之風險程度。在國內經濟發展漸趨成熟、各類市場之資訊瞬息萬變情況下，投資決策前的市場分析也愈受重視，因此，不動產市場分析實為不動產投資決策過程中，一項不可或缺的步驟。

3-1 何謂「市場調查」？

　　由於市場消費型態的變化及競爭態勢的改變快速，企業欲掌握顯在市場與潛在市場的變化，推出適合市場需求的商品與服務，有必要透過科學方法且定期地蒐集市場情報，並加以分析、解釋，這即是市場調查（Market Research）。所以有人說：「市場調查是行銷活動的起點，也是行銷活動的終點。」

第三篇 市場篇
3-1 何謂「市場調查」？
Real Estate Theory and Practice

市場調查是指人們為了解決產品行銷問題，對市場有具體了解，並進而認識行銷的活動與過程。

美國管理學會對市場調查的定義：「有系統地蒐集、記錄及分析與產品或生產的行銷問題有關的各種資料。這種調查可由企業本身或專業的調查機構或第三者來進行，以解決行銷問題。」

行銷決策的重要參考「市場調查」（簡稱市調或民調），對企業是非常重要的。市場調查比較偏重在行銷管理領域。但在實務上除了行銷市場調查外，另外還有「產業調查」。產業調查自然是針對整個產業或是特定某一個行業所進行的調查研究工作。那麼究竟市場調查的重要性在哪裡呢？簡單來說：市調就是提供公司高階經理人作為「行銷決策」參考之用。那什麼是「行銷決策」呢？舉凡與行銷或業務行為相關的任何重要決策、通路決策、產品上市決策、包裝改變決策、品牌決策、售後服務決策、公益活動決策、廣告決策、配送物流決策及消費者購買行為等，均在此範圍內。

由市場調查所得到科學化的數據，就是「行銷決策」的重要依據。

市場調查的重要性

（一）提供高層管理者做決策的客觀參考依據。

（二）有助了解其他競爭者，進而提升自身的開發與管理能力。

（三）增強企業的競爭應變能力，創造企業的競爭優勢。

市場調查對於管理的重要性：

1. 生產只是方法，銷售才是目的。

2. 銷售前，需有全盤的產品計畫（4P），這些計畫必須仰賴市場的資訊。

3. 市場的訊息獲得，必須經過市場調查。

4. 根據市場調查，掌握市場資訊，即可掌握致勝先機。

（四）增強產品的銷售能力

1. 幫助個案做產品定位、產品規劃及定價。

2. 幫助了解產品可能客源狀況，區域接受程度，有助於日後推案的參考。

3. 增加產品的競爭力，對客戶分析說明時，更有說服力。

4. 幫助訂定產品的初期銷售策略，包括廣告策略、媒體計畫等，降低廣告摸索期。（戴國良，2005）

3-2 市場調查與實務

　　房地產是一門極具挑戰性的行為，有人把代銷比作賭博的行業，只看你賭性強不強，所以有人敢開不合理的行情價位與條件。除了一些為搶案子的小公司外，比較有制度的公司彼此之間，對同一案子所提出的產品規劃及價位建議，市場看法時常有很大的差異，考慮分析的角度也大大不同。

　　目前房地產購買的動機因素不外乎是：置產、保值、投資，故舉凡社會、政治、經濟等變動，即產品本身的規劃、價位的標準等，都是房地產從業者應考慮分析的因素。這些誘因和前提，乃是掌握房地產經營成功的契機，因此，我們應注重市場當前及未來需求的切實探討。而完善的市場調查，乃成為房地產的必要工作。現行房地產的主要從業者，只要稍具規模，大都設有市場調查的組織，並細分為研究發展組及規劃組等。

一、市場研究的定義及與各部門的關係

　　市場研究的涵義是，強調對市場問題做整體及全面性的研究，不僅要重視「量」的、企業內部的、國內的、既有的和靜態的一面，也要注重「質」的、企業外部的、國外的、新的和動態的一面。廣義的市場研究，即包括上述各方面事實資料之蒐集、記錄和分析；狹義的市場研究，即一般所謂的「市場調查」或「市場實態調查」（Market Survey），僅指企業要獲得新的一次資料時，所做的實地調查。

　　市場研究可說是一種幫助市場決策及解決問題的主要工具，因為市場活動計畫及目標的擬定，需要種種情報資訊等，而市場研究者可提供決策者所需要的各種分析資料。例如：目前房地產市場客戶的反應及個案銷售率、國內外經濟動態對購買者及市場的影響、新個案的建議及分析等。

　　市場研究就像一座寶庫，不僅提供決策者所需的資料，並可提供業務部在

進駐工地前一些有關本案的優劣分析，如目前的市場動態，以及如何爭取購買者的好感等。對企劃部來說，可提供正確的企劃路線，如強調「產品規劃」、「價位」、「建材」、「地段、公共設施」、「增值、投資」等。如果企劃路線正確，就可避免很多不必花的廣告支出。例如：靠近捷運旁的房子，在臺北市目前已屬熱門的產品，如果有此類個案，在推出時，廣告只要特別強調產品如「復興捷運站旁」、「自備○○萬買摩登套房」，就足以吸引相當多的購屋者注意；否則花了一大筆的廣告費在強調規劃、建材，加起來的效果還不如介紹地段、交通反應佳。所以市場人員是間接參與決策者，在有形與無形中，替公司訂定了一個可行的銷售方向，有了完整的「市場研判」，才能「知己知彼」、「百戰百勝」。

隨著房地產劇烈競爭，過去一向由興建業主決定市場供需的「賣方市場」，逐漸轉變為消費者決定市場供需的「買方市場」。在買方市場的營運體系中，企業欲突破經營困境或在順境中成長，就更不能不注重市場調查分析。尤其在經濟不景氣時，房屋供過於求，加上《公平交易法》、《消費者保護法》的通過，消費者的權益有法律的保護，不再任由業者於銷售上做誇大不實的宣傳；加上目前都以成屋完工後再銷售，業主及代銷公司的人員已深切體會到，房屋不是任何人都會要的，原以為要了廣告噱頭，現場整理一下，找幾個跑單的，就可以把房子推銷出去，以為房地產不過爾爾；以為只要找個地下建築師，隨便設計一下，拒斥市場人員的建議，閉門造車，認為房地產只要蓋得好，便可售完，這下也面臨考驗了。

二、市場調查的程序

以下係市場調查的一般程序，茲簡化如下。

（一）初步調查

1.情況分析；2.非正式調查；3.問題之確定。

（二）正式調查的計畫與實施

1.正式調查之計畫；2.資料之蒐集。

（三）資料的分析與解釋

1.列表和分析；2.說明結果；3.結論和建議；4.提出報告。

市場調查的順序與流程

確定問題，調查目的設定	擬定調查之計畫	調查實施及資料蒐集	整理、分析資料	完成調查報告與發表
1	*2*	*3*	*4*	*5*

三、市場研究的分類法

（一）一般的分類法

可從下列六種角度加以分析。

1. 依調查產品不同而分類

以產品不同來分類，可分為住宅、商場、商業辦公。

(1)單以住宅來說可分為：①別墅、休閒度假中心；②公寓、四層或五層；③地上權、社會住宅；④電梯住宅六層到二十四層、超高層住宅等。

(2)以商場來說可分為：①購物中心、百貨公司、商店街；②餐廳、超級市場；③市場攤位；④遊樂場、電影院等。

2. 依市場對象而分類

可分為需要市場與供給市場。

(1)需要市場一般又可因購買對象及階層而細分如：①高所得有身分人士；②所得薪資階段；③勞工中下階層；④月薪○○○元者。

(2)供給市場可分為：①營造廠；②建築商；③地主；④政府機構。

3. 依總體經濟及個體經濟而分類

個體經濟以討論個別單位的細節為主要課題，譬如：個別的產業、廠商與家庭、區域環境分析、競爭個案分析。

總體經濟所處理的是一個總體，這個總體可能是整個國民經濟，也可能是構成國民經濟的全體家庭或廠商；換句話說，一個總體就是個別經濟單位的結合，此時，一個總體便是一個單位，包括：經濟因素（所得、利率、物價）、政治因素、法令因素等。

4. 全國性市場研究及地域性市場研究

全國性市場研究係以整個國家作爲研究範圍，地域性市場研究則可分爲北部、中部、南部及東部區域，或縣市、鄉鎮市區等行政區域作爲研究範圍。

5. 靜態的市場研究與動態的市場研究

靜態的市場研究係某一特定時點的市場狀態研究，動態的市場研究，則爲相當期間內市場動向的研究。前者可以了解某一特定時點的市場狀態，但僅能把握短暫時間的平面狀態；後者則以把握市場動向爲目的，因此必須經過相當時期的觀察，以了解市場趨勢的變動情形。

6. 量的市場研究與質的市場研究

前者如銷售預測額、市占率、潛在需要量、有關需要等量的預測，著重全體性的傾向分析（廣度優勢）；後者偏重發掘消費者內心眞正的聲音，如購買動機等，以數量化的研究屬之（深度優勢），但有時亦可合併其屬性或同內容者，盡可能予以數量化。

(1)量化（定量）資料研究（Quantification）

運用統計軟體所取得的數據性統計資料，例如：按個案需求設計問卷、進行市場調查，所取得的電腦交叉表，就是量化的一種。其優點是可運用統計軟體設定不同的條件，進行快速運算，並轉化成各種統計圖表。

量化研究通常被研究者用來了解各種行銷刺激對消費者所產生的種種影響，以及有關消費者的購買與使用行爲的相關資訊，使行銷者能夠據此「預測」消費者的行爲與反應。由於量化研究是透過大樣本所蒐集到的量化資料，因此可以適用於精密、複雜的統計分析。

(2)質化（定性）資料研究（Qualification）

質化研究所提供的並不是客觀的數字，而是主觀的意見與印象；它的主要功能並非解答有關「多少數量」的問題，而是在解答「爲什麼」的問題，以期能深入了解消費者心裡究竟在想些什麼。例如：爲什麼某些消費者購買A產品而非B產品？爲什麼消費者喜歡購買捷運站旁之房屋？「質化」分析的例子，就是同樣數量的顧客，可能有完全不同的屬性，也代表截然不同的「顧客終身價值」。市場調查除了要有客觀的衡量指標，更重要的是，在「量化」的數字上加諸「質化」的判斷；否則若是數字可以說明一切，那麼市調工作不如全部交給機器人，這是不可行的分析。

屬於文字性的描述資料，如以焦點群體訪問法（Focus Group Interview），或深度訪談法（Depth Interview）方式進行市場調查，現場記錄人員所記錄的「記錄表」就是一種質化資料，但它的分析難度較量化資料爲高。其優點是可深入分析不同個體間的差異性，從中分析出獨特的觀點，這是強調一致性的量化資料所無法達到的領域。

以某自住型銷售個案的市場調查爲例

①定量調查

樣本數	有購買意願	無購買意願
100	66%	34%

年齡	樣本數	有購買意願	無購買意願
20～30	25	94%	6%
31～40	25	86%	14%
41～50	25	41%	59%
50以上	25	33%	67%

②定性分析

20～30歲有購買意願的前四大理由：

a.地點適中、交通方便；b.價格合理、自備款低；c.坪數精簡、格局方正；d.公司口碑好、售服親切。

（二）按資料的所在而分類

1. 一手資料和二手資料

房地產市場的資料可以簡單區分爲一手（初級）資料（Primary Data）與二手（次級）資料（Secondary Data）。

一手資料是指透過親自訪問、觀察、實驗所得到的直接資料。市調人員可直接針對自己所需要的資料進行調查，資料的內容與項目較能符合本身的需求，但相對的，也須付出較多的人力與物力。

二手資料存在於政府統計、產業公會統計、企業內部業務資訊或學術界的相關出版品，將這些數值加以組合、排列、分析等，有時可以得到非常深入的資訊，資料取得成本也較低；但相對的，資料來源與內容並非針對本身量身訂做，因此不一定能符合研究目的所需。

　　市場調查一般以二手資料分析為優先，一手資料為輔；二手資料無法說明的部分，再考慮以一手資料解釋。在實施實態調查之前，最好能充分利用既有的第二手資料，以便節省時間與費用。不過在應用時，必須注意資料之正確性及時間性，同時配合有關資料做時間數列分析及相關分析，以增加其利用價值。

2. 現有資料蒐集

(1)內部資料：是指公司的各種記錄、意見等有關的情報。公司內部的銷售統計，對於健全市場計畫擬定與實施相當重要。內部資料包括：銷售記錄、地域別銷售成績、市場調查資料、廣告分析等。

(2)外部經營資料：包括政府官署、同業公會、代銷公司、銀行、報章雜誌等第三者所做成的各種統計和資料。

(3)實態調查：在既存之內、外部資料不能完全解決問題或某一特殊問題必須有個新的資料時，就應予以實施。

（三）主要的資料蒐集方法

　　蒐集一手資料的方法主要有訪問法（Interview）、觀察法（Observation）和實驗法（Experiment）。

市場調查方法圖

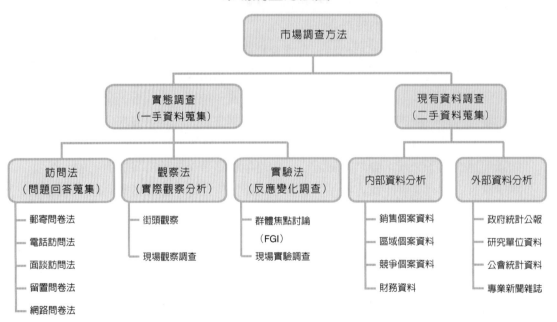

1. 訪問法

這是實務界最常用的研究方法，是利用各種調查訪問方式直接詢問受訪者有關知識、態度、偏好以及購買行為等相關問題來蒐集初級資料，它是蒐集受訪者的社會背景、態度、意見、動機及行為的有效方法。各種訪問方式優劣互見，各有其適用場合，也各有其缺點，在選擇時，應就成本、時間、訪問對象、調查時可能發生的誤差、問題的性質等因素加以比較。

2. 觀察法

這是透過觀察特定活動的進行來蒐集資料。其所仰賴的是研究者近身的深入觀察，行銷研究人員直接在銷售現場觀察消費者如何選購產品。觀察法因受觀察員的影響較小，比較客觀是其優點；但無法觀察被觀察者的內在動機或購買意願，且成本可能較高，在時間及地點方面所受的限制亦較大，則是其缺點。

3. 實驗法

這是學術界較常用的研究方法，實務界用得少。實驗法係指選擇配對的受測群體，一為控制組、一為實驗組，對兩組施予不同的「處理」（如不同的產品價格），並控制其他不相干的因素，然後再檢測群體對不同處理的反應差異（如購買意願的高低）。訪問法和觀察法無法控制受訪者或被觀察者的行為及環境因素，因此無法證實各變數間的因果關係。實驗法則對行為及環境因素加以控制，俾能了解各變數間的因果關係。

例如：一個行銷個案推出時，可能會需要了解當廣告量增加時，銷售額是否會因為廣告量的增加而增加，此時研究人員即可藉由操弄廣告量的變化，來觀察銷售額會產生的相對反應。這種藉由控制一項或一項以上的因素，來觀察其他因素的變化，即所謂的實驗法。(1)優點：直接且真實地反映市場需求，且能釐清因果關係的資料蒐集方式。(2)缺點：實務作業上較困難，且會受外在因素影響。如以前述的例子來看，雖然實驗證明，銷售額會隨著廣告量的增加而增加，然而除了廣告的因素之外，比方產品的品質、通路、價格等，都會影響到產品的銷售量，這些都非研究人員所能控制的因素。

四、市場研究的利益與限度

（一）市場研究的利益

企業為達到經營的現代化及合理化，市場研究為不可缺的條件。一般而言，

實施市場研究可獲得如下之利益：

1. 實施調查的結果，可了解市場的一部分或相當部分，因此在經營政策及交易方面，可擬定適應市場的正確方針。
2. 調查固然需要費用，但亦可找出經濟且有效率的方法。
3. 不僅對顯在（表面）市場可建立正確的政策，且有助於潛在需要的預測。
4. 由於新產品規劃的提出，可使原有產品的新用途及新市場的發掘產生新利潤的泉源。
5. 因可能實施科學化的經營，可使員工在新計畫及正規的狀態下工作，並相信其主管正從事明智合理的經營，而樂意積極努力。

雖然實施市場研究可得到上述的好處，但因市場研究發展的歷史尚淺，往往有人認為市場研究只是大企業的奢侈玩意兒，中小企業是不大可能實施的，有些只是叫企劃部去工地蒐集一些資料回來做參考。究竟這種概念是否正確，就看經營者本身了。

中小企業若想維持其獨特的立場，謀取經營之成長，就必須對市場有足夠的了解。以廣告為例，大家似已認識到廣告的時代性，及其針對企業存續的重要性，但並非做了廣告，就能保證產品一定能賣出去。想要獲得廣告的效果，就必須做有效的廣告，因此也就必須對市場有確實的把握，方能找到最適當、有效的廣告訴求點。總之，市場研究目的不在立見其功效，而在於長期的效果，因此，這種投資對於謀取經營上的長期安定及成長是非常必要的。

（二）市場研究的限度

市場研究的範圍，凡是與市場活動有關的因素，都要加以研究分析以幫助企業解決諸多問題。但並非利用市場研究，一切問題均可迎刃而解。要使市場研究成為有效的工具，必須對市場研究有充分的認識與理解，尤其要充分認識其限度，而使市場研究在其限度內，就能發揮最高效率。其效率大致如下：

1. 市場研究所用的方法和技術，各有其限制條件。例如：它無法像一般研究方法採用的實驗性，往往都要等到案子推出至結束後，才能了解到實驗的結果。至於觀察法，又因每間公司都對外封閉一切資料，要了解詳細銷售的狀況，實在不容易；再者，即使能測定購入的事實，也很難明白購入的整個銷售過程及其廣告效果。其他如詢問法，更有不能直接獲悉被調查者的生活環境及人格，或回答不完整等缺點。
2. 通常市場研究所提供的資料，僅指某一時點的片段事實。但市場管理的問

題，並非做一、兩次的研究調查便能解決，而必須依靠長期、全面的綜合判斷。市場管理的問題是在不可控制的環境中，對於那些可控制的各種因素予以最適當的安排；換言之，要透過最適當的市場組合，努力達成經營的目標，因此必須蒐集、分析、檢討經營內外的各種情報。

由此可知，市場研究至今只是一種「特效藥」，而非「萬靈仙丹」，通常僅應用於市場活動問題的一面而已，因此雖能對廣告、價位、產品、規劃等問題提供有用的資料，卻不能解決一切市場的問題。

3. 市場研究可提供客觀的事實，但不能代替經營者的判斷。市場研究是計數的，係根據科學對事實所做的提示；而經營者的經營則非計數的，乃屬於人生哲學方面。如經營者憑自己過去的學識經驗，並借重客觀事實的提供，必能使其判斷更為健全，而臻於「知己知彼、百戰百勝」的境地。市場研究者依舊離不開幕僚的立場，他雖然蒐集、分析並了解事實，但最後的判斷和決定還是要由經營者來做。

4. 市場研究通常費時較長，在研究調查完畢時，往往市場狀態已改變，而不能發揮其研究結果的功效。

5. 又因自外界蒐集可利用的情報受到限制，使研究調查難與決策者取得密切關係。同時，部分主管反對使用研究的結果，以免本身地位受到威脅，因研究結果對他們的評價可能不利或顯示出公司缺乏明確的共同目標，各部門各自為政等組織上的缺失，而使市場研究難以有效運用。

以上所述，僅涉及各種限度的一面；另一方面能充分了解市場研究，有效導入企業經營的公司亦不少。總之，企業對市場研究的運用方式，自會隨著市場研究及市場情報概念之灌輸而改變。

彙整分析情報的要訣：

1. 彙整是「異中求同」，將個別看起來不同的資料情報，找出相同或相關的部分，統合整理起來。

2. 分析是「同中求異」，將看起來結果一樣的事務，分析出背後不同的原因，例如：銷售相同產品的廠商，為何銷售成績會不同。

3. 市場調查資料可以運用資訊交叉分析，找出有意義的統計數據結果，進一步解讀分析出寶貴的情報。

3-3　市場調查的一般原則及程序

一、市場調查的一般原則

在實施適當的市場調查，以確切把握市場狀況時，必須注意下列幾項原則。

（一）尊重市場調查的真實性

市場調查乃事實真理的追求，而非理性真理的追求；前者係因事物影響及吾人之精神而成立，後者則由吾人之精神而組成，事實真理係在特定條件之下，調查特定現象發生的或然率，用歸納法加以整理的經驗法則。

（二）尊重市場調查的正確性

市場調查必須正確地實施是當然的，但在實際上，因為調查資料被修改、不完全或量的不足，或由於調查及計算時間的偏差、場所的不適當、經費的不足，以及調查者與被調查者之間因誤解而發生偏差，以致往往不能獲得調查資料的正確性。因此市場調查的正確性，實係一重大的問題，在不能做到絕對性的正確時，至少也要使可能發生的誤差範圍縮到最小，而保持相對性的正確度。

（三）注重市場調查的連續性

由於市場調查的實施基礎是特定的時點，只能窺見市場的靜態狀況。為了彌補此一缺點，必須使各種市場調查具有連續性及連結起來，以把握市場動向的推移情形。

（四）考慮市場調查的比較性

實施市場調查常需要大量的金錢、努力和時間，若一次調查能做多方面的用途，又能與其他企業在其他時間以及其他場所的調查結果相互比較時，市場調查的功用將是非常大的。

（五）重視市場調查的統一性

為使市場調查能有上述的連續性及比較性，最好能盡量克服困難，使調查的型式及項目趨向統一性。

（六）設法使市場調查具有互補性

市場調查是設想利益源泉的調查，故市場調查本身也應盡可能減少勞力、費用，並使一種調查做多種用途，不限於其調查目的範圍內。只要顧及上述的統一性，就像標準化的螺絲釘一樣，可以到處通用，或將其他機構的調查資料作為自己調查資料的一部分，或將自己調查的資料提供其他機構作為參考。

二、市場調查的程序

市場調查的程序可分為：（一）初步調查；（二）計畫正式調查；（三）蒐集資料；（四）資料整理與分析；（五）提出研究報告及建議。茲列述如下。

（一）初步調查

研究市場在擬定正式調查計畫以前，通常應先做初步調查，以確定問題及研究的範圍，以擬定一套計畫。可分為兩個步驟：1.情況分析；2.非正式調查（市場調查）。

1. 情況分析方面

情況分析為調查手續的第一階段，是為了獲得解決問題所必須調查之項目的預備知識，而為市場研究人員個別所做的調查，以便對產品、廣告路線、消費者購買習慣、訴求重點公司等，有詳細的了解、檢討而展開假設。

茲將所需之情報，列舉如下：
(1)公司本身：①創立年度及成長的歷史；②公司的管理組織；③公司的行政主管；④公司的競爭地位；⑤公司的財務狀況；⑥公司股東及控制系統。
(2)市場：①購買產品的是誰？是投資或是置產；②產品的區域分布狀態其接受性又是如何；③影響產品購買的基本心理、社會及經濟因素。
(3)廣告訴求：①銷售與廣告的關係；②廣告與媒體效果的關係；③廣告重點應採用柔性及強迫性或訴求為主。

2. 非正式調查

又稱為預備調查，係情況分析與正式調查的橋梁，其目的在於探討狀況分析所提出的假設，證實其是否能付諸實施。為此，一方面要與情況分析的結果相互對照，另一方面要與同業、專業、學識經驗豐富者深談，或訪問消費者，將所獲得的情報作為參考，以此對正式調查的方針、調查事項、方法或調查表格等，做一選擇性及概述性的決定，並選擇若干樣本加以調查實驗，意即要完成使調查上

軌道為止的工作。

綜上所述其結論為：預備調查是要做成正式調查的模型，以檢討其可行性、試驗等，並非一定要採用繁雜的方式，只要在特定調查的事項上，獲得近似結論，並可斷定與以後的正式調查能大致符合時，便可停止該項目的事前調查，其目的是根據事實情況分析，對產品本身訂定初步研判。

（二）計畫正式調查

市場調查的項目決定以後，接著就要確定資料的來源，並研究用什麼表格，且以何法填入。在進行調查時，如決定用全數調查時，應如何毫無遺漏地把握調查事實，宜經過詳細檢查後擬好辦法；如決定用抽驗調查時，應根據調查目的，選擇適當的樣本，並檢討蒐集樣本方法。

在具體的實行上，也要分派好調查資料的報告者、資料整理者、製表者、調查資料與分析結果的專案者，並且在必須對調查資料予以統計分析時，要用何法求取分析結果的可信賴界限，用何法證明調查結果，在資料分析中，如何互相對照比較等，都是檢討正式調查手續時的重要課題。

（三）資料蒐集的方法

在計畫本調查時，調查前須決定情報的來源。按資料來源而分類的資料，蒐集方法如下。

1. 利用既有的二次資料

市場調查人員常犯的最大錯誤是只蒐集原始資料，而不利用既有的第二次資料。但事實上，若能對第二次資料善加利用，重新加以整理便可供調查之用，而大為節省時間、勞力和費用。二次資料的來源有經營內部資料與經營外部資料，皆已在資料分類敘述過。利用這些資料時，必須注意這些原非為調查而做，故有其利用上的限制；不過，經營內部資料因其係代表企業實績的反映，故利用價值依然是很高的。

2. 蒐集第一手資料（初級資料）

一手資料又稱為初級資料，是指透過親自觀察、訪問、實驗而得的直接資料。檢討第二次資料後，仍有部分情報無法從中獲得，而必須實地去蒐集，蒐集的對象包括購買者、推出之個案、競爭公司等。蒐集者可針對所需資料進行調查，調查的內容較符合使用者需要；但是相對的，調查者也必須付出較高的成

本。其優點為正確性、時間性及代表性；缺點為有效樣本難以正確掌握、成本高、時間落差、受訪者拒絕調查或不友善、關鍵資料被列為機密，都可能無法蒐集正確的研究資料，使得效果打折。

3. 一手資料（初級資料）蒐集方法

蒐集初級資料的方法，主要有訪問法、觀察法和實驗法。

(1)訪問法

①電話訪問調查

電話調查也是一種很好的稽核方法，一般在對某個案產品或細節有不詳盡的地方時，便可冒充客戶，請求對方公司予以解釋。另一種情況是在核對銷售狀況表時，如為了解某一層樓或某一種坪數銷售狀況，也可採用。如故意打電話向其公司或工地小姐詢問有無五層樓編號A號房屋？如小姐說有，則再故意打電話藉口說十樓A採光較好，不知還有否？如此反覆幾個人在不同時間去詢問（切忌不可在現場最忙的時候），也是一種核對銷售表的技巧。但在案子戶數多時，則比較難以去核對。

②人員訪問調查

此種調查方式為最直接也是最實際，調查人員必須有敏銳的觀察力，從客戶的談話、人潮、廣告及現場的配合、產品及價位的定位，去了解分析每一個案子的成功、失敗之處。因為每個銷售個案就代表某家公司對此案子的市場判斷，再經過幾乎上千萬廣告費用的促銷，其銷售個案便是一個最活的例子，所蒐集的客戶資料（Data）便是最珍貴的一手資料，因為那是花費了所有廣告費用所得來的，難怪每家公司都視個案資料如寶一般，不輕易外洩，故為了達到市場調查目的，便須多利用各種技巧及關係。

③郵寄問卷調查

利用郵寄方式，將欲調查的資料以問卷（Questionnaire）的方式，讓受訪者填畢後寄回。適用於樣本數太大，且須長時間了解問題內容者。

(2)觀察法

眼見為憑、客觀正確，掌握只能靠觀察才能得到的資料，如：參觀來客數、年齡階層、現場銷售狀況、交通流量等。以往代銷公司請工讀生於假日至各重要工地數人頭，就是要蒐集各工地的實際參觀人數，以確定市場買氣及各案場的來客數，較能掌握市場的動態。

(3)實驗法

以人為操控變數的方式，進行因果關係的證實與資料蒐集。

用統計實驗的方法，將欲實驗的變數，設定不同的標準，經由市場反應，找出最佳組合。

①相關性判斷

　　a.時間發生先後順序：例如先調降售價，再檢驗銷售率是否增加，兩者是否有先後的因果關係。

　　b.將不存在的相關因素捨去，不予考慮。

②實施步驟

　　舉例說明如下：

　　a.選取調查對象：預售屋市場的銷售反應。

　　b.決定控制變數：送贈品預約排號選擇房屋。

　　c.比較：與過去沒辦活動的銷售狀況做比較。

　　（《房地產投資與市場分析理論與實務》，張金鶚）

　註：實驗法在業界尚無採行之個案可供參考，無法得知其實際之效果，尚停留在學術研究階段，僅供參考。

4. 二手資料（次級資料）蒐集方法

　　二手資料的取得係借重他人調查的成果，是指蒐集政府的統計資料或其他報章、雜誌或學術界的相關出版品。其優點是可以快速、經濟的獲得資料；缺點是資料調查時間老舊、項目分散，不一定能符合公司的需求。

(1)政府機關所統計公布的資料

政府機關所統計公布的資料，如：政府機關所公布的人口、財經、都市計畫、施政計畫等，對房地產都會有直接、間接的影響。除了報紙上的報導外，也需要透過各種關係去公家機構蒐集。

(2)市場研究機構或徵信機構的公布資料

如民營徵信所、中華民國工商業調查及一般工程顧問公司、財團法人等，都有專人在蒐集整理某一方面的專門資料，可讓我們隨時獲得新的財經消息等，以便對國內外經濟有所了解，隨時反映給經營者參考之用。

(3)房地產相關雜誌

《惟馨周報》、《住展》、《美宅誌》等。

(4)房地產相關網站

目前網站資訊非常普遍、容易取得且成本又低，是目前建築業蒐集資料使用頻率最高的媒介。目前國內相關網站所提供之房地產資訊可分下列幾類：政府部門——行政院主計總處、內政部營建署、地政司、統計處等；不動產買賣租賃——建設公司、仲介公司、拍賣公司等；學術研究資訊——學校相關科系、學會等；建築經理及顧問——戴德梁行、世邦衛理仕等；不動產估價及徵信——中華徵信所、信義不動產鑑定公司；業界常用的網站——地產上、eHouse不動產交易服務網、內政部不動產資訊平臺house-fun、寬頻房訊、104法拍網，信義房訊知識等，不勝枚舉。

(5)網路搜尋引擎、線上資料庫

網際網路日益普及，上網人口大幅成長，許多政府和民間資料庫的資料都已登入網際網路，讓使用者可以上網查詢：行政院主計總處的資料，可上網至 http://www.dgbasey.gov.tw查詢；哈佛企管顧問的華文企管資料庫，可上網至 http://www.chinamgt.com.tw查詢。

(6)圖書館

公立或私立圖書館是找尋外部次級資料的重要管道之一，善用圖書館的各項資源是成本最低且迅速的方法。

(7)公司本身有關的各種資料

公司本身有關的各種資料，如平常市調人員所蒐集整理的各種資料，還有公司所推出的個案資料等。通常這種資料都比較完整，對公司的幫助比較大，程序也比較繁瑣，其作業流程如下頁圖所示。

（四）資料整理與分析

對公司而言，市場分析的目的在於降低投資風險，增加公司可期望的投資報酬率，故資料的精確度愈高，對投資策略就愈有幫助。但因房地產所涉獵的範圍太廣，如要周全的考慮分析每個細節，實務上有些困難，因此利用有限的資訊對未來趨勢做一正確的分析並能符合現況，才是市場人員應努力的方向。

前文所述市場資料蒐集完成後，便須進一步將資料做一些整理及分析，使其由繁入簡，一目了然。代銷公司市場部資料的整理，不外乎下列幾個重點。

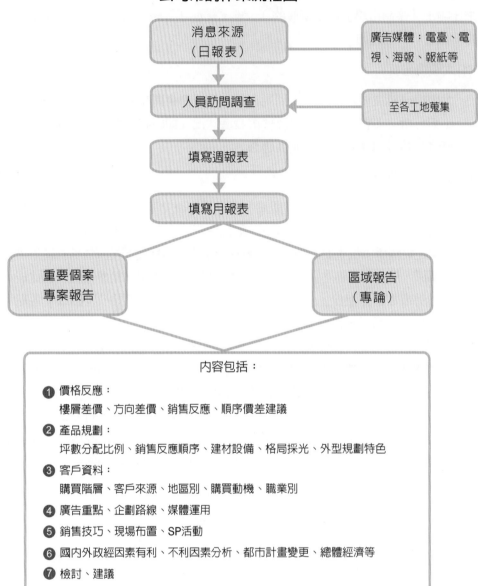

公司市調作業流程圖

消息來源
（日報表）

廣告媒體：電臺、電
視、海報、報紙等

人員訪問調查

至各工地蒐集

填寫週報表

填寫月報表

重要個案
專案報告

區域報告
（專論）

內容包括：

❶ 價格反應：
樓層差價、方向差價、銷售反應、順序價差建議

❷ 產品規劃：
坪數分配比例、銷售反應順序、建材設備、格局採光、外型規劃特色

❸ 客戶資料：
購買階層、客戶來源、地區別、購買動機、職業別

❹ 廣告重點、企劃路線、媒體運用

❺ 銷售技巧、現場布置、SP活動

❻ 國內外政經因素有利、不利因素分析、都市計畫變更、總體經濟等

❼ 檢討、建議

1. 總體市場分析

　　總體市場分析係對整個大環境的社經動態做調查分析，以便掌握投資地區大環境市場景氣動向及地區的未來發展趨勢，最終目的係為預測房地產市場大環境未來區域、數量、價格等之供需狀況，及分析預測大環境未來發展趨勢，作為投資決策的重要參考。

　　總體市場分析之資料內容，可分成大環境分析與區域環境分析兩部分，若用股市來比喻，「總體市場」就像臺股的「大盤」，而「個體小環境」就像數千檔臺股中的「個股」，簡述如下。

(1)大環境分析

　　大環境分析主要是針對過去到現在區域性或都會區總體市場之經濟情況做一比較分析，並整合國家人口及經濟發展狀況（如GNP、利率、所得等）做一整合，藉以預測未來市場發展趨勢。

(2)總體經濟情勢分析

　　經濟學是一門研究人類行為的社會科學，用來研究滿足人類需求的所有活動，包括生產、消費、分配等，這些活動往往牽涉到土地與建築物的使用，故不動產是經濟學中很重要的部分。不動產市場之景氣與整體經濟情勢有密不可分的關係，房地產市場之發展，可謂經濟成長下之副產品，經濟指標也因此成為影響房市之領先指標。一般而言，影響不動產之經濟指標，包括以下各點：

①國民所得毛額、國內生產毛額及經濟成長率

　　國民所得毛額（GNI，即國內生產毛額加計國外要素所得收入淨額）等於GDP加上國外要素所得淨額，2013年全年經濟成長率2.2%，全年國內生產毛額（GDP）15兆2,212億元，國民所得毛額達15兆6,462億元，較2012年增3.3%，折合5,256億美元，平均每人GNI為67萬226元，折合2萬2,526美元。經濟成長率係指某一期間之某國實質國內生產毛額之增加率。經濟成長率愈高，表示全體國民所得增加，股市及房市等景氣熱絡。

$$GNI = GDP + 國外要素淨所得$$

我國經濟成長、國民所得毛額及物價變化表

年度	經濟成長率 （%）	平均每人GNI （美元）	平均每人GDP （美元）	CPI年增率 （%）	失業率 （%）
2013年	2.48	22.552	21.973	0.79	0.79
2014年	4.72	23.492	22.874	1.20	3.96
2015年	1.47	23.367	22.780	-0.30	3.78
2016年	2.17	23.684	23.091	1.39	3.92
2017年	3.31	25.704	25.080	0.62	3.76
2018年	2.79	26.421	25.838	1.35	3.71
2019年	3.06	26.561	25.908	0.56	3.73
2020年	3.36	29.202	28.383	-0.23	3.85
2021年	6.57	33.708	33.011	1.96	3.95

經濟成長率：因聯合國SNA已將原國民生產毛額（GNP）改稱為國民所得毛額（GNI），各國所發布資料亦已修正，為利國際比較，將配合修訂。GNI=GDP+國外要素所得收入淨額
資料來源：行政院主計總處，2021年4月最新公布。

我國經濟成長率

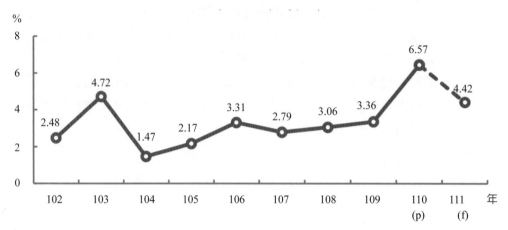

資料來源：行政院主計總處111年2月，最新公布。

國內生產毛額（Gross Domestic Product, GDP）又稱為國內總生產，指在一年（或一季）當中，一國所生產出來供最終使用（Final Use）的商品或服務的市場價值之總和〔國內生產毛額GDP＝消費C＋投資I＋政府支出G＋（出口X－進口M）〕。根據主計總處的定義：為某一期間本國及非本國常住居民提供要素，在國內從事生產所創造之附加價值。國內生產毛額採「屬地主義」，只要在本地生產，不論設籍何處，均屬於國內生產毛額的計算範疇。

一國疆域內的經濟現象必須透過國內生產毛額（GDP）來反映，以臺商為例，只要在臺灣地區所設立的企業，不論是本人或外國人所創造的所得皆包括在內，相對的，前往大陸設廠的老闆或在大陸工作的小弟所創造的所得，則不包括在GDP裡；很明顯的，GDP由於是以一國疆域為統計範圍，自然較能精確地反映國內經濟實況，因此自1991年來，美國即以GDP取代GNP作為經濟成長率的統計基礎，臺灣也從1994年起，採用GDP來衡量經濟成長。

當GDP持續成長時，代表總體經濟表現佳，人民收入提高、購買力強，對未來較有信心，自然就有能力購屋或換屋，進而帶動房價上漲。

②貨幣供給額〔目前已改稱為貨幣總計數（Monetary Aggregates）〕

傅利曼（Friedman）認為，貨幣供給是衡量游資多寡的適當指標。貨幣是購買力的暫存所，貨幣供給額愈高，人民的購買力愈強，促使沒有房子的人想要購買房子，已有房子的人會想換更好的房子，如此一來，建商

將有更多的意願投資興建更多房子。理論上探討，貨幣供給額（Money Supply）係指存在於整個經濟體系中的貨幣量，包括流通的貨幣、支票存款及活期存款。貨幣供給額之增量與經濟成長呈現正向變動關係，經濟成長率愈高，貨幣供給額之增量則隨之上升；反之則下跌。相對於商品而言，過多的貨幣會導致利率下降、物價上漲，甚至通貨膨脹；過少的貨幣則會導致利率走高、物價下跌、產出減少，甚至閒置產能及失業率的增加。

一般而言，貨幣供給額的統計有三種，即M1a、M1b、M2，其最大的不同在於流動性（Liquidity）的高低及廣義（M2）與狹義（M1a、M1b）的論定，其內容為：

M1a（Monetary Aggregate M1A）＝通貨淨額+活期存款+支票存款

　　＝（通貨發行額−金融機構中的庫存現金）+支票存款、活期存款

M1b（Monetary Aggregate M1B）＝通貨淨額+存款貨幣

　　＝M1a＋企業及個人之活期儲蓄存款

M2 (Monetary Aggregate M2) =M1b+準貨幣（定期存款+郵政儲金+外匯存款）

三種貨幣供給指標

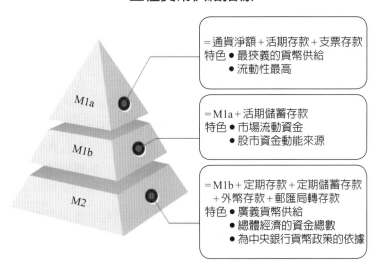

通貨淨額是指中央銀行之通貨發行額扣除銀行及郵匯局的庫存現金，如流通在社會大眾手中的通貨，亦即金融機構以外，社會大眾與企業手中持有之鈔票與硬幣。個人與企業在金融機構存放的活期存款與支票存款，存款之利率極低，較難保值，其存款目的乃在於交易動機，實際功

能是作爲交易的媒介。

活期儲蓄存款的利率略高於活期存款，除了價值儲存的功能，尚可隨時提領或轉入股市交易帳戶進行股票投資，因此在證券分析實務上相當重視貨幣供給額M1b的變動，將M1b的增加視爲股市的正面激勵因素。

所謂廣義的貨幣供給額，乃指M2而言。

所謂準貨幣（Quasi Money），又稱爲近似貨幣（Near Money），主要指定期存款與定期儲蓄存款，還可以加上可轉讓定期存單、外匯存款或是中華郵政公司儲匯處自行吸收之郵政儲金總數（含劃撥儲金、存簿儲金及定期儲金），附買回協定交易餘額。準貨幣是具有高度貨幣的資產，具有大部分貨幣的功能，但最主要功能還是價值的儲藏。故M2成長率大於M1b成長率時，常被證券分析實務界解釋爲社會大眾對投資股票缺乏興趣，紛紛將資金轉移至定期存款，也被視爲影響股市發展的負面因素。

由於貨幣供給額是貨幣供給的總指標，因此自各類存款變動、貨幣的流向、金融商品的增減流向、貨幣流通的周轉、央行有價證券增減的訊息中，即可判斷出貨幣鬆緊的程度。

若貨幣供給額逐漸上升，表示市場資金逐漸寬鬆。然而過多的貨幣容易導致利率下降、物價上漲、通貨膨脹；相反地，若貨幣供給額逐漸下降，表示市場資金逐漸緊縮，過少的貨幣容易導致利率上升、物價下跌，造成產能閒置、消費不足，引起失業率的增加。因此，在金融海嘯衝擊下提高利率、動用外匯存底、緊縮貨幣供給，皆不利於景氣復甦。

◎貨幣供給額與景氣的關係

由M1a、M1b推估景氣的變化。

景氣好轉，各類投資及交易活動增加，M1a、M1b數量增高。

M2年增率爲央行貨幣政策中間目標，M2（2019）貨幣成長目標區目前爲2.5%～6.5%以內。央行將M2成長作爲貨幣政策中間目標，主要因M2與物價和經濟活動間的長期關係較爲密切且穩定。

M2年增率高出央行的目標區，顯示民間游資充斥，投資活動熱絡，經濟景氣轉熱，隨之而來的是通貨膨脹的壓力。央行爲穩定物價，使景氣降溫，勢必採取緊縮貨幣供給，市場利率有上揚的壓力。

若M2年增率低於央行的目標區，央行為提振景氣，將執行寬鬆的貨幣政策，引導利率下降，增加貨幣供給，刺激投資，市場利率將出現下跌的空間。

M2年增率及貨幣成長目標（參考）區

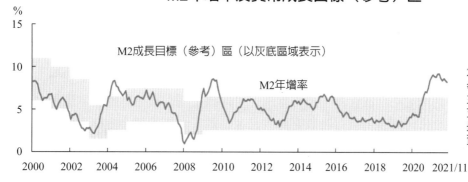

2021年M2成長率超過參考區間上限6.5%，主要係因經濟基本面支撐下放款與投資成長率續處高檔，且外資呈淨匯入所致。

M1b與M2的數據愈高，代表市場上的錢愈充沛。市場上的錢到底多到什麼程度呢？以2021年12月數據來看，M1b、M2日平均餘額分別是24.758兆元、53.709兆元，連袂創下歷史單月新高。

③利率

利率一向是貨幣政策的最佳利器，是調節市場資金供給的重要工具。當市場利率上升，資金成本增加，因投資人及購屋者利息負擔加重，風險相對提高，對不動產需求產生抑制的作用，而延緩經濟活動的運行；反之，當利率寬鬆，對不動產的需求者或供應者都會因為投資成本降低，投資意願自然會增加，同樣購屋者之購屋意願也愈高，因而對房地產市場供需有活絡的作用。民國90年代以後，臺灣進入史上最長的低利率年代，基準利率都壓低在4%以下，2008年金融海嘯以來迄今，都還維持在2%以下。

每當經濟不景氣的時候，民眾通常第一反應一定是把資產變現，然後把現金抱緊在身上都不敢動。當大家都把錢抱得緊緊的時候，這些錢因為沒有不斷地在市面上流動，因此消費就少了，錢的流動價值就降低了，一百元就真的只有一百元的價值了。

因此很明顯地，政府現在就是要把大家緊抱在身上的現金趕到市場上，因為銀行的利率愈低，大家就愈不想把錢放在銀行，最極端的就是我們隔壁的好鄰居「日本」，為了讓民眾把錢放到市場上去流動，讓低利率變成最近我們常聽到的「負利率」，也就是說，你把錢存在銀行，不但一毛錢的利息都沒得拿，你反而還要支付一點「保管費」給銀行。

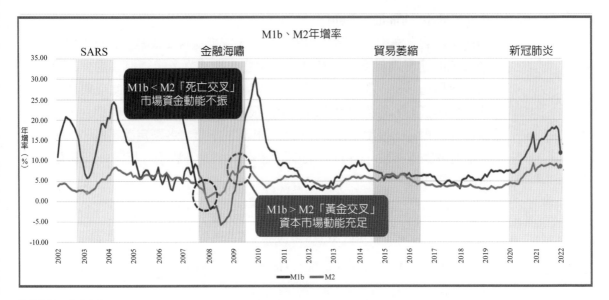

資料來源：中央銀行。

而當一個國家從「低利率」變成「負利率」時代時，除了資金被逼入市場促進經濟發展、房地產市場也可能因此回溫以外，通常利率降低的下一步就是「貨幣貶值」，如同這兩年的亞洲貨幣競貶趨勢，你的房子可能什麼事情都沒有做，市值就因為匯率在市場上蒸發1/4了。

但實際情形有可能是反效果，歐洲及日本央行先後實施負利率迄今，已有初步證據顯示副作用已開始顯現，主因民眾在心理上擔憂經濟前景，因而不僅未打開錢包，反而更勒緊褲帶，企業也窖藏現金，與實施負利率的政策目標背道而馳。

重貼現率

（％）

調整日期	重貼現率	擔保放款融通利率	短期融通利率
2022/6/17	1.5	1.875	3.75
2022/3/18	1.375	1.75	3.625
2020/3/20	1.125	1.5	3.375
2016/7/1	1.375	1.75	3.625
2016/3/25	1.5	1.875	3.75
2015/12/16	1.625	2	3.875

資料來源：2022年6月，中央銀行金融統計月報。

④通貨膨脹率（Inflation Rate）

物價指數的上漲率，統稱為物價膨脹率，或稱通貨膨脹率。若貨幣供給額增加的速度高於商品供給增加的速度，即「過多的錢追逐過少的商品」，將造成商品價格的上漲、人民實質購買力的下降，此現象稱為「通貨膨脹」。經濟學家定義通貨膨脹為「物價水準在某一時期內，連續性地以相當的幅度上漲」。所謂「相當的幅度」各國定義不同，一般以消費者物價指數（CPI）上漲幅度超過3%為通貨膨脹，超過5%為較嚴重的通貨膨脹。

通貨膨脹率（Inflation Rate）係經濟學名詞，並無法定衡量指標。一般常用消費者物價指數（Consumer Price Index, CPI）年增率來衡量通貨膨脹率。

通貨膨脹率（通膨率%）＝（今年CPI指數 − 去年CPI指數）／去年CPI指數×100

物資上漲引發通貨膨脹，通貨膨脹意謂著必須比以前花更多的錢，才能買到同一樣東西。錢，也就變得更不值錢。

如下表所示：

消費者物價指數年漲跌率

(%)

年	2012	2013	2014	2015	2016	2017	2018	2019	2020	2021
CPI累計平均	1.93	0.79	1.20	-0.30	1.39	0.62	1.35	0.56	-0.23	1.96

註：2021年5月，主計總處統計資訊網。

消費者物價指數變動率

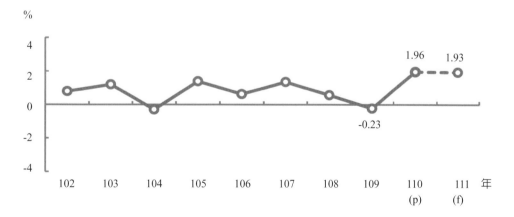

通貨膨脹一般可分為「需求拉動型通貨膨脹」（Demand-Pull Inflation）及「成本推動型通貨膨脹」（Cost-Push Inflation）。

a. **需求拉動型通貨膨脹**：從「需求面」所引發的通膨，主要為過多的貨幣追逐太少的商品及服務，最終導致商品及服務的價格上升。舉例來說，當政府實施降息或量化寬鬆等貨幣政策後，市場上過多的資金就有可能湧向商品及服務。

b. **成本推動型通貨膨脹**：從「供給面」所引發的通膨，主要為原物料價格上漲或供應鏈相關因素，導致商品及服務的生產成本上升從而影響價格。舉例來說，當原油價格上漲，以原油作為原物料的企業就被迫提高生產成本，繼而調高相關商品的售價。

在這個架構中，縱軸表示物價水準，橫軸則表示經濟體的產出或國內生產毛額（Gross Domestic Product, GDP）。經濟體的生產面由總和供給或AS曲線來表示。直覺上，這條正斜率的線代表當物價水準愈高，生產者願意生產愈多。相對的，消費者、商業社群、政府部門和外國人對商品的需求，則由負斜率的總和需求線AD來表示，它同樣直覺地代表物價水準愈高，則需求愈少。在總供給或AS曲線（Aggregate Supply）不變下，總需求或AD曲線（Aggregate Demand）增加，總需求線右移，使物價上漲，此類通貨膨脹為「需求拉動型通貨膨脹」。而凱因斯學派處理這個問題的方法相當簡單，就是削減政府支出或加稅，將總和需求拉回正常水準。如下圖所示：

需求拉動型的通貨膨脹

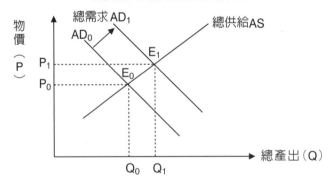

當某些因素發生時，如原物料價格快速上漲、油價變動的衝擊、生產力下降（如戰爭、動亂或罷工等因素）和工資上漲致使生產成本上揚，便會出現成本推動型通貨膨脹，如下頁圖所示。在這種情形下，移動的將是總和供給線，而非總和需求線。此類通貨膨脹為「成本推動型通貨膨脹」。

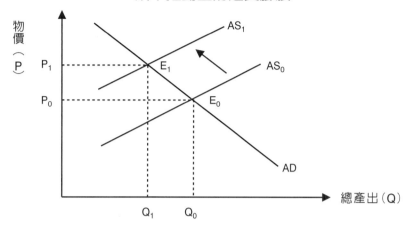

成本推動型的通貨膨脹

這裡顯示，急劇上漲的用油、商品及勞動力之成本，使得經營企業的成本大幅上揚。這些高漲的生產成本可以用總和供給曲線從AS_0移動到AS_1來表示，而均衡則從E_0變成E_1。

央行副總裁陳南光2021年9月指出，過去30年來全球物價穩定主要是因為全球化效應、企業調價敏感度降低；老年勞動力的參與率增加，降低薪資上升的壓力；電商快速成長，抑制商品與勞務價格；央行貨幣政策，較以往更重視控制通膨；金融海嘯後，逆循環商品與勞務通膨率仍低。

不過這些抑制通膨的長期結構性因素已鬆動，2018年開始的美中貿易戰，貿易保護主義盛行，使去全球化趨勢加速進行，COVID-19疫情爆發更進一步暴露全球供應鏈脆弱性，意味著過去透過全球化建立更有效率的商品和勞動力市場以及抑制通膨的力量將逐漸削弱。

最近全球貨幣金融情勢，在長期低利率與不設限的量化寬鬆（無限QE）支撐下，全球資金氾濫引發各國股價與房地產價格持續飆升的問題。但是資產價格大幅膨脹與萎縮的危害不下於惡性通膨與通縮，資產價格大幅膨脹不僅造成資源配置扭曲、助長殭屍企業、拖累長期的生產力成長與加劇所得與財富分配不均；而資產價格崩跌可能引發金融危機，加深並延長蕭條；特別是熱錢大幅湧入與逆轉流出對新興經濟體為害尤其大。

通膨種類與差異：停滯性通膨、惡性通膨、溫和通膨

實務上，通膨可分為三種類型：停滯性通膨、惡性通膨以及溫和通膨，

其中也可以歸納成好的通膨（溫和通膨）與壞的通膨（停滯性通膨、惡性通膨），詳細說明整理如下表格：

通膨類型	停滯性通膨（Stagflation）	惡性通膨（Hyperinflation）	溫和通膨（Inflation）
如何觀察	「通膨率」與「失業率」同時上漲	特價每個月上漲50%或更高	通膨率平均2%
經濟韜涵	常發生於成本推動型通膨的供給負面衝擊，通膨率持續上升的同時，民眾失業情況日益惡化。主要的解決管道需透過政府的貨幣及財政政策雙管齊下。	商品及服務的價值以不正常的速度飆升，民眾實質購買力嚴重下滑，並對本國貨幣喪失信心，常見於戰後或國家破產無力支付債務。	民從持續進行消費，企業獲利上升，更願意增加投資、擴大廠房與招募員工；同時，國家整體經濟狀況持續成長，形成良性正向循環。

當此類型的通貨膨脹伴隨著景氣衰退或停滯不前時，則稱爲停滯型通貨膨脹（Stagflation），在這種情形下，整個經濟體被低產出和高物價的雙重魔咒所困住。此時，國家經濟成長緩慢、物價持續攀升，引發廠商獲利率降低、民間消費支出縮減、失業率攀升等負面現象。

通貨膨脹對一般百姓而言，除了東西變貴，放在銀行的錢也會縮小。銀行公告的存款利率只是名目利率，要減去通貨膨脹率後，才是實質的利率。若現在通貨膨脹率大增，甚至超過銀行公告的存款利率，那麼存在銀行的錢就會愈縮愈小，即使沒有動用仍會發生損失。

◎通膨的背景

a. 太多的錢追逐太少的商品，大家手上都有很多錢，開始競相出高價搶購商品，而造成物價上揚。

b. 仰賴固定收入的人，例如：薪水階級、靠社會福利金、退休金，以及依賴固定利息過日子的人，在通貨膨脹之下，購買力降低，生活因此會受到影響。

⑤油價

1973年1月1日，國際原油價格每桶2.60美元；1974年1月1日，原油價格上升爲11.65美元。一年之間，石油價格上漲了4.48倍。油價劇烈上漲之後，包括臺灣在內的許多石油輸入國家立即陷入景氣衰退。1972至1973年，臺灣實值GNP成長率是12.8%，1973至1974年下降爲1.2%，翌年仍只有4.4%。美國1972至1973年的國內生產毛額成長率是5.2%，1973至1974年降爲–0.6%，1974至1975年爲–0.8%。由總和供需模型來分析石油危機的影響時（見上頁圖），我們得到的結論是：實質GDP將下降，物價水

準則上升。

為了保值，一般民眾轉而購買房地產，以致房地產價格也隨之上揚。例如：國內房地產市場，在2009年因國際能源危機，國際油價漲至每桶142元，因為油價暴漲導致成本型通貨膨脹，民眾為保值而轉往房地產投資，使得市場交易熱絡，房價不斷創新高。因此，未來投資者可自國際原油價格的漲跌，研判房地產市場可能的走勢。

⑥所得

大體而言，平均每人所得高的國家，其人民的生活品質也較佳。根據經建會發布的臺灣購屋需求動向調查，市場主流仍以首購自住為主。目前首購族群約可分為單身貴族、新婚家庭、家庭首購族等三類，所占比例達54%。針對這樣的首購族，專家建議最好準備三成以上的自備款再進行購屋，還款負擔以不超過家庭總收入的三分之一為上限，房屋總價以家庭年收入的5倍為佳。千萬別太貪心，像小孩開大船一樣，為了買房子而影響全家的生活品質。故所得（Income）水準愈高，購買不動產之負擔能力就愈高。而所得之高低又與經濟成長、失業率等呈現高度相關，從下表即可看出為何臺北市房價不斷創新高。

2021年第四季房價所得比

	整體調查地區	各地區					
		臺北市	新北市	桃園市	臺中市	臺南市	高雄市
平均房價所得比（倍）	9.46	16.29	12.52	7.95	10.88	9.00	8.52
平均貸款負擔率（%）	37.83	65.09	50.02	31.76	43.50	43.50	34.07

從行政院主計總處公布的全臺家庭收支調查結果，房價資訊來分析，全臺房價是明顯的「一個臺灣，兩個世界」態勢。2021年全臺主要都會區的房價所得比中，仍以雙北的比例最高。依行政院統計資料，臺北市房價所得比從2005年的6.87倍，大幅攀升到2021年的16.29倍，代表入住臺北市要16年不吃不喝，購屋負擔最重；新北市房價所得比從2005年的5.78倍，大幅攀升到2021年的12.50倍，顯示「居住大不易」的情況在大臺北地區最明顯。臺北市區房價居高不下，加上物價在油價的帶動下持續攀升，多數小家庭連老舊公寓都買不起，迫使中產階級往鄰近的新北市移動，形成「上班在臺北市，居住在新北市」的現況。未來臺北市中心精華地段，可能變成國際移動人士及高資產者的居住地。

⑦儲蓄率／投資率

對整個國家而言，儲蓄（Savings）為投資資金的重要來源，一個國家若欲增加投資，通常其國民必須願意多做儲蓄。因此，儲蓄意願較強的國家，通常投資會比較多，經濟成長率也比較高。據主計總處發布國情統計表示，國民所得毛額（GNI）用於國民消費及國外經常移轉淨支出後的餘額，稱為「國民儲蓄毛額」，這一數字占GNI比重即稱為「國民儲蓄率」。國內投資毛額占GNI的比率即為投資率。國民儲蓄為支應國內投資的財源，兩者與時俱進，為確保資源有效利用，乃是經濟永續成長的重要關鍵數據統計。

行政院主計總處甫完成的預測顯示，2018年我國超額儲蓄率（儲蓄率減投資率）連續第五年逾一成、高達13.0％，五年累計超額儲蓄近11兆，顯示閒置資金過多，若不引導至民間投資、公共建設，而使其流入資本市場炒房、炒股，將不利臺灣經濟穩定發展。當超額儲蓄的數字愈高，代表國內資金閒置情況愈嚴重，若企業寧可讓資金閒置，或是拿去做金融性投資、炒房地產，也不願意做有助於未來生產、建設的投資，我國經濟成長前景堪慮。主計總處官員分析，超額儲蓄持續攀升有三大原因，一是產業長期外移，導致國內的投資機會愈來愈少；二是產業結構集中，國內較有代表性的產業幾乎只剩半導體，其他產業發展機會有限、自然投資也不會興盛；第三，投資環境仍有待改善，加上近年國人環保意識興起，也會影響企業投資的計畫。面對投資不振，政府該做的就是排除投資障礙，將超額儲蓄導入國內投資。近兩年，我國儲蓄率持續升高，但原因略有差異，109年由於海外資金回台，加以疫情抑制消費，儲蓄率升至38.39％，110年由於生產、出口及三角貿易大幅成長，加上消費續受疫情影響，預測國民儲蓄升至9.34兆元，儲蓄率同步升至42.22％的歷年最高。

經濟學常說經濟景氣七年一循環，表示一般家庭通常需經七年的高額儲蓄，方有足夠的資金購屋，這代表一個家庭資本累積速度快慢，會影響家庭對高總價產品，尤其是房地產的購買能力，因此，儲蓄率的高低也可視為不動產需求的指標之一。

年別	儲蓄率	投資率
2013年	32.39	22.54
2014年	34.35	22.56
2015年	35.46	21.73
2016年	35.21	21.63
2017年	35.61	20.97
2018年	34.77	22.24
2019年	34.74	23.8
2020年	38.39	24.19
2021年	42.37	26.80

儲蓄率：指國民儲蓄毛額占GNI之比率
資料來源：中華民國統計資訊網，111年3月。

⑧景氣指標

　　為衡量總體經濟活動概況，將一些代表經濟活動且對景氣變動敏感的經濟變數，以適當統計方式處理，藉以具體、即時的反映景氣概況，即為景氣指標及對策信號之意義。投資者亦可參考行政院國發會依不同指標，經統計方法調整後所得之「臺灣景氣指標」：包括景氣對策信號（Monitoring Indicators）、景氣動向指標（Diffusion Index, DI；或Composite Index, CI）。「景氣對策信號」亦稱「景氣燈號」，景氣對策信號亦稱「景氣燈號」，係以類似交通號誌方式的5種不同信號燈代表景氣狀況的一種指標，目前由貨幣總計數M1b變動率等9項指標構成。每月依各構成項目之年變動率變化（製造業營業氣候測驗點除外），與其檢查值做比較後，視其落於何種燈號區間給予分數及燈號，並予以加總後，即為綜合判斷分數及對應之景氣對策信號。景氣對策信號各燈號之解讀意義如下：若對策信號亮出「綠燈」，表示當前景氣穩定、「紅燈」表示景氣熱絡、「藍燈」表示景氣低迷，至於「黃紅燈」及「黃藍燈」兩者均為注意性燈號，宜密切觀察後續景氣是否轉向。

景氣對策信號各構成項目及檢查值

	紅燈 Red	黃紅燈 Yellow-red	綠燈 Green	黃藍燈 Yellow-blue	藍燈 Blue
	熱絡 Buoyant	轉向 Transitional	穩定 Stable	轉向 Transitional	低迷 Slowdown
綜合判斷（分）Total Scores	45~38分	37~32分	31~23分	22~17分	16~9分
個別項目分數 Scores of Component Indicators	5分	4分	3分	2分	1分
貨幣總計數M1b Monetary Aggregates M1b	（%　yoy） ←————17————10.5————6————2————→				
股價指數 Stock Price	←————22.5————11.5————-2————-22————→				
工業生產指數 Industrial Production	←————11————8————3.5————-1————→				
非農業部門就業人數 Nonagricultural Employment	←————2.4————2.1————1.4————0.4————→				
海關出口值 Customs-Cleared Exports	←————16————13————5.5————0————→				
機械及電機設備進口值 Imports of Machinery and Electrical Equipments	←————23.5————9.5————-2.5————-11.5————→				
製造業銷售量指數 Manufacturing Sales Index	←————11————8.5————3————-1————→				
商業營業額 Sales of Trade and Food Services	←————9————7————4.5————0————→				
製造業營業氣候測驗點 The TIER Manufacturing Sector Composite Indicator	點（2006 = 100） ←————104.5————101————96.5————91.5————→				

資料來源：1.除製造業營業氣候測驗點檢查值為點（2006＝100）外，其餘項目則為年變動率。
　　　　　2.各個別項目除股價指數外，均經季節調整。

Note: 1.Individual Components and check points are in terms of pecentage changes over 1-year span, except that the TIER Manufacturing Sector Composite Indicator is points (2006~100).
　　　 2. All components, except stock price index, have been seasonally adjusted.

燈號	分數	描述
紅燈	38～45	景氣過熱，政府宜採適當的緊縮措施，讓景氣回穩
黃紅燈	32～37	景氣活絡，但短期內有轉熱的可能，政府不宜再採刺激經濟成長的政策
綠燈	23～31	景氣穩定，政府應採取能穩定促進成長的措施
黃藍燈	17～22	表示景氣欠佳，政府應適時採取擴張措施
藍燈	9～16	景氣進入衰退，政府有必要採取強力刺激景氣復甦政策

資料來源：國發會經濟處，2022年3月。

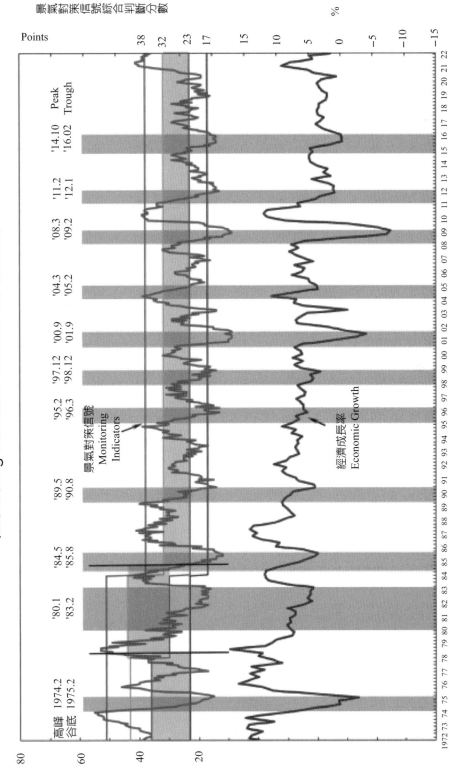

歷年我國景氣對策信號與經濟成長率變動圖
(Monitoring Indicators & Economic Growth)

2021年景氣對策信號

		2021年 1月	2月	3月	4月	5月	6月	7月	8月	9月	10月	11月	12月 燈號	12月 %	2022年 1月 燈號	2022年 1月 %
綜合判斷	燈號													r		
	分數	37	40	40	41	41	40	38	39	38	39	37		38r		36
貨幣總計數M1b														12.7		10.9
股價指數														25.0		17.2
工業生產指數														9.3r		9.2
非農業部門就業人數														-0.36		-0.41
海關出口值														29.1		19.9
機械及電機設備進口值														17.4		21.8
製造業銷售量指數														7.6r		7.4
批發、零售及餐飲業營業額														9.9		12.0
製造業營業氣候測驗點														104.1r		103.9

註：1. 各構成項目除製造業營業氣候測驗點之單位為點（基期為95年）外，其餘均為年變動時；除股價指數外，均經季節調整。
　　2. r為修正值。

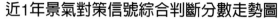

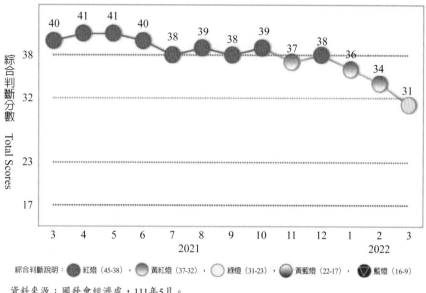

近1年景氣對策信號綜合判斷分數走勢圖

綜合判斷說明：🔴 紅燈（45-38），🟡 黃紅燈（37-32），🟢 綠燈（31-23），🔵 黃藍燈（22-17），🔻 藍燈（16-9）

資料來源：國發會經濟處，111年5月。

經濟常常因會有因為基期的高低，產生景氣循環的現象。也就是經濟成長時，燈號由藍燈慢慢的轉到綠燈，綠燈接著轉向黃紅燈而後紅燈。反過來說，經濟衰退時，燈號由紅轉綠，再變為藍燈。

景氣動向指標係指根據過去多次景氣循環經驗，由總體經濟之各部門活動中（如生產、所得、就業等），選擇一些對景氣變動反應敏感之項目，經適當的統計處理所編製而成者，足以反映當時景氣狀況及其未來動向，而且可以顯示景氣變動的幅度。目前國發會僅編製領先指標（Leading Indicator）、同時指標（Coincident Indicator）及落後指標（Lagging Indicator）三項景氣指標。其中，領先指標綜合指數是根據能夠提前反映景氣變動情況的指標編製而成，具有預測未來景氣變動之功能。當領先指標抵達高峰（或谷底）時，則可預期一段時間後，景氣亦將達高峰（或谷底）。以核發建照面積為例，通常在景氣真正進入衰退之前的幾個月，核發建照面積就會開始下降，同時傾向於在景氣全面復甦跡象出現之前的幾個月開始激增。這就是為什麼它們被視為絕佳的景氣衰退或擴張的領先指標。

對於企業經營者而言，追蹤領先指標（Leading Indicator）的發展，就是緊盯著領先指標綜合指數。即指具有領先景氣變動性質之指標，其轉折點常先於景氣循環轉折點發生。臺灣領先指標由外銷訂單指數、實質貨

景氣指標與景氣峰谷關聯圖

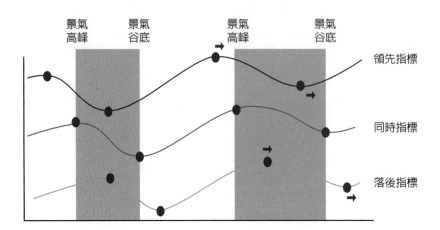

幣總計數、股價指數、工業及服務業受僱員工淨進入率、核發建照面積（住宅、商辦、工業倉儲）、SEMI半導體接單出貨比，及製造業營業氣候測驗點等7項構成項目組成，每月由國發會編製、發布。因指標具領先景氣變動之性質，可預測未來景氣之變動。以過往的經驗來說，若指標數值連續下降三個月，表示景氣可能已過高峰；反之，若指標數值連續上升三個月，表示景氣可能已離開谷底。

同時指標綜合指數（Coincident Indicator）是指具有與景氣變動性質同步之指標，其轉折點常與景氣循環轉折點同步發生。臺灣同時指標由工業生產指數、電力（企業）總用電量、製造業銷售量指數、商業營業額、非農業部門就業人數、實質海關出口值、實質機械及電機設備進口值等7項構成項目組成，每月由國發會編製、發布，代表當時的景氣狀況，可衡量當前景氣。

落後指標（Lagging Indicator）指具落後景氣變動性質之指標，其轉折點常與景氣循環轉折點同步發生。臺灣落後指標由失業率、工業及服務業經常性受僱員工人數、製造業單位產出勞動成本指數、金融業隔夜拆款利率、全體貨幣機構放款與投資、製造業存貨率等6項構成項目組成，每月由國發會編製、發布，可用在驗證過去領先、同時指標走勢是否正確。

購成項目主要來源（Sources of Data）

構成項目	資料來源	季調資料來源
一貨幣總計數	中央銀行	同左
一股價指數	臺灣證券交易所	不季節調整
一工業生產指數	經濟部	同左
一非農業部門就業人數	主計總處	國發會
一海關出口值	財政部	同左
一機械及電機設備進口值	財政部	國發會
一製造業銷售量指紋	經濟部	國發會
一批發、零售及餐飲業營業額	經濟部	同左
一製造業營業氣候測驗點	臺灣經濟研究院	不季節調整

除了觀察總體房地產景氣變化之外，房地產市場因投資標的不可移動性，使得房地產市場具有相當強烈的地域性，在人口、區位、行政區特性以及都市化程度等條件不同下，造成各地的供需條件和價格不一致。例如：大臺北市因人口過多，而土地的供應又不足，在供給有限的情況下，使得建商、投資客為競逐有限的標的而推升價格。

房市資訊主要有「官方」和「民間」兩個來源，想了解房地產指標趨勢，官方版可注意內政部不動產資訊平臺的「住宅需求動向調查」、「住宅資訊統計年報」（如下頁圖），及內政部「不動產實價交易查詢網」的實價資訊（https://lvr.land.moi.gov.tw），這是目前官方唯一能掌握到的成交價格訊息。民間版有政大臺灣房地產研究中心的「國泰房地產指數」、信義房屋所做的「信義不動產評論」、住展房市風向球。建議購屋者可將以上所列之資料，當成判斷房地產景氣走向的參考，這些報告不會因為委託案主來自房地產業者或政府單位而有所偏差，確實可反映房地產市場的趨勢，值得參考。

其他民間版的房市訊息琳琅滿目，可信度相對偏低；這些訊息多半來自內部的統計數據，除了有樣本數太少、只發布有利自家訊息的數據等偏差外，以偏概全的報導，容易誤導消費者，如房仲自行公布「房市調查」或「房價指數」，這些調查經常被做成新聞報導、讓消費者做出錯誤的判斷，再者，在報章雜誌上方強調「廣編特輯」、「房地產專輯」、「廣告企劃製作」等，都是業者付費或媒體搭配贈送報導，百分百都是置入性行銷。

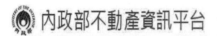

房市數據來源

● 內政部營建署（住宅價格指數）
　http://pip.moi.gov.tw

● 內政部地政司（都市地區地價指數）
　http://www.land.moi.gov.tw

● 臺北市地政局（臺北市住宅價格指數）
　http://www.land.gov.taipei/

● 信義房屋（信義房價指數）
　http://www.sinyi.com.tw

● 國泰建設（國泰房地產指數）
　http://www.cathay-red.com.tw/

⑨景氣循環（Business Cycle）

　　景氣循環是一種國家總體性經濟活動的波動。一個循環是指許多經濟活動大約同時發生復甦、擴張，隨後發生收縮、衰退，然後又開始復甦的情形。這一連續變動會周而復始但不定期的發生，持續期間由一年以上到十年不等。一個景氣循環週期包含一個擴張期〔Expansion，即介於景氣谷底（Trough）至景氣高峰（Peak）之期間〕及一個收縮期（Contraction，即介於景氣高峰至景氣谷底之期間）。實務上，擴張期及

收縮期個別應持續至少五個月，全循環至少需要十五個月。

國發會利用實質國內生產毛額、工業生產指數、非農業部門就業人數、製造業銷售量指數、商業營業額、實質海關出口值等6條數列，分別進行季節調整、去除趨勢等處理。

已認定之臺灣景氣循環基準日期（Reference Date of Taiwan Business Cycles）如下表所示：

臺灣景氣循環基準日期

循環次序	谷底	高峰	谷底	持續期間（月數）		
				擴張期	收縮期	全循環
第1循環	1954.11	1955.11	1956.09	12	10	22
第2循環	1956.09	1964.09	1966.01	96	16	112
第3循環	1966.01	1968.08	1969.10	31	14	45
第4循環	1969.10	1974.02	1975.02	52	12	64
第5循環	1975.02	1980.01	1983.02	59	37	96
第6循環	1983.02	1984.05	1985.08	15	15	30
第7循環	1985.08	1989.05	1990.08	45	15	60
第8循環	1990.08	1995.02	1996.03	54	13	67
第9循環	1996.03	1997.12	1998.12	21	12	33
第10循環	1998.12	2000.09	2001.09	21	12	33
第11循環	2001.09	2004.03	2005.02	30	11	41
第12循環	2005.02	2008.03	2009.02	37	11	48
第13循環	2009.02	2011.02	2012.01	34	11	35
第14循環	2012.01	2014.10	2016.01	33	16	49
平均				38	15	53

資料來源：國發會，2022年3月。

可以看到這樣的景氣循環就像是坐雲霄飛車一般，高峰（Peak）時，商業活動頻繁到了極點；谷底（Trough）則是整體產出衰退低迷所造成的；也有景氣復甦（Recovery）或景氣上揚的階段，此時經濟體擴張到完全就業狀態。特別值得注意的是，每一個景氣循環的階段，都在經濟成長趨勢（Growth Trend Line）的上下震盪。

景氣循環圖

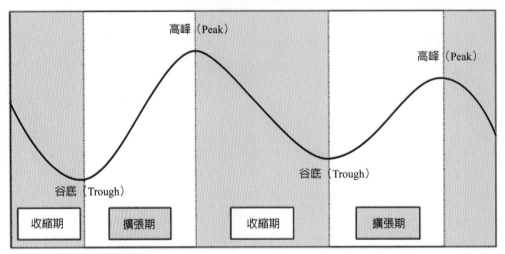

資料來源：國發會，2022年3月。

⑩社會及政策、法令因素

社會因素，如：人口成長率、人口遷移、出生率、結婚率高低等因素，將影響住宅需求。另外，就政治因素而言，包含有政治穩定度、國際政治情勢、選舉等。由於房地產屬固定資產，無法快速變現，如國內外有重大政治事件發生時，民心易受影響，間接影響房地產景氣。

至於政策方面，以金融政策而言：包含利率調整、選擇性信用管制、貨幣供給額等；金融政策愈寬鬆、銀行利率愈低，對於房地產景氣愈有利，反之則不利；以稅捐政策而言：過重的稅捐將影響民眾購買或移轉房地產意願，所以政府調降土地增值稅的目的，就是要鼓勵地主釋出土地，以熱絡土地市場交易，降低地價上漲的壓力；以土地政策方面而言，推動都市更新政策的施行，即鼓勵原地主與建商合作，重新改建建築物，不僅可改善都市景觀，又可增加新的容積面積，達到雙贏的局面。

以房地產本身而言，地價與建材價格的變化，會引起產品成本的變化。景氣好時，地價上漲會帶動房地產的交易，使得房地產交易熱絡。建材價格對於房地產市場交易亦有所影響。但因土地成本價格占總成本比例高達六成以上，所以地價漲幅如過高時，反而讓買方停頓，易使投資面景氣受挫，故地價與房地產景氣之間有相互影響的效果。另外，報章媒體對市場有推波助瀾的效果，可影響買者的意願，間接促使景氣上升或緊縮。

房地產景氣之潛在影響因素

經濟	1.物價變動 2.中長期貸款利率 3.經濟景氣狀況 4.貨幣供給額變動率 5.家庭所得變動 6.石油價格變動 7.貸款額度高低 8.投資工具多寡 9.公教人員調薪幅度 10.其他	政策	1.稅捐政策 2.土地政策 3.金融政策 4.住宅政策 5.都市及區域計畫 6.產業政策 7.其他
社會	1.家庭戶數變動 2.人口成長率 3.都市化程度 4.風俗習慣 5.其他	房地產	1.地價 2.房屋建築人數 3.建材價格 4.傳播媒體的房地產廣告量 5.制度作法之改變 6.市場供需 7.空屋狀況 8.其他
政治	1.政治穩定與否 2.選舉氣氛干擾 3.其他		

資料來源：《房地產投資與市場分析理論與實務》，張金鶚。

(3)區域環境分析

所謂區域環境分析，係針對地區的人口結構、流動遷移、所得及所在地的產業結構、就業機會、經濟發展、在地資源等經濟條件，做預測及分析的工作。這些因素對企業而言有兩項涵義：第一項涵義是它代表某個區隔消費市場的浮現或消失，例如：老年人口比例提高，意味著醫療市場、家庭照護、代步車等市場的出現。第二項涵義是它代表勞動人口組成的改變，例如：女性投入工作的比例提高，意味著企業如果可以提供托育嬰的服務，將有助於提高女性員工的滿意度。相較於其他商品，房地產是極富區域（Local）特性的，每個區域特色不同而有其不同之發展潛力。欲了解區域特色，必須從社區歷史及文化去探索，因此其產品之推出往往必須配合區域產業發展趨勢、就業人口之分布及其變化情況，以做出最好的市場定位。

一般都按行政區域來區分，也有部分按市場發展、消費者行為、人口趨勢等來區分。

①以行政區域區分

　a.區域居民階層

　　(a)特高級：巨商、巨富或顯要人士。

　　(b)高級：富商、公司負責人、高級公教人員。

　　(c)中上級：公司經理及政界中層幹部。

(d) 中下級：白領階層或一般工程師、技術性人員。

(e) 下級：勞動工人階層。

(f) 貧民級：違建戶、低收入人員。

b. 屋型及房屋種類

(a) 違建戶。

(b) 磚造平房。

(c) 二、三樓式獨門獨院（俗稱透天厝）。

(d) 四、五樓公寓。

(e) 七樓以上電梯大廈。

(f) 超高層大廈。

c. 用途區分

(a) 住宅區。

(b) 商業區。

(c) 工業區。

(d) 農業、保護區。

(e) 攤販集中區。

(f) 特定區。

d. 家庭結構

(a) 年輕期居民。

(b) 中年期。

(c) 老年期。

e. 生態環境

(a) 住家：學校、市場、公園、郵局、空氣、噪音、地形、氣候、商業區、都市發展情況。

(b) 辦公：郵局、銀行、餐廳、停車、交通、各行業集中情形、租金等。

(c) 商場：人口流動量、交通、停車、人口密度、購買習慣、風俗。

②該地區市場發展分析

a. **產品規劃**：區域內推出住宅個案分析、市價及一般交易價格、銷售情況反應、地價、其他。

b. **購買對象分析**：附近居民對此屋的意見。

  c.**購買用途**：投資、置產、投機、保值。

③消費者行為研究分析

  市場研究中，採用最多的就是消費者行為研究，常作為種種經營決策的基礎。而資料分析可用文字來說明，也有配以各種圖表、統計表來解釋者。原則上，分析工作愈詳盡、愈深入愈好，茲舉例說明如下。

  a.（Who）**此地居民形成背景**

   (a) 人口：人口數量、性別比例、年齡分布狀態、教育程度。

   (b) 職業層或所得層：各種所得層級職業層的居住及購屋型態。

  b.（Where）**何種購買者至此地置產**

   (a) 購買者地域分布的狀態。

   (b) 購買者階層及用途。

   (c) 購買者購買的動機及理由。

  c.（What）**購買者所希望之產品為何**

   (a) 產品規劃及造型的意見。

   (b) 對坪數、空間、採光、方向、私密性、動線等反應程度。

   (c) 商品的哪些特徵，使得他們樂意購買。

  d.（When）**時間對購買者的影響**

   (a) 購買者的季節性如何。

   (b) 何時推出最易為購買者接受。

   (c) 購買者的時間顧忌因素。

  e.（How）**購買者對價格的看法**

   (a) 價格、付款條件、貸款的滿足條件。

   (b) 購買頻度、購買者及銷售的反覆次數為何。

   (c) 銷售順序及差價的反應情形如何。

④人口成長趨勢分析

  人口的增加，代表對房地產的需求愈大；同樣的道理，人口成長率的提高，代表人口數的增加，也是房屋的有效需求增加，兩者皆屬成正比的關係，是屬於潛在及長久的影響。家庭是社會的最小單位，從戶數（Household）、戶量（Mean Size of Household）之變動，可看出對房屋的需求。如家庭戶數增加，代表住宅的有效需求增加，也是成正比的關係。

  1946年到2019年，人口從約609萬人成長到2,360萬人，70年間，總人口增

加約1,751萬人，如果每三個人組成一戶家庭，則住宅需求將增加585萬戶，房屋數量如果供應得不夠多，房價當然會大幅上揚；反之，人口如因少子化開始減少，將會對房市與房價帶來負面衝擊。

臺灣人口歷年成長（1946～2021）

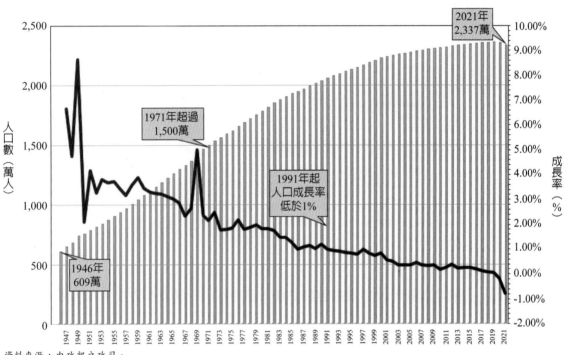

資料來源：內政部戶政司。

我國人口老化速度持續加快，根據國發局2021年12月公告，2021年12月我國老化指數達136.3，65歲以上老人達393萬人，已比14歲以下小孩288萬人還多。如果依之前生育率0.9人，每位婦女生不到1人來計算，2020年臺灣人口開始減少，也就是過世的比出生的人還多，人口成長率、戶數成長資料、人口的年齡分布、人口結構的改變、以及出生率，是不動產市場研究區域環境的最有效的需求指標，這些項目都會牽動市場區隔及結構的改變，2020年全國建物繼承達6.28萬棟，再創新高。臺灣房屋自有率高，隨人口老化，未來房屋繼承會愈來愈普遍，年輕人買不起房沒關係，過幾年等繼承就好了。

臺灣人口負成長擴大

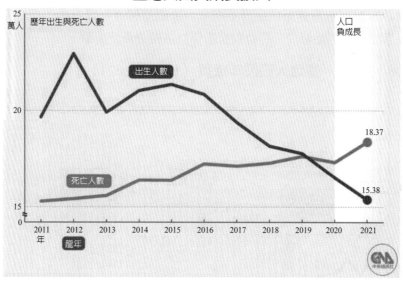

資料來源：主計總處。
2020年台灣首見人口負成長，2021年出生數再創新低，為15.38萬。（中央社製圖）

⑤都市發展及公共建設分析

　　一般業者對於投資個案地區之都市發展狀況，通常都會投入較多的關切，因為都市發展對該地區房地產市場影響甚大，連帶的，亦對個案本身未來的銷售以及發展有密切關聯。都市發展的情形可能因為政府都市計畫、都市更新等法定計畫或其他重大的公共建設而導致都市發展，舉凡工業區、科學園區或不符合都市發展的土地使用變更，都可影響區域內不動產市場蓬勃發展。此外，業者經常會至政府都市計畫單位以及有關單位，蒐集都市計畫發展動向之資料，以及掌握最新的資訊，取得投資先機。另外，政府所投資的重大交通工程建設，也因交通之便捷而縮短了空間的距離，帶來了人潮及沿線土地價值提升。軌道交通作為現代化都市的交通命脈，不僅有效地緩解城市交通，同時更有力地帶動區域經濟的發展，並形成一種特殊的經濟體系——「軌道經濟」。重大公共建設的進行，不僅可帶動更多就業率與經濟成長動能，對區域房市也具有一定的支撐力道，更是未來房市成長的基礎。如：臺北捷運的通行，已使沿線各站的不動產市場蓬勃發展；高雄亞洲新灣區加上高鐵與高雄捷運雙效應，帶動了附近住宅社區的快速發展，拉近了都會區的距離，改變了居住與空間之依附關係。除了大臺北地區之外的其他都會城市，未來市場分

化會非常嚴重。在未來城市群的建設中，獲得中心城市位置的一些城市，隨著人口流入的加速，以及產業等方面的崛起，城市將會獲得比較高的「移入率」。至於六都以外的城市，因人口的外移，加速被邊緣化，將會極其尷尬，甚至更加萎縮，房地產的機會不會太多。都市計畫更是帶動區域發展的最大動能，舉例來說，南港工業區轉為住商區，臺中水湳機場變更為水湳經貿園區，都將成為未來房市發展重心。

⑥需求及供給分析

需求及供給分析主要是由量、價、質及時間交互影響的結果，如：可支配所得、市場的存量、流量、人口結構、公共設施、產品規劃、使用目的等，不同類型的房地產，就有其特定的供給與需求對象。

a. 消費需求

(a) 消費者對住宅型態、坪數、價位之偏好及需求傾向。

(b) 消費者負擔能力分析。

b. 市場供給

(a) 現有個案推出數量。

(b) 未來競爭個案推出數量。

(c) 中古屋價格與成交量。

2. 個體市場分析

個體市場分析係以基地及鄰里環境為主體之分析，注重投資個案可行性及未來在市場競爭銷售狀況，因此市場調查對小環境分析十分重要。

即小環境分析內容如下：

(1)基地分析

①基地面積、形狀、面臨道路寬度、位置。

②土地使用分區、建蔽率、容積率。

③基地優缺點與使用限制。

④公告地價、公告現值、前次移轉現值。

⑤產權調查：所有權利、他項權利、使用分區。

⑥基地調查：都計圖、地籍圖、現況圖。

(2)鄰近環境分析

①交通條件：捷運系統、公車系統、基地面前道路、周遭道路。

②生活機能設施：市場、醫院、百貨公司、購物中心。

③公共設施：公園、學校、美術館。

④嫌惡設施：工廠、垃圾場、變電所、特種行業、廟宇、天橋。

(3)競爭者分析

產品內容：戶數、坪數、建材、公共設施、價位、客層訴求、銷售率、廣告預算、地段環境／地段價位。

(4)市場供需分析

①市場占有率（Capture Rate）推估：供給分析（已推出的數量／可推出的數量）。

②市場胃納率（Absorption）推估：需求分析（已購買的數量／可購買的數量）評估。

③銷售率（Sales Rate）：供需分析〔已售數量（金額）／可售數（金額）〕，未來銷售率之預估。

(5)成本及利潤預估

預測未來可能的毛收益及每年市場空屋率，以及預估每年進行生產或投資時所必須的資本及支出額，將不同的市場產生的收益和支出，應用到投資報酬率的計算或評估，以確定投資的可行性。

①成本之估算。

②投資報酬率之估算。

比較大環境與小環境市場分析之資料可發現，大環境分析之資料以二手資料為主，小環境分析則以一手資料為主要來源。而小環境分析在資料處理方面有下列疏失，應予注意：

①調查成本過高：實地調查耗用大量人力、物力，所以無法全面調查，僅做局部或抽樣調查，影響資料之準確性。

②資料取得不易：由於國內房地產交易尚未透明化，資料取得困難，資料研判不容易準確，可信度降低。

房市分析

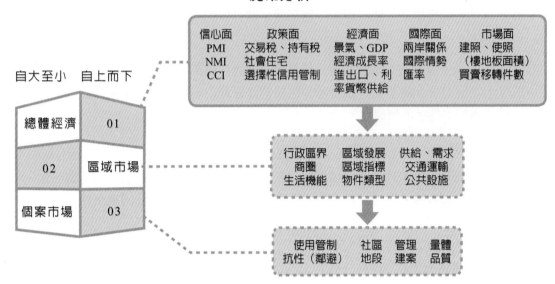

PMI：製造業採購經理人指數。
NMI：非製造業經理人指數。
　　　經理人指數介於0%至100%之間，若高於50%表示製造業或非製造業景氣正處於擴張期（Expansion），若低於50%表示處於緊縮期（Contraction）。
CCI：消費者信心指數。

（五）提出研究報告及建議

　　經過以上的蒐集、整理、分析，接下來便是如何提出研究報告。研究報告又可分為專案研究報告和一般研究報告，另外每週有週報等，其格式及重點不外乎是：

1. 市場分析。
2. 區域結構分析。
3. 重要個案分析比較。
4. 本案市場分析。
5. 價格、產品、規劃建議。
6. 廣告預算及進度表。
7. 銷售方式建議。
8. 結論及建議事項。

（專案企劃書比一般報告多出第6、7項）

　　當然，由於各公司組織不一，其作法也大不相同，但其內容也不至於離此太遠，頂多為了表示慎重，另外再加上圖表及照片等。但對業主或經營者來說，其

所希望了解的也莫過於價格策略、產品規劃及廣告策略等。故在撰寫報告時，要井然有序、精簡扼要，讓決策者一目了然，做有效的判斷，也能讓業主做一個正確的評估。

此外，一個上乘的研究報告，最重要的莫過於建議事項了，否則花費這麼多的人力、財力，卻得不到一個合理的結論，就枉費市場部的功效了。一般來說，其建議事項不外乎下列幾點。

1. 市場分析

房地產景氣與總體經濟市場相互連動，藉由蒐集國內外政經情勢、相關房地產新聞、財經數據及學者、專家的看法等，分析未來景氣走勢及因應策略並布局未來。

(1)國內或國際政經發展趨勢。

(2)總體經濟景氣及趨勢分析。

(3)總體房地產市場供需及景氣狀況。

2. 區域條件

區域個案及可能競爭區域的個案，必須具備一定程度的了解，才可檢視公司的個案在市場上的相對競爭力。區域分析之重點如基地調查表所示，可依自然環境、交通環境及區位環境等三方面進行。

(1)自然環境

包括基地地理形勢及人口結構之狀況。

①基地地理位置／條件

可依基地方位、風向、景觀、地形等項目進行調查分析。

②人口結構狀況

人口數量、性別比例、年齡分布狀態、教育程度、職業層或所得層購屋型態。

(2)交通環境

依都市計畫道路狀況、出入及臨接道路狀況、交通路線等，分析交通建設對區域未來發展的影響。

①都市計畫道路現況

依都市計畫開發情形調查開闢狀況、進度及臨路狀況等。

②出入及臨接道路狀況

勘查主要出入道路性質（如計畫中、既成或私設）與路寬，以及基地面臨道路路寬。

③交通路線

分析基地之交通便利性，如與捷運站、公車站及主要道路之距離。

(3)區位環境

包括區域之小型公共設施狀況。

生活機能／環境：勘查基地附近之公共設施，如學校、公園、市場、銀行及寺廟等。

區域分析主要針對投資個案，分析其基地環境條件與市場競爭情形。

3. 購買對象

一塊土地在尚未規劃前，或一個案子在尚未推出銷售之前，就要先調查清楚其未來的可能購買對象及使用對象。等購買者和使用者確定後，再進一步做產品規劃或廣告路線策略，才不至於盲目摸索。譬如：在臺北市南京東路商業大樓金融辦公所在地，推出純住宅大廈，這和事實環境的出入就太大了。又譬如：高雄市小港區，因小港區是靠中鋼、中船等臨海工業區發跡而起的，其購買對象都以勞工階層為主，且都是薪資所得者，故對總價及自備款都很敏感，假如事先沒有調查清楚，規劃時走大坪數、高格調住家，廣告也以高格調為主，結果曲高和寡，到頭來還是更改平面規劃，重新再來，期間所耗費的無形損失，就難以估計了。

4. 產品規劃建議

對象確定後，就要確定產品定位，內容包括：坪數的確定、隔間的採用、造型設計的表現、公設功能的表現等。因為規劃之優劣，關係著房屋銷售成敗的契機，舉凡銷售重點的決定、廣告活動的創意、市場營運的計畫等，一切皆以規劃為前提，以廣告及銷售計畫竟其功。

5. 價格建議

規劃確定後，便開始要確定價格、付款方式、貸款、利潤分析等。而單指定價就是一門很大的學問，譬如：方向的差價，包括東、西、南、北，其價差每坪以多少才算合理？還有樓+層的差價亦然。有些區域的人不注重方向觀念，有些

區域的人喜歡買樓層低的房子，有些人不住路沖的房子，或是夾在中間的房子，這些都要靠定價技巧來予以克服。最明顯的例子就是在臺北、高雄兩區域的購買者，對「豪宅」的看法出入就很大。臺北人喜歡公共設施完備、管理良好的大樓，且大樓愈高愈受歡迎，定價就愈貴，因為採光好，私密性高，故高層比低層容易被接受，而且「豪宅」都集中在市區精華地段。而在南部高雄卻沒如此明顯的差異，除非大樓基地本身面對公園或海景，有特殊景觀條件，一般大樓樓高價差不致過高，因為高雄的生活水準及知識水準都不及臺北來得高，故本身對大樓的接受性就有差別；況且他們偏好住獨棟透天別墅，所謂「有天有地」，故南部的豪宅都強調大別墅，所以，這種不同的現象也只能靠價差來彌補。

6. 廣告訴求重點

前幾個步驟完成後，便須確定廣告路線，內容包括：文案的訴求重點，設計創意的表現、媒體計畫及預算等。好的文案也須靠良好的設計來表現，否則效果就顯得很弱了。在市場競爭激烈的今日，廣告的手段真是五花八門，要吸引購買者注意，企劃部就要多費心思了。

7. 銷售方式

銷售方式包括：人員拜訪法、郵寄DM（Direct Mail）、現場布置、夾報、SP（Sales Promotion）促銷活動等，舉凡所有能幫助銷售的一切手段與方法，都列入建議事項。因為業務銷售已經是所有工作完成後的最終目的，所以如何配合現場將房屋順利推銷出去，也是一門很大的學問。

綜合以上重點，假如你是一個市調新進者，如能把握上面幾個原則去發揮，相信一定會讓你的主管刮目相看。

8. 建議事項

提供不同的市場資訊，作為個案銷售包裝、價格定位、行銷策略及投資可行性之參考依據。

三、市場調查人員容易遭遇的困難

（一）資料難求正確

市場調查的目標就是要講求資料的正確性及真實性，但事實上，每家代銷公司都門禁森嚴，誰都不願意透露其正確的銷售率及客戶來源分析等，造成市場人員要花費很大的心血來蒐集，得到的結論還不一定正確，必須等到自己公司在同

地區推出案子時，才知道真相，但已經付出相當的風險和代價了。

（二）市場人員不被重視

目前除了比較上軌道的公司仍較注重市場調查外，其他則有無皆可。偶爾找個業務部人員去工地蒐集一些價目表、海報，就算完成工作了。有時還將市調部人員調至各工地支援銷售，所以市場部人員流動率比較大，也不討好。

（三）無法採用一般的調查方法

市場學中常提到市場調查的方法有四種，一種是實驗法，二是觀察法，三是訪問法，四是問卷法。但在房地產的調查方法中，比較慣用的方法只有觀察法、訪問法，而比較無法藉助實驗法及問卷法。因為採用實驗法費用太高，就相當於自己的案子已開始推出，等有了結果，可能已耗費了大筆的金錢；而問卷的可行性更低，因為房地產不像一般的消費用品，動輒耗用數百萬以上的積蓄，而且一生中買房子的次數也不多，所以購買者的意向容易受經濟、付款條件、地段偏好等因素影響，因此理想歸理想，而與事實的出入卻很大。筆者也常遇到一些業主喜歡採用問卷調查，但事實上經過廣告宣傳後，結論卻是兩回事，故目前市調研究工作還是著重於個案的探討。

（四）景氣變化難以制定

「時機就是一切——在愛情、在戰爭，或是最重要的，在處理景氣循環時。」景氣的好壞、房屋市場供給有無過量，對購買者影響很大。在景氣蕭條時，看房子的客戶大減，成交率也下降，購買者對產品的挑剔較顯著，考慮、比較因素也較多；對廣告代銷業來說，其困難處是無法事先確切掌握景氣循環已經開始走下坡，有時透過新聞媒體的報導或許可以預先獲知，但其惡化的程度將如何？公司正處在景氣循環的哪一個階段？在與建方接洽銷售個案過程中，開發人員便會面臨市場判斷的考驗。而且代銷公司本身又無法團結，往往吃了悶虧也不願意透露市場衰退訊息，結果不景氣情況來臨時，即產生失業、通貨緊縮、利率上升、銀根緊縮等經濟問題，廣告代銷公司關門也就特別多，有些實力不強的建方也遭遇到考驗，此時市場人員的角色又顯得更加重要了。

至於其他方面，如剛剛加入市調工作的新生，時常會問市調要如何做？要看什麼？對自己感到很徬徨。但不要急，萬事起頭難，虛心地去學習，勤快一些，時間久了，自然會進入情況，所謂一勤天下無難事，在此與有志一同者共勉之。

附錄
簡報案例及個案表格

房地產市場調查分類，分為一般（例行）與專案市調。

一、例行調查（每週例行的市調工作事項）

1. 閱報 ⎫
2. 市場廣告量統計 ⎬ 調查準備
3. 工作派發 ⎭
4. 蒐集資料——現場調查。
5. 整理資料
   (1)研究分析 ⎫
   (2)討論 ⎬ 資料整理
   (3)結論 ⎭
6. 統計資料。
7. 資料歸檔。

二、專案調查（針對所欲開發之個案所做之調查）

因應任務，針對特定區域或個案做更深入的調查分析：
1. 地理位置。
2. 總體市場環境分析。
3. 區域市場及個案調查分析。
4. 銷售個案基本資料。
5. 附近個案分析與比較。
6. 目標市場設定（客源、客層）。
7. 產品規劃建議。
8. 廣告企劃與案名建議。
9. 媒體計畫與廣告預算表。
10. 價格建議。
11. 結論
   (1)可行性分析。
   (2)建議事項。

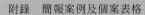
三、市場調查週報案例參考

常用市場表格：個案比較表、個案資料表

（一）個案比較表

房市動態｜指標個案

推案名稱	陶朱隱園	琢白	文心信義	首席公館	興雅BCF	華固名鑄	松濤苑	西華富邦
建築外觀								
投資興建	中華工程	大陸建設	文心建設	寶豐隆建設	冠德建設	華固建設	潤泰建設	富邦建設
基地面積	2468坪	1058坪	979坪	1178坪	1607坪	948坪	902坪	7633坪
樓層規劃	21F/B4	31/B4	22F/B3	27F/B3	16F、12F/B3	23F/B5	12F/B3	42F/B3
規劃/可售	40	43/40	34	43	41 戶	84/25戶	20	198戶
規劃坪數	288.82坪	140-260坪	N/A	116-375坪	168˚205˚150	101-132坪	160-180坪	107-147坪
建築規劃	Vincent Callebaut	Richard Meier	Robert A.M. Stern	陳傳宗事務所	澳洲DBI建築師	黃永洪	潤泰建築事務所	DBI建築團隊
門廳設計	Wilson & Associates	Richard Meier	天坊設計	天坊設計	PGA建築師事務	奧必概念	譚精忠	Yabu Pushelberg
公設特點	藝術大廳	戶外廣場	義式庭園	室內泳池	冠德遠見圖書館	——	——	庭園
地主戶	無	無	有	無	——	有	無	無
地段率	2.2	2.4	2.2	2.3	2.2	2.7	1.4	1.8
工程造價	60萬/坪	30萬/坪	——	——	28萬/坪	——	——	——
平均成交	N/A	200萬	N/A	預估250-290萬	N/A	211萬	預估300萬	200萬
總銷	N/A	220億	N/A	100億	200億	80億	100	約500億

271

（二）個案資料表

1. 指標個案分析：大同莊園III

案 名	大同莊園3	
工地地址	新北市土城區莊園街11號	
投資	尚志資產開發、大同集團	
基地	4966坪	
設計主力	光井純 徐維志	24-78坪
總銷	140億	
樓層·車位	30-33F/B3	605車
產品規劃	24-30坪	2房	228戶
	36-47坪	3房	301戶
	63-78坪	4房	132戶
規劃可售	661戶	661戶
公設·結構	34.8%	SRC

2. 大麗城

工地實景圖 (107/3/31)		坪數規劃	店面：28/33~45 坪(完售)
			二房：26/27 坪
			2+1 房、三房：30/32/34/39/40
			四房：45 坪
		價格分析	開價：16~18.9 萬/P
			車位：平面 108~148 萬
			成交均價約 15.5 萬(客戶感受 13.8~14.8)
		廣告重點	◆2~3 房 總價 388 萬起(需另購車位)。
			◆以大麗城為起點 飛向高鐵快城市
業主	全誠＋城揚建設	地點	仁武區八德東路/澄德路	付款方式	訂簽開7%、工程期 8%、交屋 5%、房貸 80%
基地	4100 坪 (第一期 1842 坪)	樓層	15/B3(六棟一層 4 戶 2 電梯)		
總戶數	343 戶(車位 323)	規劃	店 12 住 331	完工日	109.03(目前進度為基礎工程)
分區	社區中心商業區	公設比	35.2%	進場日	106.10
公設賣點	接待大廳、中庭花園、空中花園、交誼廳、閱覽室、視聽室、健身房、親子遊戲區、廚藝教室 (單層樓高：1樓 5.1 米、2 樓以上 3.2 米。)				
建材配備	冠軍磁磚、HCG 馬桶、7 吋影視對講機、廚房採用德匠廚具，配備林內牌瓦斯爐、抽油煙機等、戶戶邊間且衛浴開窗採光。(大樓採單層排氣且配備淨水系統。)				

3. 華固文臨、台北之星等

台北市			
區域	案名	案量	坪數
中正區	●新光總統傑仕堡	140億	60-70坪
中正區	全坤衡陽路	60億	一坪
中山區	璞真之道	30億	61-89坪
中山區	中山.吉美	40億	23-50坪
中山區	躍大直	30億	26-51坪
大安區	●華固大安學府	55億	45-55坪
大安區	崇序	45億	84-92坪
大安區	台北之星	450億	150-170坪
大安區	亞欣學府段案	45億	一坪
士林區	●宏築天蘊	30億	30-50坪
士林區	紘石仰格	26億	60-78坪
北投區	●麗源富域	60億	41-66坪
北投區	龍霖初心	27億	20-48坪
北投區	力麒天沐	55億	92-98坪
北投區	家居璽玉	75億	67-76坪
北投區	華固文臨	30億	45-55坪
南港區	全陽馥	35億	18-34坪
內湖區	國泰蒔美	36億	25-43坪
內湖區	義泰吾境	62億	39-52坪
文山區	忠泰湛	40億	48-75坪

華固文臨

台北之星

（三）個案分析表

				地址	
進駐日期		公開日期		基地位置圖	
開工日期		完工日期			
投資興建		企劃銷售			
建築設計		工程進度			
基地面積		使用分區			
樓層結構		建蔽/容積率			
公設比		最大路寬			
規劃戶數		可售戶數			
成本坪數		可售坪數			
用途規劃				交通狀況	

坪數規劃分析	坪 數	房	廳	衛	戶數	比例	附近環境	
					戶	%		
					戶	%		
					戶	%		
					戶	%		
					戶	%		
					戶	%		

坪數範圍		主力坪數		重訴求點	
單價分析（萬/坪）	一樓店	一樓住	二樓以上	客源	
		還原價：			

總價範圍		主力總價		回應效果	樓層去化	
					坪數去化	
總售價		基金設置			棟別去化	
					自用或投資比例	
議價空間		樓層差價		冷氣	傳統冷氣窗孔	中央空調	全套分離式冷氣
					預留分離式管道及傳冷氣窗孔	僅留分離式管道
增值空間				綜合評估	

平面車位	單價	車位數	登記坪數	銷售方式	綜合評估
機械車位					

付款方式	訂簽開	%	期中款	%
	銀行貸款	%	公司貸	%
銷售情況	售 戶	銷售率	%	
	售 戶	銷售率	%	

第四篇
業務篇

企業的目的是要創造並保有顧客。

～彼得・杜拉克（Peter Drucker）

Project

4-1
何謂行銷及行銷定義？

行銷大師Philip Kotler在《行銷是什麼？》寫道：「現今市場問題的癥結不在於商品短缺，而在於消費者不足。由於生產過剩，行銷顯得史無前例地重要。行銷成為公司裡製造顧客的部門。」當成熟市場、創意社會的消費者不再為「堪用」而購物時，企業確實必須另外想辦法，來滿足這群愈來愈重視精神需求的客戶。如何滿足不同層次的需求，成為行銷的重心，而能夠做到這點的企業，就等於擁有了消費者。管理大師杜拉克（Peter Drucker）說過，企業的目的，只有一個正確而有效的定義：創造顧客。因為只有顧客願意付錢，企業才有利可圖，因此「企業認為自己的產品是什麼，不太重要，……顧客認為他購買的是什麼，他心目中的『價值』何在，才有決定性的影響。」

所謂「行銷」是指「掌握由消費者所構成的市場，以最佳的方法，在最適當的狀態下，提供消費者所需要的商品，而實施的種種銷售策略」。根據美國行銷協會（AMA，American Marketing Association）對「行銷」（Marketing）所提出的定義，簡言之就是：

「行銷是創造、溝通、傳遞、和交換對消費者、客戶、合作夥伴、與整體社會具有價值的提供物的一種活動、架構和過程。」（Marketing is the activity, set of institutions，and processes for creating, communicating, delivering, and exchanging offerings that have value for customers, clients, patteners, and society at large.）

所以，行銷活動包括生產者轉移至消費者所經歷的過程，過程中可能涉及消費者的研究、調查與分析、總體與個體環境的分析與了解、市場區隔、目標市場的選擇、產品定位、行銷組合（4P）、策略及銷售活動等；其中預算的編列、銷售控制與管理、回饋分析與檢討、銷售講習至結案等，都是值得探討的。

企業的行銷人員將行銷的四大要素，透過目標行銷S-T-P──「區隔、目標、定位」，規劃組合成為一個「最適當」組合，我們稱之為行銷組合（Marketing Mix）。

市場分析包含之範圍多屬現況調查及既有資料蒐集等活動，可參閱〈市場篇〉；而後續之市場潛力及行銷分析則較偏重「主動出擊」，即針對市場之需求狀況推出適當的產品，以可售出之價格經由行銷通路而完成不動產交易，在滿足消費者的前提下，達到公司獲利的目的。

「行銷4P」：構成行銷的四大基本要素

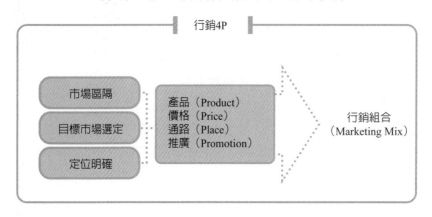

　　由於顧客的數目太多，分布太廣，彼此的購買動機與行為不同，而行銷者的資源有限，不可能滿足所有顧客的需求，因此只能選擇市場中的某一部分區隔市場作為全力爭取的目標市場。顧客導向的行銷策略，包括市場區隔化、目標行銷和市場定位等三個步驟，此即所謂的S-T-P。

　　不動產市場潛力及行銷分析可自消費者行為分析著手，發掘購（租）屋者需求，再據此分析結果及公司資源，依序進行目標行銷S-T-P（Target-marketing）：即市場區隔（Segmentation）、目標鎖定（Targeting）、產品定位（Positioning）。而後依擬定之行銷組合執行行銷活動，同時進行財務可行性分析。公司各部門都應有一致的目標，就是「顧客滿意」才可以超越單純的價格競爭，提升企業的競爭力，以發揮「整合性行銷」的功能。

行銷（Marketing）≠銷售（Selling）

　　一般人易於把行銷和銷售混淆，事實上，銷售只是行銷的一部分活動。銷售通常是在產品設計和製造完成之後才發生，即有商品之後，才能開始銷售，而行銷則在著手設計和製造之前就要進行尋找顧客、評估需求、分析競爭情勢、決定產品訴求等作業，並要在完成銷售之後，處理售後服務和再購等事宜。這也是杜拉克反覆傳遞的觀念，行銷不是銷售、不是「工廠生產什麼，就賣什麼」，而是找出有市場需求的商品，行銷在商品存在之前就可以進行。其實行銷和銷售有以下幾點不同：

1. 行銷強調「顧客需求」；銷售強調「產品自身」。
2. 行銷是公司先判定顧客需求，然後再考慮如何製造產品；銷售則是事先製

造出產品，再考慮如何推銷出去。

3. 行銷是基於買賣雙方利潤導向（利潤達成率）；銷售則是著重於賣方的業績（目標達成率）。

4. 行銷是把產品變得好賣；銷售是把產品賣好。

5. 行銷計畫以規劃「新產品之市場和未來之成長」為考量，屬於長期策略；而銷售是以「計畫目前的產品及市場」，屬於短期策略。

6. 行銷人員著重於蒐集資訊、整合分析、創意發想等，銷售人員著重於與顧客勤快的接觸、解決反對問題、說服顧客購買等。

行銷的首要任務就是清楚地看到目前顧客和競爭者的需求，並且為企業審視相關的市場環境。行銷管理的目的就是解釋目前與未來的市場狀況。服務哪種顧客？何種類型的競爭者挑戰？生產哪類產品？服務哪一類或哪一地區的市場？這種種問題，都是行銷管理中必須注重的。所以說，行銷並不是一種短期的銷售工作，而是一項長期的投資計畫。正確的行銷操作始於產品生產之前，或於商品進入市場之前，並於銷售之後仍繼續運作。

銷售觀念與行銷觀念的對比

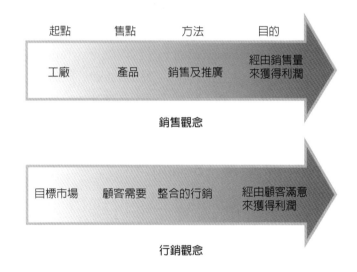

4-2 何謂「行銷組合」或「行銷4P」？

早在1960年，John McCarthy就在其著作《基礎行銷學》（*Basic Marketing*）中提出了行銷組合（Marketing Mix）及其所包括的四大要素，也就是今日眾所周

知的「4P」：Product、Price、Place、Promotion。

　　行銷部門主要的工作，就是為這四大要素做出一連串的決策，以推出一個最有效的行銷組合，來滿足特色的消費群，同時為企業本身帶來利潤。

　　行銷組合（Marketing Mix）是行銷作業的真正核心，它是由產品（Product）、價格（Price）、通路（Place）、推廣（Promotion）等四個主軸所形成。由於這四個英文均有一個P字，故又被稱為「行銷4P」。換言之，行銷「組合」又稱「4P」。前面3P（Product、Price、Place）的努力就是要製造競爭利益點，導致交易機會；第4P——Promotion推廣，則是要告知消費者這整體的行銷組合重點，鼓勵並說服消費者考慮購買。所以，推廣是廠商與消費者之間主要的溝通連結。

　　推廣所使用的溝通方式包括：廣告（Advertisement）、公共關係（Public relations）、促銷（Sales Promotion）、直效行銷（Direct Selling）、人員銷售（Personal Selling）等。這些不同的溝通工具各有其特長，運用不同的推廣工具，以達到彼此相輔相成的目的，與不同的特定對象溝通，但共同完成行銷中推廣的任務，我們稱之為推廣組合（Promotion Mix），如下圖所示。

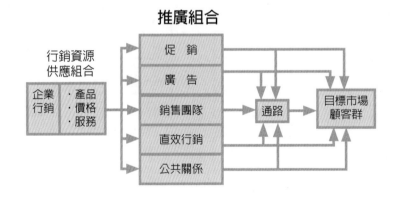

　　每一行銷組合隨著不同的行業而有不同的細項，亦有其不同的重要性，因此企業應將自己的行銷組合加以定義，以作為公司行銷策略擬定的依據及決策參考。

行銷組合的運作

　　所謂的行銷，就是要以適當的價格設定，提供令目標顧客滿足的商品，並施以有效的廣告宣傳及促銷手段，吸引目標顧客於適當的通路上交易。

　　無論企業內部因素或外部環境因素如何影響，行銷組合運作的目的都是要讓目標顧客滿意。所以當企業推出一項產品或服務，想要成功的話，必須是同時、同步把4P都做好，任何一個P都不能疏漏，或是有缺失。例如：某項產品品質與設計根本不怎麼樣，如果只是一味大做廣告，那麼產品也不可能有很好的銷售結果。

　　同樣的，如果是一個不錯的產品，若沒有投資廣告，那麼也不太可能成為知名度很高的品牌，根本不可能一年不做廣告。例如：統一、麥當勞、MOTO、NOKIA等。

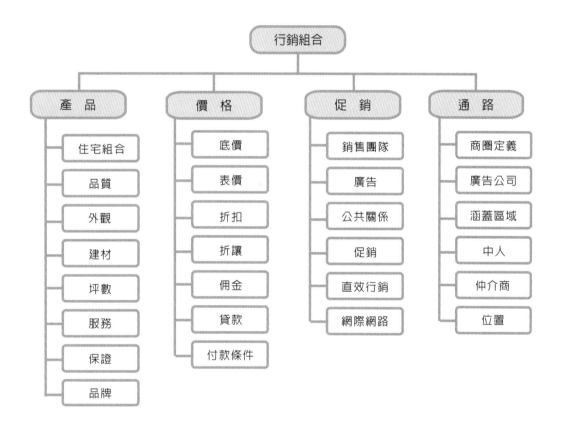

4-3 賣方4P與買方4C

　　1960年行銷學者麥卡錫（John McCarthy）提出行銷組合的觀念4P，90年代學者羅伯特‧勞特朋（Robert Lauterborn）顛覆此架構，試圖以消費者的角度，將4P的概念轉向關注在4C的部分，甚至擴充到廣告創意著重的焦點4V的部分。

　　行銷4P是從賣方觀點所制定的，強調運用怎樣的行銷組合去影響目標顧客；但從買方觀點來看，顧客在意的是利益的組合，因此，優秀的行銷人員必須設計一個可以傳達顧客利益的行銷組合。美國的羅伯特‧勞特朋教授就指出賣方4P及買方4C的對應關係。

　　在制定行銷組合的時候，行銷人員宜站在買方觀點，揣摩顧客的需求，如此有效結合4P與4C的行銷組合，才能有效地傳達利益給目標顧客。

一、生產者導向

1. 產品（Product）

　　用來滿足消費者需求的產品、服務、資訊或理念。指品牌、樣式、品質、包裝、服務、售後保證。

2. 價格（Price）

　　爲達銷售的目的，所採取的定價策略。指定價、售價、折扣、折讓、付款期限、信用條件。

3. 促銷推廣（Promotion）

　　運用促銷工具達到宣傳的目的，與目標顧客取得聯繫。指廣告、人員銷售、網路行銷、直效行銷、促銷、活動體驗。

4. 通路（Place）

　　如何以最快的速度與最低的銷售費用，將產品銷售到消費者手中，是實體分配通路長短、涵蓋區域、位置、經銷商等。

行銷4P組合圖

◎行銷組合不是只限於4P

　　不同產業及企業的特性與策略目標，會產生不同的行銷組合要素與重要度排名。也有產業的決勝關鍵是：員工（People）、物流（Physical Distribution）、計畫（Plan）、流程（Process）。

　　例如：行銷4P之後就有人提出行銷5P（Marketing Five P），這主要是針對服務業來講的，服務業所銷售的與以前的傳統產業是不同的，服務業銷售服務最主要的就是你的員工，所以在5P裡就加入一個Personnel，就是Product、Price、Place、Promotion、People，也就是你必須要全員的去行銷，全員的動起來，這個People指的不是顧客，而是你的員工。

　　製造商過去都是以企業中心為出發點，走的是傳統的4P，像經營者要生產什麼產品，期望獲得怎樣的利潤而制定策略，但其中忽略了顧客作為購買者的利益特徵，忽略了顧客是整個行銷服務的真正目的。在消費者為王的時代，製造商應該試圖與消費者站在同一陣線上。新策略必須以4C為核心戰略，也就是以顧客為中心進行行銷活動規劃設計。

二、消費者導向

1. 顧客解決方案（Consumer Solution）

　　解決顧客目前面臨的問題與課題。

2. 成本（Cost）

　　以顧客購買所能接受的價格為考量。

3. 溝通（Communication）

　　行銷推廣必須使用的人員銷售、廣告、促銷和公關活動，皆以顧客雙向溝通為主。

4. 便利性（Convenience）

　　通路的設計以顧客便利購買為重點，迅速達到使用該產品之目的。

賣方4P	買方4C
產品（Product）	顧客解決方案（Customer Solution）
價格（Price）	成本（Cost）
通路（Place）	溝通（Communication）
推廣（Promotion）	便利性（Convenience）

行銷4C組合圖

房地產的4P與4C

賣方4P	買方4C
產品：大樓、住宅、透天	**顧客解決方案**：解決了顧客所擔心的問題與煩惱？
價格：付款條件、貸款、購屋折讓、折扣	**成本**：負擔能力、價格是否有吸引力？是否物超所值？
推廣：廣告、促銷、公關活動	**溝通**：傳達了什麼資訊給顧客？公司信賴度？
通路：接待中心、仲介商、地點	**便利性**：帶給想購買的顧客什麼方便性？能否順利取得？

◎行銷的演進從4P到4C——不只是滿足需求，更要滿足慾望

　　業務工作不是一買一賣的短期交易往來，最重要的是，要能夠站在客戶的立場思考、獲得客戶的信賴、建立起長期關係。為了實現客戶的要求，就必須站在客戶的立場，絞盡腦汁，思考出可能會碰到的障礙，該運用何種方法解決這些障礙，提供客戶解決問題的對策。

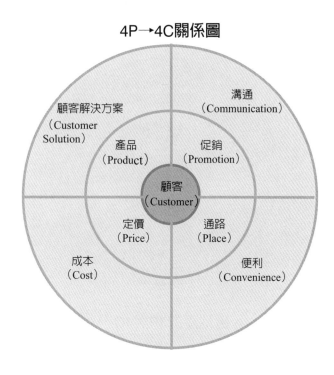

4P→4C關係圖

4-4 何謂「目標行銷」？何謂「S-T-P」？

　　科特勒在《行銷學原理》中提到，「有效的行銷，是針對正確的顧客，建立正確的關係。」具體的方法就是透過市場區隔（Segmentation）→選擇目標市場（Targeting）→定位（Positioning）的過程，集中行銷力道在較願意買單的人身上，才不會做了一堆活動，卻帶不進任何客人。

第四篇　業務篇

4-4　何謂「目標行銷」？何謂「S-T-P」？

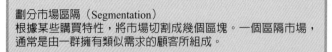

劃分市場區隔（Segmentation）
根據某些購買特性，將市場切割成幾個區塊。一個區隔市場，通常是由一群擁有類似需求的顧客所組成。

選擇目標市場（Targeting）
評估不同的市場區隔，選擇一項或多項區隔市場，作為企業決定經營進入的部分。

確立產品定位（Positioning）
選擇並確認能傳達產品差異，傳遞給目標市場中的顧客，塑造具競爭優勢的形象。

　　所謂「目標行銷」（Target Marketing），係指廠商將整個大市場細分為不同的區隔市場（Segment Target），然後針對這些區隔化後之市場，設計相對的產品及行銷組合，以求滿足這些區隔目標之消費群，進而達成銷售目標。S-T-P之概念是由菲利普・科特勒（Philip Kotler）現代行銷學之父提倡，為策略上決定4P時最必要的判斷因素，4P、S-T-P兩者都是被廣泛運用的市場行銷策略，也是業務人員在評估行銷時的必要工具。

　　目標市場行銷三步驟：S-T-P

一、步驟一：市場區隔化（Market Segmentation）

　　1958年美國學者溫德爾・史密斯（Wendell Smith）提出的新觀念，市場是由許多的購買者所組成，而這些購買者的需要跟年齡、購買行為都不盡相同，甚至有很大的差異。行銷者在選定目標市場前，應先將市場加以區隔。市場區隔化就是指根據某些變數，把一個高度異質性的利用某些區隔變數分割成幾個同質性比較高的較小市場之過程。以不同的產品及行銷組合準備因應，並評估每一個區隔化後市場之吸引力與潛力規模。

市場區隔流程圖

定義及描述市場　→　選擇區隔變數　→　利用區隔變數找出區隔市場　→　剖析各個區隔市場

在行銷的領域裡，依不同的環境將市場及消費者做成不同的區隔，以提供產品與行銷組合，區隔消費者市場的變數可以分為四大類，包括：地理區域變數（Geographic Variables）、人口統計變數（Demographic Variables）、心理變數（Psychographic Variables）、行為變數（Behavioral Variables），如下圖所示。

混合採用「4種區隔變數」，劃分消費市場

區隔消費市場的變數可分成以下4種，每一種變數都有可能影響消費者的購買決策。現今消費者已無法使用單一類別的變數來解釋，因此須考量混合使用不同變數。

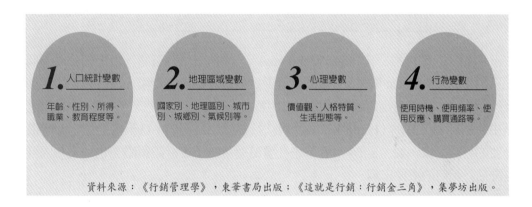

1. 人口統計變數
年齡、性別、所得、職業、教育程度等。

2. 地理區域變數
國家別、地理區別、城市別、城鄉別、氣候別等。

3. 心理變數
價值觀、人格特質、生活型態等。

4. 行為變數
使用時機、使用頻率、使用反應、購買通路等。

資料來源：《行銷管理學》，東華書局出版；《這就是行銷：行銷金三角》，集夢坊出版。

市場區隔之所以重要，是因為並非每一個人都想要同一家餐廳、同一種飲料或同一種微處理器。例如：以度假為目的的家庭旅遊，其需求必定和企業經營者的商業旅行不同。這就是為什麼萬豪集團（Marriott）提供不同類型的旅館，來吸引不同市場區位的消費者，從中價位的庭園旅館（Courtyard）及豪宅旅館（Residence Inn），到高價位的麗池卡爾頓飯店（Ritz Carleton）都有。

二、步驟二：目標市場的選定（Market Targeting）

大市場經過區隔化後，即須針對每一個區隔市場進行考量、分析評估，然後選定一個或數個具有可觀性之市場作為目標市場（Target Market）。接著要考量本身和競爭者的條件，也需要考慮本身的目標、資源與優勢等，以決定所要採取的目標市場策略，針對每一個區隔市場進行考量、分析評估，然後選定一個或數個具有可觀性之市場作為目標市場。

第四篇　業務篇

4-4　何謂「目標行銷」？何謂「S-T-P」？　Real Estate Theory and Practice

目標行銷
Targeting

其目標市場的策略有以下四種：無差異行銷（Undifferentiated Marketing）、差異行銷（Differentiated Marketing）、集中行銷（Concentrated Marketing）、一對一行銷（One to One Marketing）。

目標市場策略

策略類型	說　明	例　子
無差異行銷 （大量行銷）	視整個市場為同質性市場，提供單一產品或服務及行銷方案，以強調消費者共同需求	政府所興建的合宜住宅或是社會住宅等，皆是單一產品，提供給首購需求者且數量龐大
差異行銷 （區隔行銷）	在兩個或以上之區隔市場中營運	在高級住宅區，如臺北信義區推出高價豪宅案，其他二級地段推出換屋型住宅，以區隔不同階層之客戶群
集中行銷	只選單一區隔市場，達成強而有力的市場定位，建立聲譽	宏盛帝寶、國硯便是針對高所得頂端客戶，採集中行銷策略
一對一行銷	針對個別顧客的需要和偏好，去發展產品和行銷方案	大臺北華城直接承接顧客不同需求的訂單，為顧客量身設計其所需的別墅

競爭優勢

		普及性	獨特性
競爭範疇	整體市場	無差異行銷	差異化行銷
	利基市場	集中性行銷	客製化行銷

廠商所面對的市場相當龐大，因此有必要根據某些購買者特性，將市場劃分成幾個區塊。例如：住宅市場可分為透天厝、別墅、公寓、大廈，或根據購屋需

求可分為自用、換屋、置產、投資、贈與等，廠商接著評估本身的資源與不同市場區塊的情形，選擇其中一個或一些區塊作為目標市場；同時，廠商必須確立定位，也就是塑造與傳達能吸引目標市場的客戶，有別於競爭對手的形象，以獲得目標市場的青睞。例如：宏盛帝寶定位於高級豪宅住宅，標榜最貴的住家，有別於一般中、高級住宅，領導市場。

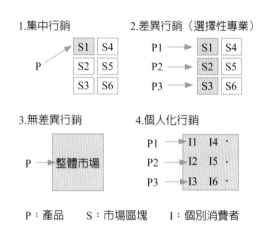

P：產品　　　S：市場區塊　　　I：個別消費者

以上四種策略中，無差異行銷策略（Undifferentiated Marketing）與差異行銷策略（Differentiated Marketing）都力圖占有整個市場；前者以一種產品、一種行銷組合策略，面對整個市場，這種策略強調人們需求的共同性，而不是差異性，因此無差異行銷所針對的市場稱為大眾市場（Mass Market）。後者則是生產多種產品，採用多種產品行銷組合策略，以開拓各個區隔市場，因此這種策略，又稱為選擇性專業（Selective Specialization）。

而集中行銷（Concentrated Marketing）則是以一個區隔市場作為目標，這種「弱水三千，只取一瓢」的目標市場選擇方式，所選擇的市場則稱為利基市場（Niche Market）。一對一行銷策略（One-to-one Marketing）則針對個別顧客的需求和偏好去發展產品和行銷方案，也是「客製化」的一種行銷策略，又稱小眾行銷（Micro-marketing）。

新的資訊科技，如電腦、資料庫、電子郵件、傳真和網路等互動式溝通媒體的發展，已促進了「大量量身訂做」（Mass Customization）的進展，行銷者可以針對每一顧客的要求，大量提供個別設計的產品和溝通方案；大量量身訂做不僅可增進顧客的價值和滿足，也可以降低成本，提高績效。

房地產企業在選擇行銷策略時，不可隨便馬虎，必須從企業自身的力量、產

第四篇　業務篇

4-4　何謂「目標行銷」？何謂「S-T-P」？

Real Estate Theory and Practice

品特色、市場特性、競爭對手策略等各方面綜合考量，愼重選擇出適合本身企業發展的行銷策略。

三、步驟三：產品定位（Product Positioning）

即指替產品訂出競爭的位置在哪裡，以及差異化特色在哪裡，並且依此位置研訂詳細之行銷組合。產品定位指公司爲建立適合消費者心目中特定地位的產品，所採行產品企劃及行銷組合之活動。

國硯豪宅的目標行銷

S（區隔）	T（目標）	P（定位）
以地方仕紳、高階主管及成功企業家族群爲區隔市場	1.高雄本地豪宅頂級客源 2.南臺灣事業成功的臺商 3.中北部層峰企業主客源 4.亞洲華裔商務領袖人士，以40～65歲高所得，或是國外企業主爲目標對象	定位在高級品牌與高級品質的豪宅精品，並邀請知名人物對談，將所有群眾的目光集中於高雄港市，間接帶入水岸豪宅 （定位爲世界港第一排，旗艦首席豪宅）

註：國硯位於高雄新田路、海邊路交叉口（高雄港市中心 河海第一排）。

美國行銷大師柯特勒（Philip Kotler）稱所謂「產品定位」是指「公司的產品和行銷組合，使能在消費者心目中占有一席之地」。強調「商品在顧客心目中是什麼？」，而不是「商品是什麼？」也就是從顧客的眼光來看商品，而不是從生產者的角度來判斷。

定位策略的目的是要讓行銷者的產品、商店或服務，能在目標顧客的心目中占有一獨特的競爭地位。良好的定位應具有獨特性，能與競爭者的定位有所差別，更要對目標市場有吸引力。幾乎所有能夠在市場上占有一席之地的產品、服務、商店或公司，都有其獨特而具有吸引力和競爭力的定位。在汽車市場中，豐田的Tercel和Subaru定位在經濟；賓士和凱迪拉克定位在豪華；沃爾瑪百貨及K-Mart百貨定位在低價格。

定位於客戶心目中豪宅的產品

宏盛帝寶

聯聚信義大廈

遠雄The One

產品定位第一要素就是馬上填滿消費者的心，使消費者因心中已有所屬而不再接受其他的產品。此乃因為消費者總是記得最好的那一個，所以最好的定位策略就是搶先攻下顧客心中的深處，穩坐第一品牌，追隨者通常都是無法後來居上的。例如：每個人都知道世界第一高峰是聖母峰，卻無人知道第二高峰在哪裡。

◎定位的種類

定位的種類有很多種，行銷者依據產品或其他提供物的特色、本身所擁有的資源、目標市場的反應和競爭者的定位等因素，選擇有效的定位構面來為其產品、品牌定位。定位的種類有以下數種：

(1)以產品屬性定位

確定自己的屬性，如豪宅、高級住宅、一般住宅、社會住宅等，以區隔競爭對手。例如：宏盛帝寶定位為「豪宅」。

(2)以價格定位

明確指出價格（高價定位、中價定位、低價定位），使消費者了解價格，爭取銷售。例如：工地強調比同區、同地段「低價」更便宜，是有價格競爭優勢。

(3)以使用者定位

明確指出使用者的特質，爭取認同。例如：商務大樓的使用者為商務客。

(4)以利益定位

明確指出利益點，增加目標市場的購買慾。例如：臺北灣強調「健康、休閒」海景第一排的定位。

(5)以競爭者定位

賦予競爭者新的定位，展現優越性。例如：鄉林皇居強調「皇帝的居所」，挑戰同地段的豪宅個案。

(6)以產品品質定位

描述品質優越或對品質的態度，盡量以量化的方式展現產品品質，五年不漏水保證或永久保固，爭取消費者信心。例如：中悅新天鵝堡強調「尊榮貼心、鉅細靡遺」。

(7)以功能定位

住宅產品所能提供購買者之效益定位，例如：隱私安全、隔震住宅、養生住宅等。

(8)以結合定位

將自己的產品或公司和其他實體相結合，希望那個實體的某些正面形象會轉移到自己的產品或公司。例如：新杜拜、精銳海德1號、川普等。

　　根據S-T-P的流程，在想行銷策略時，應該先將市場細分，從中挑出想主打的對象，再想辦法在這些目標對象的心中建立地位，創造難以取代的價值。每個商品、每個品牌都可以運用S-T-P找到對的顧客，精準做行銷。「區隔、目標、定位」是整個行銷的核心，也是成功的關鍵。而「定位」又是S-T-P的最後成果，其重要性可見一斑。

4-5
代銷公司產品策略流程

　　從個案取得開始，代銷公司必須先對市場做一番研究與調查，包括總體市場與個體市場，以定位其目標市場；再進一步做消費者行為研究分析，確定其市場區隔及其銷售目標客戶群，然後再將目標客戶的需求反映在產品本身，最後運用4P行銷組合與廣告策略，讓消費者心動而有所行動，快速達成銷售的目的。

　　市場導向意指一家公司在決策過程中應該高度向外聚焦，也就是要不斷接受包括消費者、競爭者及環境趨勢等資訊的流入。這將保證行銷決策絕對不是盲目做成的，而是穩固地奠基在市場現實上完成的。

　　以下說明代銷公司房地產產品策略之流程與內容。

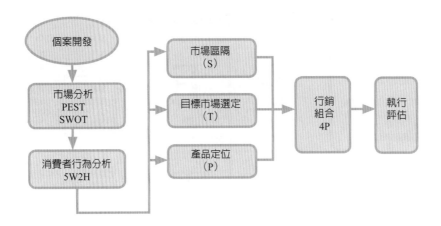

一、評估市場需求（市場研究分析）

（一）總體環境分析

　　企業所在的總體市場環境，會對企業的營運造成相當深層的影響。一般而

言，總體市場包括：經濟因素、社會因素、政策因素、法律政治因素、社會文化，以及人口環境因素等。總體市場環境會影響整個經濟及房地產市場的未來發展，同時也影響了個案銷售與推出的時機、投資利益、產品定位及規劃，所以研擬產品行銷策略前，必須將總體市場環境充分了解與分析。可以運用策略規劃之PEST工具分析之。

　　個體環境可採用SWOT分析，SWOT分析是由美國舊金山大學教授韋里克（H. Weihrich）1982年提出，包括分析企業的優勢（Strength）、劣勢（Weakness）、機會（Opportunity）和威脅（Threat），意指一個組織不管是營利（如企業）或非營利（如政府機構），評估其組織本身的強處（Strength）、弱點（Weakness）及其所處的外部環境所存在的有利機會（Opportunity）及不利的威脅（Threat），這四個英文字母合起來，便是SWOT。透過SWOT分析，可以幫助企業把資源和行動聚集在自己的強項和有最多機會的地方，並讓企業的戰略變得更加明朗。因此，SWOT是一種分析的概念與方法，可以用在組織，作為策略擬定時的重要參考；甚至可以用在個人，例如：在決定前程計畫時，要先想想自己有什麼條件，也要看看外在的、未來的環境有何大好機會可以一展長才。

　　針對內部因素評估後，可以得知我們的強、弱勢（S、W）；外部環境評估後，可以預期該企業面對的有利機會與不利因素（O、T），舉例如下。

PEST分析：掌握趨勢，尋找新商機

考量項目：稅法、勞動法、環境法、貿易限制與關稅、政治穩定度等。
舉例：政策會影響勞動人口教育程度、國民的健康，以及大眾運輸等基礎建設的品質等。

P 政治因素（Political Factors）

考量項目：經濟成長率、利率、通貨膨脹率、國民所得等。
舉例：高利率會提高企業借貸成本，減緩投資；匯率升高會使出口商品在國際市場上的競爭力減弱等。

E 經濟因素（Economic Factors）

考量項目：健康意識、人品成長率、年齡分布、職涯規劃、對於安全的重視。
舉例：人口老化提高企業退休金支付的成本，或僱用較多年長工作者。

S 社會因素（Social Factors）

考量項目：研發活動、創新、新產品開發、自動化、科技進展的速度。
舉例：網際網路改變了消費者購物與企業經商的模式。

T 科技因素（Technological Factors）

資料來源：http://en.wikipedia.org/wiki/PEST_analysis。
　　　　http://www.quikmba.com/strategy/pest/。

1. 優勢

如產品規劃的完整、公司信譽良好、生活機能完善、交通便利、學區優良、社區管理完善公設比例低等優點。

2. 劣勢

如產品規劃設計不良（有暗房）、格局差、售後品質不佳、公共設施不足、社區管理不佳等缺點。

3. 機會

如緊鄰學校市場、公共建設的開發、銀行低利貸款的提供、兩岸的開放獲利機會的出現。

4. 威脅

如大型企業或產業的外移、原物料價格上漲、法拍屋的增加、政府打壓房地產政策（如課徵奢侈稅及縮減銀行貸款）、市場供應過量及不景氣造成市場買氣不足等，及其他影響個案銷售之不利因素。

經營者應把握自己有利的機會與優勢，對市場進行開發及可行性分析；針對自己不利的劣勢及威脅點，推出改善計畫或更符合市場需求的產品，並延伸出企業的經營目標，形成經營策略，進而擬定各項執行計畫。

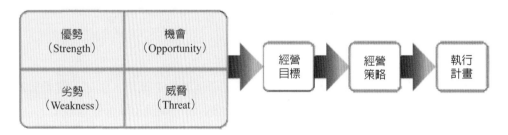

SWOT分析之交互影響矩陣策略

即從SWOT分析表中，依據陣列相對應關係，提出SO策略、WO策略、ST策略及WT策略等四大策略，以下分別說明之。

	優勢（Strengths）	劣勢（Weaknesses）
機會（Opportunities）	S-O策略：追求與公司強項相符的商機	W-O策略：克服劣勢以把握新商機
威脅（Threats）	S-T策略：活用企業強項以降低外在威脅的衝擊	W-T策略：建立防禦計畫，避免公司劣勢受制於外在威脅而雪上加霜

資源來源：《管理工具黑皮書》，麥格羅・希爾出版。

1. SO策略

就是依據內部優勢條件去抓住外部機會，因此提出策略時應以一個外部環境列項配對一個或多個內部條件列項為優先考量。例如O1：為政府降低稅率與利率鼓勵購屋（外部機會），S1：公司有足夠經營人才，S2：公司擁有大批土地未開發，SO1策略為積極籌備建案之開發。

2. WO策略

就是利用外部機會來改善內部劣勢。例如：在政府積極降低稅率與利率鼓勵購屋時，有能力開發但缺乏經營人才之企業，應事先積極培訓經營人才。

3. ST策略

就是利用內部優勢條件去避免或減輕外部環境威脅，例如：現在總體經濟環境不佳，建築產業蕭條，則經營管理能力強之業者，就應發揮管理專長節省營運成本。

4. WT策略

就是直接克服內部劣勢及避免或減輕外部環境威脅之策略，例如：經營管理能力較弱之建築業者，碰上產業蕭條時，則可縮小公司規模及降低營運成本。

（二）個案工地附近重大計畫

個案工地附近如有重大公共建設或投資計畫，都會影響個案效益、生活機能與土地價值，所以在擬定行銷計畫之前，必須事先蒐集調查清楚與了解。

（三）個案工地附近環境分析

了解自己工地的優劣勢與其他工地的差異性是最基本的準備。特別是在規劃、區段、環境上的不同，做好事先的調查工作與分析是必要的。

（四）競爭市場資料分析

對市場上推出有競爭性的個案，加以資料蒐集及分析，以作爲產品定位及價格訂定的參考。並以近兩年區域內推出且銷售成績良好的個案，及未來一年內同區域可能推出的個案，做一詳細分析比較。

（五）個案銷售市場資料分析

從總體的觀點對整個房地產的市場環境做一分析，包括市場供給量、需求量、產品種類、價格、建材等，以了解目前及未來的趨勢走向。

二、消費者行爲分析（5W, 2H）

「消費者研究」之目的在於了解消費者在不同效率市場上，獲致決策的資訊，以進行購買行爲的過程，使得資源的分配更有效率，更可達成效果。房地產市場已從「生產導向」進入「消費者導向」時代，以往「只重生產，不談消費者需求是什麼？」的時代已經過去。在建築業一般個案的工程期長，且完工後再銷售，個案銷售金額愈推愈大，風險不斷增加的情況下，建築業者擔心的是：消費者在哪裡？需求被滿足了嗎？產品有無吸引力？願意購買嗎？市場消化得完嗎？未來景氣如何？

（一）消費者購屋的四個動機

身爲行銷人員，實在是有其責任讓消費者了解因何購屋？又是否適合以投資爲出發的購屋行爲，如果以投資爲理財的目的，怎樣的標的物才眞正適合客戶？

1. 自住購屋型

年輕族群第一次購屋，目的在於結婚成家或自住，需求坪數大都以精簡實用爲主。

2. 換屋型

當事業有成或家裡人口增長，不敷所需，或因工作調動、升遷等，需求大都以三到四房爲主。

3. 投資型

房地產是一個很好的投資理財工具，尤其在物價大幅波動時，再加上國人「有土斯有財」的觀念，國人偏好購買房地產。投資又可分長期投資型，如置

產、收租等,短期投資即所稱的投機型,以追求短線獲利爲主。

4. 贈與型

　　爲了達到避稅的目的,國人有生前替子女購屋置產的觀念,加上房地產以房屋現值及公告現值爲計價標準,往往可省下一筆可觀的贈與稅。

消費者購買之心理與行為

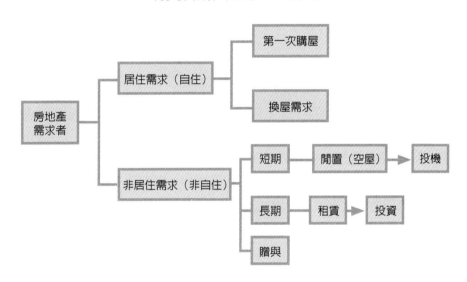

　　行銷的目的在於創造慾望,滿足需求。因此,「消費者研究」對消費者的研究發展是相當重要的一環。必須認知消費者、了解消費者的購屋動機與需求,以便定位消費者需求。

　　美國心理學家馬斯洛(Abraham Harold Maslow)在《人類動機理論》一書中提出人類的需求有五個大項,最常被用來解釋消費者需求,並以金字塔將之分爲五個層次,在較低層級的需求得到滿足之後,人類會進一步追求較高層級的需求。最基本的需求是生理需求,是我們需要吃飽、解渴、保暖等。生理需求滿足了,接下來追求人生安全、生活與財務有保障等,也就是安全需求。生活上安全無慮後,開始希望能夠愛人與被愛,能被團體接納,因此產生社會需求,社會需求滿足後,我們希望能受到他人的肯定與尊重,因而會有自尊需求。最後我們渴望自我實現需求(Self-actualization),希望能發揮潛力、實現夢想等。每一層次,對住屋的需求也會因滿足慾望不同,而有不同的選擇。

購屋者的購買心理與需求

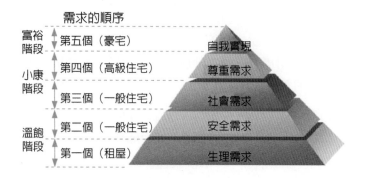

（二）五W與2H

一般消費者購買不動產之行為，可依5W及2H進行分析。

1. Why（動機）：因價錢公道？交通便利？環境好？投資利潤高？

消費者為何要購屋？投資或自住？換屋或贈與？

了解消費者購屋之動機，除了可做產品規劃的驗證與往後規劃參考外，有系統的分析更可為後續行銷策略做妥善的計畫。

2. Who（人）：性別、年齡、職業

誰有決定權？考慮的因素為何？

購屋者主要有個人、企業主、機關團體等，不同類型的產品，購買的對象也就不同。需求者的購買動機有：自住需求、投資需求、換屋需求及自住兼投資需求等，如能針對購屋者成員進行偏好或需求分析，並依據不同需求進行行銷活動，往往容易馬到成功。

3. What（產品）：客戶喜好為何？客戶支付能力如何？

需要的是什麼產品？什麼產品才是好產品？品質、價格還是服務？

即消費者要的是什麼樣的產品？產品規劃的重點，就是如何規劃出消費者所需要的產品。年輕夫婦可能願意用時間換取金錢，只要交通問題OK，能住在郊區通勤上班，購屋就能考慮低總價的郊區房屋。若是銀髮族，購屋必須完全配合生活所需，比如不能離市場太遠、附近要有完善的醫療設施等。不同產品有不同的需求，根據潛在購屋者之動機、職業、收入、年齡而定。

4. When（時）：購買時點？政治、經濟、社會變動影響而購買？

何時購買？什麼時候最適宜購屋或換屋？

房地產開發時間長，房屋銷售的好壞與環境因素有關。什麼時間是銷售的好時機？什麼時候需進行銷售的準備？什麼時候開始廣告，推出個案？都需事先預測與部署，才能掌握消費者購買的時機。

房地產預售市場一年中買氣最強的時期為每年的三至五月，即所謂「329與春假」、「520與端午節」，以及九至十月的「928與雙十節」，與這些時期氣候宜人、連續假期較適合外出等有關。一般個案皆會以這些客觀因素較佳的時間當作銷售月份。另外，國人因避諱農曆七月（俗稱鬼月）及春節過年期間假長活動多，無暇參觀工地，屬於銷售淡季。

5. Where（地點）：何處購買？購屋者購買地區分配？

應在何處購屋置產？地點、風水？

房地產因不可移動性，不同的地點其售價差異很大，會影響購屋者的決策。如何有效找出消費者喜歡的地區，即客源在何處，才能運用行銷策略，吸引他們來購買。因為一般上班族皆集中在大都市工作，對都市房屋的需求較為殷切，也是大都市（如高雄、臺中、臺北等）房價居高不下的原因。

6. How（如何）、How Much（多少錢）：購買負擔能力如何？消息來源及管道？如何選擇房屋？媒體知多少？

分析購屋者如何得知此個案的消息來源及管道，是透過媒體或是經人介紹？付款能力及價格的接受度如何？如低自備款加上高額銀行貸款？隔局與建材的實用性如何？學區與當地治安如何？因此，如何訂定合宜的銷售方式，是吸引刺激其購買產品的重點。客戶分析資料愈詳細，愈可縮短消費者考慮及決定購買個案之時間。

完成消費者行為調查分析後，即可依該地區內之消費者特性進行目標行銷。

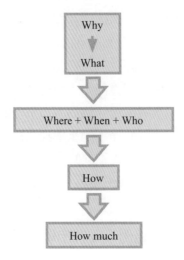

三、目標行銷

行銷大師柯特勒（Philip Kotler）認為真正的行銷，是一種價值創造和傳送的過程，其中最重要的就是價值的選擇，亦即透過S-T-P，選擇企業所要提供的價值。他因此對行銷下了這樣的定義：「行銷是當你要完全精準地滿足需求時，一定要做的功課。而當你完成了這項工作，就不太需要銷售了。因為滿意的顧客會傳播口碑。」

（一）市場區隔（Market Segmentation）

區隔研究的目的是為了發現特殊消費族群的需求與需要，以發展對應的產品和服務，滿足其需求。許多新產品正是為滿足由區隔研究所發掘出的市場利基。「一個市場區隔就是具有相似需求、購買行為，以及可辨識特質的特定客戶族群。」市場區隔乃從需求面即購屋者角度進行次市場分析。

市場區隔是策略行銷之首要步驟，將市場區隔成幾個同質的族群後，行銷人員必須由其中選定一個或多個目標市場，之後，設定特有的行銷組，也就是針對各目標市場設計獨特的產品、價格、通路和促銷手法。例如：建設公司推出各種不同坪數規劃及價格的產品，以吸引不同性別、年齡、所得及職業的區隔市場，以滿足消費族群對於房屋差異所產生的特殊需求。

「市場細分」（Market Disaggregation）乃從供給面將原來的房地產市場分為若干個較小、較同質的次市場的過程市場（建立次市場體系），業者再根據自己商品的定位，從這個小市場（區分次市場）中找尋最適當的目標市場，進而運用

適當的行銷策略去創造更多的利潤。房地產並非標準化的財貨,房屋業者可將房地產市場細分為不同特性的次要市場(Sub Market),再針對次要市場之目標特性制定其產銷戰略,此即稱為「市場細分」。例如:從供給面次市場劃分,將一區域之不動產市場,依據土地使用類別(例如:住宅區或商業區)、產品類型(例如:透天厝、公寓、大樓)、空間格局(例如:二房一廳、三房兩廳)、價格別(例如:高價屋、中價屋及平價屋)等不動產本身之特性,細分成較小但較同質之群體,而形成各不同的次市場。因此不同的企業,不同的行銷環境,就有不同的區隔標準。從房地產之產品角度(供給面)進行次市場分析,稱之為市場細分。

市場區隔範例──次市場體系表

主體產品種類	細目產品種類

以住宅為主軸產品

- 純住宅
  - 小套房
  - 普通住宅 → 一般套房 / 學生套房 / 功能性套房
  - 豪宅
  - 商務住宅
  - 特殊住宅 → 二房二廳住宅 / 三房二廳住宅 / 四房二廳住宅
- 店鋪住宅
  - 店鋪＋普通住宅 → 老人住宅 / 休閒住宅 / 地上權住宅
  - 店鋪＋小套房
  - 店鋪＋普通住宅＋小套房

註:本案例以住宅作為主軸產品市場體系,本體系中,主要可分為純住宅、店鋪住宅。

(二) 目標市場分析(Targeting)

所謂目標市場,就是房地產業者經過比較、選擇,決定作為服務對象的相對次要市場。分析房地產個體市場的供給與需求,必須以個別地區、特定類型的次市場作為分析的基礎。如以屋齡作為劃分的依據,可將不動產市場區分為預售屋市場、新成屋、中古屋市場;以拍賣方式區分,可分為法拍屋、金拍屋、銀拍屋市場。各次要市場的屬性和價格皆有明顯差異。

　　目標市場分析就是針對區域內之次要市場進行供需分析。在次要市場分析內容中，可分為供給次市場分析與需求次市場分析，前者分析結果，可為個案產品型態與價格定位參考，可視為供給面的分析；後者的分析則為產品訴求及目標市場選定的依據，可視為需求面的分析。透過前兩項分析及配合公司的基本原則，即可準確地規劃出市場需要的個性產品。所以，公司在選擇目標市場時，須充分考量企業本身的資源能力、市場的供需狀況、競爭對手的目標策略。值得一提的是，目標市場的區隔分析應隨著時間及景氣狀況而變動；也就是說，區隔市場之供需情況是動態的。

　　理想的目標市場應該與企業實力相匹配，較小的目標市場不利於實力強大的企業發揮經營實力；反之，過大的目標市場，對於小企業難以有效的掌握。所以，目標市場一方面要有一定數量的需求和購買力，還要有尚未滿足的消費需求，才能實現企業的銷售目標。

（三）產品定位及規劃（Positioning）

　　根據美國行銷大師柯特勒（Philip Kotler）的說法，所謂「產品定位」，是指「設計公司的產品和行銷組合，使能在消費者心目中占有一席之地」。但是不動產不同於一般產品，它的（原料）土地既有限又難以取得，所以產品無法做大量的生產，它的規劃既受政府政策及種種法規之限制，又牽涉複雜的專業知識，所以產品難以做標準化的設計；不動產的交易金額龐大，本身又具有保值、自償或收益等特性，加上產品地段的不一，因此產品鮮少有絕對或必然的價值標準；再加上不動產市場的交易動機可能是投資、自用或是商業用途等，不像消費品或工業品市場的交易動機較為穩定而單純，因此更增加了不動產產品定位的複雜性。

　　在不動產市場發展中，我們時常發現出自某建築大師之手的完美理想作品，卻因無法順利為市場接受，而乏人問津。例如：在三流地段規劃一流住宅大廈，造成「叫好不叫座」的尷尬現象；或基於銷售公司的立場以銷售為目的，提供「叫座不叫好」的產品。這些立場都因失之東隅而無法做好正確的「產品定位」。真正成功的產品定位，須站在投資興建者與消費者雙方的立場，兼顧銷售、規劃、財務及使用性，提供「叫好又叫座」的產品。

　　究竟什麼是不動產「產品定位」呢？企業必須進行市場定位，為自己或產品在市場上樹立特色，塑造形象，爭取目標顧客認同，企業需向目標市場說明，本企業與現有及潛在競爭者有什麼不同？產品定位有利於後續採取的行銷組合；比如公司走「高格調」、「高價格」產品定位路線，則行銷也應採高水準、精美、

品味的廣告，才能樹立令人信服的優質印象。

所以不動產產品定位即是：

1. 以投資興建者或地主的立場為出發點，滿足其利益目的。
2. 以目標市場潛在客戶需求為導向，滿足其產品期望。
3. 以土地特性及環境條件為基礎，創造產品附加價值。
4. 以同時兼顧「規劃」、「市場」、「財務」三者之可行性為原則，設計提供有效之產品。

四、產品定位可使土地擁有者或建物興建者達到的目的

（一）獨特性

降低市場銷售風險，避免供過於求、時機不當，或不符合目標市場需求等可能造成的收益損失。

（二）獲利性

增加投資報酬利潤，例如：創造「個別產品」的單位利潤，或增加「組合產品」的整體利潤，或透過「分期銷售」獲得全程利潤等。

（三）協調性

發揮作業整體效果，避免開發、銷售、規劃及財務等作業之衝突，能同時兼顧收益、成本、品質及時效。

（四）可傳達性

針對有效客戶進行廣告行銷活動，可減少不必要的廣告支出，快速達到產品銷售最佳的成績。

（五）專有性

根據市場特性做整體規劃，有其專有的特色，不易被競爭者模仿或超越。

五、如果有一塊土地，你將如何進行產品定位？

實務上的產品定位，是指建設公司對於規劃設計何種的產品來滿足目標購買客層或目標購買客層所要的生理、心理需求？簡單的說，就是針對目標客層量身訂做住宅產品。

　　建設公司及代銷公司須深入分析目標客層對住宅產品的需求及心理需求，及其所重視的產品特色和效益後，透過了解該客層的年齡、家庭成員、所得、職務、需求坪數及日常生活型態，從客戶需求作為產品規劃的出發點，就能找到客戶從這個住宅產品中所獲得的效益，才能打動客戶的心。身為專案執行者，如能將住宅產品的優點轉化成購買客戶所期待的效益，才是正確的產品定位。

（一）先確定定位的動機及目的

　　例如：是為了增加報酬率或是增加公司資產，建立形象？不同的動機及目的，可能須運用不同的產品定位及方法。

（二）必須考慮土地的規模、條件，以確定定位的範圍及方法

　　定位的範圍，包含必須考慮的購買對象（客源、客層、機構）、專項（法規、市場稅務）、涵蓋時間（短、中、長期）、地區（區域、全國、國際）等。而定位方法，則是從資料蒐集、分析、處理、運用，直到獲得結論的推演過程。

（三）即必須進行現況及趨勢分析，以發掘潛在的問題與機會

　　須注意的問題包括基地特性條件（如交通運輸、公共設施、產業結構等）、相關法規限制（如地政法規、建築法規、稅務法規等）、不動產市場特性（如供需狀況、產品型態、競爭情況等），以及相關財務條件（如造價水準、房價水準、融資機會等）。

　　根據現況及趨勢分析，可確定產品定位的目標，以作為方案或規劃構想發展所遵循的方向。例如：大樓採開放空間設計、大坪數住家、樓高不超過二十層等，以能有效控制方案的發展。當然，藉助建築師的專業及產品定位者的創意，才能創造空間的附加價值。

　　最後的階段即須評估替代方案，以確定最適方案及相關執行的計畫。為使定位的結果能產生完整效益，評估時應盡可能兼顧市場、財務、規劃、管理等各個角度的考慮，避免各個角度間出現衝突，以致減損產品定位的效果。

（四）先市場定位，後產品定位

　　所謂「定位」是指在消費者腦海中，為某個品牌建立有別於競爭者的形象的過程，而這程序的結果，即消費者所感受到相對於競爭者的形象。

　　先了解市場需求，才能進行產品定位。

　　市場定位是指建設公司對目標購買客層的設定與選擇，亦即一般所謂的「市場區隔」；而「產品定位」是指建設公司應規劃設計何種類型的產品來滿足目標購買客層的生理、心理需求，及其所重視的產品特色及效益，主要在分析什麼樣的產品特色可以滿足購買客層所要的需求。所以「產品定位」是將目標市場客層的選擇與產品規劃設計結合的過程，也就是針對目標客層量身訂做各種住宅產品，而住宅產品的定位就是在滿足購買客層的最大需求。對建設、代銷公司而言，做好市場定位、產品定位及行銷企劃，才是未來順利銷售的關鍵。

市場定位	對目標購買客層（或市場）的設定與選擇	步驟一：產品SWOT分析（產品分析） 步驟二：市場區隔（客層分類） 步驟三：選定目標市場（選定客層）
產品定位	規劃設計何種的產品類型，來滿足目標購買客層（或市場）的需求	步驟一：擬定產品策略（擬定策略） 步驟二：產品坪數及分坪規劃 步驟三：產品定位及產品構想

六、不動產行銷組合（4P）

　　市場區隔是目標市場選擇的基礎，先對房地產市場做出區隔後，形成各個次要市場。但並非各個次要市場都能吸引人，為了有效地利用公司資源，必須做好目標市場的選擇。「目標市場」選定後，企業必須進行市場定位，為自己或產品在市場上樹立特色，建立形象，爭取目標客戶認同。在市場行銷過程中，市場定位離不開產品，故又稱產品定位。所以目標市場的鎖定為戰略性的決策，而行銷組合的擬定為戰術性的決策。當產品定位確定後，即可將目標產品擬定最適當之行銷組合（Marketing Mix），它是由房地產之產品、價格、通路、推廣等四個主軸所形成，故又被稱為行銷4P。因此企業應將自己的行銷加以定義，以作為公司行銷策略擬定的依據及決策參考。下頁圖說明實務上不動產產品之行銷流程。

不動產產品之行銷流程簡圖

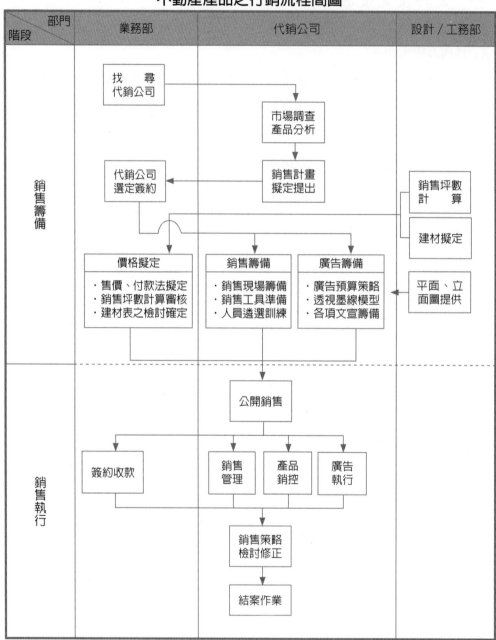

資料來源：歐亞企管顧問公司，業務及交屋講義。

（一）房地產定價決策

根據馮先勉教授（《不動產估價實務》）所述不動產定價的方法整理後，有以下幾種方法。

從經濟學上投資獲利的角度而言，產品的價格決定可採**市場比較定價法**、**成本加利潤定價法、成本加成定價法、價值導向定價法、市場競爭定價法**等，以下簡述之。

1. 市場比較定價法（Market-comparison Pricing）

即一般所謂的「買賣實例比較法」，利用蒐集來的多數買賣個案實例，再選擇與估價對象不動產相類似者，按實際情形予以補正及日期修正調整，同時就影響該不動產價值之區域或個別因素，與待評估價值的不動產加以比較而求得之不動產價值。一般在市場買賣實例，資料容易取得且有多筆交易進行的情況下，採用本法較易進行。

舉例來說，蒐集到的市場比較資料分別為：

(1)屋主急售，每坪20萬元。

(2)地點較佳，每坪25萬元。

(3)屋齡較新，每坪23萬元。

(4)屋齡較舊，每坪21萬元。

(5)附近新推個案，每坪24萬元。

(6)為「關係人」交易，每坪26萬元。

則(1)例及(6)例應剔除不考慮，把(2)、(3)、(4)、(5)四例經加總平均計算，可得不動產市價約為23.3萬元。

2. 成本加利潤定價法（Cost-plus Pricing）

指產品價格以成本加上預定的利潤決定，即：

$$單位產品價格 = \frac{總固定成本＋總變動成本＋預定利潤}{生產量}$$

如：某一棟大樓土地成本為5億，營建成本加管理費為2億，預定利潤為1億，大樓總銷售坪為8,000坪，則每坪單價為：

$$（5億＋2億＋1億）／8,000坪＝10萬（每坪）$$

此法應用容易，但缺點是利潤僅考量成本，未反映市場供需情況。

3. 成本加成定價法（Markup Pricing）

亦稱「目標報酬定價法」，主要是著眼於公司內部的成本結構來定價，以確保產品價格足以支付生產和銷售該項產品所需的固定及變動成本。在此定價方法之下，業者希望在估計的銷售量下，可獲得一預定目標的投資報酬率，意指價格以成本加某一比例之利潤決定，即：

$$單位產品價格＝單位成本×（1+K\%），K為加成百分比$$

簡單容易計算，一般產業如中間商及零售商，常使用此法快速獲得轉售價。

4. 價值導向定價法（Target Pricing）

價值導向定價既不是根據成本來訂定價格，也不是根據競爭者的價格來設定價格，而是以顧客對此產品知覺及所認定之價值作為衡量及定價的基礎。這種方法是透過研究來確定對消費者而言，這個產品的使用價值（Value-in-use），這個價值會被當作一項標竿，用來和競爭產品的使用價值比較，藉此找出適當的價格。

如臺北市推出之「豪宅」動輒每坪百萬以上，就是以價值導向法來定價，其關鍵在於能否正確地衡量或估計顧客對產品或服務的知覺價值。行銷若高估顧客的知覺價值，將導致價格偏高，影響銷售；如低估知覺價值，將導致價格偏低，減少收益。

針對定價策略，一般而言，沒有一個價格模型會被單獨使用；行銷人員傾向由多重面向來處理定價決策，以追求產品的最高利潤為原則。

傳統定價方式（Cost-based Pricing）：成本加成、成本加利潤定價法

價值基準定價方式（Value-based Pricing）：價值導向定價法

5. 市場競爭定價法（Competition Pricing）

此係指某一建設公司所選擇之價格，主要依據競爭者產品價格而訂定。大部分公司還是會看整個市場競爭的狀況後，才會訂定一個價格。尤其，在完全競爭市場下，由於競爭者眾，產品差異小，故不可能有太高的定價。

（二）房地產促銷決策

在房地產行銷上，一個新建案在開始銷售前後，若能引起業界或媒體的高度關注，並且大量集中看屋者的人氣，是成功開盤及完全銷售的重要關鍵；不論代銷公司或建設公司，皆須運用各種立體、平面或影視電子及網路等媒體，對社會大眾廣為宣傳，醞釀耳語傳播，製造聲勢，塑造產品特色與形象，以吸引消費者對此產品產生興趣，並採取購買行為。所有促銷決策，就是如何利用傳播媒體達到促銷活動的一種程序。所以建案要有一連串的廣告行銷策略及銷售促進計畫執行，才會有所謂的來人來電量，目前業界創造人潮的方式如下：

1. 首先要找到建案本身的特色與主要賣點，透過企劃行銷包裝與購屋銷售活動結合。
2. 吸收更多的人潮來看屋，促銷活動有二種，一種是針對「看屋」的人，一種是針對「購屋者」的促銷活動；前者是創造看屋的人潮，後者是加速客戶的購買決定。兩者對象看屋的目的不同，效果也不一樣，如能結合，有機會帶來可觀的業績。
3. 短期快速累積看屋人潮，形成業界新聞話題及口碑行銷，營造銷售現場的熱銷氣氛。

一般而言，房地產促銷活動常利用的媒體有以下幾種：

1. 平面媒體

報紙（NP）、雜誌（MG）、說明書、傳單、海報等媒體；直接函件（Direct Mail, DM）、手冊。

2. 電子媒體

廣播電臺媒體（RD）、電視（TV）、電影、動態CF、DVD或LD。

3. 數位媒體

網際網路（IT）、多媒體顯示器（MMD）、APP（應用程式）、AI（人工智慧）、AR（擴增實境）、VR（虛擬實境）。

4. 戶外媒體（Outdoor Advertising）

如現場POP、看板、公車站牌、車廂廣告、宣傳車、指示路標、高空氣球及霓虹燈等。

5. 直效行銷

使用郵件、電話、傳真、電子郵件和其他非人員的接觸工具，來和特定顧

客、潛在顧客溝通，或引發他們的直接反應。如：電話行銷、郵件（DM）、網路購物、電視購物。

6. 公關活動

舉辦各種促銷活動與包裝，達到媒體宣傳的目的。

所有媒體的運用及有關促銷活動，其使用方式、數量與時機，皆應考量產品定位、區域特性、廣告預算、媒體效應與相關法令限制等種種條件後訂定。

（三）房地產促銷階段

一般而言，不動產促銷活動可分為以下五個階段。

1. 醞釀期（潛銷期）

建案正式開始銷售前，通常會有一個「潛銷期」，所謂的「潛銷期」有兩個功能，一個功能是測試建案的買氣，另一個功能是測試客戶對於價格的接受度，現場可能會透過網路行銷，如Facebook或LINE@採取「預約順位」的方式，來營造建案熱絡的買氣氣氛，另外對於銷售人員與客戶間的議價時間考量及銷售價格是否過高或過低，以作為正式銷售開盤價格的參考。潛銷期的促銷活動是否成功，也是接下來建案能否順銷的關鍵，所以該階段現場專案要小心操作。

產品剛剛進入市場的初期階段，主要目的在於引起社會大眾的注意，短期快速累積看屋人潮，進行口語、耳語傳播，塑造「山雨欲來風滿樓」的氣氛，形成業界話題及口碑行銷，讓潛在客戶抱持觀望又期待的態度，想一窺究竟，也是初期的現場準備工作階段。因消費者對於新產品不甚了解，銷售速度緩慢；現場應做好銷售布置及各種行銷媒體之選定等準備工作，並整合現場銷售人員，進行戰術演練及銷售講習。

2. 引導期

啟動媒體第一波攻擊，運用地區的派夾報及定點POP、Facebook、LINE@或Google輪播等以吸收區域客戶。一般希望在籌備與引導期吸收區域性客戶二至三成，較能增加現場信心，也容易形成口碑。在此階段，現場專案應隨時注意銷控的流程是否順暢、資訊的回饋與整理、擬定，或調整銷售戰術及策略，務必在公開前讓流程盡善盡美。

3. 公開期

本階段可於現場舉辦各種造勢活動，或配合大量媒體製造話題，提高新聞曝

光率，現場舉辦大型造勢活動，如名人走秀、名人演說、紅酒品嚐會、精品展示會等，匯集人潮、製造買氣，藉機提高成交率。

4. 強銷期

大眾媒體如報紙、廣播、派夾報等廣告達到最高峰，將群眾目光大量轉移到FB、Google、YouTube、LINE等社群媒介或網路媒體、線上活動、新聞策動、廣告投放等，延續公開期的銷售熱潮，將客戶情緒累積到最高點，必要時也應配合現場採取「強殺」的操作手法，發布高銷售率成績，讓客戶覺得有機會愈來愈少的感覺，減少猶豫的時間與空間，縮短交易過程，隨時保持快速靈活的銷售策略，達到銷售的最高潮。

5. 收成期

隨著可銷售戶數愈來愈少，相對的，投入廣告的預算也愈來愈低，來人數可能也愈來愈少，如何維持看屋人氣，也是現場專案的課題。銷售進入末期，盤查訂購情形，過濾所有客戶，並開發次級客戶，極力促銷最後餘屋，善用已購客戶力量（椿腳行銷），或過去參觀過本案卻未下手的客戶，寄送DM、EDM、電話拜訪寒暄、提供介紹佣金等，最重要的是，鼓勵已購買客戶帶著親朋好友一同參與，透過介紹的成功率是最高的，加速個案完全出清的目的。客戶資料整理、移交；準備結案，並做結案報告，案後檢討，以提供往後參考。

行銷組合的工具於每個階段可做不同的運用。比如說，廣告與公關宣傳在產品上市初期（潛銷、引導期）效益最高，因為可以建立知名度及興趣。促銷及個別推銷在產品成熟期（公開及強銷）較為重要，因為個別推銷可增進顧客對產品優點的了解，並堅信購買是值得的，而促銷活動對刺激購買最為有效。在商品衰退期（收成期），促銷活動及人員拜訪應增加，但廣告、公關則應減少。

4-6 行銷內容：代銷公司個案開發後準備工作

一般房地產的行銷內容包括三大項目：市場調查研究、行銷企劃與組合、銷售執行與結案檢討，以下為其概要。

本章節介紹代銷公司個案開發後，各部門所需準備之各項實務工作，以深入淺出之方式介紹予各位參考。

一、市場研究（調查與分析）

市場調查是指人們為了解決產品行銷問題，對市場有具體了解，並進而認識行銷的活動與過程。

美國管理學會對市場調查的定義：「有系統地蒐集、記錄及分析與產品或生產的行銷問題有關的各種資料。這種調查可由企業本身、專業的調查機構或第三者來進行，以解決行銷問題。」所以，廣義的市場調查，包括有關產品或生產的行銷問題，狹義的市場調查則為針對銷售個案銷售狀況的調查分析。

資料是任何決策的基礎，若缺乏有效資源的支持，所有決策皆為臆測，由此可見資料的重要性。不動產業者在決定土地開發區域、土地利用方式或產品規劃方向（即「產品定位」）時，往往牽涉上億元決策的成敗，所以更需要依據正確、有效的資料。

・市場資料可分為初級（一手）資料及次級（二手）資料兩類。初級資料係為特定目的而直接蒐集的資料，遵循完整的研究設計及調查設計，並透過調查執行、資料處理與分析，以得到所需的資料。次級資料則為公司內部或外部現成的資料（包括官方、學術單位、產業三大部分）。

・來源除市調人員親自做全盤的實地調查外，亦可向各市調同仁取得，另一些文獻資料更可向有關單位索取。

・市場調查係為針對本案所需各項正確情報及資料提出具體報告，其正確與否，將決定個案成敗，其進行期間長者為一至二星期，短者為三至五天。

調查重點如下：

1. 總體市場分析

房地產景氣預估、都市發展、社會經濟、相關政策、法令等。

2. 區域市場分析

潛在客戶購買力、選擇區位評估因素、客戶滿意度、商圈類型、業務種類等。通常住宅投資受區域性因素影響甚大，較有經驗之市場調查者研判，如：區域性客戶占30%購買慾，本案即成功一半。故必須了解該區域市場的需求、同業競爭狀況、里鄰環境的特性，以及目標客戶購買行為，都可作為銷售預測和規劃上的依據。

（一）市場調查內容

1. 產品研究

　　要做到產品差異化、大眾化，規劃設計要配合當地民情及潮流，並要研究應採取的路線及格調。

2. 價格、貸款研究

　　在高度競爭的市場，通常以價位來激發客戶（這裡所討論的價位是以平均單價為依據），故須深切了解本案附近個案之價位、付款辦法及貸款情況等。尤其是較偏遠地區，價位更是吸引客戶的最大重點。

3. 規劃研究

　　依業主土地成本先做樓別規劃，地價較貴者，大都採十二至二十三層大廈、七層華廈；地價較便宜者，採透天厝方式。雖土地成本可決定樓別規劃，但也要視市場需求而規劃研判，以客戶所能採納者，做較確實的樓別規劃。

4. 平面、坪數研究

　　市區、大廈較重視平面及坪數的研判，推出方式以純住家30至50餘坪，或以投資套房十餘坪方式，或以彈性隔間等，都要做確實的調查、研判；否則規劃失敗，經常會導致個案失敗。郊區的房子較為重視總價及付款方式，故坪數不宜太大。

5. 環境研究

(1)公共設施：如學校、市場、銀行、公園、戲院、郵局等各項設施都近在咫尺。
(2)交通狀況：公車路線、公路局、捷運、高鐵、高速公路、客運等。

6. 客戶（消費者）研究：要深切探索購屋者的意願

(1)何人購買（Who）：性別、年齡、職業。
(2)何地購買（Where）：購屋者購買地區分配。
(3)為何購買（Why）：因價錢公道？交通便利？環境好？投資利潤高？
(4)購買心理（What）：客戶支付能力如何？對公司企業的印象如何？
(5)如何購買（How）：夫妻何人決定？購買額度如何？
(6)何時購買（When）：政治、經濟、社會變動影響而購買？

7. 附近個案之比較分析

(1)規劃；(2)坪數；(3)價位；(4)客戶來源；(5)銷售率。

（二）共同討論及研判

市場資料蒐集齊全後，會同業主及有關部門共同討論、研判，作爲全案推動的依據。因此，在進行產品定位時，須事先規劃資料蒐集的方式，以在混沌中理出一條脈絡分明的定位邏輯，達到事半功倍的效果。

二、全案動腦協調會議

（一）全案動腦協調會議須由公司企劃部、業務部、市場部配合業主及建築師，做全面性商討及改進。

（二）協調會議內容包括：全案規劃檢討、價位擬定、產品定位、廣告作業方式、媒體運用、廣告預算安排等。

（三）全案動腦會議程序：

1. 全案第一次動腦會議：內容了解。
   (1)全案策劃之動機。
   (2)全案規劃之說明、全案環境之說明。
   (3)投資動機之補述。

2. 全案第二次動腦會議：企劃方向之討論。
   (1)企業信譽之訴求方向。
   (2)產品規劃之訴求方向。
   (3)大小環境之訴求方向。
   (4)增值保值之訴求方向。
   (5)特殊建材之訴求方向。
   (6)促銷活動之訴求方向。
   (7)媒體運用之訴求方向。

3. 全案第三次動腦會議：企劃方向之擬定。
   (1)報紙廣告系列方向。
   (2)海報廣告系列方向。
   (3)說明書系列方向。
   (4)促銷活動系列方向。
   (5)其他媒體系列方向。

4. 全案第四、五次動腦會議：銷售狀況及各階段廣告作業修正。
   (1)第一階段銷售狀況報告。

(2)第一階段廣告檢討。

(3)第二階段廣告計畫報告修正。

5. 全案第六次動腦會議：結案檢討。

(1)銷售系列檢討。

(2)廣告系列檢討。

(3)各項業務檢討。

(4)其他項目檢討。

三、個案現場銷售組織與內容

如果銷售的個案夠大，為追求事權的統一及執行的效率，通常會成立專案，以利個案推行，專案組織與公司組織編制雷同，各單位派員參與任務編組，由大專案（主委）統籌負責。現場業務以專案為其執行左右手，掌控現場全局。專案人員之必要：

1. Team Work團隊運作，分工合作，各有專長。

2. 由大專案（主委）統籌負責，事權統一，跨部門較易協調。

3. 現場業務專案為其執行左右手，主動積極，執行效率。

4. 個案銷售管理與掌控，均須事先規劃與務實執行。

銷售組織圖

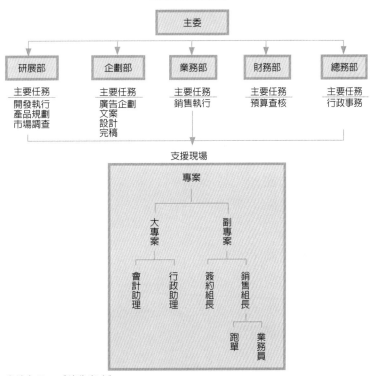

資料來源：《銷售寶典》。

個案銷售現場的關鍵靈魂人物，當屬負責掌控現場全局的「專案」，專案的工作目標就是完成銷售結案，因此，與該案相關的所有大小事，幾乎都是由專案在主導負責，大者如決定銷售策略，其他如與個案當地相關人員建立關係、開會應酬、處理跑單之間的業務競爭、地方派系疏通等，都是專案要負責的事項。

而個案銷售的成敗，當然也是由專案一肩挑起。另外還有一位人員也是現場的重要人物——副專。副專統籌負責個案現場的瑣事，諸如便當購買、清潔維護、文宣印刷等，角色上可說是專案的副手，協助專案處理大小事務，但是要成為一位公司仰賴的專案，副專是必經的過程，唯有親身接觸過現場所有大小事，未來才能有效的掌控管理一個個案現場。

四、命名

（一）命名的好壞，往往會影響個案的成敗，故取名不可不慎重。目前命名可歸納為：

1. 城：第一城、城上城、榮耀之城、新城等。
2. 堡：萊茵城堡、愛登堡。
3. 寶：帝寶。
4. 園：家園、雙橡園、夢公園、花園、樸園等。
5. 居：一品居。
6. 苑：翰林苑、文化苑、帝苑。
7. 宮：白金漢宮、羅浮宮。
8. 堡：海德堡、花園城堡、皇家城堡。
9. 群：別墅群、住宅群、大廈群等。
10. 築：小築、雅築、禮蘭小築等。
11. 區：信義特區、貴族區、特區等。
12. 廣場：民生廣場、中悅廣場。
13. 邸：福邸、師大名邸、尊邸、一邸等。
14. 廈：陞廈、天廈、地廈。
15. 樓：涵碧樓、閣樓。
16. 世界：財神世界、名人世界等。
17. 季節：春天、四季芳庭。
18. 國、地名：新杜拜、新天母、紐約。
19. 地段：仁愛帝寶、中山凱宴。

20. 建商企業形象：興富發博愛、信義富邦、大同世界。

21. 其他：京站、天琴、民生、官邸、登峰、極品、琉璃等，都較爲人所套用。

（二）命名方式可依據地點、環境、規劃、筆劃、意義、語句等各種因素，擬出數種名稱呈交上級裁決。

（三）命名由企劃部動腦研究，經研商後定案。

（四）業主如對名稱稍有迷信者，得順著業主依筆劃之吉凶做最後裁定。

（五）命名的方式千奇百怪，「語不驚人，死不休」，爲了打響案名，一炮而紅，相信還有更多的創意在發酵當中。

（六）簡單、易記、易唸、意義佳，有想像空間。

五、工作流程表擬定

（一）可依一般所用的表格，分爲「工作項目」、「執行單位」、「月」、「日」等，將日期標明，工作項目塡齊，執行單位確定，經各部門商榷後擬定。

（二）進度確定後，製成表格分發給各單位及業者，日後便依此進度進行。

（三）如進度因某種因素拖延，即可將工作往後推進。

（四）工作進度各部門（企劃、業務、市調等）要相互協調，相互牽制，不可單獨行動，以免影響整個大局。

六、預售與公開

（一）預售日期是配合時機及工作進度、區域性習性，亦要特別注意。

（二）預售日期大都選定在星期例假日（週六、週日）及國定假日，先做刺探性的銷售，這期間並可修正企劃路線。

（三）預售情況良好，便可酌量刪除廣告預算。

（四）預售期間約在一至兩星期不定。

（五）公開日期較爲有彈性，必須配合銷售狀況，作爲衝刺階段，並可兼辦SP活動製造高潮。

（六）公開日期雖有彈性，但也必須在工作進度表預作安排。

七、建築師聯繫工作

（一）平面、立面之確定：通常平面需要修改，可提出具體意見向建築師建議，共同研討後再定案。至於立面，則泰半由建築師本身提供設計。

（二）與建築師事務所保持聯繫，確定產品內容之後，便可立即向建築師（或業主）取得各種圖面，尤其是平面圖、立面圖、側面圖及公設總配置圖必須確實索取，且最少三份以上。

（三）坪數要確實算出。建築師首先要提供一份較完整的坪數，包括地下室、公共設施及室內、陽臺、突出物、水箱等。

（四）坪數整理後，依總配置圖加以編號。編號時要特別注意最差地點，編以最優代號（避免4、44等號碼），然後再訂定價位。

（五）設計圖由建築師處取得後，首先交一份予企劃部進行繪製透視圖、鳥瞰圖、模型、上墨線圖及製造海報、說明書等工作，一份訂定價位，一份先送到現場預售時使用。

八、建材設備及公設建議

（一）建材設備可由市調資料及附近個案比較，擬定一份建材表，或由業主提出，相互協調，訂立確實建材。

（二）建材提供注意重點要求（以大廈為例）：
　　1. 外牆：高級馬賽克、天然石材或外國進口磁磚。
　　2. 門廳：地坪及電梯間貼天然大理石。
　　3. 電梯：三菱、日立、東芝等名牌。
　　4. 內牆：高級壁紙或油漆。
　　5. 地坪：高級地毯、地磚、木質地板或大理石。
　　6. 窗戶：中華、YKK、錦鋐等發色鋁門窗。
　　7. 浴廁：進口衛浴，如義大利、日本、美國等名牌。
　　8. 廚房：德國、義大利歐式五件式進口廚具，附洗碗機、炊飯器、蒸烤爐。

建材設備之選擇與個案價格有相對關係，價格高，則選用較多之進口建材；反之，則以國產著名建材為首選。業主方面如因所提出之設備太好而提出刪除時，也要與附近個案類似。

（三）建材設備確定後，各部門自留一份，以便作業上之需要。

公設規劃建議

族群	空間訴求	公設項目	備註
男	活力運動	健身房	重量訓練器材及心肺運動設備
		自助洗車區	以投幣式給水設施控管，也可結合廠商到府洗車
		室內籃球場	多元化設施空間，結合設備更換可更改為羽球場
		撞球室	可結合飛鏢設施，讓空間多元化
女	親子休閒	廚藝教室	結合社區活動並提供社區配腦功能
		閱讀室	提供親子閱讀場所也可結合書店提供社區書籍
		瑜伽教室	與健身房結合提供社區女性運動場所，並提出瑜伽球、瑜伽墊或結合TRX
		晒被區	由於本案分棟建議每棟樓上都設置晒被區提供各棟別使用
		游泳池	建議設置於室內增加空間實用性
老	健康養生	SPA會館	結合泳池水空間提供蒸氣室或冷熱水池設施
		棋藝室	區域多為外省族群，提供打牌空間避免影響左鄰右舍
		閱報區	增加閱讀室實用性，社區提供每日報章讓住戶閱讀
		體適能中心	提供血壓，脈搏測量，及體脂肪率及身高體重自主測量
		KTV室	提供假日唱歌休閒聚會場所可結合視聽功能
幼	教育樂活	家教室	提供兒童家教場所
		兒童遊戲室	鎖定1～5歲兒童族群，提供安全遊憩空間
		兒童戲水池	提供3歲以上孩童遊戲空間
其他	多元化	宴會廳	12人座以上宴會廳結合廚藝教室配膳功能
		交誼廳	可結合閱讀室或家教室增加公設多元化包裝
		自助洗車區	投幣式洗車設備約15萬／組
		空中花園	
		環保室	需併垃圾車動線考量
		空中觀景臺	
		空中烤肉區	
		晒被區	
		大廳	
		物管宅配室	
		投幣式公用洗脫烘衣區	
		VIP套房	提供例假日親戚來訪居所
		自行車停放區	
		社區個人儲物室	設定設置兒童座標、嬰兒車、旅行箱等

九、定價位

定價的目標無非是：(1)加強銷售速度，提高個案銷售率；(2)預防施工期間各種建材上漲的風險；(3)達成公司目標利潤及合理之投資報酬率。

1. 價位政策由業主提供，配合市調部門之資料分析。
2. 定價位方法將因產品的特性而有所不同，如大廈、公寓、透天厝、商場等。
3. 底價：業主簽給廣告公司的房屋售價，廣告公司不可低於底價銷售，否則低於底價的差額要由廣告公司自行吸收。
4. 表價：依現場銷售策略、銷售階段、各區棟的條件，所訂出各戶的表價。
5. 訂定價位須注意事項如下：

垂直價差訂定方式與水平價差訂定方式

樓層	每坪單價（萬）	備註
地下一層	停車場　車位：110	
地下二層	停車場　車位：120	
一樓	30	（1+夾層店鋪）
二樓	16.9	
三樓	17.2	
四樓	17.4	
五樓	17.6	
六樓	17.7	
七樓	17.8	
八樓	18	均價18萬
九樓	18.2	（2～15樓住宅）
十樓	18.3	
十一樓	18.4	
十二樓	18.5	
十三樓	18.6	
十四樓	18.7	
十五樓	18.9	

（一）價差訂定步驟

1. 一般產品定價方式可分為兩個獨立系統，分別為地下層單價、店鋪單價（1 + 2樓或1 + 2 + 3樓），2樓（或3樓）以上住家（或辦公）主價（即一般所稱的平均單價）兩種價格。

2. 決定主價樓層，依據主價訂定各樓層平均單價，訂定完成之各樓層單價平均值，要與先前所定之主價相符。

3. 依各樓層之平均價差，再根據座向、採光、景觀、私密性等差異，定出同層樓平面中各戶之單價。但同樓層各戶單價平均值，須與當層原定平均單價相符。

4. 其他策略性應用，如議價空間大小、廣告戶訂定、銷控去化等。

（二）垂直價差訂定方式

「垂直價差」指的是在產品型式、格局、建材均相同之同一棟建築物，其不同樓層之價格差異。

1. 集合住宅不論是公寓、7樓電梯、12層住宅大樓或開放空間大樓，其最高單價部分通常是頂樓，最低通常為4樓。

2. 七樓以下產品，各樓層差價不一，其單價差異如下：5樓公寓，2F＞3F＞4F＞5F；7樓電梯，7F＞6F＞2F＞5F＞3F＞4F。

3. 樓上如有退縮或有露臺，其垂直定價原則不變。惟露臺部分以當樓層三分之一計價，夾層亦同（夾層需能登記房權），視總價再加價。

4. 樓別差價（樓高效益比）：指同一棟大樓各樓層在不動產市場上所表現出來的價格差異。以15樓住宅為例，大樓1、2層店鋪為一單位，屬最貴樓層，14～15層為次貴樓層，其餘6～13樓、3～5樓等為較便宜之樓層。

5. 4樓、13樓、14樓等樓層，在客戶對數字的抗性考量下，價位應略低，通常仍以4樓最低。

（三）水平價差訂定方式

1. 座向差價

座向朝南最佳，依次為北、東、西向。

2. 邊間差價

每間5萬～10萬不等，視採光面調整。

3. 景觀

產品不同，面對的景觀不一，也有不同的差價產生。如面對高雄美術館第一排個案有售價每坪35萬元，而無面對之個案每坪僅售20萬元。價差之大無一標準，價格調整彈性，則視道路寬度、面對學校、公園、視野、公設、樓高、景觀現況及產品規劃等級之不同，而做上下調整。

4. 感受價的訂定

有三合一及二合一的定價，內容參照335～336頁。

（四）定價程序

1. 依據平均單價計算銷售總標的。
2. 依各層每坪主單價，再參照各房子條件訂定各戶總價格（各戶房子的條件包括：坪數、採光、通風、座向、隔間、私密性、視野、方正、公共設施分攤比、陽臺比等）。
3. 定價以總標的條件為基準，如有過多或不足，視房屋綜合條件彈性調整價格。

（五）貸款種類

1. 銀行購屋貸款：目前以20年及30年為主，年利率1.51%～3.0%不等。
2. 政府優惠房貸

政府辦理之優惠住宅貸款優惠利率現況表

貸款種類	優惠利率	備註
「青年安心成家方案」之購置住宅貸款	0.437	前2年零利率，第3年起第1類（弱勢戶）：按郵儲2年期定儲利率減0.533%機動調整
	1.012	前2年零利率，第3年起第2類（一般戶）：按郵儲2年期定儲利率＋0.042%機動調整
「整合住宅補貼資源實施方案」之購置、修繕住宅貸款	0.437	第1類（弱勢戶）：按郵儲2年期定儲利率減0.533%機動調整
	1.012	第2類（一般戶）：按郵儲2年期定儲利率＋0.042%機動調整
輔助勞工建購住宅貸款	1.012	按郵儲2年期定儲利率加0.042%計算機動調整

資料來源：內政部不動產資訊平臺。

3. 貸款方式由業主選擇認核，業主可視本身財力及人際關係擬定貸款。

（六）期款表

1. 價位擬定後，分自備款、貸款、總價，依期數分攤，再呈送業主認可後，送打字行印製價格表（如下表）。

期款表

單位：萬

項目	訂金	簽約金	開工款	地下室～24層完成 （27期工程款）	交屋款	銀行貸款	總價款
百分比	2%	6%	2%	10%	5%	75%	100%

2. 價格表印製只以代號取代，不列出工地名稱。

3. 如遇價格須調整，再依紙張顏色區分。

十、現場整理

（一）現場整理將影響銷售成績，故通常工地須將地上物拆除，工地整平，這方面工作由業主負責，時間上也不可拖延，通常四至七天完成整地。

（二）配合業主整地後，便開始做美化環境工作。

（三）整地現場同時要對四周環境做正確的了解，因為現場的真實情況可以影響定價的策略。

十一、接待中心、樣品屋、招牌、圍牆、指示牌、區域牌之安排及懸掛

（一）接待中心及樣品屋

1. 現場整理時，即開始設計接待中心及樣品屋。其設計有時由公司自行設計，或交包商設計，必要時，還請名家設計，視產品的水準而定。

2. 樣品屋設計原則，一般是以戶數最多者或格局最佳者規劃，也有以最難銷售型式，視情況而決定，選擇一至兩種配合設計。

3. 接待中心連接樣品屋做最完美的配合，有時不需樣品屋，只有接待中心，其大小依總標的多寡而決定。

4. 接待中心設計完成後，即由負責單位發包、施工。在此之前，要注意接待中心的位置，因其方向、視覺感受、交通狀況、人潮流動現象等，都對銷

售影響很大。

5. 接待中心施工期間，要派專門人員負責監工，最好能在預定時間內（約一星期至三十天）提前完工，如遇缺點亦可改正。

6. 接待中心內部裝潢要視產品性質決定，應豪華時要盡量豪華，應樸實時應盡量樸實，櫃檯、沙發、模型等擺設亦要注意動線，有設計工學館時，應與業主搭配各種應擺設的設備及聯絡提供設備的廠商。

（二）戶外看板（戶外據點）

1. 戶外據點具有指示及美化作用，因此位置的選擇是很重要的，其數量、型式大小依現場決定。

2. 一般戶外據點的找尋，一是親自與屋主接洽，另一種較普遍的是，有專門的戶外據點廠商，提供點位供代銷公司或建商選擇。

3. 戶外看板一般分壁面及搭鷹架或鐵架兩種。如果是鷹架或鐵架，則要特別注意其鷹架是否穩固、安全。

4. 投光燈及跑燈之裝設視情況決定，一般市區內較需要安裝燈。

（三）指示牌

1. 指示牌一般以3′×3′為主，配合L型3′×9′或3′×12′等，有指示路線作用。

2. 指示牌的數量、懸掛路線、區隔等都要做預先了解，寧可多做而不可少，以最經濟的方法，達到最大的效果。

3. 通常指示牌懸掛在面向道路右手方位占70%，左手方位占30%，左、右隔間交叉懸掛，但懸掛時要有角度（約15°至25°）。

4. 懸掛時間要注意效果，於預售前三至五天開始懸掛，懸掛後要派專人巡視，以免遭人破壞。

5. 因環保局取締嚴格，可採用定點人員舉牌方式。

6. 告示牌雖為指示路線之用，但卻可引起普遍注意之作用，繪製精美、突出，更能收到宣傳之效。

7. 告示牌通常懸掛在較醒目之地點，人潮流動量最多之處。

（四）精神堡壘或A字版

1. 精神堡壘的目的在於美化現場。

2. 精神堡壘乃是在基地或接待中心現場搭設之獨立看板。

3. A字板可擺在路口或現場，讓客戶容易知道位置又可隨時移動，方便又好用。

十二、接待中心整理及環境美化

（一）接待中心搭建完成後，應有一至三天的整理時間，事先需準備好清潔用品、用具，並聯絡盆景、蒸餾水、冷氣、櫃檯、影印機等。（準備滅火器）務必使工地四周及接待中心在銷售前，全部整理完畢。

（二）案名牆LOGO設計或工地吉祥物應選明顯位置設置，除引起注意外，亦有指示作用。

（三）大型公司旗幟及工地名稱旗幟，要配合接待中心及工地現場，使用旗座或旗插。

（四）開始布置現場，清潔現場，準備接待區by桌（by指的是stand by的意思，為業界專用術語），控臺資料準備及音響器具檢查，櫃檯距離間（大小適中）；模型放置的位置也要注意。（以易造成搶購熱潮之情況為首要考慮因素），樣品屋布置及擺飾調整，各種表板及建材的展示，介紹產品說明書與印刷品、信封等。

十三、水電及臨時電話

（一）水電

1. 水電與電話為接待中心首要工作，故於協調會中便要提出配合方式。一般安裝費由業主負責，使用費由公司負擔。
2. 水的供應來源
(1)向鄰近居民商借。
(2)打井取用地下水（將來工地亦可使用）。
3. 電力必須由業主申請臨時用電，如電力不足，可酌增使用發電機。
4. 用電量的大小，必須事先統計冷氣機、投光燈、跑燈、接待中心等總用電量，申請電量可多而不可少。
5. 安裝時要請專家進行，特別注意安全與否。

（二）電話與刷卡機

1. 電話與網路設備是聯絡及接洽主要工具，應提早申請，現場打卡贈送來電禮。
2. 無現金時代來臨，客戶定金及簽約付款大都以刷卡為主，工地刷卡機的準備也要提前向建商要求，以利現場作業。

十四、建築執照

（一）建築執照申請時間上，要與銷售進度能相互配合。

（二）倘尚未有建照，便無法正式預售或收紅單，要特別注意，否則將違反實價登記2.0的新規定。

十五、企劃部配合工作

（一）透視圖

1. 3D透視圖一般可分爲外觀透視及鳥瞰透視，於建築師取得各項設計圖表資料後，即隨即發包，繪製透視圖。

2. 3D透視圖爲各項進度決定性關鍵，包括印製海報、DM說明、書籍繪製、招牌看板等，皆於取得透視圖後才能進展。

3. 目前透視圖皆採電腦3D繪圖，質感較佳，也接近成屋的外觀，較能吸引消費者的注意。

（二）模型

1. 模型製作幫助客戶了解整個現場、環境及座向。

2. 模型可分爲剖面模型、外觀模型及社區模型。

3. 大社區尤其要製作模型、公共設施的安排更是吸引客戶。

（三）說明書與DM、POP海報

1. DM、海報爲銷售主題，亦是每個工地廣告促銷的必需品，絕不可缺少。一般印製彩色，但也有單色或雙套色。其開數大小及分量多寡，視案子大小而決定。

2. 說明書爲可有可無，但印製精美、附加平面圖及彩色圖片，亦能獲得客戶青睞。

3. 海報、說明書在完稿之後，由企劃部提供業主審核，然後送印裝訂。

4. DM、夾報、派報方式、區域、數量及時間，必須事先做好計畫。

5. DM如爲郵寄，事先要蒐集客戶資料，如獅子會、青商會、醫師公會、汽車會員等。

6. DM如爲派報，則必須聯絡工讀生或派報社予以派發，公司方面亦得派人監督。

（四）電子表板

　　為了能讓客戶在短時間內了解個案的環境、建材、平面規劃、業績等，電子表板的製作就非常重要，內容的完整性與編排，將會影響現場銷售人員介紹的時間與流程，所以事先討論與資料蒐集也是必須的工作。

十六、合約書送審及擬定

（一）合約書的製作方式，一般由專案擬定後提供，或由業主擬定，經協調會商議後，由業主審核、簽認。

（二）合約書的內容，包括：房屋買賣契約（或委建契約）、土地買賣契約、代辦貸款契約、建材設備、代刻印章委託書、保固書、蒐集處理及利用個人資料告知暨同意書，並附房屋及汽車停車位位置示意圖、建照圖等。

（三）對於合約書內容，應以內政部公布之標準合約書範本為主，範本需先向地政局備查。對建材方面及費用負擔等也要明確，不要模稜兩可，盡量精簡扼要。

（四）合約書確定後，立即送打字、校對、印刷、裝訂；土地與房屋價款分攤比例，填寫清楚，房屋價款有主建物、附屬建物、共有部分應清楚拆款比例。

（五）合約書封套由企劃部製作，附圖由設計組或企劃部繪製墨線圖、晒製。

（六）合約簽約完成後需在一個月內完成客戶實價登記的上網登記。

十七、銷售前講習會

　　一切工作準備就緒，在銷售前一天，必須向所有參加銷售人員開講習課程，使其了解個案的全盤狀況及銷售策略。如發現問題，應立刻檢討修正。每人發給業務手冊一份，以共同研討。（附表7、7-1）

十八、個案正式推出掌握銷售之研究

（一）銷售人員注意事項

1. 銷售前周詳的準備

　　除了對所提供的房屋要有充分的了解外，並要以微笑的態度，整潔的儀表，

開始一天的銷售活動。

2. 以房屋做話題

顧客前來洽詢時，銷售人員應以「接近商品法」接觸顧客，不論何話題，均應以所銷售房屋為中心主題。

3. 了解顧客需要

做個好聽眾和發問者，真正地關切顧客，誠懇了解其所需要坪數及價格等需求。

4. 提供最好的房屋

以顧客需要條件來評斷、介紹最適當的房屋，以滿足其慾望。

5. 介紹房屋的優點

如地理環境優越、交通便利、造型美觀、採光良好、增值特佳、價格便宜等優點均值得介紹。

6. 建設性銷售

對顧客說明買了以後，將獲得實質的好處作為建議，如地價上漲、物價波動之增值等利益。

7. 業主的信用

銷售人員在進行銷售行為時，要特別推銷公司的信譽、財力及龐大的關係企業，獲取客戶之信任。

8. 結束銷售行為

經過許多解說之後，顧客往往仍不能下定決心，此時就需要利用催促的技巧，促其購買決心，結束銷售活動，達到銷售成果。

（二）銷售人員對顧客個人影響力的了解

房地產的購買行動其顯眼性很高，而且沒有試用的機會，消費者皆希望由別人的身上去打聽消息，因此容易受到個人影響力的作用。故除了企劃廣告外，便要靠這些個人的介紹。而這些個人並非來自高階層的人，而是大家時常見到的親戚朋友、鄰居或同階層的人，故銷售人員須深切了解這些個人的重要性。

◎六種「見人說人話」的攻心法則

(1)沉默型的人

這種客人的個性保守、金口難開、沉默寡言、性格內向。

提出對方樂意回答的問題、關心的話題，讓對方先開口。和這種人交往一定要有耐心。

(2)猶豫不決型的人

這種人優柔寡斷、反反覆覆、沒有主見，需要有人幫他下決定，並鼓勵說明其決定是對的。

對這類客人，你的談吐一定要清楚，灌輸正確的觀念，丟出他想要的話題或興趣，利用已購客戶證明，突破他的心防，接下來事情就好辦了。

(3)深思熟慮型的人

這類消費者外表嚴肅，在決定購買以前，對商品會做仔細的詢問，不易衝動，對不動產說明書、買賣契約書反覆推敲，等到徹底了解時，才會下最後的決心。

推銷員應該不厭其煩地耐心解答顧客提出的問題，說話時態度要謙虛恭敬，給人敦厚之印象。

(4)傲慢自大型的人

喜歡擺架子的人，無非是虛榮心作祟，要別人承認他的存在和地位。

不要做正面衝突，等他講夠了的時候，再巧妙地讓他變成聽眾，反轉他的優越感，讓他來附和你。

(5)博學型的人

遇到真才實學的人，不妨從理論談起，引經據典，尊重對方專業，使談話富於哲理色彩，言詞含蓄文雅，給人留下謙虛好學的印象，把他當做良師益友，取得他的支持。

(6)喜怒無常的人

這類消費者買或不買在一念之間，很難捉摸，較為情緒化，也容易後悔，心情舒暢時非常熱情，讓你感到不好意思；憂鬱時就冷若冰霜，出爾反爾，給人難以應付的感覺，易受銷售現場氣氛的影響而貿然購買。

對待他們重要的是給予理解，把握他們的心理，傾吐內心的不滿。

（三）讓您的客戶快樂的買房子

1. 接待人員很熱忱、親切。

2. 接待人員很專業，我買得很放心。

3. 接待人員很詳實的介紹與解說。

4. 接待人員站在客戶的立場，幫他挑到適合的房子。

5. 因為接待人員的態度、行為，我們相信他說的話。

6. 因為很多人買這裡的房子。

7. 買這間房子不怕吃虧。

十九、銷售前之工作

（一）銷售前可擇日在工地拜拜，邀請業主及全體人員共同參加。

（二）現場控制

1. 現場控制記錄大部分由女助理人員負責，這是一項必須細心而仔細的工作。

2. 大致上的工作程序

(1)於一戶出售時，經辦人開妥預訂單（見380頁之附表1）一式三聯送至櫃檯，控制人員首先登記控制表，寫好日期、姓名、已繳金額，並以記號示出補足或記錄，補足戶列入補足本。

(2)如遇退戶時，務必收回其中兩聯一併作廢，並小心按步驟登記完整。

(3)每日結束時，須合算累計，使補足戶（金額）加未補足戶（金額）等於累計成交戶（金額），方為正確。

（三）對零用金的控制要注意，由專案人員統一向財務部支領零用金，部分交予工地現場處理工地雜支，每項支出必須連同發票（核對抬頭），填具請款單，短程車資經主管簽字後核發。

二十、簽約

（一）於銷售時，便應將每日簽約戶數妥當安排，不宜太多。星期例假日由於工地較忙，所以盡量不安排簽約。

（二）簽約時，工作進行的程序要事先安排，客戶來簽約，核對預約單、控制表、收款繳交財務部等都要仔細，切勿紊亂。

（三）如遇到未補足戶，直接簽約並補足訂金時，須先與專案聯絡，核對無誤後才可簽約。若有問題，隨時與工地保持聯繫。

二十一、銷售過程其他工作要點

（一）依據企劃部提供之廣告時間內，派人員值班、接聽電話及接應客戶，或於網路留言客戶應盡速回應客戶問題。

（二）媒體運作：按企劃部之廣告計畫表，每週整理一份，於週報時提出討論與檢討，隨時掌握市場與客戶動態，並檢討媒體之成果與成本，做最有效的運用，結案時附卷呈送業主。

（三）填寫報表：每日填送銷售日報表及客戶資料表。

（四）資料整理：統計各項詳盡資料。

（五）研究每日廣告路線，擬定本日銷售策略。

（六）對帳：為避免重複售出，對帳的工作是必須的。對帳的時間不一定要在下班後，只要有時間便可隨時對帳。

（七）在銷售中，男專案的工作著重於現場銷售狀況了解、銷售氣氛的控制、人員的安排調度、退換戶的處理，隨時與公司及企劃部聯繫廣告的作業方式。

（八）每日下班前，應召集銷售人員彙總檢討，對銷售狀況做深入之了解，發掘新問題，隨時做必要之修正，對簽約發生的問題也要注意，如有派報，還需派人盯查，以防漏失。

（九）專案負責人隨時記得總銷售戶數、金額、廣告方針、客人反應、已銷售戶數、SP內容、銷售秩序、市場動態等。

二十二、現場業務作業與SP促銷活動、成交法則

（一）視個案性質的不同與地區性，配合時機與公開日舉辦

由企劃部、專案人員配合策劃，並做出計畫書，由總務部執行（配合管理部）。

（二）現場銷售基本步驟

一般代銷公司的業務員現場的銷售步驟，包括：(1)接待；(2)洽談；(3)介紹；(4)協商；(5)成交等步驟，以下說明之。

1. 人員接待

客戶進門，由櫃檯（專案、副專）先喊「歡迎參觀」，現場人員隨後大聲複誦「歡迎參觀」。上前接待人員以禮相待，看其長相、年齡、同行、搭乘的交通工具等客觀資料，做第一眼的判斷。

2. 客戶訪談

詢問其是否第一次來、來自何處等，傾聽記錄，訪談問卷，了解其購屋動機、主要需求，以求知己知彼，有好的對應。

介紹過程中，所訂戶別或更換介紹戶別，一律與銷控與櫃檯聯絡。

3. 產品介紹

介紹模型、樣品屋、有關產品的格局、坪數（房間數）、座向（風水）、樓層、區位、棟別、工法、使用分區、產品特色、交通、環境、優點、單價、總價、付款方式、公設等。

4. 協商確認

然後至銷售桌，介紹本案有關的訊息，了解其抗性及問題點，以誠意打開客戶的心房，視客戶的經濟實力，強力銷售適合的產品及個案的特色，讓其與產品有共識，產生共鳴。不論成交與否，都要對客戶有禮貌。若人數眾多，不能即時成交，也要請其留下客戶洽談資料表，以便再聯絡促銷。

5. 成交

銷售時，營造好的氣氛，並以技巧誘使成交；成交時，應仔細填寫訂購單，訂購單與訂金交予櫃檯，並廣播成交戶別，送客至大門，並再次廣播，以營造銷售氣氛。

（三）客戶洽談流程

客戶蒞臨→人員接待→產品介紹→洽談

　　　　→YES→成交→填寫訂購單
　　　　→廣播成交

　　　　→NO→留下資料→送客→資料
　　　　建檔→客戶追蹤（DS）→複訪
　　　　記錄→成交→售後服務

（四）客戶引導動線

戶外看板、現場促銷活動引導→進入接待中心→電腦洽談桌（視訊系統、電腦動畫、幻燈）→解說（個案簡介、建商業績、產品特色）→建築模型館：區域模型、交通模型、主體模型→外觀透視圖→建材工學館：建材設備介紹→參觀樣品屋→洽談桌→出接待中心。

（五）銷售流程

房產銷售流程，詳見下頁圖。

成屋部分：

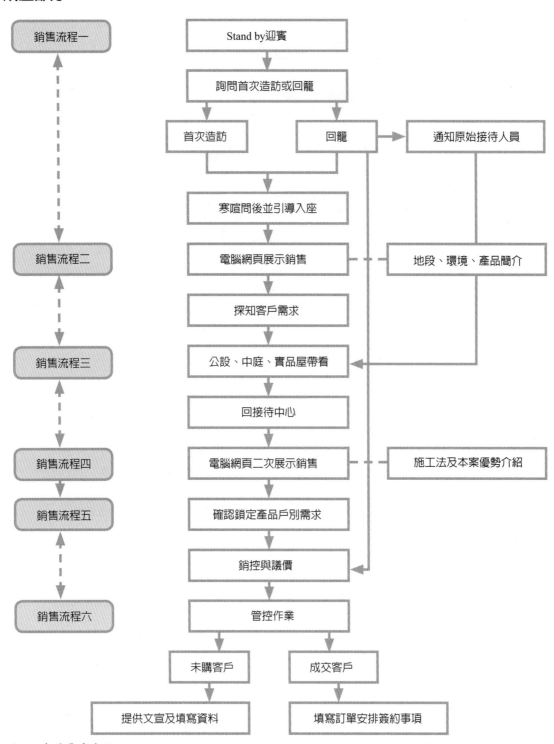

```
銷售流程一 ←→        Stand by迎賓
                        ↓
                詢問首次造訪或回籠
                   ↓        ↓
              首次造訪      回籠 → 通知原始接待人員
                   ↓        ↓
                寒喧問後並引導入座
                        ↓
銷售流程二 ←→    電腦網頁展示銷售 ---- 地段、環境、產品簡介
                        ↓
                  探知客戶需求
                        ↓
銷售流程三 ←→    公設、中庭、實品屋帶看
                        ↓
                   回接待中心
                        ↓
銷售流程四 ←→   電腦網頁二次展示銷售 ---- 施工法及本案優勢介紹
                        ↓
銷售流程五 ←→    確認鎖定產品戶別需求
                        ↓
                   銷控與議價
                        ↓
銷售流程六 ←→       管控作業
                   ↓        ↓
               未購客戶      成交客戶
                   ↓        ↓
         提供文宣及填寫資料   填寫訂單安排簽約事項
```

註1：成屋帶看流程。

預售屋部分：

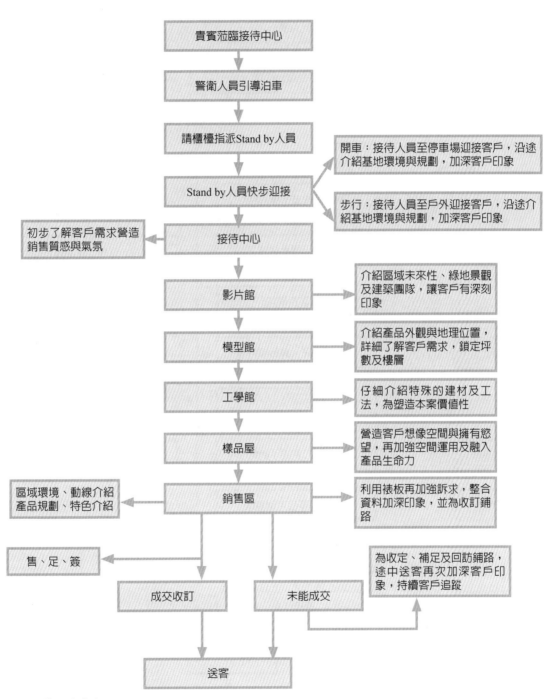

註2：預售屋帶看流程。

資料來源：新聯陽實業機構。

（六）銷售上，您將傳遞哪些訊息給客戶

1. 挑五戶自認最好賣的，稀有性及唯一性在哪裡？
2. 本案的優點有哪些？您要如何轉換為客戶切身的好處？
3. 本案的缺點有哪些？您要如何讓客戶認同而不是說服？
4. 做客戶的購屋顧問，做區域個案的比較。
5. 擁有適合的房子比買便宜的房子重要。
6. 如何將市場上的產品很清楚的告訴客戶，我們個案對客戶有什麼好處？
7. 告訴客戶本案的唯一性及稀有性。
8. 完善的安全管理有哪些？

（七）業務人員現場操作時，應注意事項

1. 對於購買意願不高的客戶，利用較和緩的方式過濾，如減少介紹項目，但仍應盡可能留給客戶良好而深刻的印象（此類客戶別名「觀光客」）。
2. 對於意願高的客戶，則應盡全力掌握。是否採「強殺」（以較少的訂金收訂等方式），應視銷售階段性目標，與個案其他條件而定，一般在銷售初期或需較多客源（量體大、總價低）個案，可多採用；反之則盡量避免，以降低退戶率，減少不必要的作業。
3. 三合一、二合一賣法（感受價）

   客戶在買房子的思維中（大樓產品），普遍是以單價高低作為思考商品是否便宜的判斷依據，因此如何透過「單價」來操控價值，將是現階段市場上非常重要的成敗關鍵因素。因此，近年來市場常使用的三合一或二合一賣法，就是在這樣的思維下產生的，其效果應該是備受肯定的，當然銀行貸款配合與否或估價高低將是關鍵因素。

三合一策略

三合一	房價	裝潢價	車位價
坪數37坪	開價899萬（23.8萬／坪）（底價：20.5萬）	裝潢開價120萬（裝發包：74萬）	車位開價170萬（底價：85萬）
客戶理想17萬一坪購買＞＞＞就可技巧性的推薦＞＞＞廣告戶三合一特惠套價			
本套餐開價	房價899萬＋裝潢120萬＋車位170萬＝1,189萬		
本套餐底價	房價759萬（20.5萬*37坪）＋裝潢74萬＋車位85萬＝918萬		
※（賣套餐的原則：只便宜房價，不再折讓裝潢價及車位價）※			
將套餐底價918萬－裝潢定價120萬－車位定價170萬＝628萬／37坪＝16.9萬／坪（客戶的感受價）			

會用到二合一套餐的客戶，主要是不想裝潢或是無法買車位的客戶（例如：二房或三房只購車位），因此銷售上須注意客戶的需求及預定購買之產品，不過操作上需與控臺再確認是否尚有名額可售，不要讓客戶覺得此方案並沒什麼特殊或隨時都有，以保持本方案價值性的提升及機會性的特別。

二合一策略

二合一	房價	裝潢價（或車位價）
坪數23坪	開價542萬（23.5萬／坪） （底價：19.6萬）	裝潢定價74萬（底價：46萬） 車位開價170萬（底價：85萬）
客戶理想18.5萬一坪購買＞＞＞就可技巧性的推薦＞＞＞廣告戶二合一特惠套價		
本套餐開價	房價542萬＋裝潢74萬＝616萬	
本套餐底價	房價451萬（19.6萬*23坪）＋裝潢46萬＝497萬	
※（賣套餐的原則：只便宜房價，不再折讓裝潢價及車位價）※		
將套餐底價497萬－裝潢定價74萬＝423萬／23坪＝18.4萬／坪 （客戶的感受價）		

（八）身為業務人員，自客戶進入接待中心到離開為止，需從客戶口中知道下列基本資料

1. 目前居住地、交通工具、坪數需求。　　（目前居住環境優缺點）
2. 工作地點與職務。　　　　　　　　　（交通往返所需時間、收入）
3. 經濟能力。　　　　　　　　　　　　（自備款與銀貸負擔）
4. 誰具有決定權？　　　　　　　　　　（自有或借貸，還是父母供應）
5. 能否認同產品？　　　　　　　　　　（是否在比較行情）
6. 用途（自住、換屋或投資）。　　　　（對症下藥）
7. 客戶難以下訂的真正原因。　　　　　（價位、總價、坪數、負擔能力）
8. 希望成交價格。　　　　　　　　　　（知己知彼、百戰百勝）
9. 是否有帶現金或支票？　　　　　　　（是否能當場補足）
10. 房子看了多久？　　　　　　　　　　（是否在比較行情）
11. 是否有喜歡特定座向及樓層。　　　　（個人或家庭因素／為何要特定樓層）
12. 資金來源。　　　　　　　　　　　　（自有或借貸，還是父母資助）
13. 付款方式是否能接受？　　　　　　　（是否解定存？）
14. 為何喜歡此地點？　　　　　　　　　（地段的特色）
15. 家中人口。　　　　　　　　　　　　（需要房間數）
16. 是否有比較其他產品？

（九）把握「五秒鐘銷售」——短短的五秒鐘能影響銷售結果

1. 解除客戶心防。
2. 消除客戶壓力。
3. 散發親和力。
4. 拉近與客戶間的距離。
5. 展現服務熱忱。

（十）成交法則——如何提升銷售業務？

1. 態度親切、熱切

(1) 燦爛笑臉，減少客戶50%的抗性。
(2) 親和力、溫馨、好的服務態度。

2. 尊重意見

(1) 基本的尊重與傾聽。
(2) 嫌貨才是買貨人，不要直接反駁，甚至激辯。

3. 關心客戶

(1) 購屋動機——挑適當的房子。
(2) 自備款、月付款能力。
(3) 客戶買在這裡會有哪些困難點。

4. 詳細了解產品

因為你是一位專業人士，所以能讓客戶信賴你。

5. 售後服務的重要性

(1) 成交後的一切服務。
(2) 強調建設公司售後服務。

6. 適度切話並進入重點

服務的過程不能太久，否則會浮濫，客戶不會感動。要提高效率，適當結束談話，請客戶做決定或逼他做決定。服務是要付費的，不要一味做白工，過程須親和、尊重。

（十一）基本動作

1. 笑臉、腰軟、嘴甜、手腳快、有精神、目色利。

2. 帶看過程親切的小動作，年老攙扶、小孩拉手等，走路不疾不徐，邊走邊介紹、聊天。遇警衛或工程人員需打招呼。

3. 進實品屋時，體貼提醒門檻小心不要絆倒，並請客戶「仔細參觀」。

4. 在銷售過程中，不斷探討客戶意願，提升興致、熱度，並隨時與控臺互動，保持聯絡。

5. 千萬注意不要因為客戶有很不貼心的言論，就馬上降低你的熱忱，不要與客戶爭論，因為你會贏了面子卻輸了裡子。

6. 不要用教育洗腦，甚至訓話的方式來銷售（當客戶的購屋顧問）。

7. 不斷的幫客戶圓夢。例如：家具怎麼擺？誰住哪一間？用生活化的方式去銷售。

8. 回程中保持熱度，再一次讓客戶體會優美的環境、高品質的住宅，再度試探客戶喜歡的程度。更進一步要求回去接待中心寫訂單、或今天刷卡付現、或直接與櫃檯確定售出。

9. 若客戶仍不能馬上做出決定，找出真正的問題點，押客戶下次回來的時間，並明確告知帶錢來訂（訴求回籠成交）。

10. C、D級客戶適當刺激與打擊，但非打擊信心或瞧不起客戶，適當結束談話。

11. 送客戶送到門口外至車上，需知道客戶是開什麼車。

12. 電話禮貌：「請、謝謝、對不起」常掛嘴邊。

13. 客戶不買理由探討：是否因產品缺失或服務態度不好等，把重點找出來，解除客戶疑慮及問題。若不買也應保持良好關係。服務人員的心態最重要，相由心生，一個人的氣質與水準是在日常生活中慢慢培養出來的，不經意的小動作往往就是成功與否的關鍵，發自內心才是最真，身為業務人員更需以此為出發點，針對業務的成長及個人修養，注重服務態度有很大的幫助。你在看別人，別人也在看你，謙虛、不斷學習是成功的不二法門。

14. 除非對方連續五次說「不」，或真的把你轟出去，否則不要輕易放棄。

（十二）電話接聽

注意來人來電比率。

1. 精神、音量、態度。

2. 引導客戶，不要讓客戶問什麼，才答什麼。

3. 如何讓客戶會盡快地想來工地。

4. 與客戶約時間看房子，專門挪出時間等客戶。

5. 留客戶的電話或住址。

6. 如何讓來電之客戶來工地時能指名找你。

二十三、個案銷售結束後之各項工作

（一）在個案結束之尾聲，即需要安排人員撤退，整理各項零用開支明細，準備沖帳。

（二）拆除樣品屋、招牌

　　1. 樣品屋

　　(1)如業主需要則可轉交。

　　(2)如為代銷案，則須協調確定何項物品移轉至下次工地用？何項物品拆除或轉交業主？

　　2. 招牌：聯絡企劃部拆除招牌、投光燈等。若有雜項開支未能及時沖帳，須列明細表及述明原因做應對未付帳。

（三）結帳：通常由主管與業主於全案結束時結帳；有時則由專案配合財務部結清。

（四）整理資料結案

　　1. 男專案以書面報告，做全案之得失檢討。

　　2. 女專案則填寫銷售狀況綜合統計表、個案銷售檢討表及製作彩色圖表，連同各項報表裝訂成冊。

　　3. 結案報告裝編次序：說明書、結案報告、彩色圖表、銷售狀況綜合統計表、個案銷售檢討表、週報表、日報表、價格表、合約書DM（全套）、剪報。

二十四、銷售結案報告

（一）銷售計畫檢討

1. 接案研判（市場分析）

2. 基本資料

　　(1)本案環境；(2)公共設施；(3)交通狀況；(4)銷售對象；(5)推出時間。

3. 廣告企劃及媒體檢討

　　(1)廣告預算：接待中心（樣品屋）、招牌、指示牌等；報紙、電視、網路媒體、DM說明書、宣傳車等；(2)廣告主題；(3)媒體執行效果分析；(4)其他。

4. 價格檢討

　　(1)與附近個案比較；(2)本案定價之方式及檢討。

5. 產品分析

　　(1)平面規劃之檢討；(2)建材比較及檢討；(3)方向視野比較及檢討；(4)公共設備之檢討。

（二）銷售作業檢討

　　1. 銷售策略；2. 銷售技巧；3. 合約書檢討。

（三）客戶來源分析

　　1. 客戶性質分析；2. 客戶反應分析；3. 來人、來電分析；4. 成交客戶分析。

（四）行政支援

　　1. 人力；2. 物力；3. 善後事宜；4. 行政配合。

（五）銷售情況分析

　　1. 優先性（區域性）；2. 坪數反應；3. 樓別、戶數去化順序。

（六）本案成功因素

（七）本案尚可改進因素

（八）結論及建議事項

4-7　專案負責人的工作要項之準備

1. 預售、公開推出日期確定，以便決定工作進度，繪製工作流程表。

2. 市調及市場分析：針對新個案附近環境做地毯式的行情調查報告，其方向和資料都掌握得法，方可事半功倍。

3. 命名：案子銷售得好，好名字是不可缺少的，要切題、合宜。

4. 規劃、平面和建材確定：完整的規劃和平面設計有助銷售。

5. 坪數確定並編號：編號要以好記為原則。

6. 平面家具配置圖：美工、設計人員搭配完成。

7. 透視圖、鳥瞰圖：請專家繪製精美細緻之外觀圖。

8. 說明書的製作：由專案人員提供資料交企劃部製作。

9. 海報、DM份數之決定：視案子大小及分散地區做決定。

10. 招牌圍牆、指示牌、看板、現場圖說表板製作：企劃部撰文擬稿、美工人員設計圖案，交專案人員負責發包監督。

11. 樣品屋、接待中心的設計與發包：視案子大小決定。

12. 價格擬定：專案負責人就個案附近做地毯式的價格行情市調，提供業務部門作為和業主商談的策略。

13. 合約書：由業主自擬或公司提供業主參考，但都由專案人員穿梭聯絡。

14. 建築執照：配合業主申請執照，將其號碼交給各部門。

15. 模型製作、電子表板、建材擺設：聯絡廠商，掌握完成時間。

16. 工地電話與刷卡機：申請電話或借分機使用。

17. 臨時水電之申請。

18. 廣告企劃：配合企劃部了解廣告路線、廣告費用之安排，及網路、報紙、電視刊登日期等，俾使與現場工作人員相輔相成。

19. 現場布置：專案人員於現場負責的東西，大者如銷售圖表、模型、透視圖，小者則是繁繁瑣瑣的東西，雖然不重要，但如果缺了一樣也是不對勁，如：花草、木樹、旗幟、氣球、指示牌、藍圖、櫃檯、辦公桌、椅子、沙發、蒸餾水、冷氣機、腳踏墊、字紙簍、菸灰缸、吸塵器、抹布、清潔液、掃把（竹掃把、尼龍掃把、鬃掃把）、拖把、水桶、畚箕、衛生紙、紅藍原子筆、簽字筆、印泥、HB鉛筆、橡皮擦、刀片、大小信封袋、釘書機、釘書針、膠水、貼紙、圖釘、迴紋針、尺、圖表、簿子、客戶資料簿、客戶統計表、銷售控制表、標語、漫畫圖表及三聯預約單等，

以上這些東西看起來似乎簡單，但準備不齊全的話，屆時工地若盛況空前，那可真會忙得七手八腳更加凌亂了。

20.講習會：這是銷售人員開拔前的「臨時惡補」，由專案負責人詳細說明該案的特性、優點，並假設種種問題和銷售人員討論，以發現問題，尋求解決之道。

21.零用金：專案人員得隨身攜帶零用金，以支付不時之需。偶爾遇上銷售狀況不理想時提用，以鼓勵士氣。

22.結案報告整理：代銷、業務不代表一切，但業務是所有本行工作的基礎與根基。從接案、市調、開發、談判、規劃、行銷、企劃、策略、執行、管理、現場、廣告、銷售、簽約，全部都需要所謂的「業務能力」。

代銷作業整體流程圖

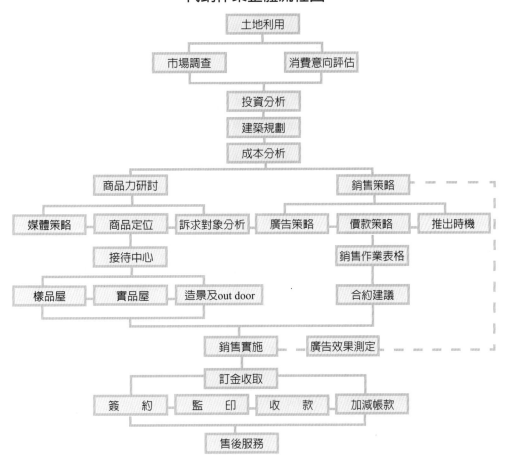

附錄(一)　內政部預售屋買賣定型化契約書範本

中華民國100年3月24日內政部內授中辦地字第1000723995號公告修正（中華民國100年5月1日生效）行政院消費者保護委員會第185次委員會議通過

中華民國103年4月28日內政部內授中辦地字第1036650687號公告修正壹第3點、第4點、第7點（中華民國104年1月1日生效）行政院消費者保護會第23次委員會議通過

中華民國108年5月2日內政部台內地字第1080262183號公告修正（中華民國108年11月1日生效）行政院消費者保護會第60次委員會義通過

中華民國109年12月25日內政部台內地字第1090147669號函修正，並廢止108年5月2日內政部台內地字第1080262183號公告修正之第11點規定

預售屋買賣定型化契約
應記載及不得記載事項

內　政　部　編

中華民國109年12月

預售屋買賣定型化契約應記載事項

壹、應記載事項

一、契約審閱期

本契約於中華民國＿＿＿年＿＿＿月＿＿＿日經買方攜回審閱＿＿＿日（契約審閱期間至少五日）

買方簽章：

賣方簽章：

二、賣方對廣告之義務

賣方應確保廣告內容之真實，本預售屋之廣告宣傳品及其所記載之建材設備表、房屋及停車位平面圖與位置示意圖，為契約之一部分。

三、房地標示及停車位規格

(一) 土地坐落：

＿＿＿縣（市）＿＿＿鄉（鎮、市、區）＿＿＿段＿＿＿小段＿＿＿地號等＿＿＿筆土地，面積共計＿＿＿平方公尺（＿＿＿坪），使用分區為都市計畫內＿＿＿區（或非都市土地使用編定為＿＿＿區＿＿＿用地）。

(二) 房屋坐落：

同前述基地內「＿＿＿」編號第＿＿＿棟第＿＿＿樓第＿＿＿戶（共計＿＿＿戶），為主管建築機關核准＿＿＿年＿＿＿月＿＿＿日第＿＿＿號建造執照（建造執照暨核准之該戶房屋平面圖影本如附件）。

(三) 停車位性質、位置、型式、編號、規格：

1.買方購買之停車位屬□法定停車位□自行增設停車空間□獎勵增設停車空間為□地上□地面□地下第＿＿＿層□平面式□機械式□其他＿＿＿，依建造執照圖說編號第＿＿號之停車空間計＿＿＿位，該停車位□有□無獨立權狀，編號第＿＿＿號車位＿＿＿個，其車位規格為長＿＿＿公尺，寬＿＿＿公尺，高＿＿＿公尺。另含車道及其他必要空間，面積共計＿＿＿平方公尺（＿＿＿坪），如停車空間位於共有部分且無獨立權狀者，其面積應按車位(格)數量、型式種類、車位大小、位置、使用性質或其他與停車空間有關之因素，依第二目之比例計算之（計算方式如附表所示）。（建造執照核准之該層停車空間平面圖影本如附件）。

2.前目停車空間如位於共有部分且無獨立權狀者，應列明停車空間面積占共有部分總面積之比例。

3.買方購買之停車位屬自行增設或獎勵增設停車位者，雙方如有另訂該種停車位買賣契約書，其有關事宜悉依該契約約定爲之。

四、房地出售面積及認定標準

(一) 土地面積：

買方購買「____」____戶，其土地持分面積____平方公尺（____坪），應有權利範圍爲____，計算方式係以主建物面積____平方公尺（____坪）占區分所有全部主建物總面積____平方公尺（____坪）比例計算（註：如有停車位應敘明車位權利範圍或以其他明確計算方式列明），如因土地分割、合併或地籍圖重測，則依新地號、新面積辦理所有權登記。

(二) 房屋面積：

本房屋面積共計____平方公尺（____坪），包含：

1.專有部分，面積計____平方公尺(____坪)。

(1) 主建物面積計____平方公尺（____坪）。

(2) 附屬建物面積計____平方公尺（____坪），包括：

□陽臺____平方公尺（____坪）。

□中華民國一百零七年一月一日前已申請建造執照者，其屋簷____平方公尺（____坪）及雨遮____平方公尺（____坪）。

2.共有部分，面積計____平方公尺（____坪）。

3.主建物面積占本房屋得登記總面積之比例____%。

(三) 前兩款所列面積與地政機關登記面積有誤差時，買賣雙方應依第六點規定互爲找補。

五、共有部分項目、總面積及面積分配比例計算

(一) 本房屋共有部分項目包含□不具獨立權狀之停車空間、□門廳、□走道、□樓梯間、□電梯間、□電梯機房、□電氣室、□機械室、□管理室、□受電室、□幫浦室、□配電室、□水箱、□蓄水池、□儲藏室、□防空避難室（未兼作停車使用）、□屋頂突出物、□健身房、□交誼室、□管理維護使用空間及其他依法令應列入共有部分之項目（____）。

(二) 本「____」共有部分總面積計____平方公尺（____坪）；主建物總面積計____平方公尺（____坪）。前款共有部分之權利範圍係依買受主建物面積與主建物總面積之比例而爲計算（註：或以其他明確之計算方式列明），其面積係以本「____」共有部分總面積乘以該權利範圍而爲計算。

六、房屋面積誤差及其價款找補

(一) 房屋面積以地政機關登記完竣之面積爲準，部分原可依法登記之面積，倘

因簽約後法令改變,致無法辦理建物所有權第一次登記時,其面積應依公寓大廈管理條例第五十六條第三項之規定計算。

(二) 依第四點計算之土地面積、主建物或本房屋登記總面積如有誤差,其不足部分賣方均應全部找補;其超過部分,買方只找補百分之二為限(至多找補不超過百分之二),且雙方同意面積誤差之找補,分別以土地、主建物、附屬建物、共有部分價款,除以各該面積所得之單價(應扣除車位價款及面積),無息於交屋時結算。

(三) 前款之土地面積、主建物或本房屋登記總面積如有誤差超過百分之三者,買方得解除契約。

七、契約總價

本契約總價款合計新臺幣＿＿仟＿＿佰＿＿拾＿＿萬＿＿仟元整。

(一) 土地價款:新臺幣＿＿仟＿＿佰＿＿拾＿＿萬＿＿仟元整。

(二) 房屋價款:新臺幣＿＿仟＿＿佰＿＿拾＿＿萬＿＿仟元整。

　　1.專有部分:新臺幣＿＿仟＿＿佰＿＿拾＿＿萬＿＿仟元整。

　　　(1) 主建物部分:新臺幣＿＿仟＿＿佰＿＿拾＿＿萬＿＿仟元整。

　　　(2) 附屬建物陽臺部分:新臺幣＿＿仟＿＿佰＿＿拾＿＿萬＿＿仟元整(除陽臺外,其餘項目不得計入買賣價格)。

　　2.共有部分:新臺幣＿＿仟＿＿佰＿＿拾＿＿萬＿＿仟元整。

(三) 車位價款:新臺幣＿＿佰＿＿拾＿＿萬＿＿仟元整。

七之一、履約保證機制

本預售屋應辦理履約保證,履約保證依下列方式擇一處理:

☐不動產開發信託

　　由建商或起造人將建案土地及興建資金信託予某金融機構或經政府許可之信託業者執行履約管理。興建資金應依工程進度專款專用。又簽訂預售屋買賣契約時,賣方應提供上開信託之證明文件或影本予買方。

☐價金返還之保證

　　本預售屋由＿＿＿(金融機構)負責承作價金返還保證。

　　價金返還之保證費用由賣方負擔。

　　賣方應提供第一項之保證契約影本予買方。

☐價金信託

　　本預售屋將價金交付信託,由＿＿＿(金融機構)負責承作,設立專款專用帳戶,並由受託機構於信託存續期間,按信託契約約定辦理工程款交付、繳納各項稅費等資金控管事宜。

前項信託之受益人為賣方（即建方或合建雙方）而非買方，受託人係受託為賣方而非為買方管理信託財產，但賣方無法依約定完工或交屋者，受益權歸屬於買方。

賣方應提供第一項之信託契約影本予買方。

□同業連帶擔保

本公司與依公司章程規定得對外保證之○○公司（同業同級之公司）等相互連帶擔保，賣方未依約定完工或交屋者，買方可持本契約向上列公司請求完成本建案後交屋。上列公司不得為任何異議，亦不得要求任何費用或補償。

前項同業同級分級之基準，由內政部定之。

賣方應提供連帶擔保之書面影本予買方。

□公會辦理連帶保證協定

本預售屋已加入由全國或各縣市不動產開發商業同業公會辦理之連帶保證協定，賣方未依約定完工或交屋者，買方可持本契約向加入本協定之○○公司請求共同完成本建案後交屋。加入本協定之○○公司不得為任何異議，亦不得要求任何費用或補償。

賣方應提供加入前項同業聯合連帶保證協定之書面影本予買方。

八、付款條件

付款，除簽約款及開工款外，應依已完成之工程進度所定付款明細表之規定於工程完工後繳款，其每次付款間隔日數應在二十日以上。

如賣方未依工程進度定付款條件者，買方得於工程全部完工時一次支付之。

九、逾期付款之處理方式

買方如逾期達五日仍未繳清期款或已繳之票據無法兌現時，買方應加付按逾期期款部分每日萬分之二單利計算之遲延利息，於補繳期款時一併繳付賣方。

如逾期二個月或逾使用執照核發後一個月不繳期款或遲延利息，經賣方以存證信函或其他書面催繳，經送達七日內仍未繳者，雙方同意依違約之處罰規定處理。但前項情形賣方同意緩期支付者，不在此限。

十、地下層、屋頂及法定空地之使用方式及權屬

(一) 地下層停車位

本契約地下層共＿＿＿層，總面積＿＿＿平方公尺（＿＿＿坪），扣除第五點所列地下層共有部分及依法令得為區分所有之標的者外，其餘面積＿＿＿平方公尺（＿＿＿坪），由賣方依法令以停車位應有部分（持分）設定專用使用權予本預售屋承購戶。

(二) 法定空地

本建物法定空地之所有權應登記為全體區分所有權人共有，並為區分所有權人共用。但部分區分所有權人不需使用該共有部分者，得予除外。

(三) 屋頂平臺及突出物

共有部分之屋頂突出物及屋頂避難平臺，不得為約定專用部分，除法令另有規定外，不得作為其他使用。

(四) 法定空地、露臺、非屬避難之屋頂平臺，如有約定專用部分，應於規約草約訂定之。

十一、建材設備及其廠牌、規格

(一) 施工標準悉依核准之工程圖樣與說明書及本契約附件之建材設備表施工，除經買方同意，不得以同級品之名義變更建材設備或以附件所列舉品牌以外之產品替代，但賣方能證明有不可歸責於賣方之事由，致無法供應原建材設備，且所更換之建材設備之價值、效用及品質不低於原約定之建材設備或補償價金者，不在此限。

(二) 賣方建造本預售屋不得使用有損建築結構安全或有害人體安全健康之輻射鋼筋、石棉、電弧爐煉鋼爐碴（石）、未經處理之海砂等材料或其他類似物。

(三) 前款材料之檢測，應符合檢測時中華民國國家標準或主管機關所定之檢測規範，如有造成買方生命、身體、健康及財產之損害者，仍應依法負責。

(四) 賣方如有違反前三款之情形，雙方同意依違約之處罰規定處理。

十二、開工及取得使用執照期限

(一) 本預售屋之建築工程應在民國____年____月____日之前開工，民國____年____月____日之前完成主建物、附屬建物及使用執照所定之必要設施，並取得使用執照。但有下列情事之一者，得順延其期間：

1. 因天災地變等不可抗力之事由，致賣方不能施工者，其停工期間。

2. 因政府法令變更或其他非可歸責於賣方之事由發生時，其影響期間。

(二) 賣方如逾前款期限未開工或未取得使用執照者，每逾一日應按已繳房地價款依萬分之五單利計算遲延利息予買方。若逾期三個月仍未開工或未取得使用執照，視同賣方違約，雙方同意依違約之處罰規定處理。

十三、驗收

賣方依約完成本戶一切主建物、附屬建物之設備及領得使用執照並接通自來水、電力、於有天然瓦斯地區，並應達成瓦斯配管之可接通狀態及完成契約、

廣告圖說所示之設施後，應通知買方進行驗收手續。

雙方驗收時，賣方應提供驗收單，如發現房屋有瑕疵，應載明於驗收單上，由賣方限期完成修繕；買方並有權於自備款部分保留房地總價百分之五作為交屋保留款，於完成修繕並經雙方複驗合格後支付。

第一項接通自來水、電力之管線費及其相關費用（例如安裝配置設計費、施工費、道路開挖費、復原費及施工人員薪資等）由賣方負擔；達成天然瓦斯配管之可接通狀態之約定，除契約另有約定，並於相關銷售文件上特別標明不予配設外，其管線費及相關費用依下列方式處理：

(一) 預售屋基地範圍內之天然瓦斯配管，凡賣方負擔。

(二) 預售屋基地範圍外銜接公用事業外管線之天然瓦斯配管，由買賣雙方議定之；未議定者，由賣方負擔。

十四、房地所有權移轉登記期限

(一) 土地所有權移轉登記

土地所有權之移轉，除另有約定，依其約定者外，應於使用執照核發後四個月內備妥文件申辦有關稅費及權利移轉登記。其土地增值稅之負擔方式，依有關稅費負擔之約定辦理。

(二) 房屋所有權移轉登記

房屋所有權之移轉，應於使用執照核發後四個月內備妥文件申辦有關稅費及權利移轉登記。

(三) 賣方違反前二款之規定，致各項稅費增加或罰鍰（滯納金）時，賣方應全數負擔；如損及買方權益時，賣方應負損害賠償之責。

(四) 賣方應於買方履行下列義務時，辦理房地所有權移轉登記：

1. 依契約約定之付款辦法，除約定之交屋保留款外，應繳清房地移轉登記前應繳之款項及逾期加付之遲延利息。

2. 提出辦理所有權移轉登記及貸款有關文件，辦理各項貸款手續，繳清各項稅費，預立各項取款或委託撥付文件，並應開立受款人為賣方及票面上註明禁止背書轉讓，及記載擔保之債權金額及範圍之本票予賣方。

3. 本款第一目、第二目之費用如以票據支付，應在登記以前全部兌現。

(五) 第一款、第二款之辦理事項，由賣方指定之地政士辦理之，倘為配合各項手續需要，需由買方加蓋印章，出具證件或繳納各項稅費時，買方應於接獲賣方或承辦地政士通知日起七日內提供，如有逾期，每逾一日應按已繳房地價款依萬分之二單利計算遲延利息予賣方，另如因買方之延誤或不協

辦，致各項稅費增加或罰鍰（滯納金）時，買方應全數負擔；如損及賣方權益時，買方應負損害賠償之責。

十五、通知交屋期限

(一) 賣方應於領得使用執照六個月內，通知買方進行交屋。於交屋時雙方應履行下列各目義務：

　1.賣方付清因延遲完工所應付之遲延利息於買方。

　2.賣方就契約約定之房屋瑕疵或未盡事宜，應於交屋前完成修繕。

　3.買方繳清所有之應付未付款（含交屋保留款）及完成一切交屋手續。

　4.賣方如未於領得使用執照六個月內通知買方進行交屋，每逾一日應按已繳房地價款依萬分之五單利計算遲延利息予買方。

(二) 賣方應於買方辦妥交屋手續後，將土地及建物所有權狀、房屋保固服務記錄卡、使用維護手冊、規約草約、使用執照（若數戶同一張使用執照，則日後移交管理委員會）或使用執照影本及賣方代繳稅費之收據交付買方，並發給遷入證明書，俾憑換取鎖匙，本契約則無需返還。

(三) 買方應於收到交屋通知日起＿＿＿日內配合辦理交屋手續，賣方不負保管責任。但可歸責於賣方時，不在此限。

(四) 買方同意於通知之交屋日起三十日後，不論已否遷入，即應負本戶水電費、瓦斯基本費，另瓦斯裝錶費用及保證金亦由買方負擔。

十六、共有部分之點交

(一) 賣方應擔任本預售屋共有部分管理人，並於成立管理委員會或推選管理負責人後移交之。雙方同意自交屋日起，由買方按月繳付共有部分管理費。

(二) 賣方於完成管理委員會或推選管理負責人後七日內，應會同管理委員會或推選管理負責人現場針對水電、機械設施、消防設施及各類管線進行檢測，確認其功能正常無誤後，將共用部分、約定共用部分與其附屬設施設備；設施設備使用維護手冊及廠商資料、使用執照謄本、竣工圖說、水電、機械設施、消防及管線圖說等資料，移交之。上開檢測責任由賣方負責，檢測方式，由賣方及管理委員會或管理負責人，雙方協議為之，賣方並通知政府主管機關派員會同見證雙方已否移交。

十七、保固期限及範圍

(一) 本契約房屋自買方完成交屋日起，或如有可歸責於買方之原因時自賣方通知交屋日起，除賣方能證明可歸責於買方或不可抗力因素外，結構部分（如：基礎、梁柱、承重牆壁、樓地板、屋頂、樓梯、擋土牆、雜項工作）負責保固十五年，固定建材及設備部分（如：門窗、粉刷、地磚等）

負責保固一年，賣方並應於交屋時出具房屋保固服務記錄卡予買方作為憑證。

(二) 前款期限經過後，買方仍得依民法及其他法律主張權利。

十八、貸款約定

(一) 第七點契約總價內之部分價款新臺幣＿＿元整，由買方與賣方洽定之金融機構之貸款給付，由買賣雙方依約定辦妥一切貸款手續。惟買方可得較低利率或有利於買方之貸款條件時，買方有權變更貸款之金融機構，自行辦理貸款，除享有政府所舉辦之優惠貸款利率外，買方應於賣方通知辦理貸款日起二十日內辦妥對保手續，並由承貸金融機構同意將約定貸款金額撥付賣方。

(二) 前款由賣方洽定辦理之貸款金額少於預定貸款金額，其差額依下列各目處理：

　　1.不可歸責於雙方時之處理方式如下：

　　　　(1)差額在預定貸款金額百分之三十以內者，賣方同意以原承諾貸款相同年限及條件由買方分期清償。

　　　　(2)差額超過原預定貸款金額百分之三十者，賣方同意依原承諾貸款之利率計算利息，縮短償還期限為＿＿年（期間不得少於七年），由買方按月分期攤還。

　　　　(3)差額超過原預定貸款金額百分之三十者，買賣雙方得選擇前述方式辦理或解除契約。

　　2.可歸責於賣方時，差額部分，賣方應依原承諾貸款相同年限及條件由買方分期清償。如賣方不能補足不足額部分，買方有權解除契約。

　　3.可歸責於買方時，買方應於接獲通知之日起＿＿天（不得少於三十天）內一次給付其差額或經賣方同意分期給付其差額。

(三) 有關金融機構核撥貸款後之利息，由買方負擔。但於賣方通知之交屋日前之利息應由賣方返還買方。

十九、貸款撥付

本契約有前點貸款約定者，於產權移轉登記完竣並由金融機構設定抵押權後，除有違反第十一點第二款、第三款或其他縱經修繕仍無法達到應有使用功能之重大瑕疵外，買方不得通知金融機構終止撥付前條貸款予賣方。

二十、房地轉讓條件

(一) 買方繳清已屆滿之各期應繳款項者，於本契約房地所有權移轉登記完成

前，如欲將本契約轉讓他人時，必須事先以書面徵求賣方同意，賣方非有
正當理由不得拒絕。

(二) 前款之轉讓，除配偶、直系血親間之轉讓免手續費外，賣方得向買方收取
本契約房地總價款千分之＿＿（最高以千分之一爲限）之手續費。

二十一、地價稅、房屋稅之分擔比例

(一) 地價稅以賣方通知書所載之交屋日爲準，該日期前由賣方負擔，該日期後
由買方負擔，其稅期已開始而尚未開徵者，則依前一年度地價稅單所載該
宗基地課稅之基本稅額，按持分比例及年度日數比例分算賣方應負擔之稅
額，由買方應給付賣方之買賣尾款中扣除，俟地價稅開徵時由買方自行
繳納。

(二) 房屋稅以賣方通知書所載之交屋日爲準，該日期前由賣方負擔，該日期後
由買方負擔，並依法定稅率及年度月分比例分算稅額。

二十二、稅費負擔之約定

(一) 土地增值稅應於使用執照核發後申報，並以使用執照核發日之當年度公告
現值計算增值稅，其逾三十日申報者，以提出申報日當期之公告現值計算
增值稅，由賣方負擔，但買方未依第十四點規定備妥申辦文件，其增加之
增值稅，由買方負擔。

(二) 所有權移轉登記規費、印花稅、契稅、代辦手續費、貸款保險費及各項附
加稅捐由買方負擔。但起造人爲賣方時，建物所有權第一次登記規費及代
辦手續費由賣方負擔。

(三) 公證費由買賣雙方各負擔二分之一。但另有約定者從其約定。

(四) 應由買方繳交之稅費，買方於辦理所有權移轉登記時，應將此等費用全額
預繳，並於交屋時結清，多退少補。

二十三、賣方之瑕疵擔保責任

(一) 賣方保證產權清楚，絕無一物數賣、無權占有他人土地、承攬人依民法第
五百十三條行使法定抵押權或設定他項權利等情事之一；如有上述情形，
賣方應於本預售屋交屋日或其他約定之期日＿＿＿前負責排除、塗銷之。但本
契約有利於買方者，從其約定。

(二) 有關本契約標的物之瑕疵擔保責任，悉依民法及其他有關法令規定辦理。

二十四、違約之處罰

(一) 賣方違反「主要建材及其廠牌、規格」、「開工及取得使用執照期限」之
規定者，買方得解除本契約。

(二) 賣方違反「賣方之瑕疵擔保責任」之規定者，即爲賣方違約，買方得依法解除契約。

(三) 買方依第一款或第二款解除契約時，賣方除應將買方已繳之房地價款退還予買方，如有遲延利息應一併退還，並應同時賠償房地總價款百分之＿＿＿（不得低於百分之十五）之違約金。但該賠償之金額超過已繳價款者，則以已繳價款爲限。

(四) 買方違反有關「付款條件及方式」之規定者，賣方得沒收依房地總價款百分之＿＿＿（最高不得超過百分之十五）計算之金額。但該沒收之金額超過已繳價款者，則以已繳價款爲限，買賣雙方並得解除本契約。

(五) 買賣雙方當事人除依前二款之請求外，不得另行請求其他損害賠償。

二十五、當事人及其基本資料

本契約應記載當事人及其基本資料：

(一) 買方之姓名、國民身分證統一編號、戶籍地址、通訊地址、聯絡電話。

(二) 賣方之名稱、法定代理人、公司（或商號）統一編號、公司（或商號）地址、公司（或商號）電話。

二十六、契約及其相關附件效力

本契約自簽約日起生效，賣方應將契約正本交付予買方。

本契約之相關附件視爲本契約之一部分。

貳、預售屋買賣定型化契約不得記載事項

一、不得約定廣告僅供參考。

二、出售標的不得包括未經依法領有建造執照之夾層設計或夾層空間面積。

三、不得使用未經明確定義之「使用面積」、「受益面積」、「銷售面積」等名詞。

四、不得約定買方須繳回原買賣契約書。

五、不得約定請求超過民法第二百零五條所訂百分之二十年利率之利息。

六、不得爲其他違反法律強制或禁止規定之約定。

七、附屬建物除陽臺外，其餘項目不得計入買賣價格。

附錄(二) 內政部成屋買賣契約書範本

中華民國90年7月11日內政部台（90）內中地字第9082362號公告頒行（行政院消費者保護委員會第78次委員會議通過）

中華民國101年10月29日內政部內授中辦地字第1016651845號公告修正（行政院消費者保護會第7次會議通過）

中華民國108年10月31日內政部台內地字第1080265857號函修正

契約審閱權

契約於中華民國 _____ 年 _____ 月 _____ 日

經買方攜回審閱 _____ 日（契約審閱期間至少五日）

買方簽章：

賣方簽章：

成屋買賣契約書範本

內政部 編印

中華民國108年10月

立契約書人：買方：＿＿＿＿＿＿＿＿＿

賣方：＿＿＿＿＿＿＿＿＿　茲爲下列成屋買賣事宜，雙方同意簽訂

本契約，協議條款如下：

第一條　買賣標的

成屋標示及權利範圍：已登記者應以登記簿登載之面積爲準。

一、土地標示：

土地坐落＿＿＿＿縣（市）＿＿＿＿鄉（鎮、市、區）＿＿＿＿段＿＿＿＿小段＿＿＿地號等＿＿＿＿筆土地，面積＿＿＿＿平方公尺（＿＿＿＿坪），權利範圍＿＿＿，使用分區爲都市計畫內＿＿＿＿區（或非都市土地使用編定爲＿＿＿＿區＿＿＿＿用地）。

二、建物標示：

（一）建號＿＿＿＿＿。

（二）門牌＿＿＿＿＿鄉（鎮、市、區）＿＿＿＿街（路）＿＿＿＿段＿＿＿＿巷＿＿＿＿弄＿＿＿＿號＿＿＿＿樓。

（三）建物坐落＿＿＿＿段＿＿＿＿小段＿＿＿＿地號，面積＿＿＿＿層＿＿＿＿平方公尺＿＿＿＿層＿＿＿＿平方公尺＿＿＿＿層＿＿＿＿平方公尺其他＿＿＿＿平方公尺共計＿＿＿＿平方公尺，權利範圍＿＿＿＿，用途＿＿＿＿＿。

（四）附屬建物用途＿＿＿＿面積＿＿＿＿平方公尺。

（五）共有部分建號＿＿＿＿，共有持分面積＿＿＿＿平方公尺，權利範圍＿＿＿＿。

三、本買賣停車位（如無則免填）爲：

（一）□法定停車位　□自行增設停車位　□獎勵增設停車位　□其他＿＿＿＿＿。

（二）地上（下）第＿＿＿＿層　□平面式停車位　□機械式停車位，總停車位＿＿＿＿個。

（三）□有獨立權狀面積＿＿＿＿平方公尺（＿＿＿＿坪）　□無獨立權狀，編號第＿＿＿＿號車位＿＿＿＿個。（如附圖所示或登記簿記載）

本買賣範圍包括共有部分之持分面積在內，房屋現況除水電、門窗等固定設備外，買賣雙方應於建物現況確認書互爲確認（附件一），賣方於交屋時應維持原狀點交，但點交時另有協議者，從其協議。

第二條　買賣價款

本買賣總價款為新臺幣＿＿＿＿＿整。

一、土地價款：新臺幣＿＿＿＿＿元整

二、建物價款：新臺幣＿＿＿＿＿元整

三、車位總價款：新臺幣＿＿＿＿＿元整

第三條　付款約定

買方應支付之各期價款，雙方同意依下列約定，於＿＿＿＿＿（地址：＿＿＿＿＿），交付賣方。

一、簽約款，新臺幣＿＿＿＿＿元，於簽訂本契約同時支付（本款項包括已收定金＿＿元）。

二、備證款，新臺幣＿＿＿＿＿元，於＿＿＿＿＿年＿＿＿＿＿月＿＿＿＿＿日，賣方備齊所有權移轉登記應備文件同時支付。

三、完稅款，新臺幣＿＿＿＿＿元，於土地增值稅、契稅稅單核下後，經＿＿＿＿＿通知日起＿＿＿＿＿日內支付；同時雙方應依約繳清稅款。

四、交屋款，新臺幣＿＿＿＿＿元

　　□無貸款者，於辦妥所有權移轉登記後，經＿＿＿＿＿通知日起＿＿＿＿＿日內支付；同時點交本買賣標的。

　　□有貸款者，依第五條及第六條約定。

　　賣方收取前項價款時，應開立收訖價款之證明交買方收執。

第四條　原設定抵押權之處理

本買賣標的物原有抵押權設定者，其所擔保之未償債務（包括本金、利息、遲延利息及違約金）依下列約定方式之一處理：

□買方貸款時：

　　□買方承受者，雙方應以書面另為協議確認（附件二承受原貸款確認書）。

　　□買方依第五條第一款約定授權貸款銀行代為清償並塗銷抵押權。

□買方不貸款，賣方應於完稅款或申請所有權移轉登記前清償並塗銷抵押權。如未依上述期限清償者，買方有權自價金中扣除未償債務金額並於交屋款交付前代為清償。

□其他：＿＿＿＿＿。

第五條　貸款處理之一

買方預定貸款新臺幣＿＿＿＿＿元抵付部分買賣價款，並依下列約定辦理貸款、付款事宜：

一、買方應於交付備證款同時提供辦理貸款必備之授權代償等文件及指定融資貸款之金融機構；未指定者，得由賣方指定之。

二、貸款金額少於預定貸款金額，應依下列方式擇一處理：

（一）不可歸責於雙方時：

□買方應於貸款核撥同時以現金一次補足。

□買賣雙方得解除契約。

□其他_____。

（二）可歸責於賣方時：

□買方得解除契約，其已付價款於解除契約_____日內，賣方應連同遲延利息一併返還買方。

□賣方同意以原承諾貸款相同年限及條件由買方分期清償。

□賣方同意依原承諾貸款之利率計算利息，縮短償還期限為_____年（期間不得少於七年）由買方按月分期攤還。

□其他_____。

（三）可歸責於買方時：

除經賣方同意分期給付其差額外，買方應於接獲通知之日起_____日（不得少於十個金融機構營業日）給付其差額，逾期未給付賣方得解除契約。

第六條　貸款處理之二

買方應於交付完稅款前，依_____通知之日期親自完成辦理貸款所需之開戶、對保及用印等，並依下列方式擇一處理：

一、簽訂撥款委託書，授權金融機構依下列方式擇一辦理撥付。

□將實際核准之貸款金額悉數撥（匯）入賣方於_____銀行_____分行存款第_____號帳戶。

□於實際核准貸款金額範圍內，撥（匯）入_____銀行_____分行第_____號帳戶（還款專戶），以清償原設定抵押權所擔保之貸款，俟該抵押權塗銷後，由受託金融機構將剩餘款項悉數撥（匯）入_____銀行_____分行第_____號，賣方所開立或指定之專戶。

□其他撥付方式：_____。

二、由_____通知雙方會同領款交付。但買方應於交付備證款同時開立與完稅款及交屋款同額且註明以賣方為受款人及「禁止背書轉讓」之本票（號碼：_____）或提供相當之擔保予賣方；賣方收受該價款時應將本票返還買方或解除擔保。買方未依約交付未付價款，經催告仍拒絕履行者，賣方得行使

本票或擔保權利。

三、第一款撥款委託書所載金額不足支付交屋款者，其差額部分準用前款規定。

買方簽訂撥款委託書交付貸款之金融機構後，除房屋有附件一第五項至第七項所確認事項內容不實之重大瑕疵者外，買方不得撤銷、解除或變更前開貸款案之授信契約及撥款委託，或請求貸款之金融機構暫緩或停止撥付貸款。

第七條　所有權移轉

雙方應於備證款付款同時將所有權移轉登記所須檢附之文件書類備齊，並加蓋專用印章交予　□受託地政士　□受託律師　□買方　□賣方　□其他＿＿＿＿負責辦理。

本件所有權移轉登記及相關手續，倘須任何一方補繳證件、用印或為其他必要之行為者，應無條件於＿＿＿＿通知之期日內配合照辦，不得刁難、推諉或藉故要求任何補貼。

買方於簽約時如指定第三人為登記名義人，應於交付必備文件前確認登記名義人，並提出以第三人為登記名義人聲明書（附件三），該第三人應在該聲明書上聲明是否同意與本契約買方所未履行之債務負連帶給付責任並簽章。

辦理所有權移轉時，除本契約另有約定外，依下列方式辦理：

一、申報移轉現值：

　　□以本契約第二條之土地及建物價款申報。

　　□以＿＿＿＿年度公告土地現值及建物評定現值申報。

二、賣方若主張按自用住宅用地優惠稅率課徵土地增值稅時，應於契約書內（附件四：按優惠稅率申請核課土地增值稅確認書）另行確認後，據以辦理之。

第八條　稅費負擔之約定

本買賣標的物應繳納之稅費負擔約定如下：

一、地價稅、房屋稅、水電費、瓦斯費、管理費、公共基金等稅捐或費用，在土地、建物交屋日前由賣方負責繳納，交屋日後由買方繳納；前開稅費以交屋日為準，按當年度日數比例負擔之。

二、辦理所有權移轉、抵押權設定登記時應納之稅費負擔：

　　（一）所有權買賣移轉

　　　　　1.買方負擔：

　　　　　　印花稅、契稅、登記規費及火災或其他保險費等。

2.賣方負擔：

土地增值稅由賣方負擔。但有延遲申報而可歸責於買方之事由，其因而增加之土地增值稅部分由買方負擔。

3.其他：

簽約前如有已公告徵收工程受益費應由賣方負責繳納。其有未到期之工程受益費　□由買方繳納者，買方應出具續繳承諾書。□由賣方繳清。

（二）抵押權設定登記

抵押權設定登記規費由買方負擔。

三、辦理本買賣有關之手續費用：

（一）簽約費

□由買賣雙方各負擔新臺幣_____元，並於簽約時付清。

□其他_____。

（二）所有權移轉代辦費新臺幣_____元

□由買方負擔。

□由賣方負擔。

□由雙方當事人平均負擔。

□其他_____。

（三）如辦理公證者，加收辦理公證之代辦費新臺幣_____元

□由買方負擔。

□由賣方負擔。

□由雙方當事人平均負擔。

□其他_____。

（四）公證費用

□由買方負擔。

□由賣方負擔。

□其他_____。

（五）抵押權設定登記或抵押權內容變更登記代辦費新臺幣_____元

□由買方負擔。

□由賣方負擔。

□其他_____。

（六）塗銷原抵押權之代辦費新臺幣_____元，由賣方負擔。

四、如有其他未約定之稅捐、費用應依有關法令或習慣辦理。但交屋日逾第九

條所載交屋日者，因逾期所產生之費用，由可歸責之一方負擔。

前項應由賣方負擔之稅費，買方得予代爲繳納並自未付之價款中憑單抵扣。

第九條　交屋

本買賣標的物，應於　□尾款交付日　□貸款撥付日　□＿＿＿＿年＿＿＿＿月＿＿＿＿日由賣方於現場交付買方或登記名義人，賣方應於約定交屋日前搬遷完畢。交屋時，如有未搬離之物件，視同廢棄物處理，清理費用由賣方負擔。

因可歸責於賣方之事由，未依前項所定日期交付標的物者，買方得請求賣方自應交付日起至依約交付日止，每日按已支付全部價款萬分之二單利計算之金額，賠償買方因此所受之損害。

本買賣標的物倘有使用執照（正本或影本）、使用現況之分管協議、規約、大樓管理辦法、停車位使用辦法、使用維護手冊等文件，賣方除應於訂約時將其情形告知買方外，並應於本買賣標的物交屋時一併交付予買方或其登記名義人，買方或其登記名義人應繼受其有關之權利義務。

賣方應於交屋前將原設籍於本買賣標的之戶籍、公司登記、營利事業登記、營業情形等全部遷離。倘未如期遷離致買方受有損害者，賣方負損害賠償責任。

第十條　賣方之瑕疵擔保責任

賣方擔保本買賣標的物權利清楚，並無一物數賣、被他人占用或占用他人土地等情事，如有出租或出借、設定他項權利或債務糾紛等情事，賣方應予告知，並於完稅款交付日前負責理清。有關本標的物之瑕疵擔保責任，悉依民法及其他有關法令規定辦理。

第十一條　違約之處罰

賣方違反第七條（所有權移轉）第一項或第二項、第九條（交屋）第一項前段約定時，買方得定相當期限催告賣方解決，逾期仍未解決者，買方得解除本契約。解約時賣方除應將買方已支付之房地價款並附加每日按萬分之二單利計算之金額，全部退還買方外，並應支付與已付房地價款同額之違約金；惟該違約金以不超過房地總價款百分之十五爲限。買方不得另行請求損害賠償。

買方因賣方違反第九條（交屋）第一項前段約定而依本條前項約定解除契約者，除依前項約定請求損害賠償及違約金外，不得另依第九條第二項約定請求損害賠償。

買方逾期達五日仍未付清期款或已付之票據無法兌現時，買方應附加自應給付日起每日按萬分之二單利計算之遲延利息一併支付賣方，如逾期一個月不付期款或遲延利息，經賣方以存證信函或其他書面催告後，自送達之次日起算逾七

日仍未支付者，賣方得解除契約並沒收已付價款充作違約金；惟所沒收之已付價款以不超過房地總價款百分之十五為限，賣方不得另行請求損害賠償。已過戶於買方或登記名義人名下之所有權及移交買方使用之不動產，買方應即無條件將標的物回復原狀並返還賣方。

賣方或買方有第一項或第三項可歸責之事由致本契約解除時，第八條所定一切稅費均由違約之一方負擔。

除第一項、第三項之事由應依本條約定辦理外，因本契約所生其他違約事由，依有關法令規定處理。

第十二條 通知送達及寄送

履行本契約之各項通知均應以契約書上記載之地址為準，如有變更未經通知他方或＿＿＿＿＿，致無法送達時（包括拒收），均以第一次郵遞之日期視為送達。

本契約所定之權利義務對雙方之繼受人均有效力。

第十三條 合意管轄法院

因本契約發生之爭議，雙方同 □依仲裁法規定進行仲裁 □除專屬管轄外，以本契約不動產所在地之法院為第一審法院。

第十四條 契約及其相關附件效力

本契約自簽約日起生效，買賣雙方各執一份契約正本。

本契約廣告及相關附件視為本契約之一部分。

第十五條 未盡事宜之處置

本契約如有未盡事宜，依相關法令、習慣及平等互惠與誠實信用原則公平解決之。

定型化契約條款如有疑義時，應為有利於消費者之解釋。

立契約人（買方）： 簽章

國民身分證統一編號：

地址：

電話：

立契約人（賣方）： 簽章

國民身分證統一編號：

地址：

電話：

地政士：（由買賣雙方勾選下列方式之一）

　□買賣雙方各自指定地政士

買方地政士：

賣方地政士：

□買賣雙方協議之地政士：

不動產經紀業：

　□買方委託之不動產經紀業

　□賣方委託之不動產經紀業

　□買賣雙方委託之不動產經紀業

　名稱（公司或商號）

　地址：

　電話：

　統一編號：

　負責人：　　　　　（簽章）

　國民身分證統一編號：

不動產經紀人

　□買方委託之不動產經紀人：

　□賣方委託之不動產經紀人：

　□買賣方委託之不動產經紀人：

　姓名：　　　　　（簽章）

　電話：

　地址：

　國民身分證統一編號：

　證書字號：

中華民國　　　年　　月　　　日

附件一

建物現況確認書

項次	內　容	備註說明
1	□有　□無　包括未登記之改建、增建、加建、違建部分： □壹樓＿＿平方公尺　　□＿＿樓＿＿平方公尺 □頂樓＿＿平方公尺　　□其他＿＿平方公尺	若為違建（未依法申請增、加建之建物），賣方應確實加以說明，使買方得以充分認知此範圍之建物隨時有被拆除之虞或其他危險。
2	建物型態：＿＿＿＿＿＿。 建物現況格局：□有　□無　隔間；若有，＿＿房＿＿廳＿＿衛。	一、建物型態 　(一)一般建物：單獨所有權無共有部分（包括：獨棟、連棟、雙併等）。 　(二)區分所有建物：公寓（五樓含以下無電梯）、透天厝、店面（店鋪）、辦公商業大樓、住宅或複合型大樓（十一層含以上有電梯）、華廈（十層含以下有電梯）、套房（一房、一廳、一衛）等。 二、建物現況格局以交易當時實際之現況格局為準。現況格局例如：房間、廳、衛浴數，有無隔間。
3	汽車停車位種類及編號： 地上（下）第＿＿層　□平面式停車位　□機械式停車位 □其他＿＿。 編號：第＿＿號停車位＿＿個，□有　□無　獨立權狀。 □有　□無　檢附分管協議書及圖說。 □有　□無　約定專用部分；若有，詳見規約附圖。	有關車位之使用方式，依本契約第九條第三項規定。 所稱機械式係指須以機械移動進出者。
4	□有　□無　滲漏水之情形，若有，滲漏水處：＿＿＿。 滲漏水處之處理： □賣方修繕後交屋。 □以現況交屋：　□減價　□買方自行修繕。 □其他＿＿＿＿＿。	
5	□有　□無　曾經做過輻射屋檢測； 若有，請檢附檢測證明文件。 檢測結果　□有　□無　輻射異常；若有異常之處理： □賣方改善後交屋。 □以現況交屋：□減價　□買方自行改善。 □其他＿＿。	民國七十一年至民國七十三年領得使用執照之建築物，應特別留意檢測。行政院原子能委員會網站已提供「現年劑量達1毫西弗以上輻射屋查詢系統」供民眾查詢輻射屋資訊，如欲進行改善，應向行政院原子能委員會洽詢技術協助。
6	□有　□無　曾經做過混凝土中水溶性氯離子含量檢測（例如海砂屋檢測事項）；若有，檢測結果：＿＿＿＿＿。 □有　□無　超過容許值含量，若有超過之處理： □賣方修繕後交屋。 □以現況交屋：□減價　□買方自行修繕。 □其他＿＿。	一、民國八十三年七月二十一日以前，CNS3090無訂定鋼筋混凝土中最大水溶性氯離子含量（依水溶法）容許值。 二、民國八十三年七月二十二至民國八十七年六月二十四日依建築法規申報施工勘驗之建築物，參照民國八十三年七月二十二日修訂公布之CNS3090檢測標準，鋼筋混凝土中最大水溶性氯離子含量（依水溶法）容許值為0.6 kg/m³。

		三、民國八十七年六月二十五日至民國一百零四年一月十二日依建築法規申報施工勘驗之建築物，鋼筋混凝土中最大水溶性氯離子含量參照民國八十七年六月二十五日修訂公布之CNS3090檢測標準，容許值含量為0.3 kg/m^3。 四、民國一百零四年一月十三日（含）以後依建築法規申報施工勘驗之建築物，鋼筋混凝土中最大水溶性氯離子含量參照民國一百零四年一月十三日修訂公布之CNS 3090檢測標準，容許值含量為0.15 kg/m^3。 五、上開檢測資料可向建築主管機關申請，不同時期之檢測標準，互有差異，買賣雙方應自行注意。
7	本建物（專有部分）是否曾發生凶殺、自殺、一氧化碳中毒或其他非自然死亡之情事： (1)於產權持有期間 □有 □無 曾發生上列情事。 (2)於產權持有前，賣方 　□確認無上列情事。 　□知道曾發生上列情事。 　□不知道曾否發生上列情事。	
8	□有 □無 住宅用火災警報器。 □有 □無 其他消防設施；若有， 項目：(1)____ (2)____ (3)____。	非屬應設置火警自動警報設備之住宅所有權人應依《消防法》第六條第五項規定設置及維護住宅用火災警報器。
9	自來水供水及排水系統 □是 □否 正常；若不正常，由 □買方 □賣方 負責修繕。	
10	現況 □有 □無 出租或被他人占用之情形；若有， □賣方應於交屋前： □終止租約 □拆除 □排除 □以現況交屋 □買賣雙方另有協議____。	
11	現況 □有 □無 承租或占用他人土地之情形；若有， □賣方應於交屋前： □終止租約 □拆除 □排除 □以現況交屋 □買賣雙方另有協議____。	
12	□是 □否 為直轄市、縣（市）政府列管之山坡地住宅社區。 建築主管機關 □有 □無 提供評估建議資料。	所有權人或其受託人可向直轄市、縣（市）政府建築主管機關申請相關評估建議資料。
13	□有 □無 約定專用部分；若有，詳見規約。	
14	□有 □無 公寓大廈規約或其他住戶應遵行事項；若有，□有 □無 檢附規約或其他住戶應遵行事項。	
15	□有 □無 管理委員會統一管理；若有， 管理費為 □月繳新臺幣____元 □季繳新臺幣____元 □年繳新臺幣____元 □其他____。 □有 □無 積欠管理費；若有，新臺幣____元。	停車位管理費以清潔費名義收取者亦同。

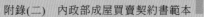

16	下列附屬設備 □計入建物價款中，隨同建物移轉 □不計入建物價款中，由賣方無償贈與買方 □不計入建物價款中，由賣方搬離 附屬設備項目如下： □電視＿＿臺　　□電視櫃＿＿件　　□沙發＿＿組 □茶几＿＿件　　□餐桌＿＿張　　□餐桌椅＿＿張 □鞋櫃＿＿件　　□窗簾＿＿組　　□燈飾＿＿件 □冰箱＿＿臺　　□洗衣機＿＿臺　　□書櫃＿＿件 □床組（頭）＿＿件　□衣櫃＿＿組　　□梳妝臺＿＿件 □書桌椅＿＿張　　□置物櫃＿＿件　　□電話＿＿具 □保全設施＿＿組　□微波爐＿＿臺　　□洗碗機＿＿臺 □冷氣＿＿臺　　□排油煙機＿＿臺　　□流理臺＿＿件 □瓦斯爐＿＿臺　　□熱水器＿＿臺　　□天然瓦斯 □其他＿＿。	
17	本棟建物　□有　□無　依法設置之中繼幫浦機械室或水箱；若有，位於第＿＿層。	
18	本棟建物樓頂平臺　□有　□無　依法設置之行動電話基地臺設施。	行動電話基地臺設施之設置，應經公寓大廈管理委員會或區分所有權人會議決議同意設置。

賣方：＿＿＿＿＿＿＿＿＿＿＿＿（簽章）
買方：＿＿＿＿＿＿＿＿＿＿＿＿（簽章）
簽章日期：＿＿＿＿年＿＿＿＿月＿＿＿＿日

附件二

承受原貸款確認書

本件買賣原設定之抵押權之債務，承受情形如下：

1. 收件字號：＿＿＿＿＿年＿＿＿＿＿月＿＿＿＿＿日＿＿＿＿＿地政事務所＿＿＿＿登字第＿＿＿＿號

2. 抵押權人＿＿＿＿＿＿＿＿＿＿＿＿。

3. 設定金額：＿＿＿＿＿＿＿＿＿＿＿元整

4. 約定時買方承受本件抵押權所擔保之未償債務（本金、遲延利息）金額新臺幣＿＿＿＿＿元整。

5. 承受日期＿＿＿＿＿年＿＿＿＿＿月＿＿＿＿＿日。

6. 債務承受日期前已發生之利息、遲延利息、違約金等概由賣方負擔。

7. 買受人承受債務後是否享有優惠利率，應以買受人之資格條件為斷。

賣方：＿＿＿＿＿＿＿＿＿＿＿＿（簽章）
買方：＿＿＿＿＿＿＿＿＿＿＿＿（簽章）
簽章日期：＿＿＿＿年＿＿＿＿月＿＿＿＿日

附件三

以第三人為登記名義人聲明書

買方＿＿＿＿向賣方＿＿＿＿購買坐落＿＿＿＿縣（市）＿＿＿＿鄉（鎮、市、區）＿＿＿段＿＿＿小段＿＿＿
地號等＿＿＿筆土地，及其地上建物＿＿＿建號，茲指定＿＿＿＿（國民身分證統一編號＿＿＿）為登記名義
人，登記名義人 □同意 □不同意 與本契約買方所應負之債務負連帶給付責任。

買　　　方：＿＿＿＿＿＿＿＿＿＿＿＿＿＿簽章）

登記名義人：＿＿＿＿＿＿＿＿＿＿＿＿（簽章）

簽章日期： ＿＿＿年＿＿＿月＿＿＿日

附件四

按優惠稅率申請核課土地增值稅確認書

賣方主張按自用住宅用地優惠稅率申請核課土地增值稅。但經稅捐稽徵機關否准其申請
者，賣方同意即以一般稅率開單繳納之。

以上事項確認無誤。

確認人：＿＿＿＿＿＿＿＿＿＿＿＿＿＿＿＿（簽章）

簽章日期：＿＿＿＿＿年＿＿＿＿＿月＿＿＿＿＿日

附錄(三)　文章閱讀——法拍屋應有的法律常識

法拍專題研究

吳任偉[1]

提點一：投標前，一定要閱覽「查封筆錄」或「拍賣公告」，並調閱法拍物件的土地或建物登記謄本仔細核對

書記官所製作的不動產「查封筆錄」，依法必須載明[2]：1.為查封原因之權利。2.不動產之所在地、種類、實際狀況、使用情形、現場調查所得之海砂屋、輻射屋、地震受創、嚴重漏水、火災受損、建物內有非自然死亡或其他足以影響交易之特殊情事及其應記明之事項。3.債權人及債務人。4.查封方法及其實施之年、月、日、時。5.查封之不動產有保管人者，其保管人。

如果這個不動產是土地，則查封筆錄更應載明其坐落地號、面積、地上物或其他使用情形；如為房屋，亦應載明坐落地號、門牌、房屋構造及型式、層別或層數、面積、用途。如查封之不動產在查封前一部或全部遭到第三人所占有，則查封筆錄須載明債務人及第三人占有之實際狀況，第三人姓名、住所、占有原因、占有如有正當權源者，其權利存續期間。如訂有租約者，應命提出租約，即時影印附卷，如未能提出租約，或未訂有書面租約者，亦應詢明其租賃起訖時間、租金若干及其他租賃條件，逐項記明查封筆錄，以防止債務人事後勾串第三人偽訂長期或不定期限租約，阻撓點交。[3]

查封共有不動產之應有部分者，則應於查封筆錄記明債務人對於共有物之使用狀況及他共有人之姓名、住所。如有設定負擔或有使用限制者，亦應於查封筆錄載明。[4]

另外，查封之不動產，究為債務人占有，抑為第三人占有，如為第三人占有，其權源如何，關係該不動產之能否點交，影響拍賣之效果，執行法官或書記官應善盡《強制執行法》第77條之1規定的調查職權，詳實填載不動產現況調查

1　永然聯合法律事務所高雄所主任律師、合夥人。
2　《強制執行法》第77條第1項。
3　《辦理強制執行事件應行注意事項》第41點第2項。
4　《辦理強制執行事件應行注意事項》第41點第3項、第4項。

表，必要時得開啓門鎖進入不動產或訊問債務人或第三人，並得依債權人聲請或依職權管收債務人，或對第三人以科罰鍰之方法行之，務期發現占有之實情。但未經訊問債務人，並認非予管收，顯難查明不動產狀況者，不得管收債務人。[5]

不過，如果你不是這個執行案件的利害關係人（例如，具有債權人或債務人的身分），執行法院的書記官應該會拒絕你的閱卷聲請；但書記官不得拒絕你聲請閱覽查封筆錄[6]。無論如何，你還是可以依照法拍公告上所載時間，前往執行法院的公告欄上檢視相關資訊。

這裡要特別注意的是，執行法院的法拍公告，有時候也會因人爲疏失而發生誤載的情形。因此，爲避免日後不必要的訟爭，建議想要投標的人還是勤快點，不要怕麻煩，務必要去民事執行處聲請閱覽查封筆錄；並調閱該法拍物件的土地或建物登記謄本（你可以從地政機關的網路上申請，也可以親自跑一趟地政事務所申請），仔細與執行法院所公告上的資料或查封筆錄內容詳實核對（例如，土地及建物謄本標示部裡記載了土地的地段、地號、面積、地價等，以及該建物的建號、門牌號碼、面積、建材、公共設施面積等，原則上都應該要與法院公告上的法拍物件資料內容相符），以確保自身權利。

提點二：拍定人對於法拍物件並沒有「物的瑕疵擔保請求權」

法拍物件雖然是經過執行法院的拍賣程序，但實務上仍然認爲，拍賣是以執行債務人爲出賣人，拍定人爲買受人，概念上是屬於私法上「買賣契約」的一種。簡單來說，拍定人向執行債務人經由執行法院投標購買法拍物件；執行法院只不過是代替原不動產所有權人（即執行債務人）立於出賣人地位而「代理」其出賣該不動產而已。原則上，拍定人係經由私法上的買賣契約，「繼受取得」原不動產法拍物件上所有權利、義務之法律關係。

依《民法》規定，買賣契約的出賣人就買賣標的物之「權利」或「物」的瑕疵，必須負起「法定」、「無過失」的責任，這就是所謂「瑕疵擔保責任」。而「瑕疵擔保責任」又可以分爲兩種，那就是：「權利瑕疵擔保責任」與「物的瑕疵擔保責任」兩種。所謂「權利瑕疵擔保責任」，就是出賣人必須擔保第三人就買賣標的物，對於買受人不可以再主張任何權利，而且必須擔保這個權利確實存在；至於所謂的「物的瑕疵擔保責任」，則是指出賣人要擔保這個買

---

5 《辦理強制執行事件應行注意事項》第41點之1第1項。

6 《強制執行法》第81條第2項第5款：「前項公告，應載明下列事項：五、閱覽查封筆錄之處所及日、時。」

賣標的物的「價值」、「品質」或「效用」。不過，依《強制執行法》第69條規定：「拍賣物買受人就物之瑕疵無擔保請求權。」茲以「違章建築」（或「漏水」）為例，執行法院對於這種「未辦保存登記」（或「漏水瑕疵」）的房屋，依法仍得進行拍賣程序；而且，因為執行法院在拍賣公告中已經明白揭示該拍賣物件為「未辦保存登記的違章建築」（或未載明有「漏水」現象），而存有「物的瑕疵」，此時拍定人事後也不能向債務人或執行法院主張「物的瑕疵擔保責任」。因此，投標人在投標之前，自應詳細閱讀拍賣公告，甚至閱覽查封筆錄，並親至現場勘查不動產之標的現況及其產權登記等資料，才可以確保自身的權利。

提點三：「凶宅」等足以影響交易之特殊情事，依法已必須在「查封筆錄」及「拍賣公告」上予以載明

就一般交易習慣認知，「曾發生凶殺或自殺事件的房屋」，即房屋若存有非自然身故之情事時，一般俗稱為「凶宅」。凶宅，並不會對房屋本身造成結構性或安全性上效用的減損；但是，對於臺灣一般社會大眾而言，仍大多存有嫌惡畏懼的心理。因此，在臺灣地區的不地產交易市場及經驗法則上，大都認這一類的房屋會影響當事人的購買意願及交易價格，進而造成這類型的房屋在不動產買賣市場接受度及交易價格上的低落結果。簡單來說，就房屋的經濟價值而言，顯然是一種「減損」的瑕疵。法院實務上也就把它納入「物之瑕疵」的概念。[7]

內政部曾對凶宅的概念做出定義，認為凶宅是指：「賣方產權持有期間，於其建築改良物之專有部分（包括主建物及附屬建物），曾發生凶殺或自殺而死亡（不包括自然死亡）之事實（即陳屍於專有部分），及在專有部分有求死行為致死（如從該專有部分跳樓）；但不包括在專有部分遭砍殺而陳屍他處之行為（即未陳屍於專有部分）。」[8]簡單來說，內政部對於「凶宅」的概念與範圍，可以用下列標準來作為判斷：

1. 「凶宅」限於賣方產權持有期間。

2. 曾發生凶殺或自殺死亡；但不包括自然死亡及意外死亡。

3. 在專有部分求死行為致死；但不包括在專有部分遭砍殺而陳屍他處之行為。

但法院實務上的判斷似較為寬鬆，認為不一定要限於賣方產權持有期間，也不

7 參臺灣高等法院高雄分院99年度上字第149號民事判決。

8 參內政部97年7月24日內授中辦地字第0970048190號函。

一定僅限於在專有部分求死而致死的地點，才能認定為凶宅。[9]

早期法院見解認為，房屋縱有拍定人所稱凶宅情事，亦屬買賣標的物是否存有瑕疵之問題，而依《強制執行法》第113條準用第69條的規定，拍賣不動產之買受人就物之瑕疵並沒有擔保請求權。因此，拍定人不可以只因拍賣公告上沒有載明有凶宅的情形，就據此向執行法院聲請撤銷拍定的處分。[10]

然為使拍賣的不動產相關資訊充分揭露，以保障應買人權益，司法院已在102年12月10日就《辦理強制執行事件應行注意事項》第41點增訂第5款：「實施不動產查封時，就足以影響交易之特殊情事，例如海砂屋、輻射屋、地震受創、火災受損、建物內有非自然死亡等，應向在場之人調查，並於查封筆錄載明；必要時得命債權人查報或向相關機關查詢。」，俾利記載於拍賣公告，促使應買人注意。103年6月4日，立法者更分別在《強制執行法》增列第77條第1項第2款以及第81條第2項第1款規定，查封筆錄及公告均須載明「不動產之所在地、種類、實際狀況、使用情形、現場調查所得之海砂屋、輻射屋、地震受創、嚴重漏水、火災受損、建物內有非自然死亡或其他足以影響交易之特殊情事及其應記明之事項。」期使拍賣的不動產物件相關資訊能夠充分揭露，以保障應買人權益。

提點四：法拍物件中有「預告登記」時，執行法院的處理方式

「預告登記」制度，是對於他人的土地權利，為保全其請求權而預先所為的登記，性質上乃公示預告登記請求權人與登記名義人間的「債之關係」，其拘束效力，原則上並不會及於「繼受取得」之人。[11]

因此，拍定人依《強制執行法》規定取得「權利移轉證明書」時，依法不待登記就可以取得拍賣物件的所有權，則原來存在該拍賣物件的「預告登記」內

---

9 例如：臺灣高等法院高雄分院99年度上字第149號民事判決：「上訴人雖主張若依上開認定之事實，因杜姓男子係跨出陽臺而站立於12樓之遮雨棚上並跳下，則其死亡地點已非在系爭房屋之專有部分範圍內，即難認係發生在系爭房屋內之事件，自難認系爭房屋為凶宅等語，並援引內政部所訂頒『不動產委託銷售契約書範本』及『成屋買賣契約書範本』所附之『建物現況確認書』為據。然上開文書固有記載『本建物（專有部分）於賣方產權持有期間是否曾發生凶殺或自殺致死之情事』為判斷是否屬凶宅之依據，但該上開範本並無強制性，業經內政部所敘明，且範本所載僅限於賣方產權持有期間發生之要件亦有待商榷，況該杜姓男子為系爭房屋之住戶而自陽臺跨出後站立於12樓之遮雨棚上跳下，就一般社會通念觀之，仍以系爭房屋為事件之發生地，而不拘限於死者應死於屋內或專有部分內。」

10 參最高法院99年度台抗字第679號民事裁定。

11 「聲請保全左列請求權之預告登記，應由請求權人檢附登記名義人之同意書為之：一、關於土地權利移轉或使其消滅之請求權。二、土地權利內容或次序變更之請求權。三、附條件或期限之請求權。前項預告登記未塗銷前，登記名義人就其土地所為之處分，對於所登記之請求權有妨礙者無效。預告登記，對於因徵收、法院判決或強制執行而為新登記，無排除之效力。」、「不動產經法院拍賣囑託登記機關辦理塗銷查封登記時，如有其他限制登記，應同時辦理塗銷，並於登記完畢後通知原囑託機關或原申請人」《土地法》第79條之1、《限制登記作業補充規定》第21點分別定有明文。

容，對於拍定人來説，就沒有任何拘束力可言；也就是説，拍定人並不繼受該「預告登記」的限制效力。此時，囑託登記機關在辦理塗銷查封登記時，登記機關依法也應該要同時塗銷預告登記，並在登記完畢後通知原囑託機關及原申請人。

想要投標的人，對於拍賣標的上的「預告登記」，其實可以不用擔心。

提點五：點交、不點交

執行法院在「不動產」的拍賣程序中，與「動產」的拍賣程序並不相同，「不動產」的拍賣程序一開始並沒有強制占有債務人的不動產；而執行法院在查封時，也只是限制債務人的處分權，並不排除債務人或第三人的占有。因此，法律上就設計有「點交制度」，讓參與投標的拍定人能順利取得法拍不動產的占有。實務上認爲，點交命令的本質，也是屬於「執行名義」的一種類型。點交命令是一個獨立的「物之交付執行名義」。

《強制執行法》第99條是個很重要的法條：「債務人應交出之不動產，現爲債務人占有或於查封後爲第三人占有者，執行法院應解除其占有，點交於買受人或承受人；如有拒絕交出或其他情事時，得請警察協助。第三人對其在查封前無權占有不爭執或其占有爲前條第二項但書之情形者，前項規定亦適用之。依前二項規定點交後，原占有人復即占有該不動產者，執行法院得依聲請再解除其占有後點交之。前項執行程序，應徵執行費。」該條第1項所謂的「債務人應交出之不動產」，是指現爲債務人或第三人占有，且其占有並沒有「用益物權」或「租賃關係」存在者而言。原則上，它的範圍應該與拍賣公告及權利移轉證書所載的範圍一致；但是，倘若發生不動產登記簿上所記載的內容與實際現況不相符合時，依法仍應按「實際狀況」來處理。例如，執行債務人或第三人若係基於「用益物權」或「租賃關係」而有權占有該法拍物件時，執行法院便不可以對其進行點交程序，縱使拍賣公告上有誤載「拍定後點交」的狀況，亦同！實務上並不會因爲拍賣公告有錯誤註記，就將原本「不可點交」的案件，將錯就錯地改成「可以點交」，這點相當重要！若説這是購買法拍物件風險最大的地方也不爲過!也就是説，雖然執行法院在拍賣公告上有錯誤載明「拍定後點交」，但參與投標人自己仍然要去查明，這個不動產在查封當時的占有狀況究竟是不是有符合《強制執行法》第99條第1、2項規定的情形（例如，第三人未實際占有，或是其占有的時間在查封之後，或有「無占有權」等情形），這些依法當然可以聲請點交；但如果不是，並經執行法院查明第三人確實是在查封之前，即有權占有法拍物件時，此時仍屬不得點交，這對於只想投標購買

「可點交」物件的人來說，相當重要。[12]

另外要注意的是，執行法院拍賣「不動產」，除非是連同屋內的「動產」一起查封拍賣，否則這些「動產」原則上並不在該次拍賣的範圍內，執行法院自無從點交給拍定人，而必須另外處理。依《強制執行法》第100條規定：「房屋內或土地上之動產，除應與不動產同時強制執行外，應取去點交債務人或其代理人、家屬或受僱人。無前項之人接受點交時，應將動產暫付保管，向債務人為限期領取之通知，債務人逾限不領取時，得拍賣之而提存其價金，或為其他適當之處置。前二項規定，於前條之第三人適用之。」這裡所謂的「暫付保管」方式，實務上往往是類推適用《強制執行法》第59條規定，也就是將遺留在屋內的動產全部移置到該管法院所指定的貯藏處所，或是委託適當之保管人保管。原則上，債權人亦得為保管人；但實際作業上，執行法院往往都是交給拍定人保管。而對這些保管物品，執行法院會命保管人事先予以拍照存查。另外，暫付保管後，保管人依法應速向債務人為限期領取的通知，通常是以存證信函或律師函的方式通知；如果債務人所在不明，則可依《民法》第97條準用《民事訴訟法》的規定，向法院聲請公示送達。倘債務人逾期仍不領取，則保管人可以向執行法院聲請拍賣該動產，並將該價金予以提存。如果遺留的動產是債務人以外之第三人所有，處理程序亦同。

須補充說明的是，不動產法拍物件上如果有合法的承租人占有使用中（亦即有「所有權讓與不破租賃原則」，或稱「買賣不破租賃原則」的適用），如果他們在租約中有明確約定：「租金一次付清」，且有證據證明確有此事，此時拍定人就不能再向承租人請求給付租金了；不過，拍定人還是可以依《民法》第179條「不當得利」的規定，向執行債務人請求返還租金（即自拍定人取得該所有權之日起、承租人所給付之金額）。

另一種常見的情況是，執行債務人與承租人約定，由承租人以一定之金額貸予執行債務人，並以該金額的利息來抵付租金。這時候，因他們所成立的「消費借貸契約」，是獨立於「租賃契約」之外，拍定人在取得法拍物件的所有權後，依上開「所有權讓與不破租賃原則」，雖然必須承繼執行債務人「出租人的地位」，但依法也僅限於此，範圍並沒有並包含他們的「消費借貸契約」。因此，承租人並不得向拍定人主張以利息抵付租金；換言之，拍定人仍得以出租人的地位向承租人收取租金。

---

12 臺灣高等法院暨所屬法院94年法律座談會民事執行類提案第4號；《法院辦理民事執行實務參考手冊》（附錄），頁604～607。

提點六：須注意法拍物件上有沒有推定「租賃關係」或「法定地上權」存在的情形

一、推定「租賃關係」

早期實務曾認為[13]，因為「土地」與「房屋」是不同的不動產，各得單獨為交易的客體，而且房屋性質上並不能與土地使用權分離而存在；因此，倘若土地及房屋一開始就「同屬一人」，而其將土地及房屋分開同時或先後出賣，期間雖然沒有地上權的設定，但這時候仍應推斷土地承買人有默許房屋承買人繼續使用土地。這和一開始就「無權占有」別人的土地，再搭建房屋，然後再將其房屋出賣予他人的情形不同。[14]簡單來說，因推定有租賃關係存在，所以是這個房屋所有權人是「有權占有」在這個土地上。以法拍物件為例，如果你投標買到的是房屋，那麼恭喜你，因為你是被推定有租賃關係，屬於「有權占有」，因此土地所有權人不能要求你拆屋還地；反過來說，如果你投標買到的是土地，那就有點麻煩了，因為房屋所有權人是「有權占有」，因此你並不能要求他拆屋還地，原則上只能向他收租金。

上開實務見解，後來立法者將其明文化，規定在《民法》第425條之1：「土地及其土地上之房屋同屬一人所有，而僅將土地或僅將房屋所有權讓與他人，或將土地及房屋同時或先後讓與相異之人時，土地受讓人或房屋受讓人與讓與人間或房屋受讓人與土地受讓人間，推定在房屋得使用期限內，有租賃關係。其期限不受第449條第1項規定之限制。前項情形，其租金數額當事人不能協議時，得請求法院定之。」

這裡要特別注意的是，這個房屋（或建物），若是個未辦保存登記的違章建築，有沒有《民法》第425條之1的適用（或類推適用）？否定見解認為[15]：「違章建築之讓與，因不能為移轉登記而不能為不動產所有權之讓與，如受讓人與讓與人間無相關之約定，應認為讓與人已將該違章建築之事實上處分權讓與受讓人，受讓人既無從取得建築物所有權，僅取得其事實上處分權，即與《民法》第425條之1第1項規定之『所有權讓與』讓與要件不合。」但實務上多數採取肯定見解，認為[16]：違章建築係未辦理保存登記之建物，受

---

[13] 最高法院48年台上字第1457號民事判例。

[14] 最高法院64年台上字第110號民事判例。

[15] 臺灣高等法院98年度重上字第353號民事判決。

[16] 最高法院102年台上字第580號民事判決。另可參民國100年11月16日臺灣高等法院暨所屬法院100年法律座談會民事類提案第4號。

讓違章建築者雖未能辦理所有權移轉登記，但仍取得違章建築之事實上處分權，故違章建築及其所坐落之土地如原屬同一人所有，嗣所有人僅將違章建築或僅將土地出售予他人時，仍應有《民法》第425條之1之適用。

另外，除了房屋外，倘若「土地上定著物」具有相當的經濟價值，法院實務上也認為可以類推適用《民法》第425條之1，賦予其「有權占有」的地位。[17]

二、法定地上權

如前所述，「土地」與「房屋」是不同的不動產，各得單獨為交易的客體，而且房屋性質上並不能與土地使用權分離而存在。除了上開所述的推定「租賃關係」外，法拍物件上有無存在「法定地上權」，投標人也必須事先注意。

依《民法》第876條規定：「設定抵押權時，土地及其土地上之建築物，同屬於一人所有，而僅以土地或僅以建築物為抵押者，於抵押物拍賣時，視為已有地上權之設定，其地租、期間及範圍由當事人協議定之。不能協議者，得聲請法院以判決定之。設定抵押權時，土地及其土地上之建築物，同屬於一人所有，而以土地及建築物為抵押者，如經拍賣，其土地與建築物之拍定人各異時，適用前項之規定。」立法者對於「法定地上權」的規範目的，主要是為了維護土地上建築物的存在而設，所以當該建築物減失時，這個法定地上權也就隨之消滅。[18]

再次強調，投標人務必要調閱法拍物件的土地或建物登記謄本，因為它可以讓我們清楚的看到，抵押權設定當時，建物及土地所有權的歸屬狀態，俾供投標人在投標之前，憑以判斷有無「法定地上權」的存在。簡單來說，若是買的是房屋，如果沒有「法定地上權」或是其他有權占有的法律關係，勢將遭到土地所有權人「拆屋還地」的要求；若買的是土地，如果建物符合「法定地上權」或是其他有權占有的法律關係，則你所購買的土地，勢必將無法自行使用，此不可不察！[19]

---

17 最高法院104年台上字第822號民事判決：「按民法第425條之1係針對房屋所有權與基地利用權一體化之體現，以調和土地、房屋不同所有人間之權益，是除房屋外之土地上定著物有相當經濟價值者，使用所坐落土地關係之性質與房屋相同，應予同等保護或處理，始得類推適用此項規定。」

18 最高法院85年台上字第447號民事判例。

19 實務上曾指出，《民法》第876條第1項所規定的法定地上權，雖須以該建築物於土地設定抵押權時業已存在為要件；但若是在抵押權設定當時，土地及其地上之建築物非屬同一人所有，只要在抵押權實行時，該建物與抵押之土地已歸相同之人所有，或雖非完全相同，但建物所有人與土地其他所有人間均具有密切之親屬關係者，為貫徹立法目的，似宜解為仍有該條之適用，參最高法院97年台上字第1273號民事判決。

提點七：注意「抵押權」的優先排除效力

抵押權為「擔保物權」，不動產所有人設定抵押權後，在同一個不動產上，雖仍然可以為「使用收益（例如，設定地上權或其他以使用為目的的物權，或是成立租賃關係）」；但如果因此影響抵押權者，對於抵押權人仍然不生效力。因此，土地所有人設定抵押權後，在抵押的土地上另又設定地上權或其他以使用為目的的物權，或是成立租賃關係，如果因此導致影響抵押權的實行，這時候抵押權人可以向執行法院聲請予以除去或終止，然後再以「沒有」地上權或租賃狀態的情況下來進行拍賣程序。[20]而執行法院在依法除去地上權或終止租賃關係而拍賣時，因在該執行程序中，地上權或租賃關係被除去或終止者，依《強制執行法》第98條第2項但書規定，並不隨同不動產之拍賣而移轉，執行法院發給權利移轉證書時，仍應依職權通知地政機關塗銷該地上權之登記，並應認該地上權或租賃關係已失其存在。於此情形，該被除去或終止之地上權人或租賃權人自不得對抵押權人或拍定人主張地上權或租賃權，進而對抵押不動產之拍賣享有優先承買權（土§104參照）。[21]

提點八：拍定人對於債務人欠繳之大樓公共基金、管理費等，是否有繳納之義務？

法拍屋之原所有權人即債務人，通常皆已無力償還債務，甚至早已不知去向，往往積欠不少為數可觀的管理費或公共設施水電等負擔，而此種費用究係應由何人負擔，即生疑惑。

依《公寓大廈管理條例》第24條第1項規定：「區分所有權之繼受人，應於繼受前向管理負責人或管理委員會請求閱覽或影印第35條所定文件，並應於繼受後遵守原區分所有權人依本條例或規約所定之一切權利義務事項。……」，上開

---

20 《民法》第866條規定：「不動產所有人設定抵押權後，於同一不動產上，得設定地上權或其他以使用收益為目的之物權，或成立租賃關係。但其抵押權不因此而受影響。前項情形，抵押權人實行抵押權受有影響者，法院得除去該權利或終止該租賃關係後拍賣之。不動產所有人設定抵押權後，於同一不動產上，成立第一項以外之權利者，準用前項之規定。」而《民法》第877條則規定：「土地所有人於設定抵押權後，在抵押之土地上營造建築物者，抵押權人於必要時，得於強制執行程序中聲請法院將其建築物與土地併付拍賣。但對於建築物之價金，無優先受清償之權。前項規定，於第866條第2項及第3項之情形，如抵押之不動產上，有該權利人或經其同意使用之人之建築物者，準用之。」

21 最高法院100年台上字第802號民事判決，其要旨另指出：「《土地法》第104條第1項關於地上權人及承租權人之優先承買權規定，既係為維護土地上建築物之存在而設，旨在使基地與基地上之房屋合歸一人所有，以盡經濟之效用，則於該建築物滅失時，該建築物所有人即不得享有優先承買權，故該條項之適用，須以地上權設定或租賃關係之約定係以有建築物為目的，且現有建築物存在為前提，始合乎該條項規範之趣旨，此與地上權之標的物為土地而非建築物或其他工作物，《民法》第841條乃規定地上權不因其上建築物或其他工作物滅失而消滅，兩者規範目的未盡相同，自不能以該條規定，逕謂土地上曾有建築物而現已不存在之地上權人或租賃權人仍得主張上開優先承買權」。

所謂「第35條所定文件」，包括規約、公共基金餘額、會計憑證、會計帳簿、財務報表、欠繳公共基金與應分攤或其他應負擔費用情形、管理委員會會議記錄及前條會議記錄。基此，繼受人（拍定人）於繼受前，似有查明義務。

實務上[22]曾針對【《民法》第826條之1規定修正施行後，法院拍賣公寓大廈區分所有人之建物及基地之權利，拍定人就債務人欠繳之管理費，是否須與債務人負連帶清償責任？】之法律問題提出探討。肯、否兩說論點，簡要分述如下

1. 甲說：肯定說。

按《民法》第826條之1第3項規定：「共有物應有部分讓與時，受讓人對讓與人就共有物因使用、管理或其他情形所生之負擔連帶負清償責任」。公寓大廈之區分所有人間，就建物之共有部分，亦為分別共有關係，法院拍賣債務人所有區分所有建物之專有部分、共有部分及基地之應有部分時，自有上開規定之適用，故債務人如有欠繳管理費，拍定人應負連帶清償責任。

2. 乙說：否定說。

自法律規定之體例而言，區分所有建築物所有人間之權利義務關係，係規定於所有權章第二節之「不動產所有權」中（第799條至第800條之1），而共有人間之權利義務關係，係規定於所有權章第四節「共有」，區分所有建築物所有人之權利義務，自應優先適用區分所有之相關規定，惟該規定中並無受讓人應就前手欠繳之管理費應連帶負責之規定，僅於第799條之1規定：「區分所有人間依規約所生之權利義務，繼受人應受拘束；其依其他約定所生之權利義務，特定繼受人對於約定之內容明知或可得而知者，亦同」。該規定與《公寓大廈管理條例》第24條第1項「區分所有權之繼受人，應於繼受後遵守原區分所有權人依本條例或規約所定之一切權利義務事項」之規定相仿，而實務上向來均認為《公寓大廈管理條例》第24條第1項係指規約對於繼受人發生拘束力，至於已具體發生之管理費給付義務則不在此限（臺灣高等法院暨所屬法院89年法律座談會彙編，頁105～107、93年法律座談會民事類提案第13號、司法院司法業務研究會第49期研究專輯第30則），故拍定人不須就債務人欠繳之管理費，負擔清償責任。

該次【初步研討結果】與【審查意見】均採乙說（也就是：拍定人不須就債務人欠繳之管理費，負擔清償責任）；但經付表決之【研討結果】（實到68人，採甲說37票，採乙說15票），卻又改採甲說（也就是：債務人如有欠繳管理費，拍定人應負連帶清償責任）。

---

22 臺灣高等法院暨所屬法院98年法律座談會民執類提案第20號。

主管機關內政部的立場，則認為：《民法》第799條之1第4項與同法第826條之1之規範主體與客體迥然不同。且區分所有建築物之區分所有權人欲就共有部分訂立分管契約約定專用使用權，應依《公寓大廈管理條例》規定，不得援引《民法》第826條之1第1項及《土地登記規則》第155之1規定，申辦共有物使用管理之註記登記。[23]而目前最新實務見解亦肯定上開內政部見解，而明確表示：《公寓大廈管理條例》第24條規定，係課繼受人於繼受前有閱覽或影印相關文件及繼受後遵守該條例或規約之義務，並非指繼受人應承擔前手因共有物管理所積欠債務。[24]

本文肯定上開實務見解，並認為：依債之相對性原則，前手（原區分所有權人）若未與後手（拍定人）以契約約定由後手（拍定人）繳納且經社區管委會同意，則後手（拍定人）自無替前手繳納積欠管理費之義務。

提點九：法拍程序的「撤銷」與「無效」

一、法拍程序的撤銷

原則上，法拍物件的拍定人在得標、承買後，並不可以「無故反悔」而恣意解除買賣契約；不過，如果發生以下幾種情形，則屬例外：

1. 執行法院發給「權利移轉證書」之前，執行債務人願與拍定人「合意解除」買賣契約。[25]

2. 拍定人因拍賣公居有誤，所致之「意思表示錯誤：(1)投標人在參加投標前，因向地政事務所請領拍賣標的的土地地籍圖，但地政事務所描繪員竟誤將其他地段的土地當作拍賣標的的土地予以描繪，並且核發地籍圖謄本給該投標人，最高法院因此認為：「強制執行法所為之拍賣，仍屬買賣性質，拍定人為買受人，執行法院僅代表出賣人立於出賣人之地位，法並未禁止拍定人得以其錯誤或不知情事而撤銷其投標應買之意思表示。故拍定人自得主張意思表示錯誤而撤銷之。另法律行為經撤銷者，視為自始無效，《民法》第114條第1項亦有明定。因此強制執行程序中之拍賣，如拍定人合法撤銷其投標應買之意思表示時，即自始無效。執行法院之拍定表

23 內政部99年8月18日內授中辦地字第0990725118號函。

24 最高法院106年度台上字第1737號民事判決。

25 《強制執行法》第58條規定：「查封後，債務人得於拍定前提出現款，聲請撤銷查封。拍定後，在拍賣物所有權移轉前，債權人撤回強制執行之聲請者，應得拍定人之同意。」《辦理強制執行事件應行注意事項》第32點第1項、《強制執行須知》第9點分別規定：「債務人提出現款聲請撤銷查封，於拍定前均得為之，若債務人於已經拍定之後提出現款請求撤銷查封者，亦得勸告拍定人，經其同意後予以准許，並記明筆錄。」、「提出現款：關於金錢債權之執行，債務人得於查封後，拍賣期日前，提出現款，聲請撤銷查封，在拍定後提出者，須得買受人之同意，始得予以准許。」

示即因投標應買意思表示之欠缺，而不生拍定之法效。」[26]

(2)如拍定人不知所拍定之土地爲法定空地；而拍賣公告就拍賣土地之使用狀況亦無任何與法定空地有關之事項，最高法院曾認爲，依一般交易情形，此將影響土地之價值，當屬重要；至於拍賣物買受人就物之瑕疵雖無擔保請求權，惟此與其因不知該瑕疵，致誤認物之性質，得否視爲意思表示內容錯誤予以撤銷無關。亦即，拍定人仍有機會主張《民法》第88條第1項撤銷應買之意思表示。[27]

3.拍賣公告與拍賣標的現況不符，顯有侵害拍定人的利益時：

「按建築物增建部分如附合於主建物爲其一部，其拍賣效力及於增建部分，縱拍賣公告未記載增建部分之面積，亦無不同。執行法院應按系爭房地（含增建部分）公告拍賣時之狀態，將該房地（含增建部分）所有權移轉予拍定人。該增建部分倘係違建而遭拆除，執行法院即無從辦理，自有侵害拍定人利益之情事，於拍賣程序終結（發給權利移轉證書）前，得依《強制執行法》第12條規定，聲請撤銷拍賣程序。此與拍定人無物之瑕疵擔保請求權無涉。查系爭房地於103年8月5日拍賣，由再抗告人得標，爲原審所確定。卷附104年3月20日新北市政府違章建築拆除大隊違章建築拆除時間通知單，另載定於同年月31日執行拆除。則該違章增建部分是否已遭拆除，要與拍賣程序終結前有無侵害再抗告人之利益所關頗切。」[28]

4.強制執行程序違反比例原則時：

「按強制執行，應依公平合理之原則，兼顧債權人、債務人及其他利害關係人權益，以適當方法爲之，不得逾越達成執行目的之必要限度。爲修正《強制執行法》第1條第2項明文揭櫫之原則，所謂『以適當之方法爲之，不得逾越達成執行目的之必要限度』，應依下列原則判斷之：（一）採取之執行方法須有助於執行目的之達成。（二）有多種同樣能達成執行目的之執行方法時，應選擇對義務人、應受執行人及公眾損害最少之方法爲之。（三）採取之執行方法所造成之損害不得與欲達成執行目的之利益顯失均衡。於此狹義之比例原則，通常所應權衡者爲債權人所追求之利益與債務人所受附屬損害（如因低於市價之拍定而生之損失）之差距，尤應注意債務人有無受不可期待、無可歸責之損害，至於債務人所受主要損害

---

26 最高法院96年台上字第2035號民事判決。

27 最高法院105年度台上字第2080號民事判決。

28 最高法院105年台抗字第150號民事裁定。

（指相對應於執行債權人之債權及相關費用而言）則非比較重點。必債務人所受附屬損害小於債權人所追求之利益，方符狹義比例原則。本件原法院以若重新拍賣，再抗告人將增加遲延利息八萬餘元之負擔，與其多移轉土地之拍定價值僅五萬餘元相較爲大，遽謂不符比例原則，其權衡之基礎，是否符合狹義比例原則，殊值疑義。」[29]

5. 原則上，一旦經拍賣、經執行法院發給「權利移轉證書」給拍定人時，如果沒有上開特殊情形，拍定人並不得以任何理由來「解除契約」；否則，因拍定人不繳足價金所再進行的「再行拍賣」程序，所產生的費用與損失（即「再行拍賣程序」所生之費用，以及拍定價額低於前次拍定價額時所生的差額），依法將從拍定人所繳納的保證金中予以扣抵。[30]另外，倘若拍定人所繳納的保證金還是不足以扣抵「再行拍賣」程序所生費用及差額時，則執行法院更可職權裁定，對原拍定人的財產進行強制執行。[31]

二、無效的投標程序

依司法院訂立之「地方法院民事執行處不動產投標參考要點」規定，有下列情形之一者，應認爲投標「無效」，但有第（六）點所列之情形，於執行法官、司法事務官在該件拍賣標的當眾開示朗讀投標書前補正者，不在此限：[32]

（一）投標時間截止後之投標。

（二）開標前業已公告停止拍賣程序或由主持開標之法官、司法事務官宣告停止拍賣程序。

（三）投標書未投入法院指定之標匭。

（四）除執行分割共有物變賣判決之拍賣外，投標人爲該拍賣標的之所有人。

（五）投標人爲未繳足價金而再拍賣之前拍定人或承受人。

（六）投標書未提出下列證明文件及身分證件者：

---

29 最高法院103年台抗字第935號民事裁定。

30 《辦理強制執行事件應行注意事項》第47點第2項：「不動產以投標方法拍賣，因拍定人不繳足價金而再行拍賣時，拍定人所繳納之保證金，應於清償再拍賣程序所生之費用及拍定價額低於前次拍定價額時所生之差額後，予以發還。不動產不以投標方法而爲拍賣，拍定人如預納保證金者亦同。」

31 《強制執行法》第68條之2：「拍定人未繳足價金者，執行法院應再拍賣。再拍賣時原拍定人不得應買。如再拍賣之價金低於原拍賣價金及因再拍賣所生之費用者，原拍定人應負擔其差額。前項差額，執行法院應依職權以裁定確定之。原拍定人繳納之保證金不足抵償差額者，得依前項裁定對原拍定人強制執行。」

32 參考臺灣高雄地方法院民執（二辦）業務簡介《不動產投標須知》附件：http://ksd.judicial.gov.tw/CP.aspx?TabID=309。最後查詢日期：2018年4月24日。

1. 投標人為自然人本人之國民身分證件。

2. 投標人委任代理人投標之委任狀，本人與代理人之國民身分證件。

3. 投標人為未成年人時，法定代理人之證明文件、國民身分證件及本人之身分證件。

4. 投標人為法人時，法定代理人之證明文件、法定代理人之國民身分證件及法人之證明文件。

5. 投標人提出之保證金票據已記載法院以外之受款人，該受款人未依據票據法規定連續背書。

6. 拍賣標的為耕地時，私法人投標而未將主管機關許可之證明文件附於投標書。

7. 投標人為外國人，未將不動產所在地縣市政府核准得購買該不動產證明文件附於投標書。

8. 拍賣標的為原住民保留地，投標人未將原住民之證明文件附於投標書。

（七）投標人為未成年人，未由其法定代理人代理投標，或未於投標書上記載其法定代理人姓名。

（八）投標人為法人，僅記載法人名稱、事務所，而未於投標書上記載其法定代理人之姓名。

（九）代理人無特別代理權。

（十）非律師為投標代理人，經主持開標之法官、司法事務官禁止，且本人未在場。

（十一）以新臺幣以外之貨幣為單位記載願出之價額，或以實物代替願出之價額。

（十二）對願出之價額未記明一定之金額，僅表明就他人願出之價額為增減之數額。

（十三）投標書記載之字跡潦草或模糊，致無法辨識。

（十四）投標書未簽名或蓋章。

（十五）投標人提出之保證金票據已記載法院以外之受款人，該受款人未依票據法規定連續背書。

（十六）投標人提出之保證金票據，其發票人為非經金融主管機關核准之金融業者。

（十七）投標人提出之保證金票據為禁止背書轉讓之票據，其受款人為法院以外之人。

（十八）未將保證金封存袋附於投標書。

（十九）分別標價合併拍賣時，投標書載明僅願買其中部分之不動產及價額。

（二十）投標書載明得標之不動產指定登記予投標人以外之人。

（二十一）投標書附加投標之條件。

（二十二）其他符合拍賣公告特別記載投標無效之情形。

提點十：執行法院「廢標」，投標人的救濟途徑

向執行法院投標所購買的不動產，如經法院決定「得標」之後，又以「廢標」處理，實務上認為，此時投標人可以依《民事訴訟法》第247條的規定，向民事法院提起「確認買賣關係成立之訴」以為解決。

而如果投標人的投標，是在「開標」後、尚未經執行法院決定是否「得標」前，就遭到執行法院以「廢標」處理，這裡則是屬於《強制執行法》第12條所規定之「聲明異議事項」，依法可以在強制執行程序終結前，向執行法院來「聲明異議」；這時候，執行法院依法必須做出裁定，使投標人有救濟的機會。

提點十一：常見拍定人被指控涉嫌違反刑事犯罪的類型

《強制執行法》有規定「點交程序」，因此，即使拍定人已繳清價金並且也取得了「權利移轉證書」而取得所有權，對於應予點交的房地，依法仍應由執行法院之執行法官命書記官督同執達員來進行點交程序、解除債務人或第三人的占有。這時候，即使債務人或第三人有拒絕交出或其他情事，執行法官、書記官或執達員依法會請求警察協助。無論如何，在執行法院還沒有完成執行點交程序前，無論是原債務人或為其占有之受僱人、親戚等第三人，均屬「有權占有」，拍定人千萬不可以直接以私力解決（例如：自行僱請鎖匠開鎖、強行進入使用，並自行換上新鎖、拒絕原屋主繼續使用等情形），否則，將有可能因此吃上《刑法》強制罪或無故侵入住宅罪等官司，不可不察！

以下是幾種拍定人常被指控的刑事案件類型：

1. 《刑法》第304條「強制罪」：

以強暴、脅迫使人行無義務之事或妨害人行使權利者，處三年以下有期徒刑、拘役或三百元以下罰金。前項之未遂犯罰之。

2. 《刑法》第305條「恐嚇危害安全罪」：

以加害生命、身體、自由、名譽、財產之事，恐嚇他人致生危害於安全者，

處二年以下有期徒刑、拘役或三百元以下罰金。

3. 《刑法》第306條「無故侵入住宅或留滯住宅罪」：
   無故侵入他人住宅、建築物或附連圍繞之土地或船艦者，處一年以下有期徒刑、拘役或三百元以下罰金。無故隱匿其內，或受退去之要求而仍留滯者，亦同。

4. 《刑法》第320條「竊盜罪」：
   意圖為自己或第三人不法之所有，而竊取他人之動產者，為竊盜罪，處五年以下有期徒刑、拘役或五百元以下罰金。意圖為自己或第三人不法之利益，而竊占他人之不動產者，依前項之規定處斷。前二項之未遂犯罰之。

5. 《刑法》第354條「毀損罪」：
   毀棄、損壞前二條以外之他人之物或致令不堪用，足以生損害於公眾或他人者，處二年以下有期徒刑、拘役或五百元以下罰金。

附錄(四) 業務部常用表格參考

附表1

工程名稱：

××建設股份有限公司
房地買賣預訂單

000690

日期：　　年　　月　　日

註：本單一式三聯，第三聯：客戶存查

訂戶姓名		住址	
房屋編號	棟　　　　樓（號）		
車位編號	地下　　樓　　　號		
面積	□平面　□機械　萬元整　坪（包含公共設施面積）		
建坪約：			
車位售價 新臺幣　　佰　　拾　　萬元整			
房地總價	新臺幣　仟　佰　拾　萬元整	□(含車位價款)　□不含車位價款	
預付訂金	新臺幣　佰　拾　萬　仟元整	支票資料	地點
補足訂金日期	年　　月　　日		
應補金額(已)	新臺幣　佰　拾　萬　仟元整	支票資料	地點
約定簽約日期	年　　月　　日		
簽約金額	新臺幣　佰　拾　萬　仟元整		

電話：

特約條款：

1. 本預訂單係經買賣方同意議定，買方所交訂金，不得以任何理由要求退還。
2. 買方未依約定期限內補足訂金視為棄權論，所繳訂金全部沒收，並撤銷本訂購，買方絕無異議。
3. 買方未依約定期限內簽約即為違約，並應無條件放棄先訂權告，本預訂單自然作廢，已繳訂金由賣方沒收，買方絕無異議，違約時雙方不另催權。
4. 買賣條件以雙方所簽訂房地預定買賣契約書為準。本預訂單為臨時憑證，於簽訂正式合約後收回作廢。
5. 本預訂單以支付訂金後經買賣雙方簽章後始生效。
6. 簽約時請攜帶產權登記名義登記人之身分證影本、印章及本預訂單。

備註：

買方簽章　　　　　　賣方簽章　　　　　建設股份有限公司　收款簽章

383

附表2

To

營業日報

年　月　日　星期：　天氣：

項目	總戶數			
人來				
電來				

	房屋		車位	媒體
銷戶數/金額/坪數/溢折價	戶 萬 坪 萬		位 萬	本週
售補戶數/金額/坪數/溢折價	戶 萬 坪 萬		位 萬	
足簽戶數/金額/坪數/溢折價	戶 萬 坪 萬		位 萬	
約退戶數/金額/坪數/溢折價	戶 萬 坪 萬		位 萬	

	房屋總銷	車位總銷	合計總金額	總銷坪	銷售率
前日累計	戶 萬 坪	組 通	萬	坪	組 通
本日銷售	戶 萬 坪	組 通	萬	坪	
本日累計	戶 萬 坪	組 通	萬	坪	
合計總金額	萬	萬	萬	萬	

銷售狀況	店面	套房	一房	二房	小三房	三房	3+1房	小四房	四房	4+1房	五房	樓中樓	合計
房屋 合計												
銷補 足												
簽約												
退戶 餘												

車位	B1大車	B1小車	B1機械	B2大車	B2小車	B2機械	B3大車	B3小車	B3機械	B4大車	B4小車	B4機械	合計
合計												
足												
簽約												
退戶 餘												

備 註：

主管：　　　　　專案：　　　　　製表：

附表3

○○案營業日報表

年　月　日　　星期　　　　天氣：

總戶數	戶		總金額	銷售期間					
項 目	來 人	來 電	回 籠	本日媒體	POP		夾報		
					宣傳車		NP		
					3×12指示牌		CF		
					3×9指示牌		RD		
累計					派報		公車廣告		

		本日	累計	編號 項目	銷售		補足		簽約	
					棟別	金額	棟別	金額	棟別	金額
銷　售	戶　數			1						
	金　額			2						
	車　位			3						
小	金　額			4						
	戶　數			5						
	金　額			6						
訂	車　位			7						
補	金　額			8						
	戶　數			9						
	金　額			10						
足	車　位			11						
簽	金　額			12						
	戶　數			13						
	金　額			14						
約	車　位			15						
退	金　額			16						
	戶　數			17						
	金　額			18						
戶	車　位			19						
對	金　額			20						
保	戶　數			21						
	車　位									
合計										

銷售工作記事	戶別	姓名	房價	車位	車價	裝潢－配套	總價	坪數	暫付款

備　註

主管：　　　　　　　專案：　　　　　　　製表：

附表4

＿＿＿＿＿案營業週報表

第　　週			代理期間			總銷售戶數			戶		
						總銷售金額			億		
日期										實際銷售	
星期	一	二	三	四	五	六	日			戶數	
氣候								本週累計	上週累計	車位	
廣告										合計	
										總累計	
來人											
來電											
回籠											

銷售記錄	成交	戶數										
		金額										
		車位										
		金額										
	小訂	戶數										
		金額										
		車位										
		金額										
	補足	戶數										
		金額										
		車位										
		金額										
	簽約	戶數										
		金額										
		車位										
		金額										
	退戶	戶數										
		金額										
		車位										
		金額										
	對保	戶數										
		金額										

本週回籠	0	組	回籠成交		組	累計回籠成交		組	百分比	

休假	
加強方向	

本週媒體	

主管：　　　　　　　　專案負責：　　　　　　　　製表：

附表5

銷售綜合週報表

星期	一	二	三	四	五	六	日	合計／廣告主題
日期	12月29日	12月30日	12月31日	1月1日	1月2日	1月3日	1月4日	
廣告	宣傳車 POP 公車廣告 RD 派報中永和	宣傳車 POP 公車廣告 RD 派報中永和	宣傳車 POP 公車廣告 中時20全縣16版 RD 派報中永和	中時20全市+縣8.16版 自由20全B縣11版 聯合20全1縣16版 宣傳車 POP 舉牌+指示牌 公車廣告 接駁巴士 RD	中時20全A縣8版 自由20全B縣24版 聯合20全1縣12版+2縣16版 蘋果日報市+縣7版 宣傳車 POP 舉牌+指示牌 公車廣告 接駁巴士 RD	中時20全市14版+縣19版 自由20全縣9版 聯合20全7版+縣12版 宣傳車 POP 舉牌+指示牌 公車廣告 接駁巴士 RD	中時20全市9版+縣7版 自由20全縣16版 聯合20全 宣傳車 POP 舉牌+指示牌 公車廣告 接駁巴士 RD	
來人	19	13	17	49	15	55	66	234
回籠	0	1	1	4	0	4	6	16
來電	27	21	19	48	49	27	33	224
銷售戶數（當日／回籠） 房／車	房1 車0	房2 車0	房1 車0	房10 車2	房2 車1	房4 車0	房13 車1	房33 車4
銷售金額 房／車	615.8	786.5	556	房4147.25 車220	房784.8 車85	1912.95	房5374.05 車120	房16983.8 車425
補足戶數 房／車		2	2	房10 車2	房2 車1	4	房13 車1	房33 車4
補足金額 房／車		786.5	1159	房4147.25 車220	房784.8 車85	1912.95	房5374.05 車120	房14164.6 車425
簽約戶數 房／車		2	2	1	2		3	房10 車2
簽約金額 房／車		786.5	570	316.35	906	419.15	房1324.7 車120	房4322.7 車205
簽折溢價								
退戶戶數	4	4	3	1	1			9
退戶金額	2000.2	2000.2	1246.4	482.8	85		318.15	4047.55

本週客戶詢問重點
1.裝潢問題
2.價格
3.預售屋疑慮
4.對管理疑慮
5.公設比

本週客戶購買原因
1.飯店式軟硬體規劃
2.挑高產品
3.低自備款
4.地點

本週客戶詢問原因

本週客戶購買原因

本週客戶未購因素
1.價格因素
2.公設比過高
3.家人因素
4.坪數不符
5.預售疑慮

附表6

銷售月報表

年　月　日　～　年　月　日

日期	27	28	29	30	31	1	2	3	4	5	6	7	8	9	10	11	12	13	14	15	16	17	18	19	20	21	22	23	24	25	26
星期	一	二	三	四	五	六	日	一	二	三	四	五	六	日	一	二	三	四	五	六	日	一	二	三	四	五	六	日	一	二	

13 11 9 7 5 3 1 -1

| 來人 |
| 來電 |
| 中時 |
| 自由 |
| NP其他 |
| 商周 |
| 財訊 |
| 直銷 |
| 路過 |
| DM名單 |
| 戶外據點 |
| 派夾報 |
| R D |
| 介紹 |
| 其他 |
| 廣告主題 |
| 預約 |
| 補足 |
| 簽約 |

7 6 5 4 3 2 1 0

| 成交累計 |
| 補足累計 |
| 簽約累計 |

來　人	來　人	來　人	來　人
來　電	來　電	來　電	來　電
成　交：	成　交：	成　交：	成　交：
成交金額：	成交金額：	成交金額：	成交金額：
依成交金額比　　%	依成交金額比：　　%	依成交金額比：　　%	依成交金額比：　　%
補　足：	補　足：	補　足：	補　足：
補足金額：	補足金額：	補足金額：	補足金額：
依補足金額比　　%	依補足金額比　　%	依補足金額比　　%	依補足金額比　　%
簽　約：	簽　約：	簽　約：	簽　約：
簽約金額：	簽約金額：	簽約金額：	簽約金額：
依簽約金額比　　%	依簽約金額比　　%	依簽約金額比　　%	依簽約金額比　　%
依來人成交比　　%	依來人成交比　　%	依來人成交比　　%	依來人成交比　　%
退　戶：	退　戶：	退　戶：	退　戶：

附表7　　　　　　　　銷售講習內容

××股份有限公司　　　　業名：　　　　　　　　　　　日期：

1. 地點、地址？
2. 環境：（大環境）、（小環境）例：違章建築、臭水溝、會淹水、工廠多，或是風景優美、高級住宅區等等。
3. 交通
4. 坪數？每戶總坪數？每戶分間陽臺及公共設施之坪數？
5. 價格？有無優待？付款辦法？多久繳一次款項？
6. 貸款？幾年？
7. 設備：電梯　冷氣　發電機　對講機
　　　　　　　地板　牆壁　壁　樹　具
　　　　　　　屋頂　門窗　陽　臺　浴　室
8. 停車如何？車位價格？
9. 何時開工？何時完工？目前進度？
10. 產權如何？
11. 業主是誰？蓋過什麼房子？
12. 有無契稅？
13. 附近有何市場？
14. 附近有何學校？
15. 設計或設備可否變更？
16. 邊間加價否？
17. 屋頂屬誰使用？地下室呢？
18. 樓高幾公尺？總共幾樓？第幾樓？
19. 方向如何？通風採光如何？
20. 馬路、巷道幾公尺？
21. 訂金多少？
22. 如何簽約？在何處簽約？攜帶何種證件？
23. 本房子優點有哪些？
24. 本房子缺點有哪些？
25. 當客戶提到這些缺點時，如何回答？
26. 銷售時坪數可以更動嗎？如何更動？

附表7-1

銷售講習大綱

一、公司簡介
　　（公司基本資料／歷年業績）

二、基本資料篇
　　（基地坪數／土地區分／全案規劃／投資興建／營造廠商／建築設計／建蔽率、容積率／基地地號／產品規劃／景觀設計／燈光設計）

三、產品規劃篇
　　（產品相關資料）

四、重大建設、環境篇
　　（地區相關重大公共建設發展時程；區域環境及生活機能）

五、市調分析篇
　　（同質性產品比較表／區域住家個案行情表）

六、產品優勢篇
　　（SWOT分析／STP目標行銷）

七、施工精髓篇
　　（公司產品施工加強重點／本案建材特性）

八、介紹流程篇
　　（銷售介紹流程／帶看動線流程）

九、售後管理篇
　　（購屋後相關保障／交屋後管理方式）

十、業物行政
　　（拆款表／合約／匯款／刷卡／代收款／訂單／交屋）

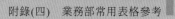
附表7-2

客戶資料表

（一）基本資料　　　　　　　　　　　　　　　　　　　　等級研判：＿＿＿＿級
　　　個案：＿＿＿＿＿＿日期：＿＿＿＿＿＿交通工具：＿＿＿＿＿＿A.成交　　B.誠意高
　　　　　　　　　　　　　　　　　　　　　　　　　　　　　C.需考慮　D.無希望
　　　姓名：＿＿＿＿＿＿職業：＿＿＿＿洽談時間：＿＿＿＿＿年齡：＿＿＿＿＿＿

　　　地址：＿＿＿＿＿＿＿＿＿＿＿＿＿＿＿＿電話：＿＿＿＿＿＿＿＿＿＿＿
　　　收入：□3萬以下□3～4萬□4～ 5萬□5～6萬□6～7萬□7～8萬□8～10萬 □10萬以上
　　　　　　□20萬以上
　　　性質：(1)夫妻(2)個人(3)家人(4)朋友一起(5)其他
　　　廣告：(1)電視(2)報紙(3)派夾報DM(4)指示牌(5)接待中心(6)朋友介紹(7)定點POP(8)RD電
　　　　　　臺(7)DS(8)其他
（二）洽談重點：
　　　1. 第一個問題：＿＿＿＿＿＿＿＿＿＿＿＿＿＿＿＿＿＿＿＿＿＿＿＿＿＿＿＿＿
　　　2. 喜愛點：＿＿＿＿＿＿＿＿＿＿＿＿＿＿＿＿＿＿＿＿＿＿＿＿＿＿＿＿＿＿＿＿
　　　3. 抗性點：＿＿＿＿＿＿＿＿＿＿＿＿＿＿＿＿＿＿＿＿＿＿＿＿＿＿＿＿＿＿＿＿
（三）洽談內容：
　　　＿＿＿＿＿＿＿＿＿＿＿＿＿＿＿＿＿＿＿＿＿＿＿＿＿＿＿＿＿＿＿＿＿＿＿＿＿
　　　＿＿＿＿＿＿＿＿＿＿＿＿＿＿＿＿＿＿＿＿＿＿＿＿＿＿＿＿＿＿＿＿＿＿＿＿＿
　　　＿＿＿＿＿＿＿＿＿＿＿＿＿＿＿＿＿＿＿＿＿＿＿＿＿＿＿＿＿＿＿＿＿＿＿＿＿
　　　＿＿＿＿＿＿＿＿＿＿＿＿＿＿＿＿＿＿＿＿＿＿＿＿＿＿＿＿＿＿＿＿＿＿＿＿＿
　　　＿＿＿＿＿＿＿＿＿＿＿＿＿＿＿＿＿＿＿＿＿＿＿＿＿＿＿＿＿＿＿＿＿＿＿＿＿
　　　＿＿＿＿＿＿＿＿＿＿＿＿＿＿＿＿＿＿＿＿＿＿＿＿＿＿＿＿＿＿＿＿＿＿＿＿＿
　　　＿＿＿＿＿＿＿＿＿＿＿＿＿＿＿＿＿＿＿＿＿＿＿＿＿＿＿＿＿＿＿＿＿＿＿＿＿
（四）需求研判：棟別＿＿＿＿＿樓別＿＿＿＿＿坪數＿＿＿＿＿車位＿＿＿＿＿格局＿＿＿＿＿總價＿＿＿＿
（五）追蹤記錄

日期	追蹤記錄

接洽人員：＿＿＿＿＿＿＿＿＿＿＿

附表8

_____案銷售控制表

平均坪價： 萬

棟別 樓層	A棟		B棟		C棟		D棟		E棟		F棟	
8F	坪數	表價/ 底價/ 成交價/	坪數	表價/ 底價/ 成交價/	坪數	表價/ 底價/ 成交價/	坪數	表價/ 底價/ 成交價/	坪數	表價/ 底價/ 成交價/	坪數	表價/ 底價/ 成交價/
	客戶		客戶		客戶		客戶		客戶		客戶	
7F	坪數	表價/ 底價/ 成交價/	坪數	表價/ 底價/ 成交價/	坪數	表價/ 底價/ 成交價/	坪數	表價/ 底價/ 成交價/	坪數	表價/ 底價/ 成交價/	坪數	表價/ 底價/ 成交價/
	客戶/		客戶/		客戶/		客戶/		客戶/		客戶/	
6F	坪數	表價/ 底價/ 成交價/	坪數	表價/ 底價/ 成交價/	坪數	表價/ 底價/ 成交價/	坪數	表價/ 底價/ 成交價/	坪數	表價/ 底價/ 成交價/	坪數	表價/ 底價/ 成交價/
	客戶/		客戶/		客戶/		客戶/		客戶/		客戶/	
5F	坪數	表價/ 底價/ 成交價/	坪數	表價/ 底價/ 成交價/	坪數	表價/ 底價/ 成交價/	坪數	表價/ 底價/ 成交價/	坪數	表價/ 底價/ 成交價/	坪數	表價/ 底價/ 成交價/
	客戶/		客戶/		客戶/		客戶/		客戶/		客戶/	
4F	坪數	表價/ 底價/ 成交價/	坪數	表價/ 底價/ 成交價/	坪數	表價/ 底價/ 成交價/	坪數	表價/ 底價/ 成交價/	坪數	表價/ 底價/ 成交價/	坪數	表價/ 底價/ 成交價/
	客戶/		客戶/		客戶/		客戶/		客戶/		客戶/	
3F	坪數	表價/ 底價/ 成交價/	坪數	表價/ 底價/ 成交價/	坪數	表價/ 底價/ 成交價/	坪數	表價/ 底價/ 成交價/	坪數	表價/ 底價/ 成交價/	坪數	表價/ 底價/ 成交價/
	客戶		客戶		客戶		客戶		客戶		客戶	
2F	坪數	表價/ 底價/ 成交價/	坪數	表價/ 底價/ 成交價/	坪數	表價/ 底價/ 成交價/	坪數	表價/ 底價/ 成交價/	坪數	表價/ 底價/ 成交價/	坪數	表價/ 底價/ 成交價/
	客戶/		客戶/		客戶/		客戶/		客戶/		客戶/	
1F	坪數	表價/ 底價/ 成交價/	坪數	表價/ 底價/ 成交價/	坪數	表價/ 底價/ 成交價/	坪數	表價/ 底價/ 成交價/	坪數	表價/ 底價/ 成交價/	坪數	表價/ 底價/ 成交價/
	客戶/		客戶/		客戶/		客戶/		客戶/		客戶/	
棟別	A棟		B棟		C棟		D棟		E棟		F棟	

專案負責人：　　　　　　　　　　　　　中華民國　　年　　月　　日

附表9

_____案工作進度表

工作項目	負責單位	月分	1	2	3	4	5	6	7	8	9	10	11	12	13	14	15	16	17	18	19	20	21	22	23	24	25	26	27	28	21	22	23	24	27	28	29	30	31
			三	五	一	二	三	四	五	一	二	三	四	五	一	二	三	四	五	一	二	三	四	五	一	二	三	四	五	一	二	三	四	五	一	二	三	四	五

驗收日期：_____年_____月_____日
製作廠商簽章：
驗收廠商簽章：

393

附表10

廣告預算表

	編號	項　目	規　格	預　算
固定成本	1	接待中心、樣品屋	接待中心、樣品屋（含園藝，柏油）	
	2	透視圖	日夜景，大廳，Lounge Bar，中庭	
	3	模型	1/50	
	4	墨線圖3D圖	1/100平面圖、1/50傢俱配置圖	
	5	合約書	3,000本	
	6	現場圖板，精神堡壘		
	7	旗幟，背心	立旗，羅馬旗	
	8	燈光照明	樹燈，外觀	
	9	電話	10＋1線（總機）	
	10	空調	4個月租金	
	11	音樂播音系統（含臨近系統）	4個月租金	
	12	LOGO牆，室內圖表		
		小　　　　計		
變動成本	1	報紙廣告	詳如附件	
	2	派夾報	合計180萬份＊2元	
	3	戶外據點	25點*3萬*4個月＋製作費	
	4	銷售印刷品	銷平，裝潢別冊（5,000份）*20元	
	5	CABLE	6～7週	
	6	說明書	5,000份*60元	
	7	VCR製作	現場VCR及CABLE VCR	
	8	網路廣告	3個月	
	9	公車	車廂廣告2個月	
	10	廣播	1個月	
	11	交通車	2臺*4個月	
	12	SP活動	（含贈品）	
	13	搖旗手	15人次*2天*4週*3	
	14	業務雜支（含機動準備金）	含零用金、水電費、電話費、罰單、公關費、保金	
	15	企劃雜支	含攝影費25萬	
		小　　　　計		
		合　　　　計		

附表11

貴賓服務卡

日期： 年 月 日

● 基本資料

姓名 _____ 年齡_____ 歲 性別 □男 □女

電話(H) _____ (O) _____ （行動）_____

地址(H) _____ 市（縣） 區 路 段 巷 弄 號 樓

(O) _____ 市（縣） 區 路 段 巷 弄 號 樓

● 行業別　　　□自營商　　□電子科技　　□進出口貿易　　□專業師人員
　　　　　　　□上班族　　□軍公教　　　□大企業主管　　□其他_____

● 您如何知道本案　□派報　　□夾報　　　□路過　　　□舉牌
　（可複選）　　　□介紹　　□網路　　　□戶外看板　□中國時報
　　　　　　　　　□聯合報　□自由時報　□其他_____

● 希望坪數　□35坪以下　　□36～45坪　　□46～55坪
　　　　　　□56～65坪　　□66～75坪　　□76坪以上

● 希望樓層　□1樓　　　　□2～5樓　　　□6～9樓
　　　　　　□10、11樓　□11樓以上

● 購屋預算　□2,000萬以下　□2,001～2,500萬　□2,501～3,000萬
　　　　　　□3,001～4,000萬　□4,001～5,000萬　□5,001萬以上

● 交通工具　□汽車　　　　□機車　　□步行　□公車
　　　　　　□捷運　　　　□其他_____

● 房數需求　□套房　　□2房　　□3房　　□4房　　□4房以上

● 您購屋首要考量　□營建團隊　□生活機能　□捷運
　（可複選三個）　□基地方正　□附近公園　□低公設
　　　　　　　　　□外觀設計　□建材實用　□低建蔽率
　　　　　　　　　□格局規劃　□貼心設計　□綠建築規劃
　　　　　　　　　□通風採光　□飯店式管理　□運動中心
　　　　　　　　　□優良學區　□未來發展　□其他_____

● 用途　　　□自用　　□投資　　　□自用兼投資

● 建議事項_____

接待人員 _____

附表12

客戶來電分析表

日　　期				合計
區域分析	臺北市	士林			
		北投			
		中山			
		大安			
		大同			
		內湖			
		松山			
		北市其他			
	小　　計				
	新北市	三重			
		蘆州			
		新莊			
		板橋			
		永和			
		汐止			
		新北市其他			
	小　　計				
	合　　計				
廣告媒體	NP	中時			
		自由			
		聯合			
	POP				
	派報				
	夾報				
	舉牌手				
	宣傳車				
	路過				
	網路				
	介紹				
	其他				
合　　計					

日　　期				合計
用途	自　用			
	投　資			
	自兼投			
合　　計				
坪數	35坪以下			
	36～45坪			
	46～55坪			
	56～65坪			
	66～75坪			
	76坪以上			
合　　計				
樓層	1樓			
	2～5樓			
	6～9樓			
	10樓以上			
合　　計				
客戶姓名				
住址				
電話				
業務員				

附表13

客戶追蹤資料表

日期	等級	戶別	姓名	電話	媒體	區域	職業	洽談內容

附表14

已購客戶資料表

編號	購買日期	戶別	車位	客戶姓名	電話	住　址	訂金	預補日期	預簽日期	成交金額總價	房屋	車位	居住區域	坪數	職業	工作區域	交通工具	年齡	媒體	用途
1																				
2																				
3																				
4																				
5																				
6																				
7																				
8																				
9																				
10																				
11																				
12																				
13																				
14																				
15																				

房地產有八字：「地段、環境、收益、價格」。

葛林斯潘法則：長期投資，最重要的是敏銳地掌握利率。

川普法則：好地段，比台積電股票還值錢。

巴菲特法則：就是「簡單」，一家公司的營業項目不懂，不碰；與生活機能密切相關的，他買；目前虧錢但號稱有轉機的公司，不買。

第五篇
企劃篇

一個公司，如果員工都不敢開口說話，發出不同聲音，或大膽表達創見，大概離關門不遠了。

～美國廣告大師　李奧・貝納（Leo Burnett）

Project

一、何謂廣告？廣告戰略的重要性

所謂「廣告」（Advertising，簡稱AD）就是「企業利用電視、報紙、雜誌、廣播、網路等付費媒體，針對消費者傳達商品相關訊息、促進購買等一連串活動」。廣告是行銷活動的一環，美國行銷協會（American Marketing Association）則提供較周延的廣告定義：

「所謂廣告是由一位確認的廣告主，在付費的原則下，藉由非人際傳播的方式，對其觀念、商品或服務所做的傳播與推廣。」

（Advertising is any paid form of non-personal presentation and promotion of ideas, goods and services by an identified sponsor.）

廣告的本質是推銷——推銷三種東西：商品、勞務、觀念，這三種東西在行銷學上統稱為商品。廣告的運用目的在於透過大眾媒體，短時間內對大量的消費者進行商業資訊傳遞，以期達成大量行銷的目的。

廣告戰略流程圖

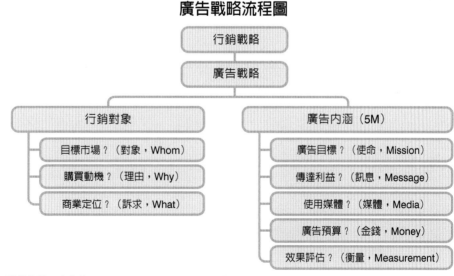

資料來源：沈泰全，2007。

在廣告內涵（5M）中的第一個M（Mission）——廣告目標，是廣告發展的起點，它代表廣告作業的啟動，目標一旦定位錯誤，則緊接著傳達的利益就失真，後面所使用的媒體及預算就無法正對目標客戶，效果則大打折扣，在媒體費用昂貴的今天，沒有一位業者容許企劃部如此浪費資源。

好廣告的特質

1. 具銷售力：使消費者採取購買行動。

2. 具說服力：增加消費者的信賴度。

3. 具原創性：避免抄襲他人作品。

4. 具衝擊性：提高消費者的注意力。

5. 訊息簡單性：避免分散注意力。

6. 相關性：讓消費者與其切身有關。

二、房地產的廣告目標及廣告策略

廣告活動

美國廣告學大師波頓曾對廣告下定義：「廣告是指一系列的活動，透過這一系列的活動來傳播聲響視覺，以告訴或影響大眾，使其在購買某種產品或勞務時，採取有力的態度或行動。」房地產廣告一系列活動如下頁圖所示：

第一階段：產品研究

房地產中，市場調查人員負責從事個案產品價位、環境、設備、地段、銷售率、企劃等資料的蒐集與分析，企劃人員必須藉助於這些資料，作為從事的個案研究參考，以便了解產品，做好企劃工作。

第二階段：銷售環境檢討

包括時機、景氣、銷售場地、競爭對象，同時要指出自己的產品市場定位如何？主要競爭對象是誰？它們的優劣點為何？

第三階段：動腦解決問題

集思廣益找出問題，更必須立刻解決問題。突破不利個案的種種問題，更能發現許多有利於產品行銷的新構想。

廣告活動流程圖

產品研究

銷售環境檢討

尋求問題 動腦解決

擬定廣告目標

廣告策略

廣告方案

廣告表現

媒體選擇

執行

檢討修正

第四階段：廣告目標

把推出的房屋全部能如期銷售，那是廣告的最終目的。從以上尋求問題、解決問題，以達成產品銷售成功的最終目標，所擬定的就是廣告的目標。而明確訂定廣告目標的主要目的，則在於讓廣告從業人員能依據廣告目標，設計出正確有效的廣告方案。擬定廣告目標時，必須具體說明廣告活動所欲達成的目的爲何，例如：提高個案知名度、改變購買者對該產品的原有認知、鼓勵消費者嘗試購買、勸誘消費者由其他個案轉換到本個案上等。

目標是有時間限制的，個案預計多少廣告播期、訂定引導期、強銷期、促銷期，每期都有預期的銷售目標。當然，在擬定目標時，必須衡量商品的「展露度」——指在某一時間內，可使某一目標對象接觸某一廣告信息。

廣告目標可依廣告所要達成的主要目標分成三類：

(1) 提醒性廣告：在市場上銷售多年的產品，仍需要時常推出廣告以提醒消費者，不要忘了它們的存在。

　①提醒自用或投資時機。

②提醒購買地段、產品。

③維持公司高知名度。

④維持公司良好形象。

(2) 告知性廣告：告訴顧客有關產品的資訊，在推出新產品或新服務時，這是一個主要的廣告目標。

①告知新個案推出。

②介紹產品的特色或用途。

③推薦新的建材及結構。

④告知產品價格及可提供的服務。

⑤建立及提升企業形象。

⑥說明產品性能。

⑦告知產品銷售地點。

(3) 說服性廣告：說服顧客偏好或購買某一特定品牌，以證明其產品品質較其他品牌優良。

①鼓勵換屋或投資。

②鼓勵指名購買。

③建立品牌偏好。

④說服立即購買。

⑤改變顧客對產品特性認知。

第五階段：廣告策略

(1)意義

所謂「廣告策略」，望文生義，它包括了廣告政策與方略，是支援產品銷售及廣告活動，以達成廣告目標的基本指導方針。換句話說，藉由廣告策略的擬定，廣告主可以有效的執行廣告活動，進一步達成廣告目標及行銷目標，使廣告主的銷售量增加。廣告策略乃處於廣告目標與廣告方案之銜接地位，為達成廣告目標之必要手段，並為廣告方案之依據。所以，凡與廣告目標不合的策略、相違之策略，都應設法修正、調整。

廣告目標是一種終點，到終點絕非只有走路一途。以何種方法到達終點就是策略，策略是引導方案到達目的地的指針。經營房地產廣告業者，都應有廣告策略的基本認識，接案、簽案，關係的是消化個案能得到應得的利潤，如果個案無法藉助廣告手段達到交易行為，當然就無利可圖了。

(2)廣告策略是整體策略

整體策略其主要意義即指市場、開發、企劃、業務、財務各部門應相互配合研商。計有下列：

①預算策略：在固定的利潤下，以最低廣告消費，達成最高的目標，那是我們從事個案銷售最關心的事。在廣告目標所制定日期內，為達到廣告目標所需花費的全部廣告支出、使用類別、所占比例，都是預算策略。

②傳播策略：以何種方法傳達商品信息，而不失誤的將廣告信息傳達給目標顧客。

③媒體策略：使用何種媒體將有助於訊息的傳達，並能適當地塑造產品印象。

④時間策略：何時做引導期、強銷、促銷，使商品能在目標時間內完成最大之廣告效果。

第六階段：廣告方案

廣告方案乃是更為具體的廣告活動規劃，它可能是一新產品上市的公關說明會，或是配合現場促銷的活動，依廣告主的要求而不同，但均需要用來實現前述之廣告目標。

廣告方案內容包括：(1)廣告主張、廣告創意→(2)將採取何種行動？→(3)完成之期限？→(4)執行參與人員？→(5)經費預算有多少？→(6)控制及評估。

廣告方案是將前面所說的廣告策略換成行動方案，指出何時開始、完成、責任劃分、經費預算、控制及評估。例如：(1)廣告活動過程；(2)促銷活動安排；(3)人員銷售建議；(4)公共關係、贈品印製。

凡屬於在特定時間或區域，為達廣告目標所配合廣告策略的行為，都稱為廣告方案。

第七階段：廣告表現

廣告表現指創意的手法以及有關廣告製作上的專業技術，就是把什麼（東西）向誰傳達，而在什麼時候（時間），在什麼地方推銷（地點），都必須明確把握，在這整個過程中，都稱為廣告表現。廣告表現是一種目標的達成，而在作業當中，相互之間的協調，互相密切的配合，都該做嚴謹的檢討與準備，否則不但浪費預算，甚至導致整個個案銷售未竟成功。

第八階段：媒體選擇

當我們確立了廣告目標、策略、方案、表現後，進而必須藉助媒體散播廣告訊息，安排媒體、了解媒體特性，然後決定利用何種媒體。安排媒體是貫穿全案進行，依照廣告策略及方案做適當的配合。了解媒體特性，必須知道媒體所接觸的層面及閱讀對象。

無論所選擇的是哪些媒體刊播體或時段，廣告人員都必須提出具體有力的證明來說服業主採納，例如：電視節目收視率調查資料、平面媒體發行量多寡、或是各媒體廣告成本效益之整理等資訊，都可以用來支持廣告人員所設計的媒體策略。

第九階段：執行

這就是整個廣告活動的開始，執行廣告業務必須時時探討銷售業務狀況，如有需要，則必須立刻修正或調整廣告路線。

第十階段：檢討

對這次廣告情形，在策略上或執行上有何偏失，提出檢討，作為下一次之參考。

三、廣告表現

廣告策略制定完成後，接下來企劃人員有兩個重要工作必須展開：廣告表現（Creative Plan）與媒體組合（Media Mix）。

廣告策略與廣告表現間最大的差別，在於廣告策略是告訴我們「該做什麼」，而廣告表現則告訴我們「該如何做」。

廣告媒體形形色色，分類方式也有很多。通常對大多數人所使用的傳播媒體，稱為大眾傳播媒體（Mass Communication Media），如常見的四大媒體：報紙、雜誌、廣播、電視。其中，前兩者又稱為平面媒體（Print Media），後兩者又稱為電子媒體（Electric Media）。

然而與大眾媒體相對的，稱為小眾傳播媒體（Mini Communication Media）。小眾傳播媒體通常利用特殊的傳播媒體，傳播訊息給特定的目標顧客，如直接廣告（Direct Ad）：DM直接信函、直接寄發樣品；店頭廣告（Pop Ad）：店內外海報、旗幟、懸掛物等；特定位置廣告（Position Ad）：戶外廣告、電影廣告、交通工具廣告，以及當地有線電視臺、廣播電臺等地方性媒體均屬之。

新媒體（New Media）是網路新興傳播形式，相對於傳統四大媒體（報紙、雜誌、廣播、電視），新媒體在形式內容速度及類型已產生根本質變，使用新媒體的閱聽者不只可以瀏覽資訊，還能在網路上集結社群、發表並交流彼此想法，包括目前炙手可熱的Instagram、Facebook、Twitter、App Store、行動影音、網路電視（IPTV）等都是新媒體的一種。

在房地產行為中，供需之間是主要必備條件——即「生產」與「消費」。而「生產」是「原始的」、「基本的」，其最終目的仍是「消費」，亦即滿足消費

者的慾望及意願。

　　而廣告則是負責傳遞（Communicate）生產者與消費者關係或商業訊息（Massage）的媒介（Media），這就是「媒體」。在房地產上，不論代銷或建設公司，皆須運用各種立體、平面或影視電子等媒體，以便傳達自己的產品訊息給消費者，以引起其採取購買行為。

一、主要廣告媒體的特性

　　媒體的種類可分為靜態媒體（平面媒體）及動態媒體（電子媒體）。近來，數位時代發展的「數位媒體」，已從單向的溝通方式演進到雙向互動溝通模式。

（一）平面（Advertisement）媒體（靜態媒體）

　　印刷媒體：包括海報、直接信函（DM）、說明書、雜誌。
　　新聞媒體（NP）：地方報、晚報、財經報紙。
　　雜誌媒體：一般雜誌、專業雜誌。

（二）電子（Commerical）媒體（動態媒體）

　　電影、電視：綜合影片部（Video）及聲部（Audio）兩種。
　　動態媒體集影聲於一身：幻燈片（Slide）、動態CF。
　　電臺廣播（RD）：僅有聲部（Audio）聽覺訴求。

（三）數位（Digit）媒體

　　網際網路（IT）、多媒體顯示器MMD（Multi-media Display）、LED看板、行動媒體Mobile：行動行銷包含手機簡訊、語音廣告、VR多媒體互動、手機APP（應用程式）、AI（人工智慧）、AR（擴增實境）、VR（虛擬實境）等。讓顧客直接與產品有所連結，不再只能單向曝光訊息，而是建立雙向互動的橋梁。

（四）戶外媒體（Out of Home, OOH）

　　POP、圍牆、指示牌、旗幟、氣球、霓虹塔、車廂廣告、宣傳車及口頭傳播、贈品、戶外廣告（OA）。

主要廣告媒體種類

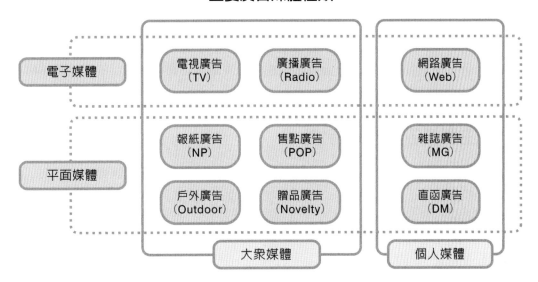

二、報紙媒體（Newspaper Media）

中華民國目前擁有下列報紙：

1. 綜合性日報：(1)《中國時報》；(2)《聯合報》；(3)《自由時報》。
2. 財經或其他專業報：(1)《工商時報》；(2)《經濟日報》。
3. 地方報：(1)《臺灣時報》；(2)《更生日報》；(3)《民眾日報》；(4)《中華日報》。
4. 英文報：(1)*China Post*；(2)*Taipei Times*；(3)*Taiwan News*。

選擇報紙廣告注意事項

報紙廣告媒體為一種富有伸縮性的宣傳工具，廣告效果也易於控制。但因時效性太短，僅為一天，以致被人不經心地瀏覽後，立即被棄置。加上網路資訊的發達，報紙廣告的重要性有下降趨勢；所以在廣告預算的編列上比例也下調，約為總廣告預算的8～10%。

年輕人喜歡使用手機不看報紙的趨勢增加中，閱報率衰退，而閱報者多為中老年人，故廣告不易拓展，也不易賺錢。但報紙仍有其價值及分眾族群，並不會完全消失不見。

報紙廣告各種版面及位置介紹

三全批　3批 135行

十全批　10批 135行

外報頭

報頭下

三全批

二段 $\frac{1}{2}$（半二批）

三段 $\frac{1}{2}$（半三批）

五段 $\frac{1}{2}$（半五批）

半十段
（10批67.5行）

半六批

一全批

三全批

四全批

五全批

三、雜誌媒體（Magazine Media）

我國目前雜誌發行量，據統計約有一百九十種之多。就「刊」言，有週刊、旬刊、半月刊、雙月刊、季刊等，其中有關房地產專業性雜誌有：《建築徵信》半月刊、《臺灣建築》月刊、《現代建築》月刊、《財訊》月刊、《建築師》月刊、《雅砌ARCH》月刊、《居家DECO》月刊、《宅誌》月刊、《室內設計》月刊及《漂亮家居》月刊等。

雜誌本身不注重新聞，而注重文章及特寫、專欄報導，為長效性媒體，可針對目標客層選擇不同性質的雜誌，如白領階層的《天下》、《商周》雜誌等。加以雜誌多半以彩色、套色版精印而成，在設計廣告稿時較易發揮，且色彩精美，廣告效果容易表現。因購買雜誌客戶有特定族群及對象，適合針對產品而選擇特定族群目標市場。其缺點為廣告即時性差、發行量不大、廣度受到限制、訊息變更彈性小，仍屬輔助性媒體。

雜誌版面規格舉例

規格（Spec.）		公釐（mm）	英寸（Inch）
菊版	8開	297×210	113/4×81/4
	16開	210×148	81/4×57/8
	32開	148×106	57/8×41/8
	64開	105×74	41/8×27/8
46版	8開	364×257	141/4×101/8
	16開	257×182	101/8×71/8
	32開	182×128	71/8×5
	64開	128×91	5×31/2

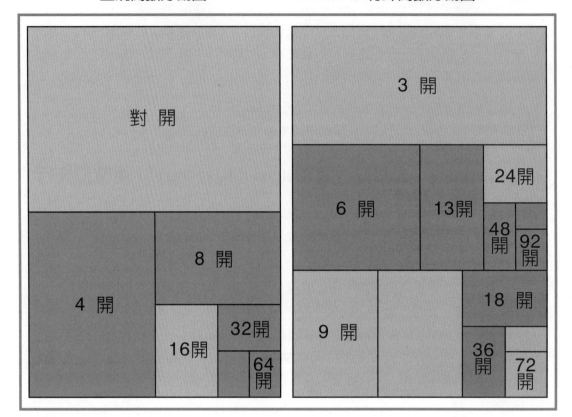

正規開數分割圖

特殊開數分割圖

四、電視媒體（TV Media）

電視廣告特性

　　由於電視之發展，電視廣告可向觀眾之視覺與聽覺同時進行宣傳，因此，電視乃成為有史以來最具威力的傳播媒體。以目前而言，我國所有電視臺頻道共250臺之多，是最競爭的媒體，也是國人最愛看的娛樂項目之一。據統計資料顯示，臺灣目前每家即擁有一臺電視機，其數量之大、播放面之廣，可達到點、線、面的徹底深入。

　　以目前而言，銷售金額達50億或50億以上的房地產個案，也逐漸使用電視廣告。不論是靜態畫面的Slide或是動態畫面的CF，都漸漸受到房地產銷售個案的重視。

五、電臺媒體（Radio Media）

如果您想知道國內外要聞，可聽收音機，不但能在不固定的時間內，收聽到您想得到的廣播，而且在電臺的節目之中，也有許多具娛樂性、情報性及快速報導特性之節目。

・廣播媒體近幾年來並無成長，屬於搭配性輔助媒體。
・收聽群仍以開出上班族，及國高中學生夜間聽廣播為主。

六、新媒體——數位行銷（Digital Marketing），用數位先行掠奪大商機

所謂的數位行銷，是指行銷應充分運用各種數位資料，搭配出含網路行銷及電子郵件行銷在內的行銷組合。

數位化改變了傳統媒體的使用情境，傳統廣告大多出現在電視廣告、平面、戶外、廣播、實體活動、店頭貨架等，現在群眾目光大量轉移到FB、Google、YouTube、LINE、IG等社群媒介或網路媒體，根據統計，青少年一天可以花費在數位媒體大約9小時的時間，並且大量的接觸影音內容，而企業花費在社群廣告費用也逐漸超過傳統廣告。行動廣告、社群媒體已經在現代生活中，扮演極重要的角色。

所謂的「社群媒體」，指的是以個人身分傳播的媒體統稱，主要以社群網站占大宗。而「社群媒體行銷」就是運用社群媒體操作的行銷手法。社群媒體的重要性會如此舉足輕重是因為它們在年輕族群之間的使用率極高。

傳統行銷+數位行銷=完整的整合行銷傳播

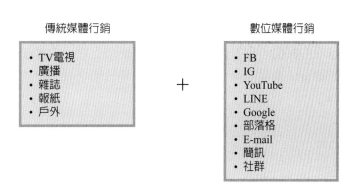

數位行銷跟傳統行銷，正處於轉換的時機，在經歷黃金交叉之後，隨著線上

跟線下界線逐漸消弭、消費者行為也愈來愈複雜，因此，行銷人必須從「數位先決」來思考，並以數位媒體為主體發動行銷策略，傳統媒體則轉做輔助的角色。

所謂新媒體（New Media）可以視為一種結合了電腦與網路新科技，讓使用者能有完善分享、娛樂、互動與取得資訊的平臺，具有資訊分享的互動性與即時性。未來網路更無所不在，手機、電視、甚至電子紙都有可能出現網路廣告，屆時360度的傳播效果更容易達成。

將行銷過程透過網際網路來達成，就可以稱為網際網路行銷（Internet Marketing）簡稱網路行銷、或稱為數位行銷（Digital Marketing），網路時代的消費者是流動的，行銷必須創造溝通，並傳達價值給顧客的手段，更是促使企業獲利的過程。

網路行銷對傳統行銷最大的影響，可以分成兩部分來說，一是網路行銷使得傳統行銷更有效率，二是網路行銷所使用的科技，使得行銷策略有更多的變化，網路行銷使得企業可以相當低的成本，透過資訊科技的輔助，建立行銷通路進行推廣、廣告促銷並與顧客進行互動式的服務（Interactive Service），所以網路不但是一種通路，也是一種精確、雙向溝通的推廣媒體，且24小時不打烊，企業可以根據消費者的需求，為客戶量身定做消費者所需要的服務與產品。永慶房屋及信義房屋就借用語音網路的影視效果建立線上環境賞屋，將成屋的環境、價位、建材等輸入電腦，讓客戶不必到現場也能一目了然。目前臺北一些高價預售屋也採網路行銷廣告，透過網路介紹讓客戶有初步的認識，引起他的興趣，再進一步聯絡現場銷售人員來介紹。對於行銷策略來說，數位廣告與傳統廣告都相當重要，主要還是由品牌的目標客群以及行銷預算為策略考量，假設品牌希望打中主要透過傳統媒體接受資訊的用戶，那這時候就是選擇投放傳統廣告，但若是品牌目標客群為較為年輕的社群媒體愛用戶，那這時候就是選擇投放數位廣告。

2011～2021年臺灣數位廣告總量變化

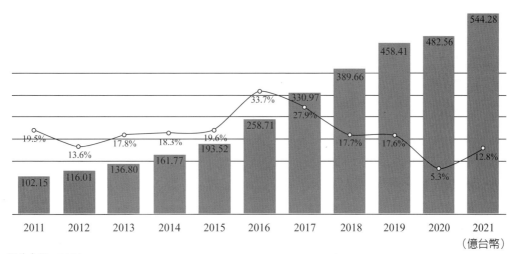

圖片來源：DMA。

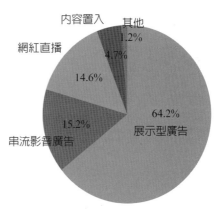

（一）房地產的數位媒體運用

在眾多數位媒體廣告的選擇中，房地產數位媒體常使用四種媒體做組合，包括聯播網、Facebook、yahoo原生廣告及關鍵字。媒體特性如下：

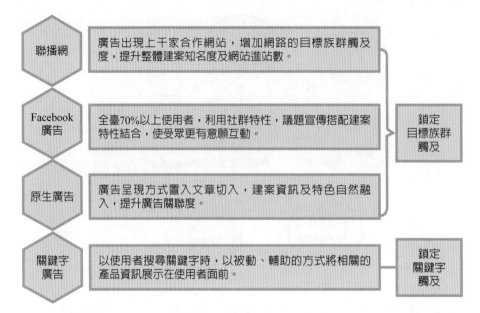

資料來源：動腦雜誌。

　　聯播網、Facebook、yahoo、原生廣告鎖定目標族群，用不同形式全網觸及，最後以關鍵字搜尋觸及高度需求者。

（二）網路媒體

1. 新聞網站：ETtoday東森新聞報、udn.com聯合新聞報、中時電子報、自由電子報。

2. 入口及搜尋網站：Google臺灣、Yahoo奇摩、百度、MSN Taiwan、PChome。

3. 社群網站：Facebook、Plurk噗浪、BBS、Twitter推特、痞客邦、PTT。

4. 專業網站：巴哈姆特（遊戲）、Mobile01（手機）。

5. 購物網站：博客來、富邦momo網、Yahoo奇摩商城、PChome商店街。

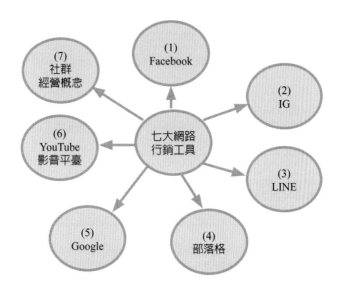

（三）網路廣告基本上可有效達到四個廣告行銷的目標

1. 建立品牌（Awareness Building）：許多廣告主開始考慮品牌行銷的工作，網路廣告能在建立品牌上有十分好的效果。

2. 蒐集名單（Lead Collection）：在網路上舉行填問卷抽大獎等活動，相較於傳統寄回函的方式，節省不少人力，因此透過網路較能成功蒐集到顧客的個人資料。

3. 執行銷售（Sales Promotion）：在網路上可透過簡單的安全機制，便可線上付款購買，或者線上完成銷售的動作，採線下付款制度。網路廣告可以展現互動性的特色，吸引顧客在網上進行購買的動作，有利於廠商的銷售。

4. 產品網路通路販售（E-Commerce）：網路廣告一方面運用超連結的特性，吸引顧客到廣告主的網路廣告主頁去觀賞，另一方面則可吸引顧客參觀選購。

數位行銷的核心目的

建立品牌／產品知名度	教育消費者
強化偏好／使用度	社群經營
促銷	增加FB粉絲數
會員人數／留名單	增加手機APP下載數
新品曝光	微電影觀看次數

（四）網路行銷的工具──數位廣告

1. 展示型廣告（Display Ads）：包含一般橫幅廣告（Banner）、文字型廣告（Text-Link）、多媒體廣告（Rich Media）、原生廣告（Native Ads）、贊助貼文等。

2. 影音廣告（Video Ads）：泛指所有以影音形式呈現的廣告。

3. 關鍵字廣告（Pay Per Click, PPC）：包含付費搜尋行銷廣告（Paid Search）及內容對比廣告（Content Match）等。

4. 部落格行銷（Blog Ads）

5. 口碑（Word of Mouth）內容行銷（Content Marketing）：包含部落格行銷、廣編特輯、公共議題、贊助式廣告、貼圖等。

6. 社群廣告（Social Media）：社群媒體是使用者用來分享資訊／創作、交流意見、觀點及經驗的虛擬社區和網絡平臺。主要社群媒體為：Facebook、Instagram、LINE@等。

7. YouTube TrueView（影音串流內嵌廣告）是供使用者投稿上傳影片的社群媒體。

8. 網路活動規劃（例如：網路徵文贈獎活動、網路好康下載）

9. 行動廣告：透過非固定網路，例如手機、電腦或PDA行動裝置，將廣告訊息傳達給使用者，以便達到宣傳效果。

10. 其他網路行銷方式──包含郵件廣告eDM、文字簡訊（SMS）、多媒體訊息（MMS）。

利用數位行銷，每一波廣告活動可以得到多少營收挹注，在通路那一端就可以直接做檢視，上述從曝光到成交這一切，通通有數據可以檢視，隨著數位工具的進化，數據化應用成了未來重要的趨勢。有了大數據，行銷人就可以做更快速、更精準的市場判斷，不像以前只能用感覺和經驗去評估預期效益。傳統的「行銷模式」將徹底解構，取而代之的是精準的網路整合行銷。網路web2.0的時代趨勢抹平了世界，傳統的封閉式的房產資訊「市場架構」將瞬間瓦解，取而代之的是無形的網路社群、無限的資訊分享。

Facebook廣告

Facebook一頁式廣告：只有一個頁面，目標是單一、專注的，整個頁面沒有其他產品比較，粉絲購物不須複雜流程，直接用手往下滑，就可看完個案資料，並按下預約，即可收到建案的預約聯絡，適合個案在潛銷時的運作！

原生廣告（Native Ads）：在同一個網站，或平臺上面將廣告偽裝成網站的原本內容，讓使用者看不出來是廣告。當廣告像廣編稿一樣，不著痕跡的出現在內容裡，而不是放在廣告版位中，統稱為「原生廣告」又稱為「業配廣告」。

未完工先抱獎　1字頭宅○○○獲倫敦設計殊榮

更新時間：2019/12/22 10:00

高雄過去多屬公共建築獲國際設計大獎，較少有集合式住宅得獎紀錄，然而近期南台最大代銷上揚國際建築團隊旗下建商品牌「清景麟地產」，於楠梓捷運都會公園站旁大樓案「白易居THE ARCH」，建案仍在施工但已獲得Deiven x Design award 國際城市設計大賞頒發倫敦、香港與巴黎設計3大獎殊榮，其公設空間與日本東京白石畫廊合作，未來將規劃1字頭房價首購宅。

　　廣編稿：網路上有些看似報導的廣告。這些由廣告主與媒體合作以報導形式刊登出來的廣告稱為廣編稿。廣編稿的製作費用相當昂貴，有時可能會需要另行投放橫幅廣告，才能吸引更多使用者的注意。

社群媒體是關鍵，為下次開案埋伏筆

購屋者上網查詢銷售房屋之行為模式

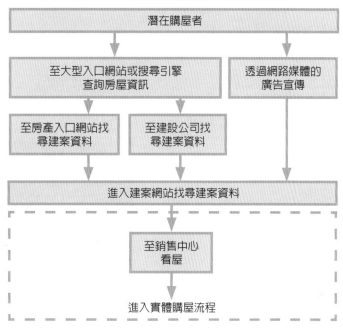

資料來源：曾定祁。

主要網站或品牌

資料來源：2018臺灣網路報告——TWNIC財團法人臺灣網路資訊中心。

業界常用的網路行銷工具

網路平臺

	3D環景照片及建案短片 工 程 篇：施工或工法照片，強調品質管理及安全性的重視 規 劃 篇：實品屋及完工照片，搭配建材說明 環 境 篇：環境故事，介紹好吃的美食或娛樂活動報導 資訊分享：地產及財經相關新聞
LINE	APP專頁推廣，提供建案最新資訊、促銷活動發送、網站連結圖文
591 優築網 房地王	不動產網路平臺瀏覽群龐大，除提供網站建案資訊外，利用橫幅式廣告增加曝光率
	關鍵字購買，透過數據分析對潛在客群做精準的廣告投放
	舊客戶名單簡訊發送 透過特篩系統，針對競品客戶群發送邀請簡訊

　　網路的盛行，大幅改變了消費者的購物行為，有別於過去直接購買的線性消費，現在的消費者習慣在購物前先上網蒐集相關資訊。以房地產業來說，過去的購屋者通常是看到廣告宣傳、引起興趣後，便前往看屋，並且經過多次比較、商談等評估過程後，最後決定購買。

　　現在購屋者可先在網路上蒐集相關資訊，包括尋找購屋標的、徵詢口碑意見、比較建案環境等，甚至可以在網路上提問或是線上預約看屋，再選擇最滿意的物件實體看屋，最後做出購屋決定。網路替忙碌的現代人縮減了看屋的繁複流程與大量時間。

　　例如：永慶房屋透過「影音宅速配」讓有意購屋的顧客先行上網蒐集資訊，並透過關鍵字廣告誘導顧客上網，藉此有效集結顧客，提高帶看成交率，目前預售工地潛銷階段也是採用聯播網方式蒐集顧客資訊。

（五）POP（Point of Purchase Advertising）購物點廣告

　　能加強購物點展售（POP display）的效果，POP廣告在普通商品方面，從店面招牌、霓虹、布條懸掛物（Hanger）、旗幟、海報、看板、店內天櫥窗設計、貼式或掛式、展示、活動或靜止，所有能吸引顧客進門、促進顧客購買意願的文

字、音響、色彩、燈光、空調（冷暖氣）、味道（麵包剛出爐的香味）等，都是POP廣告的一種「表現」。

　　POP是指購買時之地點所為吸引顧客掏腰包所做的各種廣告行為，通常稱為「POP」或「購物點廣告」。

（六）POP廣告特性

　　如果您到大統名家百貨公司，我們試著想像：櫥窗內空無一物、掛式招牌或指示牌不見了。您想買個玩具，或許會跑到成衣部逛了老半天還無法如願。今天的POP廣告發展，已不僅是指示或標示作用而已，更具有「挑逗」、「煽動」購買意願的效力。

1. POP廣告特徵

　(1)吸引消費者注意商品。
　(2)誘導衝動購買。
　(3)幫助商品資訊說明。
　(4)補充大眾傳播媒體之不足。
　(5)製造店面氣氛，同時具裝飾作用。

2. 房屋銷售行為採用較多的POP

　　房屋乃以短兵相接的銷售行為之高額商品，普通商品缺乏預算，往往削減預算大多為戶外廣告，但房屋買賣卻著重戶外廣告。現場整理布置不全，區域性顧客難以把握；指示標誌未能得宜，依賴指示牌標誌的顧客往往因此找不到工地。

（七）房屋侍者──接待中心

　　房地產是屬於流通路線（Distribution Channel）愈短愈適合的商品，不是一件成衣、一樣小文具、體積小且廉價的商品，需要層層轉手。而縮短流通路線的最佳方法，就是製造者與消費者之間完成「面對面」（Face to Face）的銷售行為。所以，在每一工地公開推出時，接待中心是一個房屋成交的必然所在處。

◎選擇接待中心必須注意的事項

1. 接待中心必須在工地附近，最好是能使客戶與銷售人員在不必離開接待中心下，即能看到工地或房子為原則。

2. 如果工地的位置在人群尚不能聚集或近路尚未開通之前，則必須考慮另擇一處，於較多人潮能注意到的地方搭建接待中心。

3. 視情況需要做多處接待中心，則適用在郊區個案，可考慮在市區內設置一處小接待所，待週六、週日以專車接送至工地。

4. 接待中心選擇位置必須了解現場布置，看板、三角旗及造景、SP活動空地都須預先考慮，然後再考慮租借場地。

5. 接待中心大小，視個案預算與個案產品特性來決定。往往過大的接待中心，二、三名客戶加上業務人員會感覺空蕩蕩的。最適合的坪數在六十至九十坪之間，擺上模型、茶几、銷售桌椅、設置簽約室、掛上現場POP廣告、銷售控制表等。

（八）樣品屋

　　早在民國61年初，臺北眾利建設推出鳳凰大廈時，就在房屋銷售期間開始使用樣品屋。到今天，一棟樣品屋動輒百萬、千萬元，而樣品屋外觀格局多者達二、三棟。

　　樣品屋是一種使顧客對於其將購買之房子未來形象的一種概略認識，也就因為有了樣品屋，更增加他的購買信心；相對的，成交可能性就愈高。

（九）現場POP

1. 定點看板、圍牆

　　定點看板是把案名、地點、電話、產品屬性或文字等個案重點清楚標示，以竹架架高。設置時應以壁面定點為主，以減少帆布的損壞與意外事故的發生。定點看板適用於醒目無遮攔的路沖與三角窗等地，看板懸掛位置必須以顯眼為主，並以能增加現場銷售氣氛為前提。

定點看板

工地圍牆

 /31.2×H7.7R ①

 W35.6×H7.7 ②

2. 現場布置

　　銷售場所及工地接待處均為最後接觸顧客的地方，必須妥善布置，以提高顧客購買信心。布置的重點在於有氣氛、舒適悅目，並能表現公司的氣派為主。

3. 現場廣告招牌（接待中心展板）

　　現場廣告招牌通常豎立於工地及銷售場所，大多數以建築物之透視圖為招牌內容，以展示建築物之外觀造型。另外，最好再增加一塊建築物附近發展圖，以標示地區未來之遠景，可提高顧客之信心與購買慾。

4. 建築物模型、工學館、電子表板

　　一般房屋銷售大多數在未建造前推出，故最好製作一座建築物模型，並搭配工學館，展示各種高級建材及施工說明於銷售場所，除可讓顧客更進一步了解未來實物及建材配備，同時亦足以增加顧客購買興趣，電子表板是適合銷售人員在參觀工學館或實品屋後，再利用電子螢幕與客戶詳細介紹環境與產品的工具。

工學館

中庭實景圖

施工表板

中庭實景圖

環境示意圖

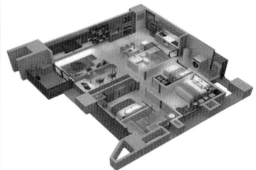
分戶室內模型

3D塑膠模型

鳥瞰圖

透視圖

5. 指示牌（告示牌）與旗幟

在工地四周或銷售場所廣豎鮮豔醒目之旗幟，迎風飄揚，除能增加氣氛，亦能達到廣告宣傳與做個案訊息告知的目的。現今房地產界使用的旗幟，包括：三角旗幟、公司旗幟、案名旗幟或其他配合個案的旗幟等。

通常房屋銷售為使顧客能易於前往接待中心，在接待中心方圓一千公尺，以3'×3'、3'×12'、2'×10'各種尺寸之木造、布製、帆布製的各種指示牌，指引顧客前往接待中心洽購，這就是一般路上常見的指示牌。

帆布、布旗及尺寸的大小，均視現場需要而訂製，也有以掛在霓虹燈、電線桿或其他路上公共設施物體上者。指示牌中的說明，並無法令人立即了解，在設計上應盡可能簡單、醒目，內容可包括：案名、工地電話、公司等文字，並配以醒目色彩。

路旗　　　　　　指示牌　　　　　　告示牌6'×6'

路邊看板　　　　　　A字版　　　　　　工地旗幟

6. 說明圖表與室內POP

6. 說明圖表與室內POP

　　說明圖表是屬於一種室內POP的設計，設計的型式不拘，只要做到：(1)簡單美觀，避免多占空間；(2)兼顧裝飾及實用之功能；(3)色彩鮮明，外觀新穎，具吸引人之魅力；(4)能幫助銷售商品為前提等。

　　通常用於房地產銷售行為的說明圖表計有：(1)接待中心張貼之促銷標語；(2)銷售狀況表、透視圖、鳥瞰圖、剖面圖、平面圖、各案價格比較表、都市計畫圖。

透視圖

促銷標語

當層平面圖

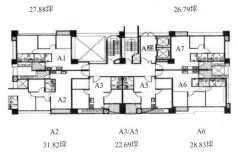

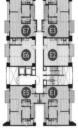

總配置圖

配置圖

一層平面配置圖

七、交通廣告

交通廣告是以國有鐵路、公民營客運公車、機場、捷運、計程車、自行車（YouBike）等交通工具為媒體，可分為標示在車廂內的廣告、車體外廣告、交通用地候車處及捷運系統的廣告。

捷運站車廂廣告

（一）房地產使用汽車廣告

假設我們現在正在籌劃一個個案，經過討論，本案訴求對象是全臺北市或全高雄市，即客戶來源是來自各地區，那麼在選擇一種較為經濟又能廣為宣傳的媒體，該屬汽車廣告。可以用一張全三批的報紙費用來做十五至二十輛的公共汽車廣告。這些潛在的購買客戶，房屋銷售業務也不能放過。

（二）汽車廣告規格

1. 公共汽車站（亭）壓克力廣告

候車亭燈箱廣告

2. 汽車車廂外側廣告

　　車廂廣告以表現「平面」與「標題」爲主，以房地產廣告中宣傳海報使用於車廂廣告時，可將引導廣告內容作爲車廂廣告張貼內容。

公車廣告

八、氣球廣告

　　常見有商品之廣告利用大型氣球（內充塡氦氣）升浮於藍天之中，極爲醒目別緻，此種氣球廣告亦爲近年來廣告活動的途徑之一。

特點：

1. 浮升於半空中，醒目特殊，很遠處亦能看見。

2. 費用低廉，控制簡單，而甚引人注目，廣告收視率很高。

氣球廣告

九、廣告信函（DM）、夾報、手發傳單Flyer、LINE@生活圈、FB粉絲專頁

（一）意義

一般所講的廣告函件（Direct Mail），正式名稱爲「Direct Mail Advertising」，是指透過郵局寄發的直接宣傳物，如目錄或傳單之類的印刷品，以推銷爲目的，用郵寄方式寄給特定對象，就叫做函件廣告。

這種宣傳方法由於對象目標可以確定，宣傳範圍因而縮小，故能編列充裕經費，印製優良印刷物，而得到高效果的宣傳。建築業界使用本法而有斬獲者，頗不乏先例，此種廉價而直接的宣傳方法，值得業界加以利用。

（二）特性

在產品特性鮮明或產品定位完成後，企劃人員於擬定訴求對象時，爲了更能達到傳播效果，以特定區域及訴求對象作爲房屋銷售的主要媒體時，通常都選擇DM。其特性如下：

1. 選擇特定對象，不至於漫無目標地亂投，避免浪費不必要的開支，以小額的預算，即可能達到部分的廣告效果。

2. 收件人能有受寵若驚的優越感，因而對商品有更深一層的了解與好感。

3. DM本身不受版面、規格的限制，可自由設計製作，所以DM可令設計人員自由設計。唯一的要求僅是突出、吸引力與親切感。

4. 對象業已特定化，不但能使固定的預期顧客做反覆訴求，同時也能加深顧客對產品有更深一層的認識。

（三）種類

函件廣告有十三種之多，下述九種較適合建築業界利用者，簡述如下。

1. 信函（Sale Letter）

採用精美印刷之信函（裝在特別設計的信封裡），用於聯絡老客戶感情或試探新客戶及推介商品或舉辦某種活動邀請參加等，具有各種函件廣告最基本的宣傳效果。

2. 冊子（Booklet）

使用數頁的篇幅，將欲銷售的房屋或公司準備推出之計畫詳細彙編，以求進一步向收件者訴求。故除構圖外，還須具備高度的編輯技術，其目的也是希望對方能保存。在內容方面，如多編列有價值的各種參考資料，則宣傳效果必定更佳。

3. 說明書、目錄（Catalog）

房屋銷售說明書是銷售房屋不可或缺的宣傳品，舉凡房屋外型、內部結構、使用材料、工地、外來展望等，都要詳實齊全美觀，並且要能消化於每一設計圖案中，使收件人一目了然，引起好奇心，必能妥為保存。目錄在宣傳品中是最值錢的東西，故寄送對象比較嚴格，編輯時宜仔細分類，設計並裝訂成活頁，務使成為一份有價值的資料，以收宣傳的最大效果。

4. 傳單（Hand Bill）

傳單屬於利用價值最高、最經濟、散發範圍最廣泛的大眾宣傳物，也可以摺疊為說明書使用。

5. 電子報（Electronic Newspaper）

傳統報紙的圖片數據化，亦即將新聞印刷媒體透過電腦網路（World Wide Web）來傳送，興起的原因：消費市場重質不重量、雙向溝通、傳播範圍廣大、印刷成本日增，消費者閱讀習慣的改變，電子媒介競爭壓力、多媒體技術在網路發展已漸趨成熟。

(1)優點：時空無障礙、兼具多媒體功能、及時新聞更新、互動性、容量大、廣告資訊專業化。

(2)缺點：需有基本電腦使用技巧、攜帶不便、某些消費者尚無使用習慣。

6. LINE@生活圈、LINE@貼圖小舖、FB推播廣告、FB粉絲專頁、FB再行銷廣告、Google聯播網競唱、競品撈檔簡訊LDA、新聞&部落客、網路語音

利用LINE@成立族群，透過「群發訊息」、「1：1聊天」、「行動官網」、「數據資料庫」等功能，可將行銷觸角更深入群眾，並在線上定期公告即時訊息，讓先看屋的客戶獲得第一手的消息，不僅時效快且成本低，目前已為代銷業廣泛運用。如海悅廣告、華友聯建築等，FB廣告宣傳透過網友打卡及FB插播廣告，讓網友不斷看到工地個案之廣告，同樣在Google、591、地產王等網頁不斷的出現廣告，也可增加個案的能見度。

Google banner網頁

591、樂居網路媒體

建案首頁　建案詳情　建案相冊　周邊配套　動態資訊

NeXT21

⊙3015（🗨1023｜📋1992）

預售屋　住宅大樓　住商用　景觀宅　近公園

價格待定

付款方式　房貸試算器　聲價通知

總價: 待定　單位: 待定

格局規劃　二房(23~28坪)、三房(35~39坪)、四房(47坪)

投資建設　華友聯開發股份有限公司

基地地址　高雄市左營區啟文路vs勵志中街　查看地圖

接待會館　高雄市三民區九如三路2號　查看地圖

預期完工　2024年第四季度

公開銷售　銷售中

更多建案信息 »

♡收藏　分享貼文　分享親友

LINE推播	APP行銷

591房屋APP	APP互動大看板

FB粉絲頁宣傳	LINE@行銷

LINE 貼圖	FB貼文

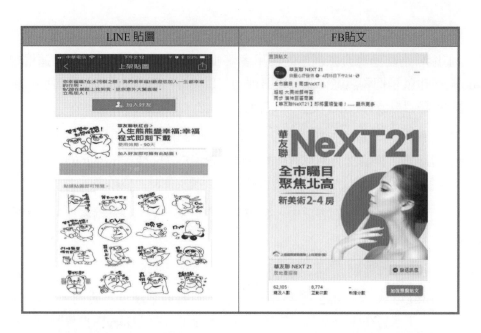

IG貼文	IG貼文

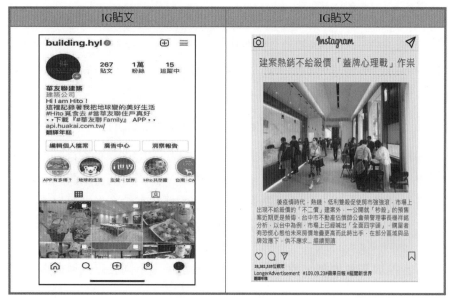

業界常使用的網站

7. 再行銷（Retargeting Advertising，又稱為「重定向廣告」）

追蹤曾造訪過廣告主網站的使用者，並持續發送廣告的作法。它運用的是Cookie，也就是把資訊儲存在瀏覽器裡的一項技術。而像這種從消費者的行為履歷當中篩選目標族群投放合適廣告的作法，稱之。

根據統計，多數人在接觸產品七次後會實際購買，而再行銷的作法，就是根據瀏覽記錄，推論對商品有興趣的客群，透過Facebook、Instagram、Google、yahoo等平臺，做精準投放，期待透過廣告持續觸及這群目標顧客。

再行銷，是從已知的客戶中，根據客戶的需求，精準投遞給客戶，通常效率比較高。

8. Google搜尋聯播網

「Google AdWords」是日本規模最大的關鍵字廣告服務商，「Google AdWords」不只可在Google 搜尋上播送廣告，還可透過「Google 搜尋聯播網」將廣告發布到各式搜尋引擎或入口網站上。

(1)搜尋聯播網廣告（Search Network）

針對搜尋結果將投放的廣告顯示在搜尋引擎的第一頁的前面幾筆結果，讓使用者能馬上就找到他們想要的資訊。

(2)Google多媒體聯播網（Google Display Network, GDN）

是日本最大的內容關連廣告投放聯播網，據說是由200萬個與Google合作的網站所組成。這種聯播網，都是將眾多網站串聯成一個網路廣告媒體。而在這種媒體上刊播的廣告，就稱做「聯播網廣告」。它的優勢在於廣告主可以不必逐一挑選網站後再委託投放，就能在短期間內刊播大量的廣告。

資料來源：《圖解行銷基本力》。

將廣告投放在各大網站或應用程式上，接觸使用不同裝置的目標客群（如：YouTube、 Facebook、Instagram、yahoo、591、痞客邦等），這是一種針對已經瀏覽過網站、點擊過廣告或做過任何互動行為的客戶，再次接觸或投放廣告的行銷手段。

例如：你剛剛才在Agoda看過一間房間，但仍在猶豫沒有下訂，接著在瀏覽其他網站或社群平臺時，又看到剛剛瀏覽過的房間。這種不斷提醒你購買的手段，就是再行銷的一種。

資料來源：海悅廣告。

9. FB粉絲專頁、FB再行銷廣告：廠商的自營媒體

目前最為代銷及建設公司常用的網路媒體，優點如下。

2007年臉書推出可讓企業或品牌進行宣傳和吸引消費者之頁面，稱為「粉絲專頁」，根據其對粉絲專頁的自身定義為「針對企業、品牌及組織提供特定工具，協助企業、品牌及組織分享動態，可與用戶相連結，另透過發布動態、舉辦活動或其他方式自訂專頁內容，使對粉絲專頁按讚之使用者和他們的朋友收到更

新消息」。

(1)FB粉絲專頁是企業與品牌的「自營媒體」，自己的舞臺自己經營，不必再仰賴其他外部媒體，很多建設及代銷公司本身已經建立相當龐大的顧客資料，在推案前皆會以潛銷方式，利用公司粉絲專頁先告知客戶，可增加各案銷售的速度，廣受業界使用。

(2)由於粉絲有主動性，增添粉絲專頁的互動功能，粉絲專頁變成企業在Facebook上的「互動」名片。透過粉絲專頁，客戶可事先登記預約看屋時間，並可反映產品問題，對客戶來說，透過雙方互動使得銷售更為熱絡與關注。

(3)FB粉絲專頁除了可自己經營，也可透過代操公司（網路行銷公司）幫業者經營，代業主發文及回覆、上傳產品／資訊等，不失為公司的一個好幫手。

(4)FB粉絲專頁進行建案行銷時，通常是媒體曝光管道之一，或是建案官方平臺，發布案場相關動態及銷售資料，因此按讚數、留言數兩項指標最能反應建案粉絲專頁之績效，倘若建案建案粉絲專頁有進行推播廣告之購買，則以觸及人數及貼文互動人數為績效評估數據。

10. FB再行銷廣告！讓跑掉的客戶再次看到你的物件廣告

　　房地產的消費者，通常不會看一次房子，就會下單購買，銷售流程比起其他行業都要長，為了避免這個情況發生，身為廣告公司的企劃行銷人員，應該要設置多種管道，提醒這些潛在客戶回頭跟你購買，而要達這個目的，「FB再行銷廣告」是一個很好的方式。消費者每天都會花很多時間瀏覽及分享FB貼文，把你的物件貼在FB上，讓你的客戶時時都看到，並且想起你的服務。抓取曾經在Facebook對房地產、建案的粉絲團有按讚或有興趣的粉絲投放。

　　一般建案統計結果，常發布的建案貼文內容，可分為以下幾種：賞屋專案、

區域環境介紹、促銷專案、品牌行銷、節慶祝賀、地產資訊、個案資訊與動態、維修服務及其他分類等。

促銷專案-優惠價訊息	促銷專案-賞屋贈品	環境介紹貼文

維修服務	個案活動預告	地產資訊-颱風

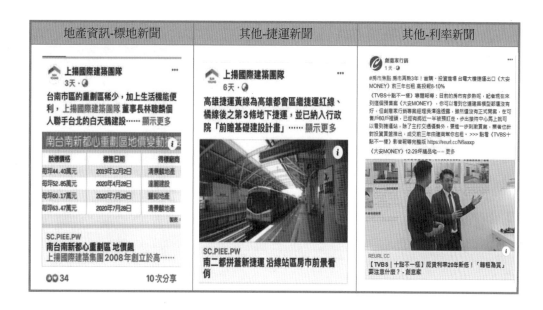

若要以臉書粉絲專頁進行行銷，透過曝光建案資訊吸引粉絲按讚、留言、分享，不斷累積臉書粉絲專頁上的粉絲人數，隨著粉絲人數增加，可使建案資訊觸及人數不斷增加，進而替建案銷售現場增加來人組數，甚至透過臉書分享功能將產品轉介給親友，進一步加速建案成交速度。房地產現有傳統行銷方式搭配新興媒體，不僅靠著新興媒體的特殊功能，如臉書粉絲專頁可購買廣告，鎖定主要客群、增加推廣等，並於不同建案銷售時期搭配最有效之貼文類型，以達到提升傳統行銷方式之效益。

11. 行銷科技（Marketing Technology, Mar Tech）的時代

現在的行銷科技基本上可以解決很多難題，甚至幫助行銷人員預測趨勢，超前部署。但我們先要懂得如何透過運用數據，去理解並建立產品（或品牌）與消費者之間的關係，並做到精準的目標界定。如果我們不能理解數據、運用數據，也就白白浪費了資源與工具。

◎數據——我要知道你所有的足跡

客戶資料成致勝關鍵，不只要多，還要更準。網路上的各種行為都能被追蹤，透過類似「貼標籤」方式，讓行銷人更清楚消費者的輪廓，包括喜好、興趣、習慣、個性。透過數據，拼湊出消費者的消費旅程。

——行銷人如何用對方法讓你掏錢

近期最夯的行銷工具「客戶數據平臺」（CDP）是一套整合性的系統，可以把多個數據來源的資料交叉比對，整合成單一的用戶身分，幫助企業選擇最佳行銷管道。

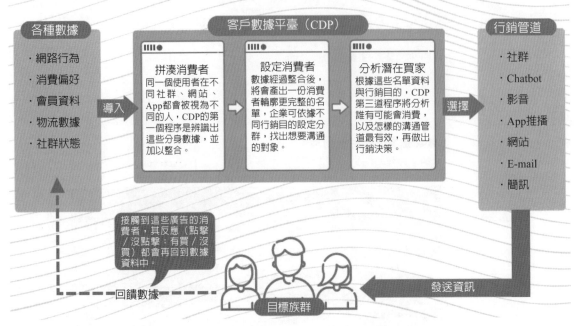

資料來源：數位時代。

12. 開箱文(Unboxing)：開箱文或開箱影片則是一種透過網際網路發表介紹與評論的內容，其呈現類型可以是以文字或影片為主。

(1) 專業寫手線上開箱：利用消費者事前爬文

　　隨著資訊化到來，有購物需求的消費者愈來愈聰明，在開始看屋前，都會上網搜資料，Mobile01是大家分享資訊、屋況瑕疵以及找住戶群組的地方，而現在很多客戶都會將新成屋分享上去與他人討論，去聽聽其他人看屋狀況，但是也會有錯誤消息在網絡上流通，建議可以利用Mobile01對現在消費者事前購屋來此爬文的網上習慣，請專人將正確資訊開一篇專文，將正確資訊流通，避免透過消費者口耳傳達錯誤資訊。

chihyung001
56分
樓主

台南高鐵四大天王，達麗去年完銷，遠雄大展晶悅聽說陸續開賣，有相關消息嗎 感謝

2021-08-06 11:01　👁 2057　　　　👍 0　　🔖 收藏　　↩ 回覆　　⤴ 分享　　📑 引言　　⋮

遠雄明日讚
佳展大展
晶悅首發
聽說已陸續開賣，有消息嗎？

2021-08-06 11:01 #1　　　　　　　　　　　👍 0　　📑 引言　　⤴ 分享

睡睡睡一直睡
24分
樓主

南屯 富宇世界花園 討論

2020-03-17 14:51　👁 140009　　　👍 5　　🔖 收藏　　↩ 回覆　　⤴ 分享　　📑 引言

此建案位於嶺東科大旁

總戶數682戶

分三棟別 2棟24樓 1棟17樓,地下1~5樓

公設比33.8%

風格:度假飯店概念休閒現代住家

聽說賣的還不錯 歡迎討論

也能寫信問我唷

2020-03-17 14:51 #1

註：以上都是客戶網路提問，大家討論。

(2)Facebook開箱文

(3)YouTube開箱文

各種印刷手冊及DM

名片

紙張／一級卡　顏色／4+4　加工／雙面上霧P　數量／1人各3盒　完成尺寸／w85×h54 mm

正面　　　　　　　　　　　　　　　　　　　　　　　　　反面

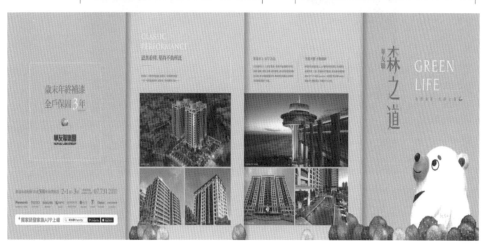

內面

5-3
廣告表現

　　廣告創意表現，簡稱「廣告表現」。所謂「廣告表現」，即是「將相較於競爭商品優越的商品特性或獨特的商品利益加以簡潔化、精練化，以便傳播商品表現訊息」。所以好的「廣告表現」就是好的「廣告創意」。廣告創意表現主要包括兩大項目，一項為廣告設計，另一項為廣告文案，兩者相輔相成，方能產生廣告表現的說服力。

　　廣告表現定調後，再具體落實到每種媒體的表現創意，如此由上而下的廣告創意產出，具有深厚的行銷基礎支撐，且深具策略性及差異性，方可於眾多的競爭廣告中脫穎而出，將商品訊息既深且遠地傳達到消費者的心中，有效增進顧客的好感度與購買意願。

　　在進入廣告製作階段之前，不能忽略思考過程。當廣告撰文者寫廣告文案時，最重要的是，如何把商品特性做有趣的表現。廣告不需要太過嚴肅，也不是要講人生大道理。廣告一旦太過嚴肅，就無法吸引觀眾的注意力。

　　所以好的廣告表現就是一眼望去，馬上讓人了解。極端而言，一幅平面廣告不論用何種手段，乍看之下，它是什麼廣告、它與消費者有何關係，最好能馬上了解，其時間愈短，愈是好的廣告表現。也就是將商品本身優越的特性或獨特的商品利益加以簡潔化、細緻化，以便傳播商品訊息。

　　社會一直在進步與新科技不斷地發明，廣告的表現愈來愈趨於多元，表現的型態也愈來愈不一樣。文案訴求的內容也因對象不同而有所區隔，茲將文案訴求方式，簡單比較如下表：

理性訴求與感性訴求之比較

	理性訴求（Rational）	感性訴求（Emotional）
需求起源	產品實際利益之需求	社會性與心理性之需求
適用時機	高度涉入、成長期、差異化產品	低度涉入、成熟期、無差異化產品
執行策略	資訊式廣告策略	移情轉化式廣告策略
廣告訊息	比較並凸顯產品利益	專注於產品人格與性格
廣告手法	利用文字、照片、較長文案	利用音樂、人性與情感
適用媒體	報紙、雜誌、DM	電視、廣播
廣告效果	提高說服力、認知度、理解度	提高注意力、記憶度、產品形象
產品	汽車、房屋、電腦	珠寶、化妝品、服飾

撰寫文案思考過程

(一) 資料蒐集

凡是與本案商品有關之資料,一概都要蒐集。通常必須與業務部、市場部、開發部透過會議以取得資料。

(二) 利用資料

綜合所有資料,按照重要程度予以排列,以便擬出方案,解決問題。當擬以資料重要程度加以排列時,便要刪除不必要的資料,組合必要資料,再行研擬創意及訴求方式,妥為選擇。

(三) 假設未來

試圖以個案產品,假設市場需求階層,須以何種創意、方式或預料可能發生的問題,以便先行克服。

(四) 企劃全案

由資料中選擇重要者,產生創意,並假設未來可能發生的情況。萬一假設錯誤,要取消此一創意時,必須具備新的資料來源或變更創意(訴求方式),並與房屋部、業務部、市場部、開發部共同研商,另行變更創意。而把全案妥為計畫研討,是廣告最重要的一環,全案企劃完成。

(五) 決定路線、文案開始

把主要創意轉移到具體的平面、立面去表現。作為一個文案人員,必須清楚一旦路線決定好,那麼文案內容、大標題、副標題、骨幹,以及設計編排,都必須付諸實行。

1. 主標題之功能及種別

大凡一個房地產廣告與普通商業廣告無異,廣告的效果中,主標題(Head Line)具有50%~75%的主效果,所以人們提起廣告,往往只記得主標題,而不能將廣告內文完全記住。因此,主標題更可以說是一件廣告作品的靈魂。

思考研擬過程

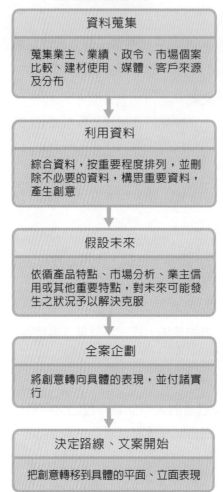

對廣告撰文者而言，有效的標題就是一段精心雕琢、打動人心的文句。它位居廣告的頂端，獨霸整個版面，吸引讀者的目光，促使潛在顧客喜歡上你的產品。一般而言，人們讀標題的次數是內文的5倍。也就是說，標題的創作涵蓋了80%宣傳分量。如果標題無法點燃最佳的銷售動力，你大概就浪費了80%的經費。

2. 主標題的作用

標語是品牌的主張，最重要的觀點，也是觀眾最該帶走的記憶。

(1)吸引讀者注意

「語不驚人，死不休型」：不能引起讀者注意的，就不算是好的主標題。看

廣告的人往往只是把標題看完，就可以了解廣告的動機及訴求的內容。

(2)特定對象的訴求

「打入心坎型」：在產品規劃時，對象亦可以確立，針對已設定的訴求對象，加上主標題的攻擊，吸引其接受廣告內容。

(3)把讀者引入主要文案

「著重文案型」：主標題的作用僅是吸引讀者注意，必須詳讀內文後，才能了解廣告內容，這是比較平實的作法。

(4)提升購買意念

「強制推銷型」：此種主標題主要在於使購買客戶早早下決定，機會難得。

3. 寫文案須注意事項

讓人有感覺的字詞通常簡單、直接、不用思考且一目了然。文案再有趣，無法告訴讀者如何進一步行動，都是做白工。

(1)重點強調

抓不住重點，如無的放矢，終究無效果且浪費廣告費用。因此不但要抓住重點，更必須強調它。

(2)一清二楚

內文必須是以讀過書的人都能看得懂的文字寫成，而且要一眼看過即能明白。廣告絕非花邊新聞或散文、新詩。

(3)簡單扼要

寫文案絕不能像小說家描寫人類心態般冗長，須緊湊有力，短短幾句，簡單扼要的表達同一意念。

(4)使用特定讀者常用的話

要使特定的讀者（顧客）產生共鳴，就必須使用他們常用的話。對小孩子，說小孩子的話；對勞工階層的人，也必須以他們常用的話來寫文章。

(5)趣味幽默

趣味易得，幽默難求！新鮮的文字往往使人會心一笑，很容易可以讀完廣告內文。

(6)說得好像真的一樣

原本是真就是真，原本似真似假也要說成確定的真，不能有模稜兩可的說

法。憑著妙筆生花之姿，把內文寫得活潑生動。

(7)講信用

不論撰文員如何使用妙筆，都絕不能有欺騙讀者的文字。須讓讀者了解產品，卻不能誇大其辭描述產品。

(8)把讀者當聽眾

把讀者當聽眾，以面對面演說方式寫成的文案，利用人名及親屬關係稱謂，如：爸爸、媽媽、太太、小姐等，增加人情味，使讀者樂於接受廣告。

別忘了最重要的，說明房屋好處多多，指示去看房子卻隻字不提，導致購屋者對如何到工地洽購、以何種方式成交不甚清楚，此種廣告效果亦等於「零」。因此，標示地點、電話、公司等這些小細節也不容忽視。

4. 標準字（Logotype）、個案標準字設計

Logotype的語源是Logic＋Type，意即具有邏輯意味的鉛字。然就今日設計的意義而言，是泛指將某種事、物、團體的形象（Image）或全銜（Full-name）整理，組合成一個群體（Block）的字體。若從企業經營策略的觀點來看，Logotype是將企業的規模、性質與經營的理念、精神，透過文字可讀性、說明性等明確化之特性，創造獨特風格的字體，達到企業識別的目的，進而企求據此塑造企業形象，增進消費市場的信譽與品格。

房地產如同商品一樣，每一個案推出時，都有其不同的代表符號。為識別個案所設計出來的不同標誌，就是標準字或Mark，所以標準字或Mark就是個案的記號。目前因受商標法的限制，房地產個案名稱及圖案的使用要極為小心，否則容易引起不必要的爭訟。

設計標準字必須注意：

(1)必須使讀者馬上了解文字內容及產品。

(2)文字架構不能過於華麗不實。

(3)考慮縮小、放大、套色、單色、彩色、美觀及效果。

(4)創新的風格、獨特的形貌。

5-4
廣告製作

　　廣告製作就是如何有效地運用廣告費、應用媒體戰略或表現戰略，以達預期的廣告效果。

一、廣告表現關係因素

　　隨著廣告量的增加，廣告製作所面臨的重要問題，不僅是如何有效地運用廣告經費，更必須不斷突破新的創意與構想，不論是媒體戰略或表現戰略，都必須推陳出新。欲發揮廣告更大的效果，首先必須先談表現戰略。和廣告有直接影響的，如廣告內容、廣告目標、訴求對象、訴求重點、推出時機及景氣、購買者動機、SP活動擬定、地域性市場消化程度、媒體使用與媒體戰術、產品定位及市場反應銷售戰略、產品特色、業主號召力及信譽等。

二、文案表現

　　廣告製作者根據表現方針，進而選擇「文案表現」（Copy Approach）、「文案規範」（Copy Format），再製成廣告品。所謂「文案表現」，是廣告接受者（讀者、聽者、視聽者）從其心目中深深認為這是提示最好商品、最佳方法或態度的意思。而「文案規範」係指廣告型式。通常是先定「文案表現」之對策，進而產生「文案規範」。

（一）廣告文案

　　一般人理解的文案類型，大多是為了提高品牌知名度、曝光率或產品銷量而寫，但《超好賣的文案銷售術》作者安迪‧麥斯蘭（Andy Maslen）指出，文案就是利用文字的力量，說服讀者接受你的看法，進而促使他們去做你想要他們做的事情。凡是想透過文字引起讀者的注意跟好奇，或希望對方認同你的觀點、激發行動的慾望，都可以稱之為「文案」，只是因為目的和說話對象的不同，呈現上

有所差異罷了。

◎何謂廣告文案？

　　廣告製作的從事者，計有文案媒體、美術設計、攝影、完稿，這是目前代理房屋銷售案建設公司企劃部（課）的組織。廣告力求廣而告之，其中最被重視的一環即是文案。文案通常載於印刷媒體的廣告內容之文字部分，電訊廣告CM文字部、播報文句，都可以說是文案。文案包括主標題、副標題、文案、照片、圖片、說明、標語（Slogan）、案名（Case Name）、商標（Trade-Mark）、價格、標準字（Type-logo）等，皆稱之為文案。

（二）文案與推銷

　　廣告大師大衛・奧格威（David Ogilvy）說：「廣告的作用在於銷售，而成功的廣告，源自於消費者的了解。」廣告文案（Advertising-copy）在商業行為中，必然存在推銷原理，直接、間接引起讀者採購行為，所以不但要典雅、通俗、生動、活潑、有趣且耐人尋味。適度地假設讀者（購買者）的購買心理，寫文案最重要的是，要具有特殊感應力、動人的說服力，至於文法與修辭則尚在其次。

　　人在閱讀文案時，腦中會一直思考「我可以從中得到什麼好處」，站在讀者角度寫文案，目標就是為什麼他要買這件商品？他會得到什麼、怎樣得到、生活將如何獲得改善。透過KFC原則，釐清希望讀者在讀過文案後，知道（Know）和感受（Feel）到什麼？想要他們承諾（Commit）什麼？廣告文字不是自我的滿足，而是必須負責調節讀者與寫者之間，刺激人們發生購買行為，所以嚴格說來，文案並不是文字。

（三）消費行為模式：廣告AIDMA → AISAS

　　一般所謂的消費行為模式，以1920年代經濟學者霍爾（Ronald Hall）所提出的AIDMA模式最為有名，主要用來呈現生活者被動接受消費刺激後，所採取的系統行為反應，包括引起注意（Attention）商品／服務、產生興趣（Interest）、產生慾望（Desire）、強迫記憶（Memory）、採取購買行動（Action）。

　　廣告文案的性質，就是促使消費者透過這種過程，進而達到購買行動的激發文字。

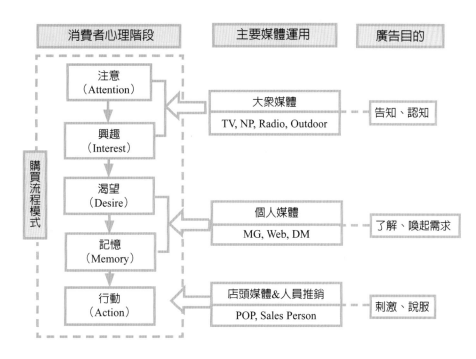

消費者心理階段	主要媒體運用	廣告目的

購買流程模式

注意（Attention）

興趣（Interest）

大眾媒體
TV, NP, Radio, Outdoor — 告知、認知

渴望（Desire）

記憶（Memory）

個人媒體
MG, Web, DM — 了解、喚起需求

行動（Action）

店頭媒體&人員推銷
POP, Sales Person — 刺激、說服

「AIDMA購買流程模式」是提供行銷、企劃人員在選擇媒體時，可依照不同的階段與任務，選擇合適的媒體。

在網路問世以前，AIDMA被活用很長一段時間，直到2004年，另外出現了加入新概念的「AISAS」。AISAS為電通（當今日本及世界最大的廣告公司）提倡的概念，由以下五個階級的英文字首組成：吸引目光（Attention）、興趣（Interest）、搜尋（Search）、購買（Action）、資訊分享（Share）。Search取代了AIDMA的Desire和Memory就此消失。

由於網路科技的進步，網路行銷已成為目前最大廣告媒體，在傳統模式中，消費者習慣透過視覺、觸覺等身體感官接觸商品，對商品產生了解，進而決定是否購買。而現代的消費模式中，消費者習慣性的在購買前會透過網路、電腦、手機搜尋商品的相關訊息，透過資訊分析再決定其消費購買意願，購買商品後，則於社群網站或部落格貼文發表感想或評價，或是上傳商品試用的照片，與包含朋友在內的多數人分享心得。大量的數位資訊成為消費者慾望及信心的來源，搜尋行銷已成為房地產業界普遍使用的最佳媒體，過去消費者的購屋習慣是無網路時代的AIDMA，難以解釋這類網路時代特有的行為，但透過AISAS，便能清楚說明消費者的全新消費行為。

「AIDMA」vs.「AISAS」
隨著消費習性的改變，單向式的溝通將由「主動」與「互動」的溝通模式所取代。 消費者在「搜索」後，採取「行動」再「分享」，形成一個不斷的循環。

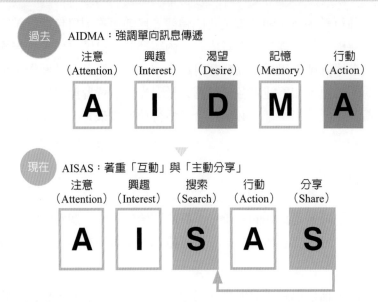

資料來源：臺灣電通。

對應到不動產，過去客戶是藉由傳統媒體的吸引，主動進入接待中心，才進一步的去了解產品；然而網路興起後，消費習慣已逐漸變成「AISAS」，即透過網路廣告產生興趣，並在網路上獲得建案的相關資訊後，再決定是否要進一步的去了解，在這種消費模式下，進入接待中心的客戶往往已經對建案有了既定印象，只想進一步了解是否有刺激他決定的因素。

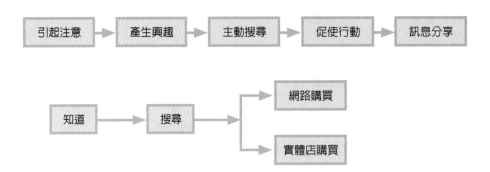

網路消費者的行為模式已經改變，網友在網路上搜尋得比以前更加頻繁，在網路上分享的訊息，也比以前更巨量。透過Google、Facebook、LINE@、Yahoo、YouTube、MSN等網路媒體，24小時輪播，不斷分享資訊就像病毒一樣不斷的擴

散，利用網友「好康逗相報」的心理，輕輕鬆鬆按個轉寄鍵或分享，就化身為廣告主的行銷助理，甚至能夠接觸到原本公司企業行銷範圍之外的潛在消費者，費用不高，效果卻很直接，頗被業界使用。

「整合」數種行銷手法：隨著數位化的轉變，目前服務項目包括行銷策略、執行企劃、網站架構、社群經營、影音內容、內容經營、口碑操作、廣告投放、新聞策動等，加上傳統廣告工具相互間都可結合，會有這麼多行銷操作，是因為房地產的銷售期間較短，如不運用各種媒體大量曝光，消費者無法知悉，所以只做一、兩項媒體活動成效出不來，必須整合各種行銷手段來完成，為的仍是取爭最大績效。

三、廣告命名

俗話說：「好的開始是成功的一半。」好的開始就是取一個好的案名。老子曾言：「無名天地之始，有名萬物之母。」可證明世間萬物都要有名，以致能實至名歸。

古時有文人墨客稱自己隱居處所為「○○居」、「○○齋」，皇宮貴族更加以「○○宮」、「○○園」。如今從房地產衍生出個案的名稱，以便於介紹或廣告，加以中國人對命名的重視，大樓名稱更是極盡各領域之想像。想要成為名流富豪，可以給你川普、蘇富比、凱旋門；想要有度假的感覺，那就取名峇里島、新杜拜、蔚藍海岸；想要有藝術氣息，如貝多芬、凡爾賽、美術館等，每個個案必定是一個吉祥利市的好名。

推陳出新的個案名稱林林總總，其命名目的不外乎是求大發利市，在整個銷售過程中取個好名字，以報頭彩。

（一）注意案名

1. 目前房地產名稱無以數計，琳琅滿目，但方式不外乎注重意義，以吉祥發財為佳。
2. 命名不宜筆畫太雜、太多，或用簡體字、變體字。
3. 易讀、易說、易寫、易記、易聽，即五易。
4. 國語、閩南語讀來皆順口。
5. 避免使用太俚俗、太冷僻的字。
6. 兩字相連，不宜字異音類似。
7. 避免與不雅的詞句諧音。

8. 全名文字音調，避免有「同音」或「相近」。

9. 聯想，令人看到案名，即知道地點與指示商品。

10.字之種類和字體不宜筆劃太多，太雜。

業主往往都要求代銷公司給予個案命名一、二十個，代銷公司也樂於如此做。命名的名稱交由業主認可，方可採用，以免他日個案銷售不佳，業主怪東怪西，而命名往往是首當其衝。為使賓主盡歡，代銷公司最好僅提供命名資料，如何選用則由業主自行決定。

（二）好案名不難求

除了把握以上所述命名應注意之事項外，命名更須依據房地產建築物規劃情況、地段位置、周圍環境、生活格調、銷售對象等，先行分析、歸納，集思廣益，共同提出許多適當名稱，再行從中檢討，進而選出最優者。

（三）命名類別

綜合大廈、公寓、獨棟、商場、市場店鋪、別墅、山城、山莊、廠辦，依名稱可分為如下幾類。

1. 利財派

金加金、金元寶、萬利、福祿壽、元寶、興隆、雙喜、開元、五福、金谷、白玉。為迎合商人賺錢意念，以商城、商店街、店鋪公寓為多。

2. 性情派

佳園、晴園、綠野、田園、海韻、明湖、齊福、儷園、麗景、雅歌、香檳、芝蘭、理想春暉、怡園、同心、富貴、天善、名人、彩虹；藉怡情養性、育天倫之樂，予以清新舒暢。以家園、綠邨、別墅、名園、雅築為多。

3. 玉石類

以珊瑚、珍珠、水晶、黃金、銀色、金礦、鑽石、如意、金鼎、金元寶、象牙、翡翠；以玉石之高貴質美，喻富貴吉祥。以山莊、大廈、別墅為多。

4. 古典類

朱門、天品、柏齡、錦壽、德金、天興、財神、慶和、百福、發財、福樂、瑞泰、萬象、甲子、居正、長春；取其吉祥利市，宏亮好聽。通常以新城、商城或工業住宅為多。

5. 地名、路名類

杜拜、加州、南京、大安、仁愛、忠孝、站前、海濱、湖濱、山水、文林、民生、敦化、興中、五甲、光華、金山；易記、易解或冠於名稱之上，較無意義，以大社區、公寓、大樓為多。

6. 數字類

一誠、一品、二聖、三多、三星、三光、三信、三好、三陽、三豐、四維、五福、五龍、五甲、五權、六合、六六、六號、六福、七賢、七喜、七里香、七星、八德、八克拉、99、九如、九品、十全、21世紀；取其簡潔順口，淺顯易認，以廣招徠。通常用於大樓、公寓較多。

7. 姓名類

迪士尼、阿波羅、凱薩琳、愛琴海、羅斯福、貝多芬、瑞士、希爾頓、林商號、山葉、亞洲、理想、羅浮、新光、國泰、歌林；藉偉人、名人企業為名，相得益彰，以大樓、大廈為多。

8. 誇張類

海悅、首都、國家、天籟、帝寶、登峰、凱旋、天琴、皇宮、朋馳、至善、伯爵、皇家、帝國；以富貴、華麗無比為訴求，通常以大樓使用為多。

9. 花鳥類

金蘭、玫瑰、蝴蝶、蘭園、芝麻、松柏、梅花、榆園、楓葉、榕園、櫻花、蘭香、樹林、芝柏、芙蓉、紫蘭、金芳、金殿；喻自然山川之秀麗，花草禽獸之悠遊自在，以花園別墅較多。

10.愛國類

中興、光復、新興、國億、復興、統一；以復興文化或重建中華，以廣招徠，表現積極，賺錢不忘愛國。以軍眷區或文化社區、工業城較多。

11.三字類

嘉年華、萬家興、無盡藏、好望角、新萬象、芸之軒、一品居、摩納哥、新紐約、南加州、新杜拜、涵碧樓、狀元城、楓虹園、紫金城、高爾夫、寧靜海、綠陽邨、新天地、喜年來、海岸線；三字為一意，力求易記易說，適合大廈、別墅。

12.四字類

信義富邦、世紀之頂、清新美景、總裁行館、國際名邸、一品至善、人間琉

璃；四字爲一單元，一目了然，以高級住宅最常採用。

一般說來案名字數少，記憶度較高，懸疑性也好塑造，如「國硯」、「藏玉」；四個字案名，結構上比較穩重，如「總裁行館」、「士林官邸」、「大千琉璃」；近年來興起典雅文青風，如「餘白」、「惹墨」、「高過岸」、「閱狷聲」等。五個字以上案名較不常用，通常是冠了建設公司名字，因字數多、排列擁擠，客戶不容易記憶且辨識度較差。

房地產名稱雖僅是區區數字，房屋銷售成績好壞，與命名大有關係，好比人的姓名，關係人的一生際遇一般，所以在取捨之間，不可不愼重。

（四）命名附屬文字

1. 百貨類

廣場、空間、商場、中心。

2. 大廈類

大樓、名廈、華廈、大廈、新世界、金世界、大世界。

3. 商場店鋪類

廣場、商場、商店街、商城、店鋪、新世界、大世界、特區、店鋪街、新城。

4. 公寓類

家園、新城、雅築、公寓、新邨、住宅群、雅舍、花城、花園城、豪城、大社區、福邨、專案。

5. 別墅類

山莊、雅莊、名園、洋房、小築、鄉城、世界、山城、別墅群、別莊、小城、小別墅。

6. 大廈專用第二意義文字

舶來、投資、貿易、金融、通商、花園、別墅、商業。

7. 國宅類

特價、平價、優惠、專案。

8. 副標題（N級）

A級、特級、超級、高級、一級。

案前工作進度表

【******aaAA段】案前工作進度表

附錄
企劃部常用表格參考

工作稿紙

案別		媒體別		交稿日期	
				刊登日期	
主標題				經理	
				副理	
副標題				主任	
				撰文	

專案費用預報表

銷售總額＿＿＿＿＿＿　戶數＿＿＿＿＿＿　營業平衡點＿＿＿＿＿　頁次＿＿＿＿＿

部門	編號	內容	規格	數量	單價	金額	備註
企	1-1	說　　明　　書					
	1-2	海　　　　　報					
		平　　面　　圖					
		DM　　請　　束					
		信　　　　　封					
		合　約　書　皮					
	1-3	報　紙　廣　告					
		聯　　　　　合					
		中　　　　　時					
		自　　　　　由					
		雜　　誌　　等					
劃	1-4	招　　　　　牌					
		圍　　　　　牆					
		指　示　牌（大）					
		指　示　牌（小）					
	1-5	電　話　廣　告					
		CF　　製　　作					
		電　臺　廣　告					
		廣播車電影廣告					
部	1-6	透　　視　　圖					
	1-7	模　　　　　型					
	1-8	旗幟、公　司　旗					
		氣　　　　　球					
		差　　旅　　費					
		COPY及其他雜支					
	小計						
業	2-1	接　待　中　心					
		樣　　品　　屋					
務	2-2	盆　　　　　景					
		工　地　整　理					
部	2-3	電　話　安　裝　費					

（續下頁）

專案費用預報表　　　　（續前表）

部門	編號	項目						
業 務 部		電　話　費						
		水 電 接 設 費						
		水　　電　　費						
		冷氣租、安裝修理費						
		瓦　斯　費						
	2～4	租 車 及 油 費						
		短 程 車 資						
	2～5	夾　報　費						
		派　報　費						
	2～6	差旅住宿費、餐費						
	2～7	各 項 交 際 費 用						
		業　　　主						
		公 司 主 管 激 勵						
		專　　案						
	2～8	拜　　拜						
		臨 時 工 資						
		書　　報						
		影 印 印 刷						
		其 他 各 項 雜 支						
	小計							
管 理 部	3～1	SP 贈 品 或 摸 彩						
	3～2	SP 各 項 活 動 費 用						
	3～3	寄 DM 臨 時 工 資						
		派 報 臨 時 工 資						
	3～4	寄 D M 郵 資						
		寄 D M 運 費						
	3～5	SP 差 旅						
		SP 短 程 車 資						
		SP 誤 餐						
	3～6	其 他 各 項 雜 支						
	3～7	營 業 稅						
	小計							
總　計		佰　　拾　　萬　　仟　　佰　　拾　　元 整						

銷售期間_____　總經理_____　財務經理_____　總督導_____

副總經理_____　管理經理_____　業務專案_____　SP專案_____

廣告企劃施行表

資料編號 _____
日　　期 _____

基本資料	建物名稱		地　　號	
	業　　主		基地面積	
	建築執照		每層面積	
	建築設計		總 建 坪	
	建築營造		構　　造	
	工地地址		開工日期	
	工地電話		完工日期	
銷售資料	公開日期		平均售價	
	代理期間		最高單價	
	代理條件		最低單價	
	總銷售額		分層價格	
	廣 告 費		總　　價	
	總 戶 數		貸　　款	
	代銷戶數		自 備 款	
規劃特性	規劃設計		交　　通	
			環　　境	
			學　　校	
	格　　局		市　　場	
	坪　　數		公　　園	
	公共設施		停　　車	
主要設備	門　　窗		熱 水 器	
	外　　牆		油 煙 機	
	內　　牆		壁　　櫥	
	地　　板		水　　電	
	天 花 板		空　　調	
	廚　　具		電　　梯	
	衛生設備		其　　他	

媒體選擇	說 明 書		TV		接待中心	
	DM		NP		樣品屋	
	夾　　報		電臺		招牌圍牆	
	海　　報		雜誌		植　　樹	
	網　　路		週刊		其　　他	
調查對象	地　　域		階　　層			
	年　　齡		動　　機			
	性　　別		其　　他			

製表單位：　　　　　　　　　　　　　　　　專案負責人：

第六篇
稅務篇

在劇烈變化的時代，繼承未來的，是那些願意學習的人。

In a time of drastic change it is the learners who inherit the future.

〜美國作家　艾力‧賀佛爾

Project

6-1
不動產稅賦

　　不動產的稅賦種類多，而且有關稅捐類別、納稅義務人、課稅標的、稅基、稅率、計算方式、課稅時機、核課機關，以及法令依據等，也非一般人所能充分了解，而這些項目的內容變動雖不大，但有關稅基以及稅率等部分內容並非一成不變，一般會視國內外政經局勢的改變，或因應國內特殊經濟狀況而會有所調整，亦即在不同的時期內，不動產稅賦所徵收的金額可能是不同的。

　　和其他投資工具不同，投資房地產要繳交的稅費多不勝數，如房屋稅、地價稅、契稅、增值稅、贈與稅、遺產稅、公證稅等，其所涵蓋的內容十分複雜，常令人摸不清頭緒。有些稅費雖然買方要繳，但在雙方議價、簽約之前，買方仍可以和賣方協商稅費的分攤問題，要求賣方負擔，也是一種變相的降價、殺價方式，但雙方分攤的稅費情況一定要在買賣契約中註明；而政府在顧及各方稅源之同時，也考慮到公平原則並避免重複課稅，因此也訂有各種優惠方式可用來節稅，以便嘉惠一般中低收入之購屋者，故對稅費內容加以了解，並且適當的運用節稅管道，也不失為一減輕負擔的方法。

　　與不動產有關之稅目極多，且非但交易時會產生稅賦，即使持有亦有稅賦發生。茲以移轉、持有及課徵對象三種情況，將有關稅目列示如下。

一、持有（Hold）

（一）持有土地：地價稅。
（二）持有建物：房屋稅。

二、不動產出租（Lease）

　　除繳地價稅及房屋稅外，出租財產之所得為租賃所得，應併同其餘各類所得申報綜合所得稅或申報為營利事業之租金收入。

三、移轉原因

（一）買賣（Transaction）

　　1. 買賣土地：土地增值稅、房地合一所得稅。

2. 買賣建物：契稅、印花稅、綜合所得稅、營業稅、營利事業所得稅、房地合一所得稅。

（二）贈與（Donation）

1. 贈與土地：土地增值稅、贈與稅。
2. 贈與建物：契稅、贈與稅。

（三）繼承（Heir）

1. 繼承土地：遺產稅（免課土地增值稅）、印花稅（遺產分割）。
2. 繼承建物：遺產稅（免課契稅）、印花稅（遺產分割）。

四、不動產之分類

如依課徵對象之不同，可含括下列三種：

不動產稅
- 1. 以土地為範圍：地價稅、土地增值稅、空地稅、房地合一所得稅
- 2. 以土地改良物為範圍：房屋稅、契稅
- 3. 以財產（不動產）為標的：遺產稅、贈與稅、印花稅、所得稅、營業稅等

投資不動產所有權移轉時，要繳的各項稅賦

項目	應繳金額	繳納期間	備註
契稅	建物核定契價×6%	出售不動產時，建物需繳納	買方繳納，也可由雙方自行議定誰負擔
土地增值稅	分三種級距，漲幅未達100%、未達200%及200%以上者	出售不動產時	出售不動產的賣方繳納
房屋稅	自用住家：1.2% 非自用住家：1.2～2% 營業用：3～5%	繳納期間為5/1至5/31	持有房屋時每年繳納；課徵期間為前一年7/1至當年6/30，以交屋日劃分
地價稅	一般稅率：按10‰累進至55‰ 自用住宅2‰	繳納期間為11/1至11/30	持有土地時每年繳納；課徵期間為當年1/1至當年12/31，以交屋日劃分
財產交易所得稅	核定契價的8%～47%（稅率每年綜合所得稅申報前公布）	出售不動產當年度申報綜合所得稅時	出售不動產的賣方申報
印花稅	公定契約書上房地總價×0.1%	申報契稅時貼在公定契紙上	購買不動產的買方繳納，也可由買賣雙方議定由誰負擔

（續下頁）

（續前表）

項目	應繳金額	繳納期間	備註
登記規費	建物核定契價的0.1% 土地申報地價的0.1% 書狀每張80元	辦理所有權移轉登記時繳付	購買不動產的買方辦理登記時繳納；如果買地或在自有土地上自建房屋時，則在建物所有權第一次登記時繳納
房地合一稅	持有2年以內：45%、持有逾2年未超過5年：35%、持有10年以內超過5年：20%、持有超過10年：15%	出售房屋（含以設定地上權方式之房屋使用權）、房屋及其坐落基地或依法得核發建造執照之土地	分離課稅，所有權完成移轉登記之次日起算30天內申報納稅

1. 自用住宅用地優惠稅率

如果你買的不動產符合「自用住宅用地」，則有些稅賦的優惠，千萬不能錯過。符合自用住宅用地的優惠如下：

房屋稅：1.2%

地價稅：2‰

土地增值稅：10%

自用住宅的房屋稅率是1.2%，非自用住宅則為1.2～3%不等，每年繳納的地價稅則只按2‰繳納，和一般10‰～55‰的累進稅率比較起來差距甚大。而在賣房子時，則可以用10%的優惠稅率來計算土地增值稅，和一般的土地增值稅率20%、30%、40%比較起來，稅額也會大大降低。

2. 申請自用住宅用地的必備條件

(1) 土地所有權人在出售前一年內，沒有提供營業或者出租使用的住宅用地。

(2) 地上建物必須是土地所有權人、配偶或直系親屬所有，而且已在該地辦好戶籍登記。

(3) 都市土地面積沒有超過3公畝（300平方公尺＝90.75坪）、非都市土地面積沒有超過7公畝（700平方公尺＝211.75坪）。

(4) 如果是完成一年內的自用住宅建築，經評定的房屋現值，必須達到所占基地公告現值的10%。

(5) 申請適用自用住宅土地增值稅率，每人一輩子只能享用一次，「一生一屋」則不在此限。

稅目	房屋稅	地價稅
名稱	自住房屋	自用住宅用地
稅率	百分之1.2	千分之2
設籍要件	無規定	土地所有權人或其配偶、直系親屬於該地辦竣戶籍登記
實際居住	土地所有權人或其配偶、直系親屬實際居住使用	無規定
戶數限制	房屋所有權人、配偶及未成年子女全國合計3戶以愉	土地所有權人與其配偶及未成年之受扶養親屬以一處為限
面積限制	無規定	都市土地以300平方公尺為限，非都市土地以700平方公尺為限
出租營業	須無出租及營養	須無出租及營養
其他	無規定	土地上的房屋為本人、配偶、直系親屬所有
申請日期	當月15日前申請，當月即可適用，16日後申請，即次月起適用	9月22日前申請，當年度即可適用

6-2 持有不動產之有關稅目

一、房屋稅（House Tax）

（一）課徵範圍（Taxable Territory）

　　房屋稅就是對房屋現值課徵的稅費，係以附著於土地之各種房屋，以及有關增加該房屋使用價值之建築物為課徵對象之財產稅（房屋稅法§3）。且不分領有使用執照之合法房屋或未經核准之違章房屋，均為房屋稅課徵之對象，納稅義務人均應依《房屋稅條例》第七條規定申報設立稅籍，核課房屋稅。所以，房屋稅是對房屋持有人在持有期間所課徵的財產稅，以建築改良物為課稅對象。

　　所謂房屋，係指固定於土地上之各種建築物，供營業、工作或住宅用者；或者增加該房屋之使用價值的建築物，如太平梯、電梯、車庫、游泳池等（房§2）。

（二）納稅義務人

　　1.房屋稅之納稅義務人為房屋所有人，而該房屋設有典權者，向典權人徵收，如果是共有房屋，即向共有人徵收。又上開人員住址不明或非居住房

　　屋所在地者,由管理人或是現住人繳納;如果係出租房屋,由承租人負責代繳,抵扣房租。

2. 未辦建物所有權第一次登記且所有人不明之房屋,其房屋稅向使用執照所載起造人徵收;無使用執照者,向建照執照所載起造人徵收;無建照執照者,向現住人或管理人徵收。

3. 房屋為信託財產者,於信託關係存續中,以受託人為房屋稅之納稅義務人(房§4)。

(三) 稅率

　　房屋稅條例所規定之稅率,有最高稅率與最低稅率之分,實際課徵之稅率稱為徵收率,由各直轄市及縣(市)政府規定(房§5)。目前實際之徵收率均較最高法定稅率為低。

房屋稅稅率表

使用情形		法定稅率%		徵收率%	
		最低稅率	最高稅率	最低稅率	最高稅率
住家用	自住、公益出身	1.2		1.2	
	非自住	1.5	3.6	1.5	3.6
非住家用	營業用	3	5	3	
	私人醫院、診所、自由職業事務所				
	人民醫院	1.5	2.5	2	
徵收率係由各縣市政府規定					

註:2022年2月25日更新。
　　自用房屋之稅率固定為1.2%。

$$房屋課稅現值 = 核定單價(1-折舊經數 \times 折舊率)$$
$$\times 房屋街路等級調整率 \times 房屋面積$$
$$應納房屋稅 = 房屋現值 \times 稅率$$

　　假設老張有一棟房子,面積為100平方公尺,評定價值為每平方公尺5,000元,屋齡為五年,折舊率為2%,路段調整率為200%;因此房屋現值計算如下:

$$5,000元/平方公尺 \times (1-5 \times 2\%) \times 200\% \times 100平方公尺 = 900,000元$$

臺北市房屋折舊率及耐用年數表

房屋構造種類	每年折舊率	最高折舊年數	殘值率
鋼骨造 鋼骨混凝土造 鋼骨鋼筋混凝土造	1.17%	60	29.80%
鋼筋混凝土造 預鑄混凝土造	1.17%	60	29.80%
加強磚造	1.38%	52	28.24%
鋼鐵造	1.38%	52	28.24%
石造	1.60%	46	26.40%
磚造	1.60%	46	26.40%
木造（雜木以外）	2.21%	35	22.65%
木造（雜木）	2.70%	30	19.00%
土磚造	5.14%	18	7.48%
竹造	8.27%	11	9.03%

備註：
1.本表適用於依本市2014年7月起房屋構造標準單價評定現值之房屋。
2. $\dfrac{（現值總額 - 殘值）÷折舊年數}{現值總額}$ ＝ 每年折舊率
3.核定單價×（1 - 折舊年數×折舊率）×街路等級調整率×面積＝折舊後開徵當年房屋現值
4.折舊後開徵當年房屋現值×稅率 ＝ 當年應納房屋稅
5.本表係採簡單平均法預留殘值，按年計算折舊，自房屋建築完成之年起，按年計算折舊至經歷年數屆滿折舊年數為止。如房屋使用屆滿折舊年數尚未拆除重建，則自房屋經歷年數屆滿折舊年數之次年起不再計算折舊。

註：2022年2月25日更新。
資料來源：臺北市稅捐處。

（四）房屋現值（Current Value of a House）

　　房屋現值為課徵房屋稅之依據，亦即在其他稅目中所稱之完稅價格。納稅義務人應於房屋建造完成之日起三十日內檢附有關文件，向當地主管稽徵機關申報房屋稅籍有關事項（例如：房屋坐落地點、構造、屋數）及使用情形（房§7）。

　　主管稽徵機關依據不動產評價委員會評定之房屋標準價格（The Standard Value of a House），評定的依據包括：(1)按各種建材材料所建房屋，區分種類及等級；(2)各類房屋的耐用年數及折舊標準（參照臺北市房屋折舊率及耐用年數表）；(3)按房屋所處街道村里的商業交通情形及房屋供需概況，再比較不同地段房屋買賣價格減除地價部分，然後訂定標準（房§11）。

核定單價＝房屋構造標準單價×〔1±各項加減項之加減率±樓層高度之超高（偏低）率〕

　　評定的標準單價，都會比建商興建的成本來得低，通常只有使用執照上所列

建造費用的二分之一到三分之一不等。至於房價的標準價格，每三年會重新評定一次，而且應依耐用年數折舊，價格逐年遞減（房§11）。

二、地價稅（Land Value Tax）

（一）課徵範圍

凡已規定地價之土地，均應課徵地價稅（土地稅法§14）。地價經規定後，每二年應重新規定地價一次，但必要時，得以延長（平均地權條例§14）。

（二）稅率結構

地價稅採比例稅與超額累進稅率並行，且按地價總額為課稅基礎。以各該直轄市或縣（市）土地7公畝之平均地價為「累進起點地價」，但不包括工業用地、礦業用地、農業用地及免稅土地在內。其計算公式如下（土稅細§6）：

$$地價稅累進起點地價 = 7（公畝）\times \frac{直轄市或縣（市）規定地價總額 - （工業、礦業及農業用地地價 + 免稅地地價）}{直轄市或縣（市）規定地價面積（公畝） - （工業、礦業及農業用地地價 + 免稅地地價）（公畝）}$$

地價稅基本稅率為10‰，又從10‰累進到55‰，共分六級。土地所有權人之地價總額未超過土地所在地直轄市或縣（市）累進起點地價者，其地價稅按基本稅率徵收；超過累進起點地價者，依下列規定累進課徵（土稅§16）。

一般用地地價稅稅率一覽表

類別	稅率	計算公式
未超過累進起點地價者	10‰	課稅地價×稅率（10‰）
超過累進起點地價未達五倍者	15‰	課稅地價×稅率（15‰）－累進差額（累進起點地價×0.005）
超過累進起點地價未達五倍至十倍者	25‰	課稅地價×稅率（25‰）－累進差額（累進起點地價×0.065）
超過累進起點地價未達十倍至十五倍者	35‰	課稅地價×稅率（35‰）－累進差額（累進起點地價×0.175）
超過累進起點地價未達十五倍至二十倍者	45‰	課稅地價×稅率（45‰）－累進差額（累進起點地價×0.335）
超過累進起點地價二十倍以上者	55‰	課稅地價×稅率（55‰）－累進差額（累進起點地價×0.545）

註：所謂累進起點地價，係指各直轄市或縣（市）土地7公畝之平均地價。
但不包括工業用地、礦業用地、農業用地及免稅土地在內。

（三）自用住宅用地優惠稅率（土稅§9）

符合下列規定之自用住宅用地，其地價按0.2%計徵：

1. 土地所有權人或其配偶直系親屬於該地辦竣戶籍登記。
2. 無出租或供營業使用。
3. 土地上的房屋爲土地所有權人或其配偶、直系親屬所有（平細§4）。
4. 都市土地以300平方公尺（90.75坪）爲限，非都市土地以700平方公尺（211.75坪）爲限。
5. 土地所有權人與其配偶及未成年之受扶養親屬以一處爲限（土稅§17）。

（四）公告地價（Announced Land Value）

直轄市、縣市政府對於轄區內土地，於規定地價或重新規定地價時，參考當年期土地現值、前一期公告地價、地方財政需要、社會經濟狀況及民眾負擔能力，按法定程序評估，在1月1日公告地價，以提供土地所有權申報地價（Declaration of the Land Value），並依據公告地價來課徵地價稅。公告地價是作爲規定地價（Assessment of Land Value）或重新規定地價時土地所有權人申報地價之參考，因此公告地價影響民眾地價稅的稅賦。爲使地價稅課徵更公平、合理，一般會每三年按地價漲跌重新辦理規定地價，稱爲重新規定地價（平§4）。

（五）申報地價（Declaration of the Land Value）

土地所有權人在公告期間所申報的地價，稱爲申報地價。舉辦規定地價或重新規定地價時，土地所有權只能在公告地價上下20%的範圍內申報；如果申報地價超過公告地價120%時，是以公告地價120%作爲申報地價；相反的，申報地價未滿公告地價80%時，政府得照價收買或以公告地價80%作爲申報地價（平§16），兩者擇一爲之。但照價收買之土地是以其所申報地價來收買（平§31），藉以制裁低報地價之行爲。

三、贈與稅（Gift Tax）

政府爲展開與香港、新加坡等地區吸引資金之競爭，於2009年修正遺產及贈與稅法，大幅降低稅率，從最高稅率50%分十級課稅，修改爲遺產稅及贈與稅皆爲單一稅率10%，並提高免稅額與改進實物抵繳制度。2017年爲籌促長照財源，立法院三讀通過《遺產及贈與稅法》部分條文修正案，將遺贈稅從原本法律規定的單一稅率10% 調高爲 10%、15%、20%，三階段累進稅率。

1. 贈與稅的課徵範圍，係就：
   (1) 中華民國國民經常居住在我國境內，就其在我國境內和境外的財產為贈與者，均應繳納贈與稅。
   (2) 中華民國國民經常居住在我國境外，及非中華民國國民，就其在我國境內的財產為贈與者，均應繳納贈與稅（以上遺產稅法§3）。
   (3) 贈與行為發生前二年內，贈與人自願喪失中華民國國籍者，仍應依遺產及贈與稅法關於中華民國國民的規定，課徵贈與稅（遺產及贈與稅法§3-1）。

2. 所謂經常居住與非經居住的標準認定
   (1) 所謂經常居住中華民國境內一語，係指以下二種情形之一者：
       第1種情形：被繼承人或贈與人在死亡事實或贈與行為發生前二年內，在中華民國境內有住所者。
       第2種情形：被繼承人或贈與人在中華民國境內無住所而有居所，且死亡事實或贈與行為發生前二年內，在中華民國境內居留時間合計超過365天者。但受中華民國政府聘請從事工作，在中華民國境內有特定居留期限者，不在此限。
   (2) 所謂經常居住我中華民國境外一語，係指不合經常居住中華民國境內而言。

3. 贈與稅的納稅義務人
   (1) 原則上是贈與人
       贈與稅之納稅義務人為贈與人。

   (2) 例外情形為受贈人
       但贈與人有下列情形之一者，以受贈人為納稅義務人：
       a.行蹤不明。
       b.逾本法規定繳納期限尚未繳納，且在中華民國境內無財產可供執行。
       c.死亡時贈與稅尚未核課（遺贈稅法§7）。
       惟土地稅法規定，依土地增值稅之納稅義務人為（土稅§5）：
       (a)土地為有償移轉者，為原所有權人。
       (b)土地為無償移轉者，為取得所有權人。
       (c)土地設定典權者，為出典人。

   所稱有償移轉，指買賣、交換、政府照價收買或徵收等方式之移轉；所謂無償移轉，指遺贈及贈與等方式之移轉。

4. 遺產及贈與稅法第四條規定，本法所稱財產，指動產、不動產以及其他一切有財產價值之權利。本法所稱贈與，指財產所有人以自己之財產無償給予他人，經他人允受而生效力之行爲。

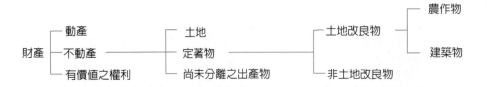

我國贈與與遺產稅法採總遺產稅制，是對贈與人於一年內所贈與之財產總額課。

（一）贈與稅之計算與繳納

《遺贈稅法》第十條之規定，贈與財產價值之計算，以贈與人贈與時之時價爲準，按贈與稅辦法計算，併入贈與總額。

贈與稅應納稅額＝（贈與或視同贈與總額＋同一年度以前各次贈與財產總額－免稅額－扣除額－不計入贈與總額項目）×稅率

免稅額：以贈與人計算，每一贈與人每年（1/1～12/31）新臺幣220萬元（遺贈稅法§22）；也就是不論受贈人之人數多寡。

扣除額：

1. 《遺贈稅施行細則》第十九條：不動產贈與移轉所繳納之契稅或土地增值稅，得自贈與總額中扣除。
2. 贈與附有負擔：（遺贈稅法§21）贈與附有負擔者，由受贈人負擔部分應自贈與額中扣除（以具有財產價值業經履行或能確保履行者爲限，參照遺贈稅法施行細則§18）。例如：贈與房地產的原有銀行貸款，即是受贈財產的負擔。

（二）贈與課稅率

贈與稅按贈與人每年贈與總額，減除各項扣除額及免稅額後之贈與淨額，再依贈與稅之稅率課徵（遺贈稅法§19）。所以，贈與稅之課稅基礎爲課稅贈與淨額，由該贈與淨額決定贈與稅稅率，進而計算贈與稅稅額。其計算公式如下：

贈與淨額＝贈與總額－扣除額－免稅額

按贈與人每年贈與總額，減掉扣除額、免稅額後的贈與淨額，在2,500萬元以下者，課徵10%；超過2,500萬元至5,000萬元者，課徵250萬元，加超過2,500萬元部分的15%；超過5,000萬元者，課徵625萬元，加超過5,000萬元部分的20%。贈與稅按贈與淨額，課徵10%～20%稅率。

贈與稅	項目	111年
	免稅額	244萬
	稅率	10～20%

110年11月24日公告。

	淨額	適用稅率	稅額計算
贈與稅	0～2,500萬元	10%	淨額×10%
	2,500～5,000萬元	15%	250萬元+淨額超過2,500萬元部分×15%
	5,000萬元以上	20%	625萬元+淨額超過5,000萬元部分×20%
	贈與稅免稅額每年244萬元，維持不變		

（三）遺產及贈與財產估價原則

遺產及贈與財產價值之計算：

以被繼承人死亡時或贈與人贈與時之時價為準（遺贈稅法§10Ⅰ）。

所稱時價：

1. 土地：以當期公告土地現值或評定標準價格為準（遺贈稅法§10Ⅲ）。
2. 房屋：以評定標準價格為準（遺贈稅法§10Ⅲ）。

由於土地之公告現值及房屋之評定標準價格常較市價為低，故遺贈現金常較遺贈等值之不動產需負擔較重之稅賦。

（四）不計入贈與總額項目

《遺贈法》第二十條規定，不計入贈與總額項目有：

1. 捐贈各級政府及公立教育、文化、公益機關之財產。
2. 捐贈公有事業機構或全部公股之公營事業之財產。
3. 捐贈依法登記為財團法人組織且符合行政院規定標準之教育、文化、公益、慈善、宗教團體及祭祀公業之財產。
4. 扶養義務人為受扶養人支付之生活費、教育費及醫藥費。

5. 作農業使用之農業用地及其地上農作物，贈與《民法》第一一三八條所定繼承人者，不計入其土地及地上農作物價值之全數。

6. 配偶相互贈與之財產。惟應注意者，當該筆土地再移轉給第三者時，係以該土地第一次贈與之原規定地價或前次移轉現值為原地價，計算漲價總數以課徵土地增值稅額。

7. 父母於子女婚嫁時，所贈與之財務，總金額不得超過100萬元。

8. 捐贈公益信託不計入贈與總額。

四、遺產稅（Estate Tax）

遺產稅是財產稅的一種，相當於外國的死亡稅，是對死亡人遺留的財產，在移轉時所課徵的稅賦。

（一）課徵對象（Tax Payer）

凡經常居住中華民國境內之中華民國國民死亡時遺有財產者，應就其在中華民國境內、境外全部遺產（屬人主義）課徵遺產稅；經常居住在中華民國境外之中華民國國民及非中華民國國民，死亡時在中華民國境內遺有財產，應就其在中華民國境內之遺產（屬地主義），課徵遺產稅（遺贈稅法§1）。

遺產稅之課徵係包括：

1. 被繼承人死亡時其名下遺有之財產，包括動產、不動產，以及其他一切有財產價值之權利在內。因此當一個人死亡而遺留有財產者，便應課徵遺產稅。至於外國人或華僑死亡時，其在我國境內遺留有財產者，亦應課徵遺產稅。

2. 被繼承人死亡前兩年內贈與其配偶及依《民法》第一一三八條及第一一四〇條規定之各順序繼承人及其配偶之財產，應於被繼承人死亡時，視為被繼承人遺產，併入其遺產總額。如被繼承人與受贈人間之親屬或配偶關係，在被繼承人死亡之前已消滅者，該項贈與之財產免併入遺產課稅。

（二）遺產之計算（The Taxed Property）

以被繼承人死亡時之時價為準。

1. 土地：以死亡當時土地公告現值或評定標準價格為準，併入遺產總額。
2. 房屋：以房屋評定標準價格計算，併入遺產總額（遺贈稅法§10Ⅲ）。

（三）遺產淨額（Net Taxable Estate）

遺產稅按被繼承人死亡時，依本法規定計算之遺產總額，減除各項扣除額及免稅額後之課稅遺產淨額爲準，再依規定稅率課徵之（遺贈稅法§13）。是遺產總額減掉扣除額、免稅額後的遺產淨額，在5,000萬元以下者，課徵10%；超過5,000萬元至1億元者，課徵500萬元，加超過5,000萬元部分的15%；超過1億元者，課徵1,250萬元，加超過1億元部分的20%。可知遺產稅之課稅基礎爲遺產淨額，再依遺產稅率10%～20%計算遺產稅稅額。

1. 遺產總額（Gross Estate）

遺產總額：全部遺產＋視爲遺產（不計入遺產之總額，免加總）。

所謂「遺產總額」，即指被繼承人所遺留之財產價值總和，包括被繼承人死亡時依第一條規定（中華民國境內、境外）及第十五條規定（視爲遺產）之全部財產，並依第十條規定（被繼承人死亡時）計算財產價值。但第十六條規定不計入遺產總額之財產，不包括在內（遺贈稅法§14）。

2. 應納遺產稅額（Tax Payalle）

應納遺產稅額＝〔遺產總額（包括死亡前兩年贈與或視同贈與之財產）－免稅額－扣除額〕×稅率（死亡前兩年贈與財產已納之贈與稅及土地增值稅及國外已納遺產稅可自遺產稅扣抵）

3. 扣除額（Deduction）

配偶爲493萬元，直系血親卑親屬爲50萬元，父母爲123萬元。

4. 免稅額（Exemption）

指居住在中華民國境內之中華民國國民，享有1,200萬元之免稅額。

（四）2022年遺產稅率及扣除額

單位：萬元

<table>
<tr><td colspan="3">項目</td><td></td></tr>
<tr><td rowspan="11">遺產稅</td><td colspan="2">免稅額</td><td>1,333</td></tr>
<tr><td rowspan="2">不計入遺產
總額之金額</td><td>被繼承人日常生活用品</td><td>89</td></tr>
<tr><td>被繼承人職業上的工具</td><td>50</td></tr>
<tr><td rowspan="6">扣除額</td><td>配偶</td><td>493</td></tr>
<tr><td>父母</td><td>123</td></tr>
<tr><td>子女（註）</td><td>每人50萬元（未滿20歲者，可按其年齡距屆滿20歲的年數，每年加扣50萬元）</td></tr>
<tr><td>殘障</td><td>618</td></tr>
<tr><td>受被繼承人扶養之兄弟姊妹、祖父母扣除額</td><td>50</td></tr>
<tr><td>喪葬</td><td>123</td></tr>
<tr><td colspan="2">稅率</td><td>10%～20%</td></tr>
</table>

註：直系血親卑親屬者，有未滿20歲者，並得按其年齡距屆滿20歲之年數，每年加扣45萬元。
　　以上表列金額，係按物價指數調整後之金額。
資料來源：財政部。

<table>
<tr><td rowspan="5">遺產稅</td><td>淨額</td><td>適用稅率</td><td>稅額計算</td></tr>
<tr><td>0～5,000萬元</td><td>10%</td><td>淨額×10%</td></tr>
<tr><td>5,000～1億元</td><td>15%</td><td>500萬元+淨額超過5,000萬元部分×15%</td></tr>
<tr><td>1億元以上</td><td>20%</td><td>1,250萬元+淨額超過1億元部分×20%</td></tr>
<tr><td colspan="3">遺產稅免稅額1,333萬元，維持不變</td></tr>
</table>

（五）申報（Declaration）

被繼承人死亡遺有遺產者，納稅義務人應於被繼承人死亡之日起六個月內，向被繼承人死亡時戶籍所在地主管稽徵機關（國稅局）辦理遺產稅申報（遺贈稅法§23）。納稅義務人具有正當理由不能如期申報者，可於申報期限內，以書面申請延長申報期限，原則上以三個月為限（遺贈稅法§26）。另申報可以親自到場，也可以通信申報。

6-3 移轉不動產之有關稅目

一、營業稅（Business Tax）

　　建築所銷售之商品為房屋及土地，由於土地免徵營業稅，而房屋則需課稅，一般消費者在購屋時，皆同時購買房地而非個別買地租屋，或買屋租地，故其銷售額中即部分課稅，部分免稅，徵納雙方對於課稅應有所認識，避免爭議。

（一）課徵範圍（《營業稅法》及施行細則相關規定）（Taxable Territory）

　　《營業稅法》第一條之規定：「在中華民國境內銷售貨物或勞務及進口貨物，均應依本法規定課徵加值型或非加值型之營業稅」。

　　又《營業稅法》第八條第一項規定：「出售之土地免徵營業稅。故建設公司購地建屋出售，其房地售價中，屬房屋部分應開立統一發票課徵營業稅，屬土地部分則免開立統一發票課徵營業稅」。

（二）稅率（Tax Rate）

　　營業稅之稅率，依《營業稅法》第十條之規定，除本法另有規定者外，最低不得少於5%，最高不得超過10%，其徵收率，則由行政院訂之。目前稅率為5%。

二、營利事業所得稅（Profit-Seeking Enterprise Income Tax）

（一）課徵範圍（Tax Territory）

　　依《所得稅法》第三條規定：「凡在中華民國境內經營之營利事業（Profitseeking Enterprise），應依本法規定，課徵營利事業所得稅」。

（二）稅率（Tax Rate）

　　目前營利事業所得稅之稅率依《所得稅法》第五條之規定，係採累進稅率計算。

　　營利事業所得稅起徵額、課稅級距及累進稅率如下：

一、營利事業全年課稅所得額在十二萬元以下者，免徵營利事業所得稅。

二、營利事業全年課稅所得額超過十二萬元者，就其全部課稅所得額課徵之20%。但其應納稅額不得超過營利事業課稅所得額超過十二萬元部分之半數。

課稅所得額級距	稅　　率
120,000元以下	免稅
超過120,000元	就其全部課稅所得額課徵20%，但其應納稅額不得超過課稅所得額逾12萬元以上部分之半數

（三）何謂房地合一所得稅（House and Land Transactions Income Tax）

　　財政部說明，目前房屋、土地交易分開課稅，土地按公告現值計徵土地增值稅，不再課徵所得稅；房屋絕大多數按房屋評定現值計徵所得稅，以致稅負偏低，且與國際稅制不一致，為建立合理透明稅制，擬具房地合一課徵所得稅之租稅改革方案，在稅制之實施同時，輔以特種貨物及勞務稅（簡稱特銷稅），不動產部分轉型退場，以免重複課徵，其增訂《特銷稅》第六條之一條款自2016年1月1日起，訂定《銷售契約銷售特種貨物及勞務稅條例》第二條第一項第一款規定之特種貨物，停止課徵特種貨物及勞務稅不動產部分轉型，並配套將所增稅收用於住宅政策及長期照顧，以維護居住正義、改善貧富差距及合理配置社會資源。

　　所謂房地合一所得稅，即是不動產資本利得稅，意指因不動產資本所產生的利得，也就是獲利所核課的稅負，依據《房地合一所得稅修正條例》，自2016年起所取得之不動產資本獲利，皆需依法核課房屋及土地合併實價課徵所得稅。

　　建築業所銷售的產品是房地產，依我國《所得稅法》第四之四條規定，個人及營利事業自民國105年1月1日起交易之房屋、房屋及其坐落基地或依法得核發建造執照之土地（以下合稱房屋、土地），符合下列情形之一者，其交易所得應依第十四條之四至第十四條之八及第二十四條之五規定課徵所得稅：

　　個人於中華民國105年1月1日以後取得以設定地上權方式之房屋使用權或預售屋及其坐落基地，其交易視同前項之房屋、土地交易。

◎房地合一稅（營利事業部分）

　　《所得稅法》第二十四之五條之規定，營利事業（Profit-seeking Enterprise）當年度之房屋、土地交易所得額，減除依《土地稅法》規定計算之土地漲價總數額後之餘額，計入營利事業所得額課稅，餘額為負數者，以零計算；其交易所得額為負者，得自營利事業所得額中減除，但不得減除土地漲價總數額。

　　前項房屋、土地交易所得額，指收入減除相關成本、費用或損失後之餘額。但依《土地稅法》規定繳納之土地增值稅，不得列為成本費用。

總機構在中華民國境內之營利事業：

(1) 持有房屋、土地之期間在二年以內者，稅率為45%。

(2) 持有房屋、土地之期間超過二年，未逾五年者，稅率為35%。

(3) 持有房屋、土地之期間超過五年者，稅率為20%。

(4) 因財政部公告之非自願性因素，交易持有期間在五年以下之房屋、土地者，稅率為20%。

(5) 營利事業以自有土地與營利事業合作興建房屋，自土地取得之日起算五年內完成並銷售該房屋、土地者，稅率為20%。

(6) 營利事業提供土地、合法建築物、他項權利或資金，依都市更新條例參與都市更新，或依都市危險及老舊建築物加速重建條例參與重建，於興建房屋完成後取得之房屋及其坐落基地第一次移轉且其持有期間在五年以下者，稅率為20%。

營利事業之總機構在中華民國境外，交易中華民國境內之房屋、土地，其交易所得額，按下列規定稅率分開計算應納稅額，其在中華民國境內有固定營業場所者，由固定營業場所合併報繳；其在中華民國境內無固定營業場所者，由營業代理人或其委託之代理人代為申報納稅：

(1) 持有房屋、土地之期間在二年以內者，稅率為45%。

(2) 持有房屋、土地之期間超過二年者，稅率為35%。

營利事業之總機構在中華民國境外，交易其直接或間接持有股份或資本總額過半數之中華民國境外公司之股權，該股權之價值50%以上係由中華民國境內之房屋、土地所構成，其股權交易所得額，按前項規定之稅率及申報方式納稅。

◎合建分售，對地主之影響（房地合一課稅）

個人以自有土地與營利事業合作興建房屋，自土地取得日起算五年內興建完成並銷售該房屋，土地按20%稅率課徵。

三、個人綜合所得稅（Individual Income Tax）

以自然人為稅捐主體，我國個人所得稅係採「綜合所得稅制」（即採合併總額申報），採「屬地主義」，係就中華民國來源所得課稅。其意涵係指只要有中華民國來源所得者，不論他有無中華民國國籍，也不論他是否在中華民國境內居住，都要繳納我國的綜合所得稅（所得稅法§2）。

　　何謂中華民國來源所得，包括哪些項目和範圍？如何定義其所得？因我國綜合所得稅係將各類所得加總後合併申報，故我國綜合所得稅須先有所得的分類，目前分為10類所得，經合併後稱為綜合所得總額。此10類所得有營利所得（Income from Profit-seeking）、執行業務所得（Income from Professional Practice）、薪資所得（Employment Income）、利息所得（Interest Income）、租賃所得（Income from Lease）及權利金所得（Income from Royalties）、自力耕作漁、牧、林、礦之所得（Income from Self-undertaking in Farming, Fishing, Animal Husbandry, Forestry and Mining）、財產交易所得（Income from Property Transactions）、競技競賽及機會中獎之獎金（Income from Contests and Games and from Prizes and Awards Won by Chance）、退職（Retirement Pay）及其他所得（Other Income）（所得稅法§14）。

　　2020年綜合所得稅課稅級距及累進稅率如下：

2022年度綜合所得稅速算公式

級　別	應納稅額＝綜合所得淨額×稅率－累進差額
1	0～540,000 ×5％ － 0
2	540,001～1,210,000×12％ － 37,800
3	1,210,001～2,420,000×20％ － 134,000
4	2,420,001～4,530,000×30％ － 376,600
5	4,530,001以上×40％ － 829,600

房地合一稅（個人部分）

　　依我國《所得稅法》第四條之四規定，個人及營利事業自中華民國105年1月1日起交易房屋、房屋及其坐落基地或依法得核發建造執照之土地（以下合稱房屋、土地），符合下列情形之一者，其交易所得應依第十四條之四至第十四條之八及第二十四條之五規定課徵所得稅：

　　個人於民國105年1月1日以後取得以設定地上權方式之房屋使用權或預售屋及其坐落基地，其交易視同前項之房屋、土地交易。

1. 中華民國境內居住之個人

　　(1) 持有房屋、土地之期間在二年以內者，稅率為45％。

　　(2) 持有房屋、土地之期間超過二年，未逾五年者，稅率為35％。

　　(3) 持有房屋、土地之期間超過五年，未逾十年者，稅率為20％。

(4) 持有房屋、土地之期間超過十年者，稅率為15%。

(5) 因財政部公告之調職、非自願離職或其他非自願性因素，交易持有期間在五年以下之房屋、土地者，稅率為20%。

(6) 個人以自有土地與營利事業合作興建房屋，自土地取得之日起算五年內完成並銷售該房屋、土地者，稅率為20%。

(7) 個人提供土地、合法建築物、他項權利或資金，依都市更新條例參與都市更新，或依都市危險及老舊建築物加速重建條例參與重建，於興建房屋完成後取得之房屋及其坐落基地第一次移轉且其持有期間在五年以下者，稅率為20%。

(8) 符合第四條之五第一項第一款規定之自住房屋、土地，按本項規定計算之餘額超過四百萬元部分，稅率為10%。

2. 非中華民國境內居住之個人

(1) 持有房屋、土地之期間在二年以內者，稅率為45%。

(2) 持有房屋、土地之前間超過二年者，稅率為35%。

「房地合一稅」可扣除及不可扣除的成本費用

	購買時	出售時	改良土地費用
可扣除的費用	1.契稅 2.印花稅 3.代書費 4.規費 5.公證費 6.仲介費 7.能增加房屋價值或效能且非2年所能耗竭的增量、改良或修繕費用	1.代書費 2.仲介費 3.廣告費 4.搬運費 5.清潔費（因售屋而產生） 6.售屋延遲交屋所產生之違約金	1.土地改良費 2.工程受益費 3.土地重劃費 4.因土地使用變更而無償捐贈作為公共設備用地（依土地公告現值計算）
	◎上述所有舉列費用需提供單據供主管機關審查		
不可扣除的費用	1.土地增值稅 2.房屋稅 3.地價稅 4.管理費 5.清潔費（個人取得房屋、土地所有權後，所繳納的清潔費係屬使用期間的相對代價，不得列為費用減除） 6.水、電、瓦斯費 7.金融機構借款利息		
	◎申報房地合一稅的時間： 所有權移轉登記或房屋使用權完成交易的次日起算30天內申報並繳納之		

註：個人未提示因取得、改良及移轉而支付之費用者，稽徵機關得按成交價額3%計算其費用，並以三十萬元為限。

　　2021年4月9日立院完成房地合一稅2.0立法，施行日期將訂爲今年7月1日，並新增排除條款，個人或營利事業參與都更或危老分回房地，五年內首次移轉登記適用20%所得稅率、免課重稅。房地合一稅2.0回溯至2016年後取得房地、預售屋納入房地合一稅2.0。短期交易課35%以上重稅，由二年延長爲五年，二年內出售課45%，超過二年、未逾五年出售課35%；因應實價登錄2.0上路、即時揭露預售屋交易，房地合一稅2.0施行日期訂爲2021年7月1日。

房地合一稅2.0版

適用對象	現制持有年限	適用稅率	2.0版持有年限
境內個人	1年以內	45%	2年以內
	超過1年未滿2年	35%	超過2年未滿5年
	超過2年未滿10年	20%	超過5年未滿10年
	超過10年	15%	超過10年
	滿6年	自用10% 所得額100萬元以下免稅	滿6年
境內營利事業	－	45%	2年以內
	－	35%	超過2年未滿5年
	無持有年限限制	20%	超過5年

申報方式

交易標的	申報時點	
房屋、土地	完成所有權移轉登記日	次日起，30日內申報
房屋使用權	交易日	
預售屋及其坐落基地	交易日	
符合一定條件之股份或出資額	交易日	

下列各項適用稅率不受修法影響：

1. 維持20%稅率者

(1) 個人非自願性因素（如離職）之短期（5年）房地交易。

(2) 個人以自有土地與建商合建之短期（5年）房地交易。

(3) 建商興建房屋完成後第一次移轉之房地交易。

(4) 營利事業非自願性因素之短期（5年）房地交易。

(5) 營利事業以自有土地與建商合建之短期（5年）房地交易。。

(6) 個人及營利事業參與都更或危老重建者，其取得房地後之第一次移轉且持有期間在五年內交易。

2. 自住房地持有並設籍滿六年之交易，維持稅率10%及免稅額度400萬元（非居住者個人不適用）。

四、租賃所得（Rental Income）

凡以有形財產出租之租金所得財產出典典價經運用之所得為租賃所得。故個人將不動產出租予他人，應申報租賃所得，若房屋連同土地一起出租，其租金收入尚可扣除必要之支出。

扣除方式計有兩種：

一是採逐項列舉，得扣除之項目包括折舊、修理費、保險費、地價稅、房屋稅及附加捐、向金融機構貸款購屋出租的利息；《所得稅法》第十四條規定，凡以財產出租之租金所得應併入綜合所得稅；房屋租賃所得應就租金收入減除必要費用後的餘額申報。不舉證必要的損耗及費用者，依財政部2010年之必要損耗及費用標準為43%。

其次為採用定額扣除式，直接將租金收入扣除財政部所訂之必要費用（2019年為43%）後，以餘額申報租賃所得。

例：
(a) 全年租金收入為20,000元×12個月＝240,000元，
(b) 租屋成本為240,000元×43%＝103,200元，
(a) – (b) ＝可申報的租賃所得，
所以240,000元 – 103,200元 ＝ 136,800元。

五、財產交易所得（Property Transactions Income）

依《所得稅法施行細則》第十七條之二第一項規定，個人出售房屋如能提出交易時之成交價額及成本費用之證明文件者，其財產交易所得之計算，依法核實認定；其未申報或未能提出證明文件者，稽徵機關得依該部核定標準核定之。

不動產出售之課稅方式

個人出售不動產，土地交易所得免稅，但建物交易所得則屬財產交易所得，應課徵綜合所得稅（此為2016年1月1日前，房地合一稅未實施前，持有不動產買賣之舊制），課稅方式有以下三種。

1. 核實認定

　　不動產出售，如果保留有不動產購買契約，並在契約中分別明訂土地及房屋之價格，則於出售時按出售契約所訂房屋價款減除購買房屋成本，即爲財產交易所得。

　　個人出售取得之房屋，如能提出交易時之成交價款及成本費用之證明文件者，其財產交易所得之計算，依《所得稅法》第十四條第一項第七類規定，個人出售房屋應以出售時之成交價額減除原始取得成本及因取得、改良及移轉房屋而支付之一切費用後之餘額，計算其財產交易所得。

（售價 － 買價）×房屋評定現值／（房屋評定現值 ＋ 土地公告現值）＝財產交易所得

　　例：2014年出售5年內房屋一棟，取得價格爲1,500萬元，移轉費用爲100萬元，售出2,000萬元，出售時土地公告現值爲300萬元，房屋評定現值爲100萬元。

房屋所占比例＝房屋評定現值／（房屋評定現值 ＋ 土地公告現值）

＝100萬／（100萬 ＋ 300萬）＝1/4

出售房屋實際所得＝（房地賣出總價 － 房地買進總價 － 移轉費用）×房屋所占比例

＝（2,000萬 － 1,500萬 － 100萬）×1/4

＝100萬（財產交易所得）

　　假設綜所稅適用稅率爲12%的納稅人，100萬×12% ＝ 12萬（應納稅額）

2. 查得出售房價，但查無取得房價

　　個人出售房屋，未依前點規定申報房屋交易所得、未提供交易時之實際成交金額或原始取得成本，或稽徵機關未查得交易時之實際成交金額或原始取得成本者，稽徵機關應按下列標準計算其所得額。

(1)高總價房屋，依市價百分比計算財產交易所得額

　　稽徵機關僅查得或納稅義務人僅提供交易時之實際成交金額，而無法證明原始取得成本，如符合下列情形之一者，應以查得之實際房地總成交金額，按出售時之房屋評定現值占公告土地現值及房屋評定現值總額之比例計算歸屬房屋之收入，再以該收入之17%計算其出售房屋之所得額。

　　財政部2015年下修全臺豪宅強制實價課稅申報門檻，擴大豪宅實價課稅範圍。雙北部分，原售價逾8,000萬元才視爲豪宅，2021年新規定是臺北市改以售價逾7,000萬元、新北市逾6,000萬元者，臺北市及新北市以外地區，房地總成交金額4,000萬元以上，就要納入實價課稅對象。

資料來源：財政部。

(2) 以下依房屋評定現值百分比，計算財產交易所得額

除前款規定情形外，按出售年度房屋評定現值乘以財政部頒定之財產交易所得標準核定其財產交易所得。

是項標準每年由省（直轄市）主管稽徵機關（各地區國稅局）參照當年實際經濟情況及房屋市場情形擬定，報請財政部核定後實施。以下是財政部2020年核定的標準：

2021年個人出售房屋財產交易所得標準變動概況

以下依房屋評定現值百分比，計算財產交易所得額。

| 臺北市 | 48% | 高級住宅，依《臺北市房屋標準價格及房屋現值評定作業要點》第15點認定 | | |
| | 43% | 其他（各區） | | |

新北市	37%	永和　中和		
	38%	板橋　三重　新莊	22%	淡水　三峽
	34%	汐止　泰山	20%	深坑　八里

| 桃園市 | 25% | 桃園 | 16% | 楊梅　大溪　龍潭 |
| | 17% | 平鎮 | 12% | 新屋　觀音 |

臺中市	29%	西屯	16%	潭子　后里　霧峰
	27%	南屯	14%	梧棲
	22%	北屯及東區	9%	東勢　石岡
	22%	西區　中區	8%	新社　外埔　大安　和平
	18%	豐原　大里　太平		

臺南市	20%	東區	安平	16%	永康
	18%	安南	中西	12%	新營
	17%	南區		10%	佳里　麻豆　下營　新化

高雄市	28%	鼓山	三民	20%	旗津
	25%	苓雅	左營	17%	鳥松　仁武
	24%	前金	前鎮	15%	岡山　路竹
	22%	楠梓	鹽埕	9%	美濃　旗山　茄萣　湖內
	21%	鳳山			

　　舉例來說，財政部核定臺北市2021年個人售屋財產交易所得額標準中，大安區為房屋評定現值的48%，即出售一棟評定現值500萬元的房屋，應申報的售屋所得是240萬元（500萬元×48%）。假設綜所稅適用稅率為40%的納稅人，2021年間出售不動產的售屋所得稅即是96萬元（240萬元×40%）。

> 註：民眾賣屋申報財產交易所得稅，以實際交易價格申報是原則，參考財政部標準
> 申報則是例外。如果民眾依財政部標準列報賣屋財產交易所得稅，日後被國稅
> 局掌握賣屋的實際交易價格，仍可能被要求補稅，民眾不可不慎。

六、契稅（Deed Tax）

　　所謂「契稅」係對不動產權利之買賣、承典、交換、贈與、分割或因占有而取得所有權者，就契約所載價格向權利取得人所課徵之租稅。

　　契稅就是你買房子時必須要繳給政府的契價稅。一般不動產因買賣移轉而「取得所有權者」，也就是買賣交易的「買方」，必須要購買公定契紙申報繳納契稅稅額是以建物核定契價乘上6%，然後依據契稅繳納收據向地政機關辦理權利變更登記。

契稅＝契價 × 繳納稅率

　　納稅義務人申報契價，未達申報時當地不動產評價委員會評定之標準價格者，得依評定標準價格計課契稅。如果買賣價格高於評定標準價格時，可以選擇較低的評定標準價格申報，為你減輕契稅負擔。

（一）課徵範圍（Taxable Territory）

　　《契約條例》第二條規定：不動產之買賣、承典、交換、贈與、分割或因占

有而取得所有權者，均應申報繳納契稅。但在開徵土地增值稅區域之土地，免徵契稅。如果因繼承、遺贈而取得；承購的是國宅，或是委建人（一般指地主、建設公司、或實際出資建築之人），以土地委託承包商代建房屋，其取得房屋所有權可免徵契稅；但如果經稅捐處查明實際上係向建屋者購買房屋，按實質課稅原則，仍應課徵契稅（財政部1991.11.13財稅第801261566號函）。

以不動產為信託財產，信託關係存續中受託人變更時，原受託人與新受託人間移轉所有權，不課徵契稅。受託人依信託本旨移轉信託財產與委託人以外之歸屬權人時，以該歸屬權利人為納稅義務人課徵契稅。

（二）稅率及納稅義務人（Tax Rates and Payer）

《契稅》第十六條：納稅義務人應於不動產買賣、承典、贈與、分割契約成立之日起，或因占有而依法申請為所有人之日起三十日起，填具契稅申報書，檢附公定格式契約書及有關文件，向當地主管稽徵機關申報契稅。稅率及納稅義務人如下表：

契稅為單一稅率，其稅率及納稅義務人因不動產交易形式之不同而異。

種類	稅率	納稅義務人
買賣契稅	6%	買受人
典權契稅	4%	典權人
贈與契稅	6%	受贈人
交換契稅	2%	交換人
占有契稅	6%	占有人
分割契稅	2%	分割人

已興建完工之房屋，依申報房屋稅後之評定價格或房屋課稅現值為標準，課徵6%之契稅。

$$契稅額 = 契價 \times 6\%$$

註：契價之核定契價是由各縣市不動產評價委員會依照房屋建築材料、構造形式、使用種類及工商業交通情形評定之地段率，評定各標準單價表，由稅捐處人員據以核定房屋評定現值。每年依折舊後之現值來課徵房屋稅，因此移轉當年之房屋課徵現值即為該房屋之契價，並據以課徵契稅。

（三）計徵標準（Taxable Base）

　　計徵標準並非依實際成交價格計算，而依所謂契價計算。納稅義務人申報之契價，原則上是指申報當時當地不動產評價委員會評定之標準價格，但如申報之契價超過標準，准按申報之契價計徵。但如申報額未達當地當時不動產評價委員會評定之標準價格者，得改依標準價格課徵，法院拍賣之價格及政府出售房屋價格低於標準現值時，則可從低認定。

七、土地增值稅（Land Value Increment Tax）

　　《憲法》第一四三條規定，土地價值非因施以勞力資本而增加者，應由國家徵收土地增值稅，歸人民共享之。其目的在於實踐平均地權、漲價歸公及地利共享。

（一）土地增值稅課徵和不課徵的要點

1. 凡是已規定地價的土地，在土地所有權移轉時，應按照土地漲價總數額徵收土地增值稅。但因繼承而移轉的土地、各級政府出售或依法贈與之公有土地及受贈的私有土地，免徵土地增值稅（土地稅法§28）。

2. 凡是已規定地價的土地，設定典權時，出典人應依《土地稅法》規定預繳土地增值稅，但出典人回贖時，原繳納的土地增值稅應無息退回（土地稅法§29）。

3. 以該土地第1次贈與前的原規定地價（The Original Decreed Land Value）或前次移轉現值（The Previous Transfer Value）為地價計算土地漲價總數額，（Total Amount of Land Value Increment）課徵土地增值稅（土地稅法§28-2）。

4. 作為農業使用的農業用地，移轉給自然人時，得申請不課徵土地增值稅。該項不課徵土地增值稅的土地承受人，在其具有土地所有權的期間內，經有關機關查獲該土地並未作農業使用，且也未在有關機關所命期間內恢復作為農業使用，或雖在有關機關所命期間內恢復作農業使用而又有未作農業使用情形者，於再移轉時應課徵土地增值稅（土地稅法§39-2）。

（二）土地增值稅的納稅義務人（土地稅法§5）

1. 土地為有償移轉者，納稅義務人為原所有權人。此處所謂有償移轉，係指買賣、交換、政府照價收買或徵收等方式的移轉。

2. 土地為無償移轉者，納稅義務人為取得所有權之人。又所謂無償移轉，係指遺贈及贈與等方式的移轉。

3. 土地設定典權者，納稅義務人為出典人。

（三）土地漲價總數額的計算

1. 土地移轉發生時的土地增值額，在《平均地權條例》內稱為土地漲價總數額或土地自然漲價額，原則上係以土地移轉時的現值減除該土地上次報繳土地增值稅時所申報的移轉現值（The Previous Transfer Value）及各項改良費用為基準。又為消除流弊，所謂移轉現值，原則上是以政府規定的土地公告現值（Assessed Present Value）為準。例如：某甲出售土地一宗給乙，該土地的公告現值為100萬元，但實際售價為120萬元，甲申報移轉現值的售價時，如按100萬元申報，則以100萬元作為計算土地增值稅，如按110萬元或120萬元申報，則按110萬元或120萬元計算土地增值稅，但如果實際售價為90萬元，則應以當時的公告現值100萬元為計算基準（土地稅法§31）。

2. 土地所有權移轉或設定典權，其申報移轉現值的審核標準，參考《土地稅法》第三十條規定。

（四）課稅基礎：土地漲價總數額（Total Amount of Land Value Increment）

土地移轉發生的土地增值稅在《平均地權條例》內稱土地漲價總數額或土地自然漲價額，土地漲價總數額之計算公式如下（土稅細§50附件4）：

土地漲價總數額＝申報土地移轉現值－原規定地價或前次移轉時所申報之土地移轉現值×（臺灣地區消費者物價指數÷100）－（改良土地費用＋工程受益費＋土地重劃負擔總費用＋因土地使用變更而無償作為公共設施用地其捐贈土地之公告現值總數額）

土地漲價總數額×稅率－（累進差額）＝土地增值稅

一般土地：按漲價倍數分三級稅率累進課徵。其計算公式如下：

土地增值稅應徵稅額之計算公式

稅級別	計算公式
第一級	應徵稅額＝土地漲價總數額〔超過原規定地價或前次移轉時申報現值（按臺灣地區消費者物價總指數調整後）未達百分之一百者〕×稅率（20%）
第二級	應徵稅額＝土地漲價總數額〔超過原規定地價或前次移轉時申報現值（按臺灣地區消費者物價總指數調整後）在百分之一百以上未達百分之二百者〕×〔稅率（30%）－[(30%－20%)×減徵率]〕－累進差額（按臺灣地區消費者物價總指數調整後之原規定地價或前次移轉現值×A） 註：持有土地年限未超過20年者，無減徵，A為0.10 持有土地年限超過20年以上者，減徵率為20%，A為0.08 持有土地年限超過30年以上者，減徵率為30%，A為0.07 持有土地年限超過40年以上者，減徵率為40%，A為0.06

（續下頁）

（續前表）

稅級別	計算公式
第三級	應徵稅額＝土地漲價總數額〔超過原規定地價或前次移轉時申報現值（按臺灣地區消費者物價總指數調整後）在百分之二百以上者〕×〔稅率（40%）－[(40% − 20%)×減徵率]〕－累進差額（按臺灣地區消費者物價總指數調整後之原規定地價或前次移轉現值×B） 註：持有土地年限未超過20年者，無減徵，B為0.30 持有土地年限超過20年以上者，減徵率為20%，B為0.24 持有土地年限超過30年以上者，減徵率為30%，B為0.21 持有土地年限超過40年以上者，減徵率為40%，B為0.18

稅率速算公式表

持有年限 稅級別	20年以下	20年 ～ 30年	30年～40年	40年以上
第一級	a × 20%	a × 20%	a × 20%	a × 20%
第二級	a×30% − b×10%	a×28% − b×8%	a×27% − b×7%	a×26% − b×6%
第三級	a×40% − b×30%	a×36% − b×24%	a×34% − b×21%	a×32% − b×18%

註：a：土地漲價總數額；b：原規定地價或前次移轉現值總額（按物價指數調整後之總額）。

1. 自用住宅（Owner-occupied Residence）

自用住宅土地應納稅額＝土地漲價總數額×10%

(1)申請土增稅自用住宅用地的必備條件

a. 使用限制：土地所有權人在出售前一年內，沒有提供營業或者出租使用的住宅用地。

b. 戶籍限制：地上建物必須是土地所有權人、配偶或直系親屬所有，而且已在該地辦好戶籍登記（土地稅§9）。

c. 面積限制：都市土地面積沒有超過3公畝（300平方公尺 ＝ 90.75坪）、非都市土地面積沒有超過7公畝（700平方公尺 ＝ 211.75坪）（土地稅§17，§34）。

d. 現值限制：如果是完成一年內的自用住宅建築，經評定的房屋現值必須達到所占基地公告現值的10%。

e. 次數限制：申請適用自用住宅土地增值稅率，每人一輩子只能享用一次（土地稅§34）。

另外，經重劃之土地，於重劃完成後地一次移轉時，其土地增值稅減徵40%。被區段徵收的土地，以抵價地補償其地價，免徵土地增值稅；其次，領回抵價地後第一次移轉時，應以原土地所有權實際領回抵價地之地價為原地價，計算漲價總數額，課徵土地增值稅。

(2)2009年12月立法院增訂「一生一屋」規定

　　明訂土地所有權人已適用過10%優惠稅率者，再有出售自用住宅用地時，必須符合下列要件，使可繼續適用10%優惠稅率：

　　a. 土地所有權人與其配偶及未成年子女僅有一處房地者。

　　b. 都市土地面積未超過1.5（約45坪）公畝部分或非都市土地面積未超過3.5（約105坪）公畝部分。

　　c. 出售前，在該地連續設有戶籍且持有該自用住宅用地六年以上。

　　d. 出售前五年內，未供營業使用及未出租。

換屋族減免土增稅優惠

減稅優惠		一生一次	一生一屋	重購退稅
稅率（%）		10	10	退稅
出售面積（公畝）	都市	3	1.5	3
	非都市	7	3.4	7
條件	設籍者	本人、配偶及未成年子女	本人、配偶及未成年子女	本人、配偶及未成年子女
	設籍及持有期間	不限	連續六年	不限
	擁有房地戶數	不限	本人+配偶+未成年子女名下僅有一戶	不限
	用途	自用 出售前一年不得出租或營業	自用 出售前五年不得出租或營業	自用 出售前一年不得出租或營業
可使用次數		一次	無限	無限
新舊土地買賣價格		不限	不限	新屋 > 舊屋
買賣完成期限		不限	不限	二年內

註：一公畝＝30.25坪。
　　三種換屋優惠，除一生一次與一生一屋不能併用，且須優先使用「一生一次」外，均能同時搭配重購退稅優惠一起使用。
資料來源：財政部。

2. 重購土地退稅（The Land Value Increment Tax Refunded to Landowner Due to Reacquisition of Self-use Residential Land）

(1)土地所有權人於出售土地或土地被徵收，自完成移轉登記或領取補償地價之日起，二年內重購土地合於下列規定之一者，其新購土地地價超過出售土地地價或補償地價，扣除繳納土地增值稅後餘額，得向主管稽徵機關申請就其已繳納土地增值稅額內，退還其不足支付新購土地地價之數額。

　　a. 前項規定土地所有權人於先購買土地後，自完成移轉登記之日起二年

　　內，使行出售土地或土地被徵收者，準用之。

　　b.所稱原出售土地地價及新購土地地價，皆以該次移轉計徵土地增值稅之地價爲準。

單位長度對照表

公厘	公尺	公里	市尺	營造尺	舊日尺（臺尺）	吋（in）	呎（ft）	碼（yd）	哩（mi）	國際浬（mi）
1	0.001		0.003	0.00313	0.0033	0.03937	0.00328	0.00109		
1,000	1	0.001	3	3.125	3.3	39.37	3.28084	1.09361	0.00062	0.00054
	1,000	1	3,000	3,125	3,300	39,370	3,280.84	1,093.61	0.62137	0.53996
333.333	0.33333	0.00033	1	1.04167	1.1	13.1233	1.09361	0.36454	0.00021	0.00018
320	0.32	0.00032	0.96	1	1.056	12.5984	1.04987	0.34996	0.0002	0.00017
303.030	0.30303	0.00030	0.90909	0.94697	1	11.9303	0.99419	0.33140	0.00019	0.00016
25.4	0.0254	0.00003	0.07620	0.07938	0.08382	1	0.08333	0.02778	0.00002	0.00001
304.801	0.30480	0.00031	0.91440	0.95250	1.00584	12	1	0.33333	0.00019	0.00017
914.402	0.91440	0.00091	2.74321	2.85751	3.01752	36	3	1	0.00057	0.00049
	1,609.35	1.60935	4,828.04	5,029.21	5,310.83	63,360	5,280	1,760	1	0.86898
	1,852.00	1.85200	5,556.01	5,787.50	6,111.60	72,913.2	6,076.10	2,025.37	1.15016	1

1英碼＝0.9143992公尺　1公尺＝1.0936143英碼　1英吋＝2.539998公分
1海哩＝6080呎＝1.516哩　1美碼＝0.91440183公尺　1公尺＝1.0936111美碼
1美吋＝2.54000公分

單位面積對照表

平方公尺	公畝（are）	公頃（ha）	平方公里	市畝	營造畝	日坪	日畝	臺灣甲	英畝（acre）	美畝
1	0.01	0.0001		0.0015	0.001628	0.30250	0.01008	0.000103	0.00025	0.00025
100	1	0.01	0.0001	0.15	0.16276	30.25	1.00833	0.01031	0.02471	0.02471
10,000	100	1	0.01	15	16.276	3,025.0	100.833	1.03102	2.47106	2.47104
	10,000	100	1	1,500	1,627.6	302,500	10,083.3	10.3102	247.106	247.104
666.666	6.6667	0.06667	0.000667	1	108,507	201.667	6.72222	0.06874	0.16441	0.16474
614.40	6.1440	0.06144	0.000614	0.9216	1	185,556	6.19520	0.06238	0.15203	0.15182
3.30579	0.03306	0.00033		0.00496	0.00538	1	0.03333	0.00034	0.00082	0.00082
99.1736	0.99174	0.00992	0.00009	0.14876	0.16142	30	1	0.01023	0.02451	0.02451
9,699.17	96.9917	0.96992	0.00970	14.5488	15.7866	2,934	97.80	1	2.39672	2.39647
4,046.85	40.4685	0.40469	0.00405	6.07029	6.58666	1,224.17	40.8057	0.41724	1	0.99999
4,046.87	40.4687	0.40469	0.00405	6.07031	6.58671	1,224.18	40.806	0.41724	1.000005	1

1平方哩＝2.58999平方公里＝640美（英）畝　1臺灣甲＝2,934日坪
1日町＝10段＝100日畝＝3,000日坪

中外度量衡換算表

質量單位換算表 / Weights Measure

公斤Kilogram	公噸Metric ton	磅Pound	短噸short ton	長噸Long ton
1	0.001	2.20462	0.001102	0.000984
1,000	1	2,204.62	1.10231	0.984205
0.453592	0.000454	1	0.0005	0.000446
907.184	0.907185	2,000	1	0.892857
1,016.046	1.01605	2,240	1.12	1
1臺斤＝0.6000公斤＝1.2000市斤＝1.3227磅，1市斤＝0.5000公斤＝0.8333臺斤＝1.1023磅				

長度單位換算表 / Linear Measure

公里km	公尺m	公分cm	公釐mm	公寸in	英尺ft	英里mile
1	1,000	10^5	10^6	39370	3280.83	0.62136
0.001	1	100	1,000	39.37	3.28083	0.0006214
10^{-5}	0.01	1	10	0.3937	0.032808	0.0^562
10^{-6}	0.001	0.1	1	0.03937	0.003281	0.0^662
2.54×10^{-5}	0.0254	2.540	25.40005	1	0.08333	0.0000158
0.384×10^{-4}	0.3048	30.480	304.801	12	1	0.00018939
1浬（英海浬）＝1,150776英里＝6.076英尺＝1.852公尺，1市尺＝1.0936英尺＝0.333臺尺						

面積單位換算表 / Area Measure

平方公尺m^2	平方吋in^2	平方呎ft^2	英畝acre	平方英里sq-mile	平方公分cm^2	平方公釐mm^2
1	1,550	10.76	0.0002471	0.0_93861	10,000	10^5
0.0006452	1	0.006944	0.0_61594	0.0_62491	6.452	645.2
0.09290	144	1	0.0_72296	0.0_73587	929.0	92,900
4047	6272640	43,560	1	0.001562	40,470,000	$4,047\times10^6$
2589998	–	27878400	640	1	259×10^9	25.9×10^{11}
1公頃＝100公畝＝10,000平方公尺＝2.471英畝＝1.0310甲，1甲＝96.99194公畝＝2.3967英畝＝2,934坪						

容積單位換算表 / Capacity Measure

公升 Liter	公秉 Kiloliter	美制加侖 U.S.Gailon	英制加侖 Imp.Gailon	美桶 Barrel	立方呎 Cubic Feet	立方吋 Cubic Inch
1	0.001	0.264178	0.219975	0.000629	0.035316	61.026
1,000	1	264.178	219.975	6.28995	35.316	61026
3.78533	0.003785	1	0.83268	0.02381	0.133681	231*
4.54596	0.004546	1.20094	1	0.028594	0.160544	277.42
158.984	0.158984	42*	34.9726	1	5.6146	9.702*
28.316	0.028316	7.4805	6.2288	0.17811	1	1.728
0.016387	0.000016	0.004329	0.003605	0.000103	0.000579	1
*此項數字係規定值。1立方公尺＝1公秉＝1,000公升						

購屋貸款利率本息攤還計算表

單位：新臺幣

年利率＼年度	7年	10年	15年	18年	20年	30年
1.200%	12,418	8,848	6,074	5,150	4,689	3,310
1.300%	12,461	8,891	6,118	5,195	4,734	3,356
1.400%	12,504	8,935	6,162	5,240	4,779	3,403
1.500%	12,548	8,979	6,207	5,285	4,825	3,451
1.600%	12,591	9,023	6,252	5,331	4,871	3,499
1.700%	12,635	9,067	6,397	5,399	4,917	3,547
1.750%	12,657	9,089	6,320	5,400	4,941	3,572
1.885%	12,717	9,150	6,382	5,463	5,005	3,639
2.200%	12,856	9,291	6,528	5,611	5,154	3,797
2.310%	12,905	9,341	6,576	5,663	5,207	3,853
2.425%	12,956	9,393	6,633	5,718	5,263	3,912
2.485%	12,982	9,420	6,661	5,747	5,292	3,943
2.625%	13,045	9,484	6,727	5,814	5,360	4,017
2.675%	13,067	9,507	6,751	5,838	5,385	4,053
2.750%	13,101	9,541	6,786	5,875	5,422	4,082
2.80%	13,123	9,564	6,810	5,899	5,446	4,109
2.850%	13,146	9,587	6,834	5,924	5,471	4,136
2.875%	13,157	9,598	6,846	5,936	5,484	4,149
3.000%	13,213	9,564	6,810	5,899	5,446	4,109
3.025%	13,225	9,668	6,918	6,010	5,558	4,230
3.100%	13,258	9,702	6,954	6,047	5,596	4,270
3.125%	13,270	9,714	6,966	6,059	5,609	4,284
3.150%	13,281	9,725	6,978	6,071	5,621	4,297
3.250%	13,326	9,772	7,027	6,121	5,672	4,352
3.375%	13,383	9,830	7,088	6,184	5,736	4,421
3.450%	13,417	9,865	7,124	6,221	5,774	4,463
3.500%	13,440	9,889	7,149	6,247	5,800	4,490
3.625%	13,497	9,947	7,210	6,310	5,864	4,561
3.750%	13,554	10,006	7,272	6,374	5,929	4,631
3.875%	13,611	10,065	7,334	6,438	5,994	4,702
3.950%	13,646	10,101	7,372	6,476	6,033	4,745
4.000%	13,669	10,125	7,397	6,502	6,060	4,774
4.125%	13,726	10,184	7,460	6,567	6,126	4,846
4.250%	13,784	10,244	7,523	6,632	6,192	4,919

（續下頁）

（續前表）

年利率＼年度	7年	10年	15年	18年	20年	30年
4.375%	13,842	10,304	7,586	6,697	6,259	4,993
4.500%	13,900	10,364	7,650	6,763	6,326	5,067
4.625%	13,958	10,424	7,714	6,829	6,394	5,141
4.750%	14,017	10,485	7,778	6,896	6,462	5,216
4.875%	14,075	10,546	7,843	6,963	6,531	5,292
5.000%	14,134	10,607	7,908	7,030	6,600	5,368
5.125%	14,193	10,668	7,973	7,098	6,669	5,445
5.250%	14,252	10,729	8,039	7,166	6,738	5,522
5.375%	14,311	10,791	8,105	7,234	6,808	5,600
5.500%	14,370	10,853	8,171	7,303	6,879	5,678
5.625%	14,429	10,915	8,237	7,372	6,950	5,757
5.750%	14,489	10,977	8,304	7,442	7,021	5,836
5.875%	14,549	11,039	8,371	7,511	7,092	5,915
6.000%	14,609	11,102	8,439	7,582	7,164	5,996
6.125%	14,669	11,165	8,506	7,652	7,237	6,076
6.250%	14,729	11,228	8,574	7,723	7,309	6,157
6.375%	14,789	11,291	8,643	7,794	7,382	6,239
6.500%	14,849	11,355	8,711	7,866	7,456	6,321
6.625%	14,910	11,419	8,780	7,937	7,530	6,403
6.750%	14,971	11,482	8,849	8,010	7,604	6,486
6.875%	15,032	11,547	8,919	8,082	7,678	6,569
7.000%	15,093	11,611	8,988	8,155	7,753	6,653
7.250%	15,215	11,740	9,129	8,302	7,904	6,822
7.500%	15,338	11,870	9,270	8,450	8,056	6,992
7.750%	15,462	12,001	9,413	8,599	8,209	7,164
8.000%	15,586	12,133	9,557	8,750	8,364	7,338
9.000%	16,089	12,668	10,143	9,364	8,997	8,046
10.000%	16,601	13,215	10,746	9,998	9,650	8,776
11.000%	17,122	13,775	11,366	10,650	10,322	9,523
12.000%	17,653	14,347	12,002	11,320	11,011	10,286

註：本表以貸款100萬元爲單位，每期（月）本息平均攤還計算。

參考文獻

1. 阮如舫（2005），《**房地產行銷**》，五南出版。

2. 張玉貞、張宗銘、樓翠珍（1993），《**產品定位實務**》，北星出版。

3. 張金鶚（2003），《**房地產投資與市場分析理論與實務**》，華泰文化出版。

4. 黃宗源（2006），《**土地開發與建築規劃應用**》，永然文化出版。

5. 陳奉瑤、章倩儀（2006），《**不動產經營管理**》，智勝出版。

6. 馮先勉、秋美文（1996），《**不動產估價實務**》，基泰管理顧問公司。

7. 顏堯山（2005），《**建築規劃實務**》，基泰管理顧問公司。

8. 李佩芬（2009），《**實用不動產稅法精義**》，新文京開發出版。

9. 阮如舫、蘇錦泉（1998），《**銷售寶典**》，田園城市文化事業。

10. 陳世雷、吳家德（2014），《**超強房地產行銷術**》，五南出版。

11. 卓輝華（2018），《**房市風暴**》，經濟日報。

12. 卓輝華（2014），《**房市激盪50年**》，財信出版。

國家圖書館出版品預行編目資料

房地產理論與實務／吳家德著. -- 十四版.
-- 臺北市：五南圖書出版股份有限公司，
2022.09
面；　公分
ISBN 978-626-343-292-5（平裝）

1.CST: 不動產　2.CST: 不動產業

554.89　　　　　　　　　111013691

1K35

房地產理論與實務

作　　者 ― 吳家德
發 行 人 ― 楊榮川
總 經 理 ― 楊士清
總 編 輯 ― 楊秀麗
主　　編 ― 侯家嵐
責任編輯 ― 吳瑀芳
文字校對 ― 許宸瑞
封面完稿 ― 王麗娟
出 版 者 ― 五南圖書出版股份有限公司
地　　址：106臺北市大安區和平東路二段339號4樓
電　　話：(02)2705-5066　　傳　真：(02)2706-6100
網　　址：https://www.wunan.com.tw
電子郵件：wunan@wunan.com.tw
劃撥帳號：01068953
戶　　名：五南圖書出版股份有限公司

法律顧問　林勝安律師事務所　林勝安律師

出版日期　2008年 2 月初版一刷
　　　　　2008年 9 月二版一刷
　　　　　2010年 3 月三版一刷
　　　　　2011年 8 月四版一刷
　　　　　2012年 2 月五版一刷
　　　　　2012年10月六版一刷
　　　　　2013年 8 月七版一刷
　　　　　2014年 4 月八版一刷
　　　　　2015年 4 月九版一刷
　　　　　2016年 9 月十版一刷
　　　　　2018年 8 月十一版一刷
　　　　　2020年 6 月十二版一刷
　　　　　2021年 8 月十三版一刷
　　　　　2022年 9 月十四版一刷
定　　價　新臺幣590元